QUALIFIZIERT UNTERRICHTEN

FORTBILDUNG FÜR KURSLEITENDE DEUTSCH ALS ZWEITSPRACHE

BAND 1

MIGRATION
INTERKULTURALITÄT
DAZ

herausgegeben von:
Susan Kaufmann
Erich Zehnder
Elisabeth Vanderheiden
Winfried Frank

FIF
Förderung von Integration durch Fortbildung

HUEBER VERLAG

Materialienreihe zur web-gestützten FIF-Zusatzqualifizierung von Lehrkräften Deutsch als Zweitsprache/ Integrationskursleitenden, die sich an den Lernzielen und -inhalten der „Konzeption für die Qualifizierung von Lehrkräften im Bereich Deutsch als Zweitsprache" des Bundesamts für Migration und Flüchtlinge (BAMF) orientiert.

„FIF-Förderung von Integration durch Fortbildung" ist eine Fortbildungseinrichtung im Trägerverbund des Landesverbands der Volkshochschulen von Rheinland-Pfalz, der Katholischen Erwachsenenbildung Rheinland-Pfalz und der Evangelischen Erwachsenenbildung von Rheinland-Pfalz. Die Entwicklung der Materialien wurde gefördert vom Ministerium für Wissenschaft, Weiterbildung, Forschung und Kultur Rheinland-Pfalz und dem Ministerium für Arbeit, Soziales und Gesundheit Rheinland-Pfalz.

Herausgeber:
Susan Kaufmann, Erich Zehnder, Elisabeth Vanderheiden, Winfried Frank

Pädagogische Leitung und Redaktion:
Susan Kaufmann

Fachliche und redaktionelle Mitarbeit:
Barbara Spannhake, Akademie Klausenhof

Wissenschaftliche Beratung:
Prof. Dr. Hans H. Reich und Dr. Katharina Kuhs, Universität Koblenz-Landau

4. 3. 2. | Die letzten Ziffern
2013 12 11 10 09 | bezeichnen Zahl und Jahr des Druckes.

Alle Drucke dieser Auflage können, da unverändert, nebeneinander benutzt werden.
1. Auflage

Druck und Bindung: Ludwig Auer, Donauwörth
Printed in Germany
ISBN 978–3–19–101751–4

Vorwort

Mit „Fortbildung für Kursleitende Deutsch als Zweitsprache" in der Reihe *Qualifiziert unterrichten* wird eine Sammlung von Fortbildungsmaterialien vorgestellt, die sich an alle Menschen richtet, die im Zusammenhang der Förderung von Deutsch als Zweitsprache für Erwachsene tätig sind:

- Kursleitende, die die Berechtigung zur Leitung von Integrationskursen nach den Zulassungskriterien des Bundesamts für Migration und Flüchtlinge erwerben wollen,
- Kursleitende in Integrationskursen oder anderen Deutsch als Zweitsprache-Kursen für Erwachsene, die sich weiterbilden möchten,
- Lehrende an Berufsschulen, die dem Deutsch als Zweitsprache-Bedarf ihrer Schüler und Schülerinnen besser begegnen wollen,
- Studierende des Faches Deutsch als Zweitsprache/Deutsch als Fremdsprache u.a.

Die vierbändige Reihe ist in gemeinsamem Bemühen entstanden, die Kriterien für die inhaltliche und organisatorische Gestaltung der **Zusatzqualifizierung von Lehrkräften in Integrationskursen,** wie sie das Bundesamt für Migration und Flüchtlinge in seiner „Konzeption für die Qualifizierung von Lehrkräften im Bereich Deutsch als Zweitsprache" vom 13.02.2006 definiert hat, in einer sinnvollen, innovativen und vor allem erwachsenengerechten Weise umzusetzen. **FIF** hat sich dabei für die Angebotsform des internet-basierten „blended-learning" als zeitgemäße und optimale Möglichkeit entschieden, eine effektive und qualitativ hochwertige Qualifizierung anzubieten.

FIF steht für „Förderung von Integration durch Fortbildung" und wird getragen vom Landesverband der Volkshochschulen, der Katholischen Erwachsenenbildung sowie der Evangelischen Erwachsenenbildung in Rheinland-Pfalz.

Handlungsleitend für die Konzeption und Umsetzung der vorliegenden Materialien ist eine hohe Praxis- und Anwendungsorientierung. Die Texte sind mit zahlreichen Aufgaben versehen, die Reflektion und Verstehen organisieren. Sie möchten gleichermaßen präzise, gut lesbar und zugleich aussagekräftig sein. Sie bieten neben Hinweisen auf Lehrwerke und Materialien (vor allem auch im Internet) zahlreiche Tipps und Arbeitsblätter, die zum kreativen Transfer in die alltägliche Unterrichtspraxis anregen, und verstehen sich daher eher als „Studienbriefe", denn als einzelne Kapitel. Besonders wichtig war bei der Erstellung der vorliegenden Materialien das Ansetzen bei den bisherigen (beruflichen) Kompetenzen, die - erfahrene oder zukünftige - Lehrkräfte mitbringen. So fordern zahlreiche Aufgabenstellungen dazu auf, bisherige berufliche oder persönliche Erfahrungen zu reflektieren oder sich eigene professionelle Meinungen zu Sachfragen zu bilden.

Das Wichtigste zum Schluss: Wir danken dem Ministerium für Wissenschaft, Weiterbildung, Forschung und Kultur Rheinland-Pfalz, dessen Förderung das Projekt „Zusatzqualifizierung Deutsch als Zweitsprache" ermöglicht hat. Ganz besonderer Dank gilt jedoch den Autorinnen und Autoren, ohne deren Erfahrung, Sachkenntnis und Engagement die Reihe nicht zustande gekommen wäre.

Mainz, im Mai 2007
Die Herausgeber

Inhaltsübersicht

Piktogramme

Hinweis auf eine Aufgabe zur Reflexion des eigenen Unterrichts bzw. der eigenen Unterrichtserfahrung

Hinweis auf eine allgemeine Aufgabe

Hinweis auf eine Aufgabe zur Diskussion in der Lerngruppe

Hinweis auf ein Beispiel, z.B. aus einem Lehrwerk

Hinweis auf einen Internet-Link

Hinweis auf einen Literaturhinweis

Verweis auf andere „Studienbriefe“

Hinweis auf eine Aktivität in der Rubrik „Für Ihren Unterricht“

Mit diesem Piktogramm sind Tipps gekennzeichnet.

→ Mit diesem Symbol im Text wird auf einen Eintrag im Glossar (im Anhang zu jedem Studienbrief) verwiesen.

Hinweise

Die Herausgeber haben sich bemüht, sicherzustellen, dass die Links auf Internetseiten anderer Anbieter zum Zeitpunkt der Drucklegung korrekt und aktiv sind. Wir übernehmen jedoch keine Verantwortung für diese Internetseiten und können nicht garantieren, dass eine Internetseite gepflegt wird oder dass ihre Inhalte weiterhin relevant bleiben.

In den verschiedenen Studienbriefen wird keine Einheitlichkeit im Hinblick auf eine beide Geschlechter integrierende Sprache verfolgt. Dies handhaben die Autorinnen und Autoren weitgehend nach eigenem Ermessen.

In der Regel werden die Begriffe Kursleitende und Teilnehmende ausgeschrieben. An einigen Stellen werden zur besseren Lesbarkeit die Abkürzungen KL und TN benutzt.

Petra Szablewski-Çavuş

Merkmale des DaZ-Unterrichts

1 Einstieg

Lernziele

In diesem Studienbrief[1] lernen Sie:

- ein Gefühl für die Komplexität der Lebens- und Lernsituationen der Zugewanderten zu entwickeln und Bedingungen des Zweitspracherwerbs daraus abzuleiten,
- Konsequenzen für die Unterrichtsgestaltung für Zugewanderte zu ziehen,
- Konzequenzen für die Rolle der Lehrkraft im DaZ-Unterricht zu ziehen.

2 Zweitsprache - Fremdsprache - Muttersprache

> „Fremdsprache ist ein eigenartiger Begriff. Auf der ganzen Welt werden ausschließlich nur Fremdsprachen gesprochen – außer bei uns. Wir – wer wir auch immer sind – sprechen eine Sprache, alle anderen sprechen Fremdsprachen" (Bichsel, 1995, S. 199).

Was geschieht mit dieser „einen Sprache" eines Landes, die keine → Fremdsprache ist, wenn sich Menschen aus dem Ausland mit ihren „Fremd"-Sprachen in das Land dieser „einen Sprache" begeben?

- Wenn diese Menschen bei uns arbeiten und leben,
- wenn ihre Kinder bei uns zur Schule gehen und sich ihre Lebensumstände und ihre Perspektiven denen der Menschen in dem „Niederlassungsland" angleichen,
- wenn sie mit den anderen Menschen in diesem Land kommunizieren wollen,

bleiben diese Menschen dann SprecherInnen einer „Fremdsprache" – und bleibt die Sprache des Landes für diese Menschen eine Fremdsprache?

Mit dem Konzept „Zweitsprache" werden diese Fragen aufgegriffen: Hervorragendes Merkmal für dieses Konzept → Zweitsprache ist die Tatsache, dass die zu erwerbende Sprache in der sprachlichen Umgebung gelernt wird, in der die Sprache im gesellschaftlichen Alltag, im Arbeitsleben und in Bildungszusammenhängen gesprochen wird. Der Begriff „Zweitsprache" soll nicht den Stellenwert dieser Sprache bezeichnen – etwa in der Rangfolge mit weiteren Sprachen oder in der zeitlichen Reihenfolge, in der sie erworben wurden; man kann eine Zweitsprache auch dann erwerben, wenn man bereits mehrere Sprachen neben der Muttersprache – mehr oder weniger – beherrscht. (Eine interessante Frage: Kann man auch mehrere Zweitsprachen erwerben?)

---

[1] Alle Studienbriefe orientieren sich an den vom Bundesamt für Migration und Flüchtlinge in der „Konzeption für die Zusatzqualifizierung von Lehrkräften im Bereich Deutsch als Zweitsprache" formulierten Lernzielen.

Zweitsprache kann also jede Sprache sein, die nicht die „Erstsprache" – in der Regel also: nicht die „Muttersprache" – ist. Der Begriff ist aber zu unterscheiden von dem der „Fremdsprache". Üblicherweise wird die Fremdsprache – fast ausschließlich – in institutionellen Zusammenhängen gelernt (denken Sie z.B. an einen Deutschkurs für Studenten an der Universität Amman), während außerhalb des „Klassenraums" diese Sprache kaum angewandt bzw. gelernt wird. In linguistischer Terminologie lässt sich diese Definition folgendermaßen beschreiben:

> „Eine Zweitsprache (L2) ist eine Sprache, die ein Mensch neben der Muttersprache (L1) sprechen kann. Zweitsprache ist vom Begriff der Fremdsprache (ebenfalls L2) zu trennen. Man spricht von Zweitsprache, wenn die L2 zum täglichen Gebrauch überlebensnotwendig ist. Ist sie dies nicht, bezeichnet man die L2 als Fremdsprache" (http://de.wikipedia.org/wiki/Zweitsprache, 02.01.2006).

Deutsch als Zweitsprache konkretisiert das Konzept für das Leben in deutschsprachiger Umgebung: Die deutsche Sprache spielt in alle Lebensbereiche hinein. Kommunikation in der deutschen Sprache ist die Basis, um sich umfassend zu informieren, eigene Rechte wahrzunehmen und – nicht zuletzt – um an schulischer und beruflicher Bildung und Weiterbildung teilzuhaben. Mit anderen Worten: Der Erwerb oder die Verbesserung von Deutschkenntnissen ist nicht das „eigentliche" Ziel des Deutschlernens, sondern ein Mittel zur Partizipation an der Kommunikation in dem Land, in dem man lebt. Dieser Gedanke ist durchaus nicht neu. Bereits 1974 formulierten dies ausländische Arbeiter auf einer Tagung:

Das Sprachproblem liegt im Kern fast aller sozialen Probleme, mit denen die Ausländer fast täglich konfrontiert werden. Ohne die deutsche Sprache zu beherrschen, sind sie weitgehend hilflos und werden nie fähig sein, ihre Interessen wahrzunehmen. Der Kontakt mit der Umgebung ist nur sehr schwach und oberflächlich und nur indirekt möglich. Das Ghetto, in dem sie leben, ist zunächst ein Informationsghetto. Die Lösung des Sprachproblems ist also die erste Voraussetzung für die Lösung der wichtigsten gesellschaftlichen Probleme der ausländischen Arbeiter [...]

Das Erlernen der deutschen Sprache sollte in sich kein Ziel, sondern nur ein wichtiges Instrument für die Bewußtwerdung der eigenen Lage, für den Aufbau der Solidarität und die Durchsetzung der eigenen Interessen sein.

Das Sprachproblem ist nur ein Bestandteil der Diskriminierung und kann nicht als ein rein technisches Problem angesehen werden. Sozio-ökonomische Interessen führen dahin, den ausländischen Arbeitern die deutsche Sprache nur in begrenztem Maße beizubringen. Dagegen muß man sich wehren, denn eine betriebs- bzw. leistungsorientierte Sprache zu erlernen, kann nicht im Interesse der Arbeiter liegen.

(Kommuniqué der Tagung ausländischer Arbeiter in Büdingen, in: Journal G 3,1974, S. 60-61)

Was aber bedeutet es konkret, als „SprecherIn einer Zweitsprache" in einem Land zu leben, in dem die eigene Muttersprache nicht die Sprache der Mehrheit ist? Viele Migrantinnen und Migranten haben die negative Erfahrung machen müssen, dass ihre Muttersprache „nichts wert ist" oder „nicht zählt". Wenn sie sich (noch) nicht einigermaßen gut in Deutsch verständigen können, werden sie häufig als „sprachlos" bezeichnet. Die Politik fordert von den Zugewanderten, dass sie „*die Sprache* besser lernen müssen"; manche Lehrer beschweren sich über zu viele Kinder in der Klasse, „die nicht *sprechen* können". Und auch Nachbarn erwähnen im Gespräch mit Freunden gern, dass die Zuwanderer zumindest doch „die Sprache" lernen könnten. Diese Anmerkungen tauchen besonders dann auf, wenn eine strittige Angelegenheit nicht geklärt werden kann, weil der ausländische Nachbar oder Kollege nicht genügend Deutsch kann.

„Sprechen" und „Sprache" sind jedoch keine ungewohnten Mittel der Kommunikation für die MigrantInnen – es ist die *deutsche* Sprache, die viele von ihnen nicht in ausreichendem Maße beherrschen. Ihre Fähigkeiten und Kenntnisse in der Muttersprache werden von der deutschen Bevölkerung aber meistens nicht zur Kenntnis genommen – oder gar mit Sanktionen belegt: „Unterhaltet euch gefälligst in Deutsch. Ihr seid hier in Deutschland!"

Das Ignorieren der vorhandenen (Mutter-)Sprachkenntnisse durch die Mehrheitsgesellschaft trägt wesentlich dazu bei, dass die Selbst- und die Fremdwahrnehmung von vielen Ausländerinnen und Ausländern sehr weit auseinanderklaffen: Sie kennen sich vielleicht selbst als „eloquent", „witzig" oder „ironisch", aber es gelingt nur wenigen, diese Identität in einer anderen als der Muttersprache zu erzielen. Das Vermögen, sich sprachlich zu definieren, hängt also zum großen Teil von der Muttersprache ab. Selbstverständlich bleibt hier die Frage – zumindest für die zweite, dritte oder vierte Generation von MigrantInnen –, welche denn nun die „Muttersprache", also die Sprache der eigenen Identität, ist. Kann sich diese Sprache im Laufe eines Menschenlebens ändern? Für viele Migrantinnen und Migranten der zweiten Generation lässt sich immerhin spätestens am Ende ihrer Schulbildung feststellen, dass ihnen Deutsch weitaus geläufiger ist als die Sprache ihrer Eltern; ein Umstand übrigens, der von vielen Eltern, vor allem, wenn sie nur über geringe Deutschkenntnisse verfügen, oft als sehr schmerzlich empfunden wird.

Aufgabe 1

Erarbeiten Sie einen Fragenkatalog für DeutschlernerInnen, um deren „Sprachbiographie" zu thematisieren: *Welche Sprache haben Sie wann, in welcher Intensität warum gelernt?*

Auf der Website http://www.uni-bielefeld.de/lili/personen/eikmeyer/ejs/ (06.07.2006) finden Sie einen Leitfaden mit Fragen zur Sprachbiographie. Außerdem können dort auszugsweise Antworten von InterviewpartnerInnen nachgelesen und -gehört werden. Lesen Sie dazu auch Krumm/Jenkins, 2001.

3 Objektiver und subjektiver Sprachbedarf im Migrationsprozess

Die Kommunikationsfähigkeit in deutscher Sprache ist für die in Deutschland lebenden MigrantInnen eine wesentliche Voraussetzung,

- um im Lebens- und vor allem im Berufsalltag zu bestehen,
- um an der sozialen Gemeinschaft mit den Deutschen und den Ausländern anderer Muttersprachen und
- um an (Weiter-)Bildung teilzuhaben.

Diese Perspektive auf den Zweitsprachenerwerb erfordert einen zumindest teilweise veränderten Blick auf den Unterrichtsgegenstand Deutsch: Aus der Perspektive von Erwachsenen ausländischer Herkunft beinhaltet z.B. die Teilnahme an einer Qualifizierung meistens auch eine neuerliche oder gar erstmalige *systematische* Auseinandersetzung mit der deutschen Sprache und ist – ob bewusst im Konzept bedacht oder nicht – für diese Bestandteil eines Deutschunterrichts. Dabei verlagert sich im Zweitsprachenunterricht der Fokus vom Unterrichtsgegenstand Deutsch zu den kommunikativen Anforderungen der Lebenslagen, in denen sich die ZweitsprachenlernerInnen befinden: Diese Anforderungen liefern den „Stoff“, die Inhalte des Unterrichts; und der Deutschunterricht im engeren Sinne führt die sprachlichen Anteile dieser Anforderungen einer Systematisierung (Grammatik, Wortschatz, Schreib-/Lese- und Sprech-/Hörverstehen) zu.

Wenn die Deutschkenntnisse, die im Hinblick auf eine Erweiterung der Handlungsfähigkeit im Alltag, in der Öffentlichkeit und im Beruf zu erwerben sind, die Themen bestimmen, mit denen sich der Deutschunterricht zu befassen hat, so ergeben sich aus zwei Richtungen wichtige Anhaltspunkte zu den Inhalten:

- Zum einen verweisen die oben skizzierten Anforderungen an die kommunikativen Fähigkeiten darauf, dass es nicht *nur* um sprachliche Ausdrucksfähigkeit im engeren linguistischen Sinne geht, sondern *auch* um „Rhetorik“ – um sprachliche Selbsterfahrung und Selbstbehauptung in der Zweitsprache Deutsch. Hieraus ergeben sich sowohl besondere pädagogische Anforderungen, als auch Hinweise auf *übergeordnete inhaltliche Themenbereiche*.
- Zum anderen bedingen die jeweils unterschiedlichen Lebenslagen sowie die unterschiedlichen Perspektiven der ZweitsprachenlernerInnen im Deutschunterricht, dass die Inhalte – zumindest teilweise – hinsichtlich der konkreten Zielsetzung des Angebots eine spezielle *Sprachbedarfsermittlung* erfordern.

3.1 Übergeordnete Themen

Übergeordnete inhaltliche Themen für den Zweitsprachenunterricht – über alle konkreten Lebenslagen der Lernenden hinweg – lassen sich vorab allgemein definieren: Der Bereich der Kommunikation im Lebensalltag von fast allen ZuwanderInnen mit seinen vielfältigen Aspekten (Wohnen, Kinder, Konsum und Freizeit, Arbeit) stellt bereits immense Anforderungen an die deutschen Sprachkenntnisse von MigrantInnen. Allerdings sind bereits diese Anforderungen nicht nur sprachlich zu bewältigen, sondern müssen zum Teil auch fachlich/inhaltlich neu erlernt werden. Der Begriff „Anmeldung“ z.B. muss nicht nur lexikalisch und phonetisch „verstanden“ werden, er muss auch inhaltlich (z.B. als Kategorie der Verwaltung) erfasst werden: Wer muss sich anmelden? Wo kann man sich anmelden?

In linguistischer Terminologie lässt sich dieser Sachverhalt folgendermaßen beschreiben: Aufgrund der besonderen Lebenssituation von Migrantinnen und Migranten beinhaltet der Deutscherwerb für sie immer auch den Erwerb von fachlichem Wissen über die institutionellen und kulturellen Gegebenheiten in Deutschland.

3.2 Sprachbedarfsermittlung konkret

So wichtig und hilfreich es sein mag, möglichst umfassend zusammenzutragen, welche Inhalte „eigentlich“ zum Zweitsprachenunterricht gehören, so wird man bei der Unterrichtsplanung für ein konkretes Kursangebot doch eine Auswahl treffen müssen. Bei dieser Auswahl ist möglichst dicht an den tatsächlichen → Sprachbedarf der TeilnehmerInnen anzuknüpfen, der sich aus ihren aktuellen Handlungsfeldern im Alltag ableitet. PlanerInnen und Lehrkräfte im Deutschunterricht werden hier mit der Aufgabe konfrontiert, möglichst präzise den Sprachbedarf für ihre KursteilnehmerInnen zu ermitteln, um im Unterricht tatsächlich die deutschsprachigen Fertigkeiten zu fördern, die die Lernenden benötigen, um ihren Arbeits- und Lebensalltag (zukünftig) adäquat in Deutsch zu „meistern". Dabei gilt es, das jeweils spezielle Ziel des Unterrichts für den gesamten Kursverlauf einzubeziehen: In welchen Situationen und zu welchem Zweck benötigen die Lernenden eine Verbesserung ihrer Deutschkenntnisse? Angesprochen werden damit der → objektive und der → subjektive Sprachbedarf:[2]

Der *objektive* Sprachbedarf ergibt sich aus den (angestrebten) Handlungsfeldern der LernerInnen. Dieser Bedarf umfasst im Wesentlichen alle übergeordneten Themenbereiche, lässt sich also vorab definieren. Allerdings wird für den Unterricht mit bestimmten LernerInnen eine Auswahl zu treffen sein und ggf. eine Reihenfolge erstellt werden müssen.

Der *subjektive* Sprachbedarf ergibt sich aus den Bedürfnissen der Lernenden: Sie verfügen über eigene Vorstellungen zum Lerngegenstand, zu der Frage, warum sie ihre Deutschkenntnisse verbessern wollen bzw. müssen, und über dementsprechende Erwartungen an den Lerngegenstand. Allerdings sind diese Vorstellungen häufig recht vage und unpräzise; sie äußern sich aber als Motivation, als Vorstellung über eigene Lerngewohnheiten und u.U. als Angst vor dem Lernen bzw. vor einem möglichen „Versagen".

Während der objektive Sprachbedarf sich im Wesentlichen als Ziel („*Was* ist zu erlernen?") beschreiben lässt, lenkt der subjektive Bedarf den Blick auf die Frage, *wie* sich die Lernenden mit dem „Lernstoff" und mit ihrem eigenen Lernprozess auseinandersetzen (wollen). Diese verschiedenen Blickrichtungen auf den Lerngegenstand führen zu zwei verschiedenen Vorgehensweisen für eine konkrete Sprachbedarfsermittlung.

3.2.1 Ermittlung des objektiven Sprachbedarfs

Der objektive Sprachbedarf lässt sich aus den Handlungsfeldern ableiten, in denen sich die ZweitsprachenlernerInnen deutschsprachig behaupten müssen. Ein Beispiel:

Die ZweitsprachenlernerInnen wollen/müssen in deutschsprachiger Umgebung einkaufen. Für diesen Bereich lassen sich die objektiven Sprachanforderungen beschreiben:

- Mit wem wird kommuniziert (z.B. VerkäuferIn, KassiererIn, ...)?
- Welche Kommunikationsanlässe lassen sich definieren (z.B. Suche nach bestimmten Artikeln im Supermarkt, Beratung, Reparaturaufträge, Reklamationen, Schließen von Kaufverträgen/Lieferverträgen ...)?
- Welche Kommunikationsmittel werden in welchen Situationen benötigt (z.B. Werbeprospekte, Anzeigen in Tageszeitungen, Telefon, ...)?

Eine Auflistung zum Thema Einkaufen könnte dann so aussehen:

---

[2] Vgl. Hutchinson und Waters, 1987, die auf die Bedeutung des subjektiven Lernbedarfs („Learning needs") für eine Sprachbedarfsanalyse verweisen. Tutor, 1996, analysiert sowohl den objektiven („learner's objective needs") als auch den subjektiven Sprachbedarf („subjective needs") und individuelle Unterschiede.

Tabelle 1:

Kommunikations-beteiligte (Wer kommuniziert mit wem?)	**kommunikative Handlung, z.B.** (Was wird sprachlich getan?)	**Kommunikations-absicht** (Mit welchem Ziel wird kommuniziert?)	**Kommunikations-mittel** (Welche Hilfsmittel werden eingesetzt?)
z.B. VerkäuferIn KassiererIn andere Kunden Geschäftsführer	z.B. Erkundigung nach dem Preis, nach Größe etc. Erkundigung nach Garantie etc. Umtausch Bestellung Reklamation	z.B. sich informieren über Geschäftsöffnungszeiten, Qualität und Herkunft von Waren sich beraten lassen sich beschweren etwas suchen	z.B. Quittung Garantieschein Pflegeanleitung Gebrauchsanweisung Werbeprospekt Zeitungsanzeige Telefon

Aufgabe 2

Erstellen Sie für zwei der im Folgenden genannten Handlungsfelder eine Liste mit möglichen KommunikationspartnerInnen, kommunikativen Handlungen und Kommunikationsmitteln:

- Wohnen
- Freizeit
- Nachbarschaft
- Öffentliche Verkehrsmittel
- Kinderbetreuung
- Schulkinder
- Arzt/Gesundheit
- Arbeitssuche

Die Ermittlung des objektiven Sprachbedarfs kann umso zielgerichteter erfolgen, je mehr die LernerInnen in die Recherche einbezogen werden: Um entsprechende Informationen zu erhalten werden die TeilnehmerInnen z.B. befragt:

- *Gibt es Situationen, in denen Sie sich gewünscht haben, besser Deutsch sprechen, lesen, schreiben oder verstehen zu können?*
- *In welchen Situationen haben Sie/hatten Sie Angst, dass Sie wegen fehlender Deutschkenntnisse falsch verstanden werden?*
- *Gibt es Aktivitäten (z.B. Zeitung lesen, Geschichten erzählen, E-Mails oder SMS schreiben, Telefonieren), die Sie in Ihrer Muttersprache gerne ausgeübt haben, für die Ihre Deutschkenntnisse aber nicht ausreichen?*

Aufgabe 3

Im Anhang 1 auf S. 23 finden Sie die Antworten von Kursteilnehmerinnen auf die Frage „Warum wollen Sie Deutsch lernen?" Einige dieser Antworten sind eher abstrakt, andere hingegen sehr konkret. Überlegen Sie, welche persönlichen Erfahrungen und Zielsetzungen möglicherweise zu diesen Antworten geführt haben. In welchen Handlungsfeldern mussten sich diese ZweitsprachenlernerInnen offenbar behaupten?

Überlegen Sie weiterhin, wie Sie auf diese Wünsche im Unterricht eingehen können: Welche Antworten beziehen sich mehr auf die inhaltliche Planung eines Kurses, welche eher auf didaktisch-methodische Aspekte?

Eine Vorbereitung auf diese Fragen kann im Unterricht z.B. erfolgen, indem „missverständliche" Situationen bearbeitet werden. Bei geeigneter Auswahl der Materialien sind solche Ansätze durchaus auch umzusetzen, wenn die Lernenden noch über sehr geringe Deutschkenntnisse verfügen. Als Impulsgeber hierfür eignen sich z.B.:

- Kurzgeschichten, in denen Missverständnisse eine Rolle spielen (Der Zug fährt um halb sechs ab, der „Held" hat aber halb sieben – sechs und ein halb – verstanden). Achten Sie als Lehrkraft auf Texte, die Ihnen im Alltag begegnen. Sie können sie im Unterricht durchaus sinnvoll einsetzen.
- Bilderfolgen (wie z.B. die Bildergeschichten *Vater und Sohn* von O. E. Plauen, ein Beispiel finden Sie unter *http://www.hueber.de/shared/elka/Internet_Muster/Elka2/3-19-001636-4.Muster_1.pdf*, 18.06.2006), bei denen unterschiedliche Vorstellungen zu einem Problem/einem Sachverhalt dargestellt werden. Wenn das letzte Bild den TeilnehmerInnen „unterschlagen wird", können Spekulationen über das Ende der Handlungsabfolge und vor allem über die verschiedenen Sichtweisen der handelnden Personen angestellt werden, die zur Äußerung ähnlicher Erfahrungen der Lernenden anregen.
- Dialoge, in denen „Missverständnisse" thematisiert werden (z.B. ein Verkaufsgespräch: Der Kunde sucht „etwas zum Lesen" und meint eine Brille; der Verkäufer möchte ihn zur Bücherabteilung schicken. Wenn das Ende des Dialogs (ähnlich wie bei der Bilderfolge das letzte Bild) den Lernenden „unterschlagen wird", können die Spekulationen über den Ausgang des Gesprächs die Lernenden zur Äußerung eigener Erfahrungen anregen.

Anzustreben ist darüber hinaus, dass sich die PlanerInnen und Lehrkräfte „vor Ort" ein konkretes Bild vom Lebensalltag ihrer Unterrichtsgruppe machen und – gezielt und nach unterrichtsrelevanten Kriterien – notieren, welche Redemittel dort benötigt werden, welche Themen dort besprochen werden müssen, welche Texte und Textsorten verstanden oder verfasst werden müssen und welches „Klima" (welcher Umgangston) dort herrscht.[3] – Anhaltspunkte hierfür gibt es auch in vielen der neueren Lehrwerke zum Unterricht Deutsch als Fremd-/Zweitsprache.

Aufgabe 4

Schauen Sie sich die Inhaltsverzeichnisse der auf S. 8–9 genannten Lehrwerke an und beantworten Sie folgende Fragen zum Lehrwerk: In welchen Lebenslagen (Arbeitssituation, Wohnsituation, Freunde und Nachbarn, Konsum und Freizeitgestaltung) befinden sich die „Protagonisten" des Lehrwerks? Stimmen diese Lebenslagen Ihrer Meinung nach mit denen „Ihrer" – potentiellen – LernerInnen weitgehend, eher weniger oder gar nicht überein?

---

[3] Kock, 1996, skizziert einige Formen der Sprachbedarfsermittlung (Hospitation, Praktikum im Betrieb, mündliche und schriftliche Befragungen von ArbeiterInnen, Vorgesetzen im Betrieb) und diskutiert anhand ihrer praktischen Erfahrungen mit diesen Verfahren die jeweiligen Vor- und Nachteile.

Inhalt

		Themen und Texte	Sprachhandlungen
8	Start auf Deutsch	Deutsch sehen und hören erste Kontakte Texte: Lied, Postkarte Wortfelder: internationale Wörter, deutsche Namen	internationale Wörter auf Deutsch verstehen jemanden begrüßen sich und andere vorstellen nach Namen und Herkunft fragen buchstabieren
16	1 Café d	Gespräche im Café Texte: Getränkekarte, Telefonbuch, Rechnungen Wortfelder: Getränke im Café, Zahlen bis 1000, Strukturwörter	ein Gespräch beginnen sich und andere vorstellen zählen etwas bestellen und bezahlen Telefonnummern nennen und verstehen
30	2 Im Sprachkurs	Kommunikation im Kurs Texte: Wörterbuchauszüge Wortfelder: Wörter im Kursraum	nach Gegenständen fragen / Gegenstände benennen im Kurs: etwas nachfragen
44	3 Städte – Länder – Sprachen	Sehenswürdigkeiten in Europa Sprachen in Europa – Nachbarsprachen Texte: Landkarten, eine Statistik Wortfelder: Himmelsrichtungen, Sprachen	über Städte und Sehenswürdigkeiten sprechen über Länder und Sprachen sprechen die geografische Lage angeben eine Grafik auswerten einen Ich-Text schreiben
58	4 Menschen und Häuser	Wohnwelten Texte: Möbelkatalog, E-Mail, Wohnungsgrundriss Wortfelder: Räume und Möbel, Wohnformen	eine Wohnung beschreiben über Personen und Sachen sprechen
74	Station 1	Berufsbilder: Lehrerin, Student; Themen und Texte;	
82	5 Termine	Termine und Verabredungen Pünktlichkeit interkulturell Texte: Meldebestätigung, Veranstaltungsangebote, Arztschild, Gedicht Wortfelder: Uhrzeiten, Wochentage, Tageszeiten	Zeitangaben machen Tagesabläufe beschreiben Termine machen und sich verabreden sich für eine Verspätung entschuldigen
98	6 Orientierung	Orientierung am Arbeitsplatz der Weg zur Arbeit die Stadt Leipzig / Quiz online Texte: Stadtplan, Etagenplan, Terminkalender, Prospekt Wortfelder: Stadt, Verkehrsmittel, Büro und Computer	sagen, wo Leute arbeiten und wohnen sagen, wie Leute zur Arbeit kommen Orientierung: in einem Haus nach dem Weg / nach einer Person fragen Terminangaben (am Telefon) machen und verstehen

Abb. 1: *studio d*, 2005, S. 4 (Alle Seiten des Inhaltsverzeichnisses finden Sie unter http://www.cornelsen.de/WebObjects/KatalogPlus/db_begleitdateien/02/07/07/2/0207072_x1IN.pdf, 04.05.2006)

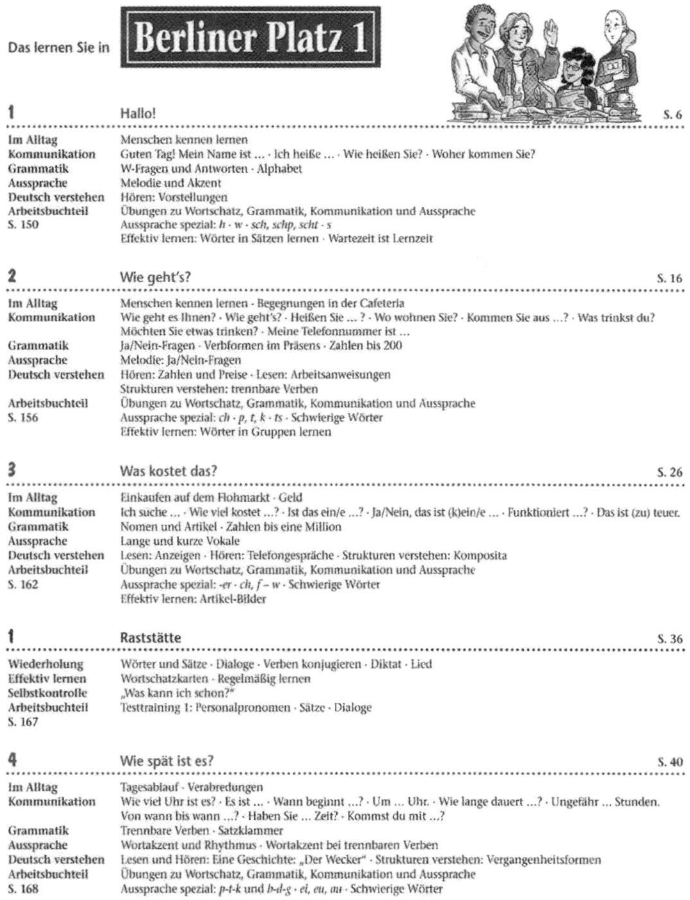

Das lernen Sie in **Berliner Platz 1**

1 Hallo! S. 6

Im Alltag	Menschen kennen lernen
Kommunikation	Guten Tag! Mein Name ist ... · Ich heiße ... · Wie heißen Sie? · Woher kommen Sie?
Grammatik	W-Fragen und Antworten · Alphabet
Aussprache	Melodie und Akzent
Deutsch verstehen	Hören: Vorstellungen
Arbeitsbuchteil	Übungen zu Wortschatz, Grammatik, Kommunikation und Aussprache
S. 150	Aussprache spezial: *h · w · sch, schp, scht · s*
	Effektiv lernen: Wörter in Sätzen lernen · Wartezeit ist Lernzeit

2 Wie geht's? S. 16

Im Alltag	Menschen kennen lernen · Begegnungen in der Cafeteria
Kommunikation	Wie geht es Ihnen? · Wie geht's? · Heißen Sie ... ? · Wo wohnen Sie? · Kommen Sie aus ...? · Was trinkst du? Möchten Sie etwas trinken? · Meine Telefonnummer ist ...
Grammatik	Ja/Nein-Fragen · Verbformen im Präsens · Zahlen bis 200
Aussprache	Melodie: Ja/Nein-Fragen
Deutsch verstehen	Hören: Zahlen und Preise · Lesen: Arbeitsanweisungen Strukturen verstehen: trennbare Verben
Arbeitsbuchteil	Übungen zu Wortschatz, Grammatik, Kommunikation und Aussprache
S. 156	Aussprache spezial: *ch · p, t, k · ts* · Schwierige Wörter
	Effektiv lernen: Wörter in Gruppen lernen

3 Was kostet das? S. 26

Im Alltag	Einkaufen auf dem Flohmarkt · Geld
Kommunikation	Ich suche ... · Wie viel kostet ...? · Ist das ein/e ...? · Ja/Nein, das ist (k)ein/e ... · Funktioniert ...? · Das ist (zu) teuer.
Grammatik	Nomen und Artikel · Zahlen bis eine Million
Aussprache	Lange und kurze Vokale
Deutsch verstehen	Lesen: Anzeigen · Hören: Telefongespräche · Strukturen verstehen: Komposita
Arbeitsbuchteil	Übungen zu Wortschatz, Grammatik, Kommunikation und Aussprache
S. 162	Aussprache spezial: *-er · ch, f – w* · Schwierige Wörter
	Effektiv lernen: Artikel-Bilder

1 **Raststätte** S. 36

Wiederholung	Wörter und Sätze · Dialoge · Verben konjugieren · Diktat · Lied
Effektiv lernen	Wortschatzkarten · Regelmäßig lernen
Selbstkontrolle	„Was kann ich schon?"
Arbeitsbuchteil	Testtraining 1: Personalpronomen · Sätze · Dialoge
S. 167	

4 Wie spät ist es? S. 40

Im Alltag	Tagesablauf · Verabredungen
Kommunikation	Wie viel Uhr ist es? · Es ist ... · Wann beginnt ...? · Um ... Uhr. · Wie lange dauert ...? · Ungefähr ... Stunden. Von wann bis wann ...? · Haben Sie ... Zeit? · Kommst du mit ...?
Grammatik	Trennbare Verben · Satzklammer
Aussprache	Wortakzent und Rhythmus · Wortakzent bei trennbaren Verben
Deutsch verstehen	Lesen und Hören: Eine Geschichte: „Der Wecker" · Strukturen verstehen: Vergangenheitsformen
Arbeitsbuchteil	Übungen zu Wortschatz, Grammatik, Kommunikation und Aussprache
S. 168	Aussprache spezial: *p-t-k* und *b-d-g · ei, eu, au* · Schwierige Wörter

Abb. 2: *Berliner Platz 1*, 2002, S. 3 (Alle Seiten des Stoffverteilungsplans finden Sie unter http://www.langenscheidt.de/deutsch/lehrwerke/daf/berliner_platz/lehrer_01.html, 04.05.2006).

Inhalt Kursbuch

Abb. 4: *Schritte 1*, 2003, S. 4 (Alle Seiten des Inhaltsverzeichnisses finden Sie unter http://www.hueber.de/sixcms/media.php/36/Schritte1,_Inhalt.pdf, 04.05.2006)

Inhaltsverzeichnis

Abb. 3: *Passwort 1*, 2001, S. 4 (Alle Seiten des Inhaltsverzeichnisses finden Sie unter http://www.edition-deutsch.de/download/675800.pdf, 04.05.2006)

Die Notwendigkeit zur Durchführung solcher konkreten Sprachbedarfsanalysen wird selten in der Praxis in Frage gestellt, aber allzu oft sehen die Lehrkräfte sich nicht in der Lage, die hierfür erforderliche Arbeit zu leisten. Ihr Argument richtet sich an die Gestaltung der Rahmenbedingungen für den Deutschunterricht: Gerade weil in Deutschland bisher kaum auf fundierte Analysen zurückgegriffen werden kann, ist diese Form der aufwendigen Vorbereitung für *jeden Kurs* ständig wieder – quasi von neuem – erforderlich; und weil diese Vorbereitungen nicht verlässlich dokumentiert und den Deutschkursträgern zu Verfügung gestellt werden können, fehlt – bereits auf der Ebene der Unterrichtspraxis – die unabdingbare Voraussetzung, um vorliegende Ergebnisse auszutauschen und zu systematisieren.

Schließlich sei hier noch betont, dass *ein großer Teil* der Ermittlung des objektiven Sprachbedarfs auch im Unterricht selbst erfolgen kann: Durch gezielte Aufgabenstellungen an die Kursteilnehmenden können diese in erheblichem Maße dazu beitragen, dass tatsächlich das, was sie objektiv benötigen, im Unterricht thematisiert wird.[4] Dieses Vorgehen zur Ermittlung des objektiven Sprachbedarfs öffnet zudem bereits einen Zugang zum Einbezug des subjektiven Lernbedarfs.

3.2.2 Ermittlung des subjektiven Sprachbedarfs

Der subjektive Sprachbedarf der Lernenden kann im Wesentlichen nur im Lernprozess selbst ermittelt werden. Ohnehin besteht für jede teilnehmerorientierte Unterrichtsgestaltung der Anspruch, die Erfahrungen, Wünsche und Motivationen der Lernenden zur Unterstützung ihrer Lernprozesse einzubeziehen.

Neuere Konzepte im Fremdsprachenunterricht zielen verstärkt auch auf diesen Aspekt und entwickeln ein Methodenrepertoire, mit dem die Lernprozesse nicht nur implizit gefördert werden sollen/können, sondern explizit mit den Lernenden thematisiert werden; eingeplant werden z.B. gesonderte Phasen des Nachdenkens im Unterricht über individuelle Lernwege, in denen die Lernenden dazu angeregt werden, sich ihrer Motivation, ihrer Ziele und ihrer Lerngewohnheiten und -strategien (sowie möglicher Veränderungen) zu vergewissern.

Einen relativ einfachen Einstieg in einen solchen Prozess bieten Befragungen vor oder unmittelbar bei Beginn eines Kurses:

- *Warum wollen Sie persönlich Deutsch lernen? Warum wollen Sie Ihr Deutsch verbessern? Welche Fertigkeitsbereiche (Schreiben/Lesen, Hören/Sprechen) möchten Sie vor allem verbessern?*
- *In welchen Situationen wenden Sie persönlich vor allem Ihre Deutschkenntnisse an?*
- *In welchen Situationen würden Sie gerne nach erfolgreichem Ende des Unterrichts Ihre Deutschkenntnisse mehr als bisher anwenden?*
- *Wie haben Sie bisher Deutsch gelernt (im Kurs, im Gespräch mit Deutschen, mit Büchern usw.)?*
- *Was hilft Ihnen Ihrer Meinung nach am besten beim Deutschlernen (lesen, mit Deutschen reden, grammatische Übungen ausführen, Erläuterungen etc.)?*

---

[4] Klepp, 1996, verweist auf solche Ansätze für die Unterrichtsgestaltung und verdeutlicht, dass bereits unaufwendig durchzuführende Arbeitsschritte zu einem Einbezug des objektiven Sprachbedarfs hinführen können.

- *Welche Tätigkeiten üben Sie häufig in Ihrer Muttersprache aus (z.B. Briefe schreiben, Literatur lesen, Spielfilme ansehen, Nachrichten hören etc.)?*[5]

Die Ergebnisse dieser Befragungen wären in den Unterricht so einzubeziehen, dass den Lernenden deutlich wird, an welchen Stellen ihr „subjektiver" Deutschlernbedarf aufgegriffen wurde. Methodisch ist hier an die Überlegungen zum Lernen mit Erwachsenen anzuknüpfen (siehe dazu den Abschnitt „Pädagogische Anforderungen", S. 17, und im Anhang 2, S. 24, den Fragebogen „Was möchten Sie im Sprachunterricht lernen", der sich allerdings auf den berufsorientierten Deutschunterricht bezieht. Siehe auch http://www.spz.tu-darmstadt.de/projekt_ejournal/jg-07-2/beitrag/schlak1.htm).

Des Weiteren bietet die Tatsache, dass der Unterricht in deutschsprachiger Umgebung stattfindet, die allgemeine Verkehrs- (und Bildungs-)Sprache Deutsch ist, vielfältige Möglichkeiten, die Lernenden zu motivieren, ihren Sprachbedarf subjektiv und objektiv zu differenzieren: Der Unterricht sollte demzufolge die Lernenden aktivieren, ihre Umgebung zielgerichtet im Hinblick auf die deutschsprachigen Anforderungen zu beobachten. Dies kann geschehen, indem fest umrissene Fragen zur Situation außerhalb des Unterrichts selbstständig (einzeln oder in Gruppen – aber durchaus ohne Lehrkraft) recherchiert werden, Fragen wie z.B.:

- *Was lesen Sie in Deutsch? Was lesen Sie in der Muttersprache?*
- *Welche Texte begegnen Ihnen unterwegs von zu Hause zum Kurs?*
- *Wie viele Personen/Familien wohnen in Ihrem Haus?*
- *In welchen Sprachen sprechen Sie mit wem? Wie oft? Wie gern?*
- *….*

In tabellarischer Form könnte die Befragung z.B. so aussehen:

Tabelle 2:

In welcher Sprache?			
	Das mache ich in meiner Muttersprache.	Das mache ich auf Deutsch.	Das mache ich nie.
Ich spreche mit meiner Familie.			
Ich singe.			
Ich sehe fern.			
Ich lese Romane.			
Ich schreibe Protokolle.			
Ich spreche mit Freunden in meiner Freizeit.			
Ich erkläre anderen Leuten etwas.			
Ich höre/sehe Nachrichten.			

[5] Ein gründlich ausgearbeiteter Fragebogen zur „Bedürfnisanalyse" von Deutsch-als-Fremdsprache-Lernenden findet sich in Goethe-Institut, 1996, Teil D: Anhänge S. 115–120). Sehr detaillierte Hinweise – vor allem zu Fragen der Selbsteinschätzung – bieten die Umsetzungen zu Sprachenportfolios, zu empfehlen hierzu: Verein Projekt Integrationshaus 2005, http://www.integrationshaus.at (04.05.2006).

Ich lese Fachbücher.			
Ich telefoniere.			
Ich schreibe Gedichte/Geschichten.			
Ich spreche mit Kollegen.			
Ich schreibe Briefe.			
Ich schreibe SMS.			

(vgl. *Sicherlich sozialversichert* (Arbeitssprache Deutsch), 1998, S. 81)

Durch die Bearbeitung solcher Fragen gewinnt zum einen die Lehrkraft Einblicke in den subjektiven Sprachbedarf der Lernenden, zum anderen überprüfen diese selbst aufgrund ihrer Recherchen und aufgrund der Auswertung ihrer Ergebnisse im Unterricht, wie weit ihre Lernbedürfnisse mit dem objektiven Zweitsprachbedarf in Einklang stehen; sie können so ihre Motivation beim Erlernen der deutschen Sprache überprüfen und ihre Ansprüche an den Unterricht präziser formulieren.

Aufgabe 5

Erstellen Sie Fragen an die Lernenden für die zwei Handlungsfelder, für die Sie den objektiven Sprachbedarf in einer Liste zusammengefasst haben (siehe Aufgabe 2): Die Fragen müssen möglichst konkret gefasst sein; sie sollen von den TeilnehmerInnen beantwortet werden können und sollen geeignet sein, die Aufmerksamkeit der LernerInnen auf klar definierte → Fertigkeiten (Sprechen oder Hören oder Schreiben oder Lesen) zu lenken.

3.2.3 Erkundungsspiele

Das „Erkunden" der deutschsprachigen Umgebung, das Aktivitäten außerhalb des Unterrichtsraums erfordert, eignet sich nicht nur zur Konkretisierung des subjektiven Sprachbedarfs. Die „Erkundungs-" oder auch „Untersuchungsspiele" sind im engeren Sinne keine Spiele, sondern eine Verfahrensweise im Unterricht, die versucht, die deutschsprachige Umgebung in den Unterricht hineinzutragen; spielerisch ist dieses Verfahren aber deshalb, weil die „Untersuchungen" nicht unbedingt einen ernsten Hintergrund haben müssen und weil die „Untersuchungsmethode" weitgehend den LernerInnen überlassen werden sollte.

© Coşkun Demirok

Erkundet werden kann eigentlich alles, was irgendwie im Unterricht von Interesse sein kann, z.B.: Zugabfahrtzeiten, Öffnungszeiten von öffentlichen Einrichtungen, Preise von bestimmten Waren an unterschiedlichen Orten usw. Interessanter ist es für viele LernerInnen aber häufig, wenn verschiedene – richtige – Antworten möglich sind, z.B.:

- *Wie viele Frauen, wie viele Männer sitzen in der X-Straße innerhalb von einer halben Stunde am Steuer eines vorbeifahrenden Autos?*
- *Wie lange dauert es mit der Straßenbahn, um von X nach Y zu kommen? Wie lange dauert das zu Fuß?*

- *Wie viele Kunden hat der Supermarkt in der ABC-Straße am Vormittag in einer Stunde, wie viele am Nachmittag?*
- *Mit welchen Worten äußern Kunden in einer Bäckerei ihre Wünsche?*
- *Wie weit entfernt von Ihrer Wohnung ist der nächste Kinderarzt/der nächste Frauenarzt?*
- *Wie viele ausländische Kinder sind in der Hauptschule XY? Wie viele deutsche, wie viele ausländische Kinder sind im Gymnasium XY?*

Aufgabe 6

Finden Sie drei Fragen, an deren Beantwortung die LernerInnen vermutlich interessiert sind. Überlegen Sie für alle drei Fragen,

1. mit welchen Aktivitäten die LernerInnen die Fragen beantworten können: z.B. „etwas aufschreiben", „eine Person (welche?) fragen", „mit jemandem (mit wem?) telefonieren",
2. welche Fertigkeiten die LernerInnen zur Beantwortung der Fragen vermutlich benötigen: z.B. „gezielt zuhören", „etwas konzentriert zählen", „etwas abschreiben" usw.

Tabelle 3:

Fragen	Aktivitäten	benötigte Fertigkeiten

Je nach Ziel und Fragestellung sind den Lernenden für die Bearbeitung und die erforderlichen Arbeitsschritte Zeiträume zur Verfügung zu stellen, d.h. es handelt sich hierbei um Aufgaben, die überwiegend nicht direkt im Unterricht auszuführen sind. Die Aufgaben können grundsätzlich auf zwei verschiedene Arten gelöst werden:

- Die LernerInnen überlegen gemeinsam, wie sie die Frage lösen wollen; mehrere Personen werden dann beauftragt, die Antwort einzuholen.
- Je zwei oder drei TeilnehmerInnen erhalten eine Aufgabe; sie bestimmen unter sich, wie sie vorgehen wollen, um die Antwort zu erhalten. Die möglicherweise verschiedenen Lösungswege und Ergebnisse werden später den anderen Gruppen vorgetragen und miteinander verglichen: Wer hat mehr Zeit gebraucht, wessen Ergebnis ist genauer? Wie wurde das Ergebnis erreicht?

Wie die Lernerinnen zu den Ergebnissen kommen, ist zunächst nicht wichtig: So können sie, um z. B. herauszufinden, wie viele Kunden der Supermarkt hat, entweder selbst zählen, oder den Filialleiter oder eine Verkäuferin fragen oder sich bei diesen telefonisch erkunden oder Bekannte bitten, sich zu erkundigen ... Sie können z.B. auch, wie im folgenden Beispiel, herausfinden, aus welchen Ländern Produkte kommen.

24 **Im Supermarkt – Notieren Sie.**

Was kostet ...? Was kosten ...?

1 Pfund Butter	......*kostet*......	....	1 Liter Milch	....	....
2 Kilo Äpfel	....	....	1 Flasche Apfelsaft	....	....
8 Tomaten	....	....			

Woher kommen die Produkte?

Kartoffeln	aus:	Äpfel	aus: ....
Tomaten	aus:	Bananen	aus: ....

Welche Wörter brauchen Sie noch im Supermarkt? Suchen Sie im Wörterbuch. Notieren Sie 5 neue Wörter und zeichnen Sie.

Wurst

Spaghetti

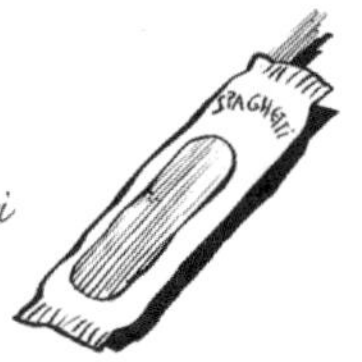

Abb. 5: *Schritte 1*, 2003, S. 91

Bei allen diesen Aufgabenstellungen muss die Lehrkraft selbstverständlich genau überlegen, was den LernerInnen zugemutet werden kann, ob diese z.B. den Unterrichtsraum während des Unterrichts verlassen oder die Erkundung besser nach dem Unterricht machen (quasi als „Hausaufgabe", wenn der Ort, den sie aufsuchen wollen, zu weit entfernt vom Unterrichtsraums liegt). Zu vermeiden ist, dass man die Teilnehmenden in Schwierigkeiten bringt. Ggf. sollte das Projekt mit dem Supermarkt etc. abgesprochen werden.

Man kann auch langsam auf solche Aufgaben vorbereiten, indem z.B. zunächst Schätzungen von den LernerInnen erfragt werden. Die genaue Antwort ermittelt dann die Lehrkraft, indem sie z.B. bei der in Frage kommenden Stelle anruft oder im Internet recherchiert; die Antwort wird dann mit den Schätzungen verglichen.

Ein besonderer Reiz dieses Verfahrens liegt darin, dass die LernerInnen oft fragen: „Wie kann ich das auf Deutsch sagen?". Oder dass sie ihre Ergebnisse nicht genau verstehen und deshalb nachfragen: „Was bedeutet ‚Montag Ruhetag'"? Außerdem ergibt die Auswertung über die verschiedenen Lösungswege Hinweise für die LernerInnen, wie bestimmte Probleme gelöst werden können, ohne allzu großen Aufwand zu betreiben, wie viele Wege man sich z.B. ersparen kann, wenn man das Telefon benutzt. (Mehr zu diesem Thema erfahren Sie im Studienbrief „Projekte im DaZ-Unterricht").

4 Sprache erwerben, lernen, lehren

Wie funktioniert das eigentlich: Eine Sprache lernen? Vorausgeschickt sei hier, dass es keine einheitliche Theorie zum Spracherwerb gibt. Noch verfügen wir trotz aller Diskussionen, die zur Klärung dieser Frage geführt wurden und werden, hauptsächlich über Kenntnisse zum Erwerb der Muttersprache. So wissen wir z.B., dass in den verschiedenen Entwicklungsphasen – vom Säugling angefangen über das Kleinkind bis ins Jugendlichenalter hinein – die „Muttersprache" vor allem am Anfang im Austausch mit den emotional am nächsten stehenden Angehörigen und zunehmend auch mit den SprecherInnen der allgemeinen Umgebungssprache „quasi natürlich erworben" wird. Es ist dabei aber sicher hilfreich, wenn ab einem gewissen Alter (im Allgemeinen mit dem Eintritt in die Schule) *auch* kognitiv über die Strukturen der Sprache nachgedacht wird. Eine Voraussetzung zum relativ „richtigen" Sprechen der Muttersprache ist es aber offensichtlich nicht, dass man bewusst die Struktur der Sprache parallel dazu erlernt. Man muss als deutscher Muttersprachler nicht „wissen", dass es Genera, d.h. im Singular drei Artikel für Nomen gibt, dass „die Sprache" feminin ist und dass im Akkusativ (den das Verb „lernen" verlangt) der unbestimmte Artikel „eine" ist – und weiß trotzdem, dass der Satz: „ Ich lerne gerne einen neue Sprache" falsch ist.

Wir wissen auch, dass manche Kinder nicht nur eine Sprache im Kindheitsalter „richtig" erwerben, sondern zwei oder gar mehrere. Abhängig ist dies offensichtlich von der Sprachumgebung und von der emotionalen Bindung an die „anderen" Sprachen: So haben z.B. viele Kinder in den Haushalten wohlhabender „Immigranten" in Kolonialstaaten sowohl die „Muttersprache" (die Sprache ihrer Eltern) als auch die Sprache ihrer Umgebung (oft die Sprache ihrer „Nannys" und der Bediensteten im Haus) quasi naturwüchsig erworben. Sie wuchsen bilingual oder auch mehrsprachig auf. Interessant sind hier auch Beobachtungen bei Kindern, die das Land ihrer „Muttersprache" im Alter von sieben bis acht Jahren verlassen haben und dauerhaft in einem Land mit einer anderen Sprache leben und die manchmal gänzlich ihre Muttersprachenkenntnisse „verlieren" und deren Kenntnisse in der „neuen" Sprache muttersprachliche Qualität gewinnen.

Aufgrund dieser Beobachtungen lässt sich zumindest für Kinder festhalten: Durch direkte Anwendung kann eine Sprache offensichtlich auch ohne explizite Strukturkenntnisse erlernt werden. Je intensiver der sprachliche Austausch erfolgt, um so „natürlicher" entwickeln sich die Fähigkeiten. – Im Gegenschluss kann man aber auch sagen, dass viele Immigrantenkinder vor ihrer Einschulung kaum Deutschkenntnisse erwerben, weil ihnen der direkte Kontakt mit der deutschen Sprache fehlt. Die These, dass MigrantInnen sich aufgrund der Migration in einem „Sprachbad" befinden, erhält angesichts von so genannter „Ghettobildung" vielerorts zumindest ein Fragezeichen.

4.1 Das Sprachbad

Das Sprachbad wird häufig als eine sehr günstige Voraussetzung beschrieben, um quasi naturwüchsig Zugang zu der neuen, der anderen Sprache zu finden. Im Fremdsprachenunterricht insbesondere mit Kindern, aber auch mit Erwachsenen (vor allem mit Soldaten im ersten und im zweiten Weltkrieg) wurde das „Eintauchen" in die Sprache zu einer eigenständigen Methode entwickelt.

> „Immersion (engl. to immerse = eintauchen), auch Sprachbad genannt, ist eine Methode, eine Fremdsprache zu vermitteln, bei der die Sprache völlig natürlich für die Beschäftigung mit der Umwelt eingesetzt wird. Der Begriff verdeutlicht das Prinzip: Das Kind taucht in eine Welt ein, in der alles in einer anderen Sprache passiert" (*http://www.gifil.de/immersivelearning/wasistimmersion.htm*, 20.04.2006).

Mit Einschränkungen lässt sich nachweisen, dass auch bei Erwachsenen die Qualität des Spracherwerbs durch die Intensität des Sprachkontakts beeinflusst wird. Naiverweise herrschte in Deutschland bezüglich der „GastarbeiterInnen", die ab Mitte der 1950er Jahre als junge Erwachsene nach

Deutschland kamen, die unausgesprochene Erwartung vor, dass sie quasi naturwüchsig die deutsche Sprache erlernen würden. Erst Ende der 1960er, Anfang der 1970er Jahre, also nach Ablauf des ersten Jahrzehnts expansiver Anwerbung und Beschäftigung ausländischer Arbeitskräfte in der Bundesrepublik Deutschland, begannen erste Diskussionen zur institutionellen Unterstützung des Deutscherwerbs der „Wanderarbeitskräfte“. Die „Naturmethode“ oder die → „Immersion“ funktionierte offensichtlich nicht.

Aufgabe 7

Tauschen Sie sich über Faktoren aus, die Ihrer Meinung nach bewirken, dass die MigrantInnen nicht oder nicht hinreichend allein durch den Austausch mit ihren NachbarInnen und/oder KollegInnen Deutsch lernen.
Lesen Sie dazu auch die Texte „Mehmets Rede vor der Einbürgerungsbeamtin“ (Anhang 3, S. 25) und *Gastarbeiterdeutsch – eine Textverständnisübung* (Anhang 4, S. 26).

4.2 Spracherwerb und Sprachlernen

Der Unterschied zwischen dem (ungesteuerten) „Spracherwerb“ und dem (gesteuerten) „Sprachlernen“ lässt sich folgendermaßen charakterisieren (vgl. Krashen/Terrell, 1983, S. 27 – Übers. d. Autorin):

Tabelle 4:

Spracherwerb	**Sprachlernen**
ähnlich dem Erwerb der ersten Sprache beim Kind	formale Kenntnisse der Sprache
„Aufsammeln“ der Sprache	„Wissen über“ eine Sprache
unbewusst	bewusst
implizite Kenntnisse	explizite Kenntnisse
formaler Unterricht hilft nicht weiter	formaler Unterricht hilft weiter

Obwohl der Zweitsprachen-Unterricht in der Regel „lerngesteuert“ ist und nicht „erwerbsgesteuert“, ist es möglich und sinnvoll, den Spracherwerb im institutionalisierten Unterricht zu unterstützen (Ebert/Hawk, 2006).

Mit anderen Worten: Der kognitive Sprachlernprozess kann und soll – mehr als im Fremdsprachenunterricht – im Zweitsprachenunterricht die implizit erworbenen Kenntnisse, die vor, neben und nach dem „eigentlichen“ Unterricht „ungesteuert“ – und manchmal auch fehlerhaft – erworben werden, aufgreifen und dazu beitragen, diese Prozesse zu steuern. Der Unterricht kann gezielt dazu beitragen, dass die Möglichkeiten des „Sprachbads“ genutzt werden, die sich durch die besondere Sprachsituation in der Migration bieten, und Strategien entwickelt werden, um auch nach dem Besuch von Deutschkursen diese Sprachsituation effektiv zu nutzen.

Eine Didaktik für DaZ hat zu berücksichtigen, dass der Lernprozess in der zielsprachigen Umgebung stattfindet und auch außerhalb des Unterrichts erfolgt. Die LernerInnen müssen bereits erworbene Kenntnisse aktiv einbringen können und dabei unterstützt werden, auch außerhalb des Unterrichts ihre Kenntnisse zu erweitern. Es sollte gerade Ziel des Deutschunterrichts sein, dass die Lernenden Strategien erwerben und einüben, um sich in dieser komplexen sprachlichen Realität zurechtzufinden. Einen Weg zur Entwicklung einer solchen Strategie weisen z.B. die „Erkundungsspiele" (siehe S. 12).

5 Pädagogische Anforderungen: Erwachsenenbildung

Zu fragen ist, ob und wie die Gestaltung des Deutschunterrichts allen Lernenden und Lehrenden den Raum gewährt, der es ihnen ermöglicht, ihre Erfahrungen und Perspektiven produktiv in den Lernprozess einzubeziehen. Mit dem Konzept des interkulturellen Lernens rückt in erster Linie der Unterrichtsdialog Lerner/Lerner und Lehrer/Lerner – die Mikrodidaktik – in das Zentrum der Betrachtung, wobei die Hervorhebung des „Interkulturellen" die – leider oft vergessene – Überlegung akzentuiert, dass die Migration für alle MigrantInnen oft noch über drei Generationen hinweg ein bedeutender Sozialisationsfaktor ist.

Es geht darum, die vorliegenden Konzepte zum Unterricht mit Erwachsenen konsequent in Bezug auf die Migrationsbedingungen zu präzisieren bzw. zu konkretisieren. Hervorzuheben sind diesbezüglich für die hier interessierenden Fragestellungen die Konzepte

- Teilnehmerorientierung,
- Methodenkompetenz,
- Interaktion und Identität,
- Sozialisation und Lernen.

5.1 Teilnehmerorientierung

Das Konzept der → Teilnehmerorientierung als Partizipation im Unterrichtsgeschehen zielt darauf, die Erfahrungen und Kompetenzen der TeilnehmerInnen positiv in den Lehr-/Lernprozess einzubeziehen, d.h., dass Raum für Diskussionen, Erfahrungsaustausch und selbstständiges Arbeiten vorgesehen wird.

Ein solches Vorgehen setzt voraus, dass die bereits vorhandenen Kompetenzen der Lernenden anerkannt und – mit Unterstützung der Lehrkräfte oder zunehmend als eigenständiger Lernprozess – fortentwickelt werden. Eine Schwierigkeit bei der Bildungsarbeit mit ausländischen Erwachsenen ist das weitverbreitete Ignorieren der bereits erworbenen Kompetenzen von ausländischen Lernenden. Ihre Bilingualität und ihre Bikulturalität sind in Deutschland bisher kaum gefragt und werden auch nicht hinreichend als Kompetenzen wahrgenommen, die für den Lehr-/Lernprozess nutzbar gemacht werden können. Qualifikationen und Kompetenzen, die evtl. im Herkunftsland erworben, hier aber nicht anerkannt oder nicht unmittelbar verwertbar sind, werden unzureichend oder überhaupt nicht in den Lehr-/Lernprozess einbezogen.

BildungsplanerInnen und -beraterInnen sowie die Lehrkräfte sind hier gefordert, Verfahren zu entwickeln, die den ausländischen Teilnehmenden in der Weiterbildung Raum für die „Veröffentlichung", die Anwendung ihrer Kompetenzen, ihres Könnens und ihrer Kenntnisse – zunächst in der Unterrichtsöffentlichkeit – geben, d.h. es sind Verfahren zu erproben, mit deren Hilfe alle Lernenden das bisher Gelernte nicht nur *nicht* beiseite legen, nicht vergessen sollen, sondern im Gegenteil soll auch das Wissen aktiviert werden, über das – weil es bisher kaum benötigt wurde und oft schon sehr lange Zeit brachliegt – nicht mehr ohne Weiteres verfügt werden kann.

Um diesen persönlichen Bedürfnissen entsprechen zu können, erscheint es für den Kursleiter wichtig, mehr über die Lebenswelt, die Biographie, die Probleme und Deutungsmuster der Teilnehmer zu erfahren. Häufig sind die Teilnehmer auch bereit und interessiert, über sich zu erzählen. Dennoch und gerade deshalb ist vom Kursleiter eine besondere psychosoziale Sensibilität gefordert:

1. Er muss gleichsam für ‚vertrauensbildende Maßnahmen' sorgen, damit die Teilnehmer über ihre Hoffnungen und Ängste sprechen und auf Verständnis der Gruppe rechnen können.

2. Er muss die persönlichen Berichte ständig thematisch ‚rückkoppeln', d.h. auf das Thema beziehen, damit sie auch für die anderen Teilnehmer lerneffektiv und ergiebig bleiben.

3. Er (und die Gruppe) darf nicht aufdringlich werden, wenn ein Teilnehmer in Ruhe gelassen werden will und (noch) nichts von sich selbst preisgeben möchte.

4. Er muss über das Geschick verfügen, Teilnehmer zu ‚bremsen', die ständig und ausführlich ihre Lebensgeschichte erzählen und die Gruppe langweilen.

Wichtig ist auch eine Analyse des ‚Ist-Standes' in der Gruppe: Was wissen die Teilnehmer bereits? Mit welchen Motiven und Problemlagen nehmen sie teil? Welche Deutungsmuster und Lernbarrieren sind vorherrschend? Welche Teilnehmer sind Experten auf Teilgebieten? Zur Teilnehmerorientierung gehört aber auch, dass der Kursleiter offen ist, indem er z.B. seine eigenen Interessen äußert und auch begründet, warum er bestimmte Fragestellungen für wichtig hält, die den Teilnehmern vielleicht noch fremd sind.

(Siebert, o.J.)

Aufgabe 8

Suchen Sie sich eine der vier im Zitat genannten Anforderungen aus. Wie können Sie sich auf diese Anforderung vorbereiten? Mit Hilfe welcher Verfahren im Unterricht können Sie auf diese Anforderung eingehen? Prüfen Sie z.B., inwieweit die Sprachbedarfsermittlung (Punkt 3.2 dieses Studienbriefs) die Berücksichtigung der genannten Anforderungen unterstützt. ....

....

....

5.2 Methodenkompetenz

Die „Veröffentlichung" der bereits vorhandenen Kompetenzen und Qualifikationen erfordert nicht zuletzt, dass möglichst vielfältige methodische Verfahren zur Vermittlung des „Lernstoffs" eingesetzt werden. Nur so können die TeilnehmerInnen – und die Lehrkräfte – eruieren, welche Formen des Lernens die Lernprozesse der einzelnen LernerInnen besonders unterstützen. Ohnehin wird der

Entwicklung von → Methodenkompetenz in der Erwachsenbildung heute eine hohe Bedeutung zugemessen.

Der Begriff Methodenkompetenz zielt auf die Fähigkeit, sich das, was neu erlernt bzw. eingeübt werden soll, möglichst effektiv, auf geschickte Weise (Methode) anzueignen. Die Methodenkompetenz ist demzufolge immer an die Inhalte des zu Erlernenden bzw. an das Einzuübende gebunden. Beim Lernen bzw. Einüben - z.B. durch die Bearbeitung von Aufgaben - erwerben die Lernenden nicht „nur" fachliche Kenntnisse und Fertigkeiten, sondern entwickeln und erproben auch immer ihre Arbeitsweisen durch das Anwenden der unterschiedlichen Techniken und Verfahren: Wer z.B. eine bestimmte Adresse in einem Stadtplan sucht, erfährt nicht nur etwas über die Lage der Adresse, sondern verbessert immer auch seine Fertigkeit, einen Plan zu lesen (vgl. *http://de.wikipedia.org/wiki/Methodenkompetenz*, 18.06.2006). Der DaZ-Unterricht sollte die Methodenkompetenz fördern, indem er möglichst vielfältige methodische Verfahren nutzt und z.B. die bewusste Auseinandersetzungen mit Lernstrategien anregt.

Mit Blick auf die anzustrebenden Relativierungen der Wahrnehmungsmuster und Stereotype sind vor allem auch Methoden bei der Vermittlung einzusetzen, die nicht oder wenigstens nicht überwiegend hohe Kompetenzen in der deutschen Sprache bereits voraussetzen, sondern auch nonverbale Fähigkeiten zum Ausdruck kommen lassen: Ein Umgang mit Werkstoffen nach künstlerisch-ästhetischen Kriterien mag z.B. auch aufgrund dieser Kriterien zu erproben sein; ohnehin zielt der Einsatz entsprechender Methoden auf die Förderung von Kreativität, also einer Schlüsselqualifikation. Aber auch weniger „spektakuläre" methodische Vorgehensweisen bieten „Entlastungen" von den überwiegend deutschsprachigen – und zudem oft textlastigen – Anforderungen und gründen auf der für Lehr- und Lernprozesse wichtigen Erkenntnis, dass verschiedene „Lerntypen" (und damit werden nicht nur verschiedene Lernpräferenzen der nicht-deutschen Lernenden thematisiert) auf unterschiedliche Zugänge zum Lernen angewiesen sind. Methodische Verfahren, die möglichst vielfältig neben der Sprache auch die anderen Sinne in den Lernprozess einbeziehen, bieten sich hier an.

Aufgabe 9

Sammeln Sie Unterrichtsideen zum Thema „Sich vorstellen" mit jeweils drei verschiedenen methodischen Zugängen:

- erlebnisorientiert,
- visuell,
- selbstlernorientiert.

5.3 Interaktion und Identität

Die Interaktionsprozesse beeinflussen die Lehr- und Lernleistungen in Lerngruppen erheblich. Die Interaktions- und Kommunikationsprozesse berühren neben der Sachebene immer auch die Beziehungsebene der Handelnden. Innerhalb einer Lerngruppe müssen Interaktionsregeln praktiziert werden, die es zulassen, die real vorhandenen Verschiedenheiten der einzelnen TeilnehmerInnen zu akzeptieren und so weit wie möglich für den Lernprozess zu aktivieren. Voraussetzung hierfür ist ein Akzeptieren der Verschiedenheiten, d.h. in erster Linie ein „Zur-Kenntnis-Nehmen" dieser Verschiedenheiten, ohne sie vorschnell zu bewerten oder zu beurteilen.

Für jeden Einzelnen muss eine für ihn akzeptable Rollenfunktion gefunden werden; Fremd- und Selbstbild dürfen nicht zu weit auseinanderklaffen. Es ist wichtig, besonders wach für mögliche Missverständnisse zu sein. Missverständnisse, die nicht erkannt werden, können nicht ausgeräumt werden und so die Interaktion erheblich behindern. Insbesondere die Außenwahrnehmung von Personen, die sich im Deutschen häufig fehlerhaft und wenig differenziert artikulieren, führt allzu oft zu der Einstellung, sie insgesamt als „inkompetent in Sachen Sprache“ einzuschätzen.

Vor allem im Kontext von Identität ist des Weiteren herauszustreichen, dass Identifikationsangebote durch Lehrende positive Effekte auf die Lernprozesse von Lernenden in den Deutschkursen mit sich bringen können.

Aufgabe 10

Wie können Sie sich und die Lernenden auf diese Anforderung gezielt vorbereiten? Diskutieren Sie diesbezüglich die im Folgenden genannten Ansätze:

Tabelle 5:

Die Lehrkräfte sprechen die Namen der Lernenden in deren Sprache korrekt aus.	⟷	Die Lehrkräfte geben allen Lernenden deutsche bzw. deutsch klingende Namen.
Alle Lernenden werden dazu angeregt, ihre Sprachen mit der deutschen Sprache zu vergleichen (in der Regel finden sich in den Kursen Personen sehr verschiedener Muttersprachen zusammen).	⟷	Es darf im Unterricht nur Deutsch gesprochen werden.
„Redemittel“, die die Lernenden dabei unterstützen, Missverständnisse zu thematisieren (z.B.: „Ich kenne das aber anders“. „Ich muss da mal nachfragen, ob ich das verstanden habe.“), werden gezielt eingeübt.	⟷	Die Lehrkräfte sind die Instanz für „richtig“ und „falsch“.
Es werden gezielt Lehrkräfte in den Deutschkursen eingesetzt, die selber über Migrationserfahrungen verfügen oder die in Familien mit Migrationserfahrungen aufgewachsen sind.	⟷	Es dürfen nur Deutsch-MuttersprachlerInnen als Lehrkräfte tätig werden.

5.4 Sozialisation und Lernen

Als wichtige Sozialisationsinstanzen von Erwachsenen sind Arbeit und Beruf – und zunehmend in den modernen Gesellschaften leider auch Arbeitslosigkeit – zu nennen, die erhebliche Auswirkungen auf die Identität und die Persönlichkeitsstruktur haben. TeilnehmerInnen an Bildungsmaßnahmen, die z.B. lange Zeit unter rigiden Bedingungen arbeiteten, Bedingungen, die wenig Handlungsspielräume zur Persönlichkeitsentfaltung bieten, haben erfahrungsgemäß Schwierigkeiten, wenn „plötzlich“ von ihnen brachliegende Fertigkeiten oder ungewohnte Verhaltensweisen gefordert werden, wie Kreativität, eigenständiges Urteils- und Denkvermögen, Initiative, Planungs- und Organisationsfähigkeit. AusländerInnen haben überproportional genau solche Arbeitsplätze ausgefüllt, in denen diese Fähigkeiten nicht gefragt waren und über Jahre brachlagen.

Bildungsangebote mit Erwachsenen, die über Migrationserfahrungen verfügen, sind in besonderer Weise gefordert, diesem Umstand Rechnung zu tragen. Sie sollten nicht nur der Entwicklung von Lern- und Arbeitstechniken, der Selbstkontrolle des Lernverhaltens und dem Abbau von Selbstunsicherheiten und Versagensängsten einen besonderen Stellenwert geben, sondern auch – als einen weiteren sehr wichtigen Sozialisationsfaktor für Erwachsene ausländischer Herkunft – die Migrationsrealitäten und -erfahrungen in die didaktischen Überlegungen einbeziehen.
Eine gründliche Übersicht über Lehr- und Lernstile als kulturelle Faktoren finden Sie auf der Internetseite von Margarete Payer (Payer, 2001a und 2001b).

Aufgabe 11

Durchsuchen Sie zwei gängige Lehrwerke zum Deutschunterricht mit Erwachsenen, ob und wie sie die folgenden Fragen aufgreifen:

- Wie kann im Unterricht die Entwicklung von Lerntechniken (z.B. Wörterbücher lesen; am PC recherchieren; herausfinden, wann, wo, mit wem man am besten lernen kann) bei den Lernenden unterstützt werden?
- Halten Sie die diesbezüglichen Anregungen in dem Lehrwerk auch für Erwachsene, die selber über Migrationserfahrungen verfügen oder die in Familien mit Migrationserfahrungen aufgewachsen sind, für ausreichend?
- Was würden Sie ersetzen, ergänzen?

Tipp: Schauen Sie zur Beantwortung der Fragen auch das Portal *http://www.lerntechnik.info* an. Mehr zu diesem Thema finden Sie auch im Studienbrief „Lernen lernen im DaZ-Unterricht“.

5.5 Die Rolle der Lehrkraft im DaZ-Unterricht

> „Im teilnehmerzentrierten Unterricht lenken und fördern die Lehrkräfte den Unterricht. Die Rolle ist nicht neu; jahrelang ist darüber geschrieben worden. Der Unterschied ist jedoch, dass die Rolle als Alternative galt, eine unter vielen Rollen, die eine Lehrerin/ ein Lehrer wählen oder zwischen denen er wechseln kann. Beim teilnehmerzentrierten Unterrichten ist die Rolle nicht optional. Unser ständiges Insistieren, dass wir immer im Zentrum der Klassenaktivitäten stehen müssen, setzt alle unsere Versuche, lernerzentriert zu sein, aufs Spiel. Wir müssen aus dem Weg gehen, oft und regelmäßig“ (Weimer, 2002, S. 74, Übers. S.K.).

Deutsch als Zweitsprache hat viel mit der Vorbereitung und Unterstützung von selbstständigen Lernphasen zu tun, und diese Sichtweise prägt auch die Anforderungen an die Rolle von Lehrkräften. Deren Rolle als Wissensvermittler ist hier weniger gefragt als die der „Moderatorin/des Moderators“. Als Moderator/Moderatorin sollte sie – neben der Auswahl/Erstellung von Materialien, dem Formulieren von Aufgaben und Zielen in Abstimmung mit den Eigenschaften und Fähigkeiten der Lernenden – Perspektiven für und mit den Lernenden entwickeln, damit diese die gesetzten Ziele erreichen können. Die Funktionen der Lehrkräfte verschieben sich hin zu den Tätigkeiten „Initiieren von Unterrichtsprozessen“, „Unterstützen des Lernprozesses und Beratung der Lernenden für (zukünftige) Lernschritte“. Dabei müssen die Lehrkräfte die einzelnen Lernenden im Blick behalten, um auftauchende Schwächen oder Schwierigkeiten zu erkennen und durch Hilfestellung oder Beratung kompensieren zu können.

Was nicht unterschlagen werden sollte: Nicht nur die Lernenden, auch die Lehrkräfte haben eine Lebensgeschichte, die sich auf das Unterrichtsgeschehen auswirkt. Eine Lehrkraft z.B., die unter miserablen vertraglichen Arbeitsbedingungen unterrichtet, wird sicherlich ihren Unterricht anders vorbereiten als die, die sich keine Existenzsorgen machen muss. Eine Lehrkraft, die qualifiziert ist und die sich z.B. mit den Lebensbedingungen ihrer Lernenden vertraut gemacht hat oder sich mit anderen Lehrern über ihre Erfahrungen und Schwierigkeiten austauschen kann, wird ihren Unterricht anders gestalten als die Lehrkraft, die ohne diese Kenntnisse unterrichtet. Auch die Einstellung der Lehrkraft zu den Zugewanderten spiegelt sich im Unterrichtsgeschehen wider. Deshalb sollten sich die Lehrkräfte bewusst einige Fragen stellen.

Aufgabe 12

Beantworten Sie sich kurz diese Fragen: Warum unterrichten Sie Zugewanderte? Wobei können/wollen Sie die Lernenden unterstützen? Wollen die Lernenden diese Unterstützung? Verbinden Sie Vorstellungen gesellschaftspolitischer oder emanzipatorischer Art mit der Unterrichtstätigkeit? Sind diese Vorstellungen für die Lernenden erstrebenswert?
(Ein Beispiel, wie Sie die Rolle der Lehrkraft auch im Unterricht thematisieren können, finden Sie im Anhang 5 auf S. 27.)

Die Lehrkraft hat, ob sie das nun will oder nicht, innerhalb des Kursgeschehens eine exponierte Stellung. Sie ist die einzige Person unter den Anwesenden, die für die Zeit des Unterrichts eine Bezahlung erhält, was ihr übrigens auch die Funktion einer/eines Dienstleistenden gibt. Sie bestimmt – auch in der Rolle der Moderatorin/des Moderators – mehr als die anderen Beteiligten, was konkret im Unterricht passiert. Sie ist auch exponiert, weil sie die Urteilsinstanz für „richtig" und „falsch" ist, und zwar sowohl in Bezug auf die Zielsprache *als auch* in Bezug auf die sozialen und rechtlichen Konventionen in der Bundesrepublik. Und sie ist exponiert, weil sie der Bezugspunkt für die Kontinuität des Unterrichts ist: Wenn ein/e TeilnehmerIn fehlt, ist dies unerfreulich; wenn die Lehrkraft fehlt, fällt der Unterricht für alle aus.

Während die Lehrkraft sich in ihrem auch mündlichen Sprachverhalten eher an einem „elaborierten Code", an der Schriftsprache ausrichtet, orientieren sich möglicherweise viele der ZuwanderInnen an der Umgangssprache und verkehren außerhalb des Unterrichts eher mit deutsch sprechenden Nachbarn und Kollegen, deren Deutsch dem „restringierten Code" zugeordnet werden kann.

Lehrkräfte sollten sich zumindest mit diesen neuen Rollen beschäftigen: Sie müssen sich mit dem teilweisen Verlust ihrer Funktion als Wissensvermittlerin/Wissensvermittler auseinandersetzen und die Lernenden und deren Wissen, deren Erfahrungen und deren Fähigkeiten in das Unterrichtsgeschehen einbeziehen.

6 Für Ihren Unterricht

Anhang 1

Warum wollen wir Deutsch lernen?

weil wir hier leben,
um unsere Probleme selbst zu erklären,
um einzukaufen,
für den Arzt,
um eine Flugkarte zu kaufen,
um eine Arbeitserlaubnis zu beantragen,
um eine Arbeit zu suchen,
um zur Reinigung zu gehen,
um mit der Nachbarin zu sprechen,
um das Fernsehen zu verstehen,
um eine Zeitung und Illustrierte zu lesen,
um Recht zu bekommen,
um mit den Lehrern der Kinder zu sprechen,
um einen Kindergartenplatz zu suchen,
um in der Gewerkschaft zu sprechen.

um deutsche Lieder zu verstehen,
um den Führerschein zu machen,
um bei der Bank Geld zu bekommen,
um eine Wohnung zu finden,
um die Polizei zu verstehen,
um in eine Diskothek zu gehen,
um ins Theater, Kino oder Gasthaus zu gehen,
um einen Freund zu finden,
um an einer Konferenz teilzunehmen,
um mit den Arbeitskollegen zu sprechen,
um Verkäuferin zu werden,
um zu telefonieren,
um den Hausmeister zu verstehen,
um mit dem Chef zu sprechen,

(Antworten der Lernenden auf die Frage, warum sie Deutsch lernen wollen, in einem Kurs mit türkischen Frauen)

Anhang 2

1 **FRAGENKATALOG ZUM SPRACHERWERB**

Ein Fragenkatalog zum Spracherwerb muss dem Sprachstand der Lerngruppe angepasst werden. Einige Beispiele:

Was möchten Sie im Sprachunterricht lernen?

Sie nehmen jetzt an einem berufsorientierten Sprachkurs teil. Warum nehmen Sie an diesem Sprachkurs teil?
Sprachunterricht: Was möchten Sie verbessern?

Sprechen: Ich möchte besser sprechen können. Beispiel für eine Situation:

Wie wichtig ist das? sehr wichtig – nicht wichtig

1	2	3	4	5

Lesen: Ich möchte Texte besser verstehen können. Beispiel für eine Situation:

Wie wichtig ist das? sehr wichtig – nicht wichtig

1	2	3	4	5

Hören: Ich möchte Gespräche besser verstehen können. Beispiel für eine Situation:

Wie wichtig ist das? sehr wichtig – nicht wichtig

1	2	3	4	5

Schreiben: Ich möchte besser schreiben können. Beispiel für eine Situation:

Wie wichtig ist das? sehr wichtig – nicht wichtig

1	2	3	4	5

Grammatik: Ich möchte die Grammatik besser beherrschen. Mir fehlt Grammatik in folgenden Situationen:

Wie wichtig ist das? sehr wichtig – nicht wichtig

1	2	3	4	5

Wortschatz: Ich möchte mehr Wörter kennen. Mir fehlen Wörter in folgenden Situationen:

Wie wichtig ist das? sehr wichtig – nicht wichtig

1	2	3	4	5

Aufwand:
Wie viel **Zeit** können und wollen Sie für die berufsorientierten Sprachkurse aufbringen?

Abb. 6: Krekeler, 1999, S. 78

Anhang 3

Mehmets Rede vor der Einbürgerungsbeamtin

Vor siebenundzwanzig Jahren kam ich nach Deutschland ... Ich spreche nicht besonders gut Deutsch. Es ist aber normal. Es gab keinen Deutschkurs neunhundert Meter unter Tage im Ruhrgebiet, um „richtig“ Deutsch zu lernen.

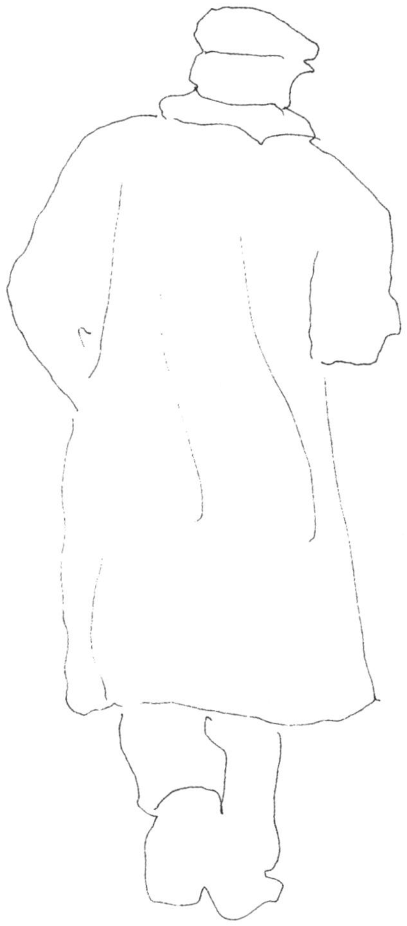

Als ich auf den Werften von Hamburg bis zur Taille im Wasser Grundschweißen an den Schiffen machte, hat man keinen Deutschkurs angeboten. Wenn Sie in Stuttgart am Fließband arbeiten und auf dem Band Autos laufen, können Sie nicht Deutsch lernen, sondern bemühen sich nur, im Akkord zu arbeiten.

Sagen Sie mir nie „Sie hätten aber nach Feierabend lernen können“ ... Wenn man den ganzen Tag unter der Erde Kohlen herausholt, wenn man bis zur Taille im Wasser schweißt und wenn man sich bemüht, die unbarmherzige Geschwindigkeit der Fließbänder einzuhalten, möchte man nach der Arbeit nur etwas essen und schlafen ...

Sie fallen wie ein Stein ins Bett. Sie werden jeden Tag noch etwas erschöpfter wach ...

Seit siebenundzwanzig Jahren habe ich die Kohlen dieses Landes herausgeholt, an den Schiffen geschweißt und Autos produziert. Was die Meister und Vorarbeiter mir gesagt haben, habe ich verstanden und erfüllt. Also ich kann die Sprache dieses Landes, wie sie von mir verlangt wird und wie ich sie brauche. Ich habe siebenundzwanzig Jahre lang Steuern bezahlt. Ich kenne die Adresse vom Sozialamt nicht, weil ich arbeitete und sie nicht benötigte.

Ich kam in einer Zeit, in der dieses Land auf Grund des Krieges noch sehr tiefe und frische Wunden zu heilen hatte. Nun ist dieses Land reich. Sogar sehr reich.

Es beruht auf meinem Fleiß, auf meinem Können und auf meinem unermüdlichen Arbeiten! Ich habe mitgewirkt, mit daran teilgenommen und es mit aufgebaut.

In diesem Land habe ich ein ganzes Leben verbracht. Es wurde zu meiner Heimat. Wenn dieses Land uns das Recht auf Einbürgerung nicht erteilt, nur weil wir nicht genug Deutschkenntnisse haben und die deutsche Sprache nicht ausreichend beherrschen, so wie die, die die deutschen Schulen besuchen, bin ich auf jeden Fall nicht derjenige, der sich schämen sollte! Wer sich im eigentlichen Sinne wirklich schämen muss, diese Frage überlasse ich Ihnen.

(Monolog aus dem Theaterstück: „Grüß Gott, Mehmet“ von Aydin Engin. – Das türkisch-deutsche Stück wurde uraufgeführt vom Theater ulüm, Türkisches Theater Ulm/Neu-Ulm)

Anhang 4

Gastarbeiterdeutsch – Eine Textverständnisübung

Situation: zwei ausländische Putzmänner/-frauen in der Arbeit im Supermarkt, der deutsche Leiter des Geschäfts kommt:

„Nix lesen, putzen, putzen!" Es ist der Leiter des Geschäfts, ein unbeliebter Mann, der allen hier das Leben schwer macht. Besonders uns. Er benutzt Infinitive, wenn er mit uns spricht – es beleidigt mich jedes Mal, genauso wie sein Benehmen uns gegenüber. Bis heute habe ich mich immer beherrscht, aber jetzt weiß ich, dass es zu einem Krach kommt. Ich frage ihn höflich: „Bitte?", als ob ich nicht gehört hätte.

„Du nix lesen, du arbeiten, putzen, putzen", wiederholt er. Ich fühle, wie mein Blut tobt, beiße die Zähne zusammen und suche in meinem Gedächtnis nach den besten Worten. Gleichzeitig sehe ich in seinem Gesicht Triumph, man kann seine Gedanken fast lesen: „Jetzt habe ich euch erwischt." Es vergeht ein kleiner Moment, und ich sage voll konzentriert und so deutlich, wie ich es kann: „Entschuldigen Sie, aber wie Sie selbst sehen können, sind wir mit allem außer der Wurst- und Obstabteilung fertig. Jetzt warten wir, bis das Geschäft zugeschlossen wird. Früher können wir dort nicht putzen!" Überraschung in seinem Gesicht.

Dann fällt mir noch etwas ein, und ich sage ohne nachzudenken: „By the way, if you don't speak German, you can speak English. I understand English."

Schock!

„Was?" fragt er mit gefrorenem Gesicht. Ich lache innerlich: Er spricht also nicht Englisch, und sage langsam: „Ich habe nur gesagt, wenn Sie nicht Deutsch sprechen können, können Sie mit uns Englisch sprechen. Oder", füge ich hinzu, „mit ihr", ich zeige auf Hedvika, „auch Französisch. Und wenn es Ihnen nicht genügt, verstehen wir beide Russisch, ganz zu schweigen von unseren Muttersprachen..."

Seine Übergelegenheit schwindet, es ist, als ob er sich verkleinerte. „Aber ich spreche doch Deutsch" antwortete er zuletzt ganz verwirrt. „Habe ich nicht bemerkt", antwortete ich. „Sie benutzen nur Infinitive, wenn Sie sich mit uns unterhalten. Wie kann ich dann erkennen, dass Sie Deutschsprechender sind?"

(Von Jiri Kral, einem tschechischen Autor in Deutschland.)

Anhang 5

Wer von diesen Menschen ist eine Lehrerin oder ein Lehrer?

Bei wem möchten Sie gerne lernen?

Wer ist eine gute Lehrerin/ein guter Lehrer?

Wer ist eine schlechte Lehrerin/ein schlechter Lehrer?

Warum denken Sie das?

Wie soll Ihr idealer Lehrer sein?

Was halten Sie von diesem Satz?

„Der Lehrer steht im Zentrum des Unterrichts und damit allen im Wege."

Es gibt im Deutschen noch andere Wörter für Lehrer, z. B. Erzieher, Dozent, Professor, Kursleiter, Trainer, Ausbilder. Wo werden diese Wörter benutzt?

Abb. 7: nach *Sicherlich sozialversichert (Arbeitssprache Deutsch)*, 1998, S. 88

7 Glossar

Fertigkeiten: Der Begriff bezieht sich auf das Konzept der vier grundlegenden sprachlichen Fertigkeiten: Hören, Sprechen, Lesen und Schreiben. Die vier Fertigkeiten werden nach folgenden Parametern definiert: nach der Art der Kommunikation (mündlich oder schriftlich), nach der Richtung der Kommunikation (rezeptiv oder produktiv).

Fremdsprache: Eine Fremdsprache (L2) ist eine Sprache, die nicht die Muttersprache (L1) einer Person ist. Vorwiegend lernt man Fremdsprachen bereits als Kind in der Schule, seltener als Erwachsener und dann auch meistens in didaktisierten institutionalisierten Lehr-/ Lernzusammenhängen. Nicht zuletzt aufgrund der Globalisierungsprozesse in der Wirtschaft gilt die Beherrschung von einer oder besser mehreren Fremdsprachen heute als eine wichtige Schlüsselqualifikation.

Immersion: Als Immersion wird – vor allem im Unterricht mit Kindern – eine Methode der (Fremd-) Sprachenförderung bezeichnet, bei der die Lernenden intensiv mit der (Fremd-)Sprache konfrontiert werden; sie „tauchen" quasi in die Fremdsprache ein, ohne sich mit den Strukturen der Sprache kognitiv auseinandersetzen zu müssen. Umgangssprachlich wird diese Immersion auch als „Sprachbad" bezeichnet.

Methodenkompetenz: In der Diskussion zur Personalentwicklung in den Betrieben und in der beruflichen Erwachsenenbildung gilt die Methodenkompetenz als eine Schlüsselqualifikation, über die alle MitarbeiterInnen verfügen sollten: Neben dem eigentlichen Fachwissen ist sie eine wichtige Voraussetzung für die personelle Kompetenz. Zur Methodenkompetenz gehört z.B. die Fähigkeit, Informationen einzuholen, sie zu strukturieren, zu bearbeiten, zu speichern und sich zunutze zu machen, Probleme zu erkennen und Lösungen zu entwickeln und in angemessener Form zu präsentieren.

Sprachbedarf: Jedes Sprachkurskonzept, jedes Sprachlehrwerk, jedes Curriculum für (Fremd-) Sprachenunterricht „recherchiert" für konkrete Zielgruppen sprachliche Inhalte, die im Unterricht aufgegriffen werden sollen. Die Vorstellung dabei ist die, dass es am sinnvollsten ist, die Inhalte aufzugreifen, mit denen die Lernenden konfrontiert werden. Zu unterscheiden ist dabei der ***objektive*** und der ***subjektive Sprachbedarf***: .

Objektiver Sprachbedarf: Dieser Bedarf kann im Vorfeld abgeklärt werden: In welchen Situationen müssen/sollten die Lernenden sich (vermutlich) sprachlich in welchen Bereichen (aktiv/passiv, hörend, sprechend, schreibend, lesend) auf welche Art und Weise verständigen können?

Subjektiver Sprachbedarf: Lernende können verschiedene Haltungen, Motivationen, Interessen zu den Inhalten haben, die sie sprachlich erwerben wollen. Dieser Bedarf kann nicht im Vorfeld des Unterrichts geplant werden, sondern ist erst in der Interaktion im Unterricht zu erfahren.

Teilnehmerorientierung: Vor allem in der Erwachsenenbildung wird die Teilnehmerorientierung als ein wichtiges didaktisches Prinzip diskutiert: Die angestrebten Lernprozesse sollen sich an den Anliegen, Interessen und Anforderungen der TeilnehmerInnen orientieren. Die Lebens- und Interessenslagen der Lernenden werden in die gesamte Kursplanung, die Auswahl der Themen, der Methoden und der Medien einbezogen.

Zweitsprache: Jede Sprache, die nach der Erst- oder Muttersprache gelernt wird, wird als Zweitsprache bezeichnet. Ein Charakteristikum von Zweitsprache ist die Tatsache, dass diese Sprache in der sprachlichen Umgebung gelernt wird, in der sie im gesellschaftlichen Alltag, im Arbeitsleben und in Bildungszusammenhängen gesprochen wird.

8 Literatur

Barkowski, Hans; Harnisch, Ulrike; Kumm, Sigrid (1978): Thesen zum ungesteuerten Spracherwerb ausländischer Arbeiter. In: Deutsch lernen 3/78, S. 7–20.

Bichsel, Peter (1995): Es gibt nur eine Sprache. Rede zur Gründung der Arbeitsgemeinschaft zur Förderung des mehrsprachigen Unterrichts in der Schweiz. In: Deutsch lernen 3/1995, S. 199–209.

Ebert, Olga; Hawk, William (2006): ESL Start-up Kit. University of Tennessee: Center for Literacy Studies.

Goethe-Institut (Hrsg.) (1996): Rahmenrichtlinien für den Mittelstufenunterricht am Goethe-Institut Teil D: Anhänge S. 115–120.

Gürkan, Ülkü; Laqueur, Klaus; Szablewski, Petra (1986³): Aus Erfahrung lernen. Ein Leitfaden für den Deutschunterricht mit türkischen Frauen. (= Lernen mit Ausländern, Erfahrungen und Konzepte, Bd. 5). Mainz: Verlag Manfred Werkmeister.

Henrici, Gerd (1996²): Aspekte der Erforschung des Zweitspracherwerbs. In: Einführung in die Didaktik des Unterrichts Deutsch als Fremdsprache Bd. 2 (Perspektiven Deutsch als Fremdsprache Bd. 3). Baltmannsweiler: Schneider Verlag Hohengehren, S. 523–529.

Hutchinson, Tom; Waters, Alan (1987): English for Specific Purposes: A Learning Approach. Cambridge University Press.

Kaufmann, Susan (2003): Fortbildung für Integration. *http://www.daz-didaktik.de/FortbildungIntegration.pdf* (18.06.2006).

Klepp, Andreas (1996): Lehrstoff konkret. Sprachbedarfsanalyse als Unterrichtsprozeß. In: Andrea Nispel, Petra Szablewski-Çavuş; Lernen, Verständigen, Handeln. Berufsbezogenes Deutsch. Frankfurt: Deutsches Institut für Erwachsenenbildung, S. 62–66. *http://www.die-frankfurt.de/esprid/dokumente/doc-1996/nispel96_01.pdf* (05.05.2006).

Kock, Irit (1996): Wenn ein Netz ein Korb ist. Sprachbedarfsermittlung im Betrieb. In: Andrea Nispel, Petra Szablewski-Çavuş; Lernen, Verständigen, Handeln. Berufsbezogenes Deutsch. Frankfurt: Deutsches Institut für Erwachsenenbildung, S. 54–61. *http://www.die-frankfurt.de/esprid/dokumente/doc-1996/nispel96_01.pdf* (05.05.2006).

Kommuniqué der Tagung ausländischer Arbeiter in Büdingen. In: Journal G 3 (1974), S. 58–62.

Krashen, Stephen; Terell, Tracy D. (1983): The Natural Approach: Language Acquisition in the Classroom. Hayward, CA: Alemany Press.

Krekeler, Christian (1999): Handreichung zur Gestaltung eines dreimonatigen berufsorientierten Sprachkurses Deutsch für Spätaussiedlerinnen und Spätaussiedler sowie für jüdische Kontingentflüchtlinge. Unna-Massen: Landesstelle Unna-Massen.

Krumm, Hans-Jürgen (2002): „One sprachen konnten wir uns nicht ferstandigen. Ferstendigung ist wichtig." Entwicklung und Tendenzen in der Sprachlehrforschung im Bereich der Migration und Integration. In: DaZ 2/2002, S. 36.

Krumm, Hans-Jürgen; Jenkins, Eva-Maria (Hrsg.) (2001): Kinder und ihre Sprachen – lebendige Mehrsprachigkeit. Sprachenportraits. Wien: eviva – Wiener VerlagsWerkstatt für Interkulturelles Lernen und Deutsch als Fremdsprache.

Krumm, Hans-Jürgen (1996): Deutsch als zweite oder dritte Fremdsprache – Grundlagen für einen handlungsorientierten Sprachunterricht. In: Deutsch lernen 3/1996, S. 209–217.

Kuhs, Katharina (2000): „(Wo) Treffen sich die Welten?"- Zum Zusammenhang von gesteuertem und ungesteuertem Zweitsprachenlernen. In: Deutsch lernen 2/2000, S. 164–178.

Payer, Margarete (2001a): Internationale Kommunikationskulturen. – 6. Kulturelle Faktoren: Lehr- und Lernstile. 1. Teil I: Lernrelevante Einstellungen weltweit. *http://www.payer.de/kommkulturen/kultur061.htm* (04.06.2006).

Payer, Margarete (2001b): Internationale Kommunikationskulturen. – 6. Kulturelle Faktoren: Lehr- und Lernstile. 2. Teil II: Einige Konzepte. *http://www.payer.de/kommkulturen/kultur062.htm* (04.06.2006).

Reich, Hans H.: Was ist Deutsch als Zweitsprache? *http://www.daz-didaktik.de/ReichWasistDaZ.pdf* (18.06.2006).

Siebert, Horst (o.J.): Zur Professionalität der Erwachsenenbildung – Pädagogische Aufgaben von Mitarbeiter/-innen in der Gesundheitsbildung. *http://www.bis.uni-oldenburg.de/bisverlag/speges90/kap11.pdf* (10.10.2006).

Szablewski-Cavus, Petra (2001): Skizze einer Profilierung. Der Unterricht Deutsch für ausländische Arbeitnehmer. In: DaZ Extraheft 2001, S. 23–34. *http://www.daz-didaktik.de/ SkizzeProfilierung.pdf* (05.05.2006).

Szablewski-Cavus, Petra (1997): „Ich habe da ganz andere Erfahrungen ...". Perspektivenwechsel, Gesprächsstile und vorgefaßte Meinungen im Unterricht Deutsch als Zweisprache. In: Bildungsarbeit in der Zweitsprache Deutsch 3/1997, S. 11–19. *http://www.daz-didaktik.de/ Szablewski_Interkulturelles_Lernen.pdf* (18.06.2006).

Tudor, Ian (1996): Learner-centredness as Language Education. Cambridge: Cambridge University Press.

Verein Projekt Integrationshaus (Hrsg.) (2005): Sprachen & Qualifikationsportfolio für Migrantinnen und Flüchtlinge. Wien. *http://www.integrationshaus.at/portfolio/handbuch/handbuch.pdf* (05.05.2006).

Weimer, Maryellen (2002): Learner-Centered Teaching. Five Key Changes to Practice. San Francisco: Jossey-Bass.

Susan Kaufmann, Alexa Rathgeber

Migration, Migrantinnen und Migranten

1 Einstieg

Lernziele

In diesem Studienbrief lernen Sie
- die an öffentlich geförderten Deutschkursen teilnehmenden Migrantengruppen zu unterscheiden,
- die Gründe für Migration nach Deutschland einzuschätzen,
- die Voraussetzungen für die Teilnahme von Zuwanderern an öffentlich geförderten Deutschkursen festzustellen,
- integrationsrelevante Faktoren zu erkennen sowie
- zielgruppenspezifische Bedürfnisse im eigenen Unterricht zu berücksichtigen.

Aufgabe 1

Wenn Sie sich diese Liste von Lernzielen anschauen: Was meinen Sie selbst, warum könnte es wichtig für Sie als Kursleiter oder Kursleiterin sein, sich mit Fragen der Migration und → Integration auseinanderzusetzen? Was „bringt es Ihnen“, sich mit diesen Themen zu beschäftigen? Was möchten Sie wissen oder können? ....

....

....

Vielleicht sind Sie bei der Beantwortung dieser Frage auf die Migrationserfahrungen der Lernenden, auf die berufliche Perspektive, die Herkunftssprachen oder ganz andere Punkte eingegangen. Antworten könnten z.B. sein:
- Die Lernenden bringen ihre Persönlichkeit, ihre Biographie, also auch ihre Migrationsgeschichte mit in den Unterricht.
- Die persönlichen Ziele der Teilnehmenden müssen im Unterricht thematisiert werden (z.B. Kommunikationsfähigkeit im Alltag, Arbeitssuche, Weiterbildungsabsichten).
- Persönliche und berufliche Zukunftsperspektiven wirken sich auf Motivation und Lernverhalten aus.
- Veränderungen in der Integrationspolitik wirken sich sowohl auf die Lehrkräfte als auch auf die Teilnehmenden aus (z.B. Reduzierung von Unterrichtsstunden, die den Lernenden zur Verfügung stehen, um ein bestimmtes Niveau zu erreichen, Ansprüche an Prüfungsinhalte etc.).
- Die Zwei- und Mehrsprachigkeit der Migranten fließt in den Deutschlernprozess ein.
- Missverständnisse im Kurs können auf den kulturellen Hintergrund und/oder auf individuelle Faktoren, die mit der Migration zusammen hängen, zurückzuführen sein.
- Die Kenntnis des sozialen Hintergrunds und der persönlichen Interessen der Lernenden ermöglicht eine lebendige Unterrichtsgestaltung uvm.

Wenn man von Migration und vor allem von den zugewanderten Menschen spricht, bewegt man sich schnell auf dem unsicheren Boden des Halbwissens, der von der eigenen Kultur geprägten Perspektive, des Stereotyps. Unsere Vorstellung ist daher, dass Sie soviel wie möglich selbst recherchieren und sich – auch in der Diskussion mit Ihrer Lerngruppe – ein eigenes Bild machen. Je mehr Kenntnis Sie nämlich über die verschiedenen Gesichter eines Landes und den in der Herkunftskultur verwurzelten Teil eines Menschen haben, desto mehr können Sie diese in den Unterricht einbeziehen – und desto gelassener und verständnisvoller können Sie im Unterricht mit individuellen Positionen und Einstellungen, aber auch mit Problemen umgehen. Wir geben Ihnen unsererseits Hilfestellung bei der Recherche, so dass Ihnen schließlich eine Palette von Informationsquellen zur Verfügung steht.

Definition

Was ist Migration? Der Begriff Migration stammt von dem lateinischen Wort „migrare" (wandern) oder „migratio" (Wanderung, Zuwanderung). Die folgende Definition zeigt die Bedeutungsvielfalt des Begriffs:

> „(lat.) Soziologischer Begriff, der für alle Formen räumlicher Mobilität von Individuen, (religiösen, ethnischen etc.) Gruppen, Minderheiten und Volksteilen verwendet wird. M.-Prozesse können durch erhöhte individuelle Mobilität (z.B. aufgrund von Arbeitssuche) ausgelöst werden. Sie können sich in Form von Land- oder Stadtflucht und damit als Binnen-M. oder in Form von Ein- bzw. Auswanderung (Immigration, Emigration), also z.B. als politisch-geographische Wanderungsbewegungen, vollziehen" (Schubert/Klein, 2003).

Auch wenn die Analyse, Lenkung und Steuerung von Migrationsprozessen erst im 20. Jahrhundert in den Mittelpunkt der Aufmerksamkeit gerückt ist, so sind doch Migrationsprozesse ein mit der Geschichte der Menschheit verknüpftes Phänomen. Ekkehart Schmidt-Fink sieht in ihnen Ausgleichsprozesse, die sowohl innerhalb von Gesellschaften als auch zwischen Kontinenten wirken und die zentral für gesellschaftliche Entwicklungen sind.

> „Sie standen schon immer in engem Zusammenhang mit den sozialen, politischen, ökonomischen und demographischen Entwicklungen von Gesellschaften. Ihre Lenkung und Steuerung ist jedoch vor allem im 20. Jahrhundert in den Mittelpunkt gerückt, ist doch die ausreichende Verfügbarkeit über Arbeitskräfte ein wichtiger Garant für Wachstum und Wohlstand. Zuwanderung führt zudem zu einer kulturellen und wirtschaftlichen Bereicherung, ohne die – trotz mancher Probleme – die heutige politische, kulturelle und ökonomische Dominanz der USA nicht denkbar wäre. Auch in der EU führen die mit der Vielfalt einhergehenden unterschiedlichsten Ressourcen zu Innovationen, aber auch zur Erweiterung des Horizonts der Einheimischen. Gerade durch innergemeinschaftliche Wanderungen kommt es auch zu einem echten Zusammenwachsen Europas" (Schmidt-Fink, 2003).

2 Gibt es *die* Migranten überhaupt?

In den Medien wird oft von „den" Migrantinnen und Migranten in einer Weise gesprochen, als ob es sich um eine homogene Gruppe handele. „Die"-Formulierungen zeigen häufig, dass sich eine Gruppe von Menschen gegen eine andere abgrenzen will, und auch bei der Unterscheidung von Migrantengruppen dienen sie in vielen Fällen der Untermauerung einer abwehrenden Einstellung. Vor fast 30 Jahren zeigte der Soziologe Erwin K. Scheuch auf, dass es für die deutsche Bevölkerung vier Kategorien von Ausländern gab, denen man „positiv" bis „in weiten Teilen ablehnend" begegnete (vgl. Scheuch, 1982). Auch wenn Scheuchs Kategorien heute veraltet sind, gibt es nach wie vor ein „Schubladendenken", das manchen Migranten den Zugang in die deutsche Gesellschaft erleichtert, anderen diesen erschwert.

Aufgabe 2

Was meinen Sie, was gibt den Ausschlag dafür, dass Zugewanderte positiv aufgenommen werden? Kreuzen Sie die drei Ihrer Meinung nach wichtigsten Kriterien an und diskutieren Sie anschließend in Ihrer Lerngruppe, inwieweit der Deutschunterricht hier helfen kann.

Tabelle 1:

Beherrschung der deutschen Sprache	☐
Nähe zur europäischen Kultur	☐
gesicherte Einkommensverhältnisse	☐
persönliche Kontakte	☐
Aussehen bzw. äußere Merkmale	☐
berufliche Qualifikation	☐
Religionszugehörigkeit	☐

(Gehen Sie auf die Seite https://implicit.harvard.edu/implicit/ (30.03.2007), wenn Sie einmal Ihre persönlichen Einstellung testen wollen).

Bei den folgenden Einteilungen und Unterscheidungen nach

- Nationalität der Zugewanderten,
- ihrer Aufenthaltsdauer,
- ihrer Ausbildung und beruflichen Qualifikation sowie
- den gesetzlichen Grundlagen für ihre Einwanderung

sollte mit bedacht werden, mit welcher Intention sie geschehen: Dienen sie eher der Abgrenzung oder dem Erkenntnisgewinn (vgl. auch den Studienbrief „Interkulturelles Lernen im DaZ-Unterricht")?

Zu jedem Kapitel in diesem Studienbrief können Sie die aktuellsten Informationen im jährlich erscheinenden „Bericht der Beauftragten der Bundesregierung für Migration, Flüchtlinge und Integration über die Lage der Ausländerlinnen und Ausländer in Deutschland" nachlesen (http://www.integrationsbeauftragte.de, 22.02.2006). Sie finden darüber hinaus im Literaturverzeichnis noch viele weitere Internetadressen, unter denen Sie sich informieren können. Bitte beachten Sie bei der/den von Ihnen aufgesuchten Webseite/n: Wer betreibt die Internetseite? Ist die Informationsquelle als seriös einzuschätzen? Sind die Informationen aktuell? Wie sind sie aufbereitet? Besteht die Möglichkeit, Material herunterzuladen oder auszudrucken? Machen Sie sich ggf. Notizen.

2.1 Nationalität und Herkunftsländer

Sie selbst können und müssen nicht im Detail über die Herkunftsländer aller Ihrer Lernenden informiert sein; allerdings sollten Sie wissen, wo Sie sich ggf. erkundigen können, wenn

- Lernende aufgrund von aktuellen Geschehnissen im Heimatland emotional nicht in der Lage sind, mitzuarbeiten,
- es z.B. im Kurs aufgrund von kulturellen Unterschieden der Lernenden zu Reibereien oder Konflikten kommt,
- Teilnehmende Aussagen machen, die Ihrem Verständnis von Umgang mit Menschen im Allgemeinen, Demokratie, Umgang zwischen den Geschlechtern etc. widersprechen,

- Teilnehmende Ihnen von Problemen berichten oder mit Ihnen über Ereignisse sprechen, die Sie so nicht kennen, etc.

Möglicherweise gibt es unter Ihren Kolleginnen und Kollegen „Fachleute“ für das ein oder andere Land, die ein oder andere Region. Vielleicht sind Sie selbst nach Deutschland zugewandert und möchten Ihr Wissen weitergeben? Tauschen Sie sich in Ihrer Lerngruppe darüber aus.

Aufgabe 3

Aufgabe 4

Sammeln Sie Informationen zu den Migrantengruppen in Deutschland unter besonderer Berücksichtigung des Kriteriums Nationalität (siehe Internetadressen im Anhang).

1. Wie hoch ist der Anteil der zugewanderten Bevölkerung an der Gesamtbevölkerung in Deutschland?
2. Nennen Sie die größten Migrantengruppen.
3. Machen Sie bitte Aussagen über die Migrantengruppen in den verschiedenen Bundesländern. Welche Unterschiede zwischen den alten und neuen Bundesländern sehen Sie?

Die Kenntnis der Nationalität bzw. des Herkunftslandes ist aber nicht in allen Fällen ausreichend. Ein in diesem Zusammenhang wichtiger Aspekt ist z.B., dass es einen Unterschied zwischen den Begriffen Nationalität und Kultur gibt. Ein Beispiel für eine Differenz zwischen Nationalitätszugehörigkeit und ethnischer Zugehörigkeit sehen Sie z.B. bei kurdischen Migranten und Migrantinnen, die wohl die türkische, irakische oder iranische Staatsbürgerschaft besitzen mögen, sich aber primär als Kurden identifizieren. Jeder ethnische Konflikt ist anders und aus spezifischen geschichtlichen Umständen entstanden, mit denen Außenstehende meist nicht vertraut sind.

Wenn es darum geht, Kenntnis über die Nationalitäten etc. der Zugewanderten zu bekommen, dann empfiehlt es sich aber zunächst einmal, das Thema im Unterricht anzuschneiden. Die Lernenden sind die Experten und Expertinnen für alle Fragen, die sie selbst betreffen. Meist sind sie froh, über ihr Herkunftsland, ihre Erfahrungen und ihre Lebenssituation sprechen zu können.

Überlegen Sie in diesem Zusammenhang, wie viel Aufmerksamkeit Sie im Deutschunterricht dem Leben der Teilnehmenden *vor* deren Einwanderung nach Deutschland und *in den Bezügen* zum Herkunftsland widmen. In der Rubrik „Für den Unterricht“ (S. 51) finden Sie die Aktivität „Das habe ich nach Deutschland mitgebracht“, anhand derer die Lernenden über ihre Herkunftsländer und das Migrationserlebnis sprechen können.

Aktivitäten zum Kennenlernen der jeweiligen Herkunftsländer („Die gemeinsame Landkarte“ und „Kennen Sie Tagalog“) finden Sie z.B. im Materialienbuch für den Unterricht *Zwischen den Kulturen* (Hansen/Zuber, 1996, S. 10 und 11).

2.2 Aufenthaltsdauer

Nicht nur für das subjektive Erleben Zugewanderter, sondern auch für ihren rechtlichen Status spielt die Aufenthaltsdauer eine große Rolle, denn wer mindestens acht Jahre in Deutschland lebt, hat die notwendige Aufenthaltsdauer für eine Einbürgerung erreicht.

> „Oft ist nicht von vornherein auszumachen, ob ein Zuwanderer auf Dauer oder temporär im Land bleibt; dies lässt sich häufig nur im Nachhinein feststellen. Aus einem ursprünglich kurzzeitig geplanten Aufenthalt kann eine dauerhafte Niederlassung im Zielland werden. Warum ist das Kriteri-

um der Dauerhaftigkeit überhaupt von Relevanz? Integrationspolitisch spielen vor allem diejenigen Gruppen von Zuwanderern eine Rolle, die auf Dauer im Land verbleiben. Spätaussiedler, jüdische Zuwanderer oder im Rahmen des Familiennachzugs ins Land Gekommene stellen andere Anforderungen an die Integrationspolitik eines Landes als Saisonarbeitnehmer, Asylbewerber (nicht: Asylberechtigte) oder Gastarbeiter, die nur kurzzeitig im Land verbleiben" (Beauftragte der Bundesregierung für Migration, Flüchtlinge und Integration, 2004, S. 4).

Es kann sein, dass in Ihrem Kurs sowohl Neuzuwanderer als auch Lernende sind, die sich seit mehreren Jahren in Deutschland aufhalten. Wichtig für Sie als Kursleiter/in ist, dass die bei den Lernenden vorhandenen Deutschkenntnisse nicht immer der Aufenthaltsdauer in Deutschland entsprechen. Viele Migrantinnen und Migranten sprechen nämlich auch nach jahrelangem Aufenthalt in Deutschland noch sehr wenig Deutsch, eine Tatsache, die bei vielen Deutschen auf großes Unverständnis stößt. Doch es gibt Gründe dafür:

- Relativ geringe Deutschkenntnisse und Lese-/Schreibschwierigkeiten bei längerer Aufenthaltsdauer finden Sie besonders häufig bei Frauen, die sich nach der Ankunft in Deutschland zunächst nur um die Familie gekümmert haben und erst später – meist wenn die Kinder in die Schule kommen – einen Deutschkurs besuchen.
- Für Einwanderer der 1. Generation ist die „Rückkehrorientierung" charakteristisch. Mit dem Ziel der baldigen (dann doch immer wieder hinausgezögerten) Rückkehr ins Heimatland vor Augen, sahen sie keine Veranlassung, mehr als ein alltagspraktisches Minimum an Deutschkenntnissen zu erwerben.
- Vielleicht wurde der Besuch des Deutschkurses aber auch aus finanziellen Gründen (Kursgebühren, Fahrtkosten) so lange wie möglich aufgeschoben, da in den ersten Jahren des Aufenthalts – in der Phase des Ankommens und Neubeginnens – die finanzielle Lage prekär war. Neuankömmlinge, so die Integrationsbeauftragte 2005, sind häufiger in den niedrigeren Einkommensschichten zu finden als länger in Deutschland ansässige Migrantinnen und Migranten (vgl. Beauftragte der Bundesregierung für Migration, Flüchtlinge und Integration, 2006, S. 105).

Viele Zugewanderte haben Deutsch zunächst außerhalb von Deutschkursen im direkten, wenn auch oft eingeschränkten Kontakt mit der deutschen Alltagssprache gelernt, wobei sie häufig auf die Strukturen ihrer Muttersprache zurückgegriffen haben. Das so gelernte, nicht der Norm entsprechende Deutsch reichte meist für die alltägliche Kommunikation aus und verfestigte sich. Man spricht von „Fossilisierung" (siehe Maas/Mehlem, 2003, S. 35).

Dies ist für den Deutschunterricht u.a. insofern relevant, als sich das unterschiedliche Vorwissen und die unterschiedlichen Sprachkenntnisse der Teilnehmenden auf Planung und Durchführung Ihres Unterrichts auswirken. Sie erstellen vielleicht spezielle Übungsmaterialien zur Lese-/Schreibschulung, überlegen sich, wie Sie einen Lerner unterstützen, dessen Fehler sich eingeschliffen haben, und motivieren Lernende, die sich selbst dafür kritisieren, dass sie immer noch nicht besser Deutsch sprechen.

Aufgabe 5

Informieren Sie sich über Anteile der Zugewanderten nach Aufenthaltsdauer (siehe Internetadressen im Anhang). Wie hoch ist jeweils der Prozentsatz der Zugewanderten, die seit 0 bis 5 Jahren / 5 bis 10 Jahren / 10 bis 30 Jahren / 30 und mehr Jahren in Deutschland sind? Geben Sie das Datum und

Quelle der von Ihnen hinzugezogenen Erhebung an. (Sollte sich diese Erhebung auf andere Zeiträume beziehen, so geben Sie diese an).

2.3 Ausbildung und berufliche Qualifikation

Nach dem Migrationsbericht der Beauftragten der Bundesregierung für Migration, Flüchtlinge und Integration 2005 ist das berufliche Bildungsniveau von Migrantinnen und Migranten nach wie vor unter dem der Deutschen.

> „Jugendliche und junge Erwachsene mit Migrationshintergrund verfügen immer noch erheblich seltener als Deutsche über formale Berufsabschlüsse. Sie sind erheblich häufiger als un- und angelernte Arbeitskräfte beschäftigt und damit auf untere Positionen auf dem Arbeitsmarkt verwiesen und überproportional häufiger von Arbeitslosigkeit betroffen bzw. bedroht. [...] Hinsichtlich der Stellung im Beruf ergeben die Daten des Mikrozensus für 2003 für die ausländischen Erwerbstätigen, dass sie insgesamt im Vergleich zu Deutschen nach wie vor wesentlich häufiger als Arbeiter (52,7%, Deutsche 28,9%) tätig sind [...] Insgesamt liegt ihr berufliches Bildungsniveau nach wie vor unter dem der Deutschen; insbesondere der Anteil der Erwerbstätigen ohne beruflichen Abschluss ist bei den ausländischen Erwerbstätigen wesentlich höher als bei den deutschen, wobei der Anteil der ausländischen Frauen, die ohne beruflichen Abschluss arbeiten, noch höher ausfällt als der der ausländischen Männer" (Beauftragte der Bundesregierung für Migration, Flüchtlinge und Integration, 2006, S. 57–58 und S. 83–84).

DaZ-Lernende befinden sich dieser Darstellung gemäß am unteren Ende der gesellschaftlichen Hierarchie. Aus dieser Tatsache wird oft der Umkehrschluss gezogen, die Lernenden seien „lernungewohnt", jedoch müssen die einzelnen Zielgruppen sehr differenziert betrachtet werden:

> Eine oft wiederholte Behauptung gewinnt durch die Wiederholung nicht an Wahrheitsgehalt. Die Behauptung: ***Ausländische Arbeitnehmer seien in übergroßer Mehrzahl lernungewohnt.*** (Göbel, 1975, S. 52)

> „Da sind auf der einen Seite auch in der Erstsprache nicht alphabetisierte, lernungewohnte Menschen, die in ihrer Jugend nur kurz und seitdem lange nicht mehr die Schulbank gedrückt haben, deren Sprachkontakte auf Grund häuslicher oder beruflicher Isolierung gering sind. Und da sind auf der anderen Seite der Skala mehrsprachige, sprachbewusste und sprachlerngewohnte Menschen, die klare Vorstellungen davon haben, wie und wie schnell sie Deutsch lernen können" (Krumm, 2002, S. 36).

Beachten Sie also, dass Sie es in Ihren Kursen mit ganz unterschiedlichen Gruppen und Menschen zu tun haben. Ein Gegenbeispiel zu den oben angesprochenen Niedrigqualifizierten sind z.B. jüdische → Kontingentflüchtlinge, die zu zwei Dritteln als beruflich hochqualifiziert eingestuft werden können (vgl. Pfeiffer u.a., 2002).

Gleichwohl ist die Arbeitslosigkeit unter Zugewanderten in Deutschland überdurchschnittlich hoch – etwa doppelt so hoch wie bei den Deutschen. Verteilt auf Wirtschaftszweige mit hohem Arbeitsplatzrisiko und hoher Fluktuation, bei fehlender Anerkennung vorhandener beruflicher Qualifikationen und hohen Anforderungen an mündliche und schriftliche Deutschkenntnisse gehören sie zu den ersten, die entlassen werden. In öffentlich geförderten Deutschkursen (in den „Integrationskursen", in Deutschkursen der Arbeitsverwaltung, der Länder und Kommunen) werden sie in besonderem Maße vertreten sein.

Für Sie als Kursleiter/in ist dies wichtig zu wissen: Mit dem Besuch des Deutschkurses sind häufig existenzielle Ziele verbunden. Vielleicht suchen Lernende verzweifelt nach einer neuen Stelle und erfahren dabei viele entmutigende Ablehnungen – Sie sehen sich möglicherweise nicht in der Lage, die erforderliche Unterstützung zu leisten, weil Ihr Kurs ein allgemeinsprachlicher Kurs ist, Ihre Lernenden ganz unterschiedliche Bedürfnisse haben und Sie sich diesen anderen Lernenden zuliebe nicht ausreichend mit Themen wie Arbeitssuche, Bewerbungsverfahren, Lohn- und Gehaltsabrechnung beschäftigen, geschweige denn gezielt Schwerpunkte auf bestimmte Berufsbereiche setzen können (vgl. zu diesem Thema den Studienbrief „Berufsorientierender DaZ-Unterricht".)

Vergleichen Sie zu diesem Thema auch die im Anhang angegebenen Internetadressen. Sie finden hier z.B. die Grafiken von Isoplan, das *Online-Lexikon: Ausländer, Fremdenfeindlichkeit, Extremismus* sowie Texte von Andrea Nispel und Petra Szablewski-Çavuş.

Aufgabe 6

Sammeln Sie Informationen zu Ausbildung und beruflicher Qualifizierung von Zugewanderten in Deutschland (siehe Internetadressen im Anhang).

1. Wie hoch ist der prozentuale Anteil der Zugewanderten an allen Beschäftigten in Deutschland? Nennen Sie den aktuellsten Wert, den Sie finden können.
2. Wie hoch ist der Anteil der arbeitslosen Zugewanderten heute?
3. Haben sich die Anforderungen an die berufliche Qualifizierung von Zugewanderten in den letzten Jahren verändert? Wenn ja, wie?

2.4 Aufenthaltstitel

Aufgabe 7

Inwiefern ist die Kenntnis der Aufenthaltstitel bzw. der gesetzlichen Grundlagen für Zuwanderung für Sie als Kursleiter/in wichtig? Bitte überlegen Sie und notieren Sie einige Stichpunkte: ....

....

....

Für die Einreise und den Aufenthalt bedürfen Menschen ohne deutsche Staatsangehörigkeit grundsätzlich einer Erlaubnis, die in Form eines Aufenthaltstitels nach dem „Gesetz zur Steuerung und Begrenzung der Zuwanderung und zur Regelung des Aufenthalts und der Integration von Unionsbürgern und Ausländern", dem sogenannten → Zuwanderungsgesetz, erteilt wird.

Das Gesetz dient der Steuerung und Begrenzung des Zuzugs von Ausländern in die Bundesrepublik Deutschland. Es ermöglicht und gestaltet Zuwanderung unter Berücksichtigung der Aufnahme- und Integrationsfähigkeit sowie der wirtschaftlichen und arbeitsmarktpolitischen Interessen der Bundesrepublik Deutschland.

Das Gesetz dient zugleich der Erfüllung der humanitären Verpflichtungen der Bundesrepublik Deutschland. Es regelt hierzu die Einreise, den Aufenthalt, die Erwerbstätigkeit und die Förderung der Integration von Ausländern. Die Regelungen in anderen Gesetzen bleiben unberührt.

(Bundesministerium des Innern, 2004, Kap. 1, § 1, Abs. 1)

Das Zuwanderungsgesetz legt (neben dem Visum) zwei an Aufenthaltszwecken orientierte Aufenthaltstitel fest:

1. **die (befristete) Aufenthaltserlaubnis:** Sie wird unter Berücksichtigung des beabsichtigten Aufenthaltszwecks (Ausbildung, Erwerbstätigkeit, Aufenthalt aus völkerrechtlichen, humanitären oder politischen Gründen sowie → Familiennachzug) erteilt. Sie wird u.a. dann unbefristet verlängert, wenn der Zugewanderte die Aufenthaltserlaubnis bereits seit fünf Jahren besitzt, wenn er ausreichenden Wohnraum für sich und seine Familie nachweisen kann und wenn er sich auf Deutsch mündlich verständigen kann. Die Teilnahme am Integrationskurs kann sich also positiv auf eine mögliche Verlängerung der Aufenthaltserlaubnis auswirken.
2. **die (unbefristete) Niederlassungserlaubnis:** Die Niederlassungserlaubnis wird erteilt, wenn ein Zugewanderter bereits seit fünf Jahren im Besitz der Aufenthaltserlaubnis ist, wenn sein Lebensunterhalt gesichert ist und er ausreichende Kenntnisse der deutschen Sprache nachweisen kann.

Wenn Sie im Internet unter „Aufenthaltstitel" recherchieren, erhalten Sie eine verwirrende Fülle von Angaben zu Personengruppen, wie z.B. unter *http://www.zuwanderung.de/2_neues-gesetz-a-z/aufenthaltstitel.html* (22.10.2005). Hier sehen Sie die Liste **Zuwanderung A–Z** auf Personengruppen reduziert und von uns um einige weitere Bezeichnungen ergänzt.

Tabelle 2:

Arbeitsmigranten	Gastarbeiter
Asylberechtigte	Green Card Inhaber
Asylbewerber	Heiratsmigranten
Ausländer	Hochqualifizierte
Bestandsausländer	Illegale
Binnenflüchtlinge	Kontingentflüchtlinge
Binnenvertriebene	Konventionsflüchtlinge
De-facto-Flüchtlinge	Neuzuwanderer
Drittstaatsangehörige	Spätaussiedler
EU-Bürger	Subsidiär Geschützte
Personen im Familiennachzug	Unionsbürger
Personen mit Duldung	Vertriebene
Flüchtlinge	Werkvertragsarbeitnehmer

Im Prinzip könnten Sie Angehörige aller Personengruppen in Ihrem Deutschkurs haben (das ist u.a. davon abhängig, ob Sie an einer Volkshochschule, einer privaten Sprachschule, einem freien Träger der Jugend- oder Sozialarbeit, in einer Justizvollzugsanstalt etc. tätig sind), nicht alle jedoch erhalten öffentliche Förderung bzw. Förderung durch das Bundesamt für Migration und Flüchtlinge. Dieser Frage wird im Kapitel 4 nachgegangen.

Im Folgenden möchten wir auf zwei Gruppen näher eingehen:

- → Spätaussieder/Spätaussiedlerinnen und
- → Arbeitsmigranten/Arbeitsmigrantinnen.

Aufgabe 8

Wählen Sie zuvor jedoch aus der obigen Liste eine weitere, dritte Gruppe, die Sie besonders interessiert und über die Sie im Internet recherchieren möchten. Bitte begründen Sie kurz, warum Sie diese Gruppe gewählt haben: ....

....

....

2.4.1 Spätaussiedler und Spätaussiedlerinnen

Definition

Eine besondere Gruppe unter den Immigranten nach Deutschland bilden die Aussiedler/innen bzw. Spätaussiedler/innen, die sogenannten „Russlanddeutschen". Es sind Angehörige deutscher Minderheiten, die sich seit dem Mittelalter bis in das 19. Jahrhundert in fast allen Staaten Ost- und Südosteuropas angesiedelt haben, jedoch weiterhin die deutsche Sprache und Kultur pflegten. Bei Aussiedlern und Spätaussiedlern handelt es sich um Deutsche im Sinne des Art. 116 Abs. 1 GG, und als solche sind es – trotz der heute geltenden Kontingentierung, der Eingrenzung des Personenkreises, der Steuerung durch Wohnortzuweisung und der Einschränkung der wohlfahrtsstaatlichen Leistungen – privilegierte Zuwanderer.

Häufig wird zwischen Aussiedlern und Spätaussiedlern keine Unterscheidung getroffen. Nach Christian Krekeler ist die Unterscheidung jedoch wesentlich:

> „Mit der Neufassung des Kriegsfolgen-Bereinigungsgesetzes (KfbG) im Dezember 1992 besteht der Unterschied im Zeitpunkt der Ausreise. Angehörige der deutschen Minderheiten, die nach 1950 und vor dem 1. Januar 1993 die Aussiedlungsgebiete verlassen haben, werden als Aussiedler bezeichnet. Fand die Ausreise später statt, spricht man von Spätaussiedlern. Juristisch hat der Zeitpunkt der Ausreise Folgen, da Spätaussiedler unter den erschwerten Bedingungen des veränderten Kriegsfolgen-Bereinigungsgesetzes bzw. Bundesvertriebenengesetzes (BVFG) ausgereist sind" (Krekeler, 2001, S.14).

Deutsche Aussiedler kamen aus den folgenden Ländern: Russland, Kasachstan, Polen, Rumänien, Ungarn, Tschechische Republik, Slowakische Republik, ehemaliges Jugoslawien, Lettland, Litauen, Estland, Ukraine, Kirgisien, Tadschikistan und Usbekistan.

Nach § 7 des Bundesvertriebenengesetzes ist den Spätaussiedlern die Eingliederung in das berufliche, kulturelle und soziale Leben in der Bundesrepublik Deutschland zu erleichtern. Hierbei handelt es sich um eine gesamtstaatliche Aufgabe, an der Bund, Länder und Gemeinden mitwirken.

Die Eingliederung ist seit Mitte der 90er Jahre trotz rückläufiger Zuzugszahlen schwieriger geworden. Die Ursachen hierfür sind insbesondere schlechtere Deutschkenntnisse der heute zu uns kommenden Spätaussiedler. Dies erklärt sich vor allem daraus, dass viele der deutschen Volkszugehörigen in gemischtnationalen Ehen leben und dadurch die Verbindung zur deutschen Sprache und Kultur oftmals verloren haben. Daher ist die Sprachförderung vor der Ausreise und unmittelbar nach der Einreise besonders wichtig.

(Bundesministerium des Innern, 2006)

Nach dem neuen Zuwanderungsgesetz, das seit Anfang 2005 in Kraft ist, gibt es einen gesetzlichen Anspruch auf kostenlose Teilnahme an den Integrationskursen. Im Folgenden hören Sie aber eine Aufnahme über einen Deutschkurs, der noch 2003 stattfand.

Aufgabe 9

Bitte hören Sie sich auf der Lernplattform den Bericht „Von Bischkek nach Bonn: Teil 6" an. Was erfahren Sie über den Deutschkurs von Lydia Schipilow in der Euro-Schule Bonn-Beuel, was über zurückliegende Lernerfahrungen? Notieren Sie die für Sie wichtigen Punkte und tauschen Sie sich darüber in Ihrer Lerngruppe aus.

2.4.2 Arbeitsmigrantinnen und -migranten

In Deutschland ist seit jeher das Aufenthaltsrecht an arbeitsmarktpolitische Erwägungen gekoppelt. „Im Aufenthaltsgesetz ist der Grundsatz festgelegt, dass die Zulassung ausländischer Beschäftigter und Selbständiger sich an den Erfordernissen des Wirtschaftsstandortes Deutschland orientiert. Hierbei müssen die Verhältnisse auf dem Arbeitsmarkt und das Erfordernis, die Arbeitslosigkeit wirksam zu bekämpfen, berücksichtigt werden," heißt es auf der Seite des Bundesinnenministeriums (*http://www.zuwanderung.de/2_neues-gesetz-a-z/arbeitsmigration.html*, 21.02.2006).

Man kann die Geschichte der Beschäftigung ausländischer ArbeitnehmerInnen in Westdeutschland in drei Phasen einteilen (vgl. Otman, 1998):

Tabelle 3:

Phase	**Zeitraum**	**Bezeichnung für Arbeitskräfte**
Phase der Arbeitskräfteanwerbung (Rotationspolitik)	1955–1973	Gastarbeiter
Phase der Niederlassung (Politik der Begrenzung, Rückkehrförderung und selektiven Integration)	1974–1989	ausländische Arbeitnehmer
Phase der Einwanderungssituation (Politik der schrittweisen Reglementierung der faktischen Einwanderung)	ab 1990	Arbeitsmigranten

Die Anwerbung von ausländischen Arbeitskräften begann in Deutschland 1955 mit dem Abschluss eines deutsch-italienischen Abkommens über Anwerbung und Vermittlung italienischer Arbeitskräfte für die deutsche Wirtschaft. Ähnliche zwischenstaatliche Vereinbarungen folgten mit Spanien, Griechenland, der Türkei, Marokko, Portugal, Tunesien, Jugoslawien und weiteren Ländern. Die ausländischen Erwerbstätigen übernahmen meist Arbeiten, für die keine deutschen Arbeitnehmer zu finden waren.

> „Als der steigende Arbeitskräftebedarf der deutschen Wirtschaft in der Phase des wirtschaftlichen Aufschwungs durch inländische Arbeitskräfte nicht mehr gedeckt werden konnte, wurden in der zweiten Hälfte der 50er Jahre bis hinein in die zweite Hälfte der 60er Jahre ausländische Arbeitskräfte aus den Ländern rund um das Mittelmeer angeworben. Diese Anwerbung von ‚Gastarbeitern' lag im Interesse [sowohl] der Bundesrepublik [als auch] der Anwerbeländer, so dass sowohl Pull- wie Push-Faktoren diesen Migrationsprozess beeinflussten. In der Bundesrepublik fehlten Arbeitskräfte wegen der ‚Kriegsverluste', der Verkürzung der Regelarbeitszeit, der Verlängerung der Ausbildungsdauer bis zum Berufseintritt, des Aufbaus der Bundeswehr, des Mauerbaus (1961) und

> der aus ideologischen Gründen begrenzten Erwerbsarbeit von Frauen. In den Anwerbeländern gab es zur gleichen Zeit ein ‚Überangebot' an Arbeitskräften und große Arbeitslosigkeit; in einigen Ländern, wie Jugoslawien und der Türkei, verstärkte der innenpolitische Druck das Interesse einer Auswanderung" (Blahusch, 1999, S. 73).

Wie viele Menschen – Frauen und Männer – aus dem Ausland jedes Jahr einreisten, um in Deutschland zu arbeiten, beschreibt der folgender Ausschnitt aus einem Zeitungsartikel:

> „Insgesamt kamen jährlich im Schnitt 600.000 Personen, aber es gingen auch wieder 400.000. Das bedeutet eine durchschnittliche Nettozuwanderung von 200.000. Überwiegend war und ist diese Zuwanderung eine wirtschaftliche und kulturelle Bereicherung für Deutschland. Schon heute erwirtschaften die 280.000 ausländischen Unternehmer einen Umsatz von mehr als 50 Milliarden Mark jährlich und beschäftigen mehr als 300.000 Arbeitnehmer, darunter viele Deutsche" (Henkel, 2001).

Bitte hören Sie sich auch auf der Lernplattform das Audio „Die Anwerbung von türkischen Gastarbeitern ab 1961" an.

Im November 1973 sah sich die Bundesregierung angesichts der sich abzeichnenden Rezession und der damit verbundenen hohen Arbeitslosigkeit zu einem → Anwerbestopp veranlasst. Dadurch nahm die Zahl der ausländischen Erwerbstätigen zwar ab, die Gesamtzahl der in Deutschland lebenden Migrantinnen und Migranten stieg jedoch aufgrund des grundgesetzlich geschützten Nachzugs von Ehegatten und Kindern zu in Deutschland ansässigen ArbeitnehmerInnen (→ Familiennachzug) und höherer Geburtenraten an. Als Folge wurden von der Bundesregierung einerseits Maßnahmen zur Integration der ausländischen ArbeitnehmerInnen in das deutsche Alltags- und Arbeitsleben ergriffen, andererseits wurden aber auch Schritte zur Förderung ihrer Rückkehr eingeleitet. So trat 1983 das „Gesetz zur Förderung der Rückkehrbereitschaft von Ausländern" in Kraft, in dessen Vorspann es heißt:

Abb. 1: Sprachverband, 1995, S. 37

> „Im Hinblick auf die große Zahl der in der Bundesrepublik Deutschland zur Zeit lebenden ausländischen Arbeitnehmer, der Arbeitslosenquote dieser Ausländer und der allgemeinen Beschäftigungssituation ist es beabsichtigt, durch finanzielle Anreize die Rückkehrbereitschaft von Ausländern zu fördern. Das Gesetz sieht eine gezielte Rückkehrhilfe sowie die vorzeitige Einlösung bestimmter Ansprüche vor" (Institut für Arbeitsmarkt- und Berufsforschung, o.J.).

Zeitlich versetzt, nämlich erst in den 70er und 80er Jahren, fand auch in der ehemaligen DDR Arbeitskräfteanwerbung zur Kompensation des eigenen Arbeitskräftemangels statt. Die DDR schloss mit anderen sozialistischen Staaten – Algerien, Kuba, Mosambique, Angola und China – Anwerbeverträge ab. Marie-Luise Beck beschreibt die Entwicklung in der ehemaligen DDR wie folgt:

Wie die Bundesrepublik hat sich auch die **DDR** nie als ein Einwanderungsland verstanden.

Auch wenn eine gründliche wissenschaftliche Aufarbeitung der Situation von Ausländern in der DDR immer noch fehlt und aktuellere Arbeiten zum Migrationsprozess die Entwicklung in den neuen Bundesländern in den vergangen Jahren bisher kaum berücksichtigen, will ich versuchen, die Situation im Osten Deutschlands zu skizzieren.

Bis Mitte der 70er Jahre waren Ausländer im DDR-Alltag eher die Ausnahme.

Neben der - durchaus großen - Gruppe sowjetischer Armeeangehöriger, die aber in nur sehr begrenztem Umfang Kontakte zur DDR-Bevölkerung hatten, fanden sich

- ausländische Ehepartner, vornehmlich Frauen aus Osteuropa, die im besten Sinne des Wortes „integriert" waren,
- ausländische Studierende, vorwiegend aus Afrika, Asien und Lateinamerika, sowie
- politisch Verfolgte, die als „Befreiungskämpfer" von den zuständigen Ministerien und anderen gesellschaftlichen und staatlichen Stellen - so u.a. dem Solidaritätskomitee der DDR, der Liga für Völkerfreundschaft und dem Friedensrat - betreut wurden.
- Eine weitere Gruppe bildeten Fachkräfte aus den osteuropäischen Ländern, so z.B. Ärzte, Musiker und Tänzer aus Bulgarien und Restauratoren aus Polen und Ungarn.

Ende der 70er Jahre mit dem Abschluss von Regierungsverträgen zur Anwerbung ausländischer „Werktätiger" änderte sich die Situation grundlegend. Während es bei diesen Abkommen anfangs durchaus auch um die Qualifizierung ausländischer Arbeitskräfte ging, wurde dieser Aspekt im Zuge von Rezession und wirtschaftlichen Fehlplanungen immer mehr in den Hintergrund gedrängt. Spätestens ab 1985/86 kann für die DDR von einer Arbeitskräfteanwerbung gesprochen werden, die ähnliche Ziele verfolgte wie ca. 20 Jahre zuvor die der westeuropäischen Staaten: Kompensation des eigenen Arbeitskräftemangels durch Anwerbung und Beschäftigung ausländischer Arbeitnehmer. Obwohl damit ab Mitte der 80er Jahre verstärkt vor allem afrikanische, kubanische und vietnamesische Frauen und Männer in die DDR kamen, um - vorwiegend in der Leichtindustrie - zu arbeiten, wurden die ausländerrechtlichen Rahmenbedingungen nicht an die neue Situation angepasst. Vielmehr machten die Anwerbeverträge - zum Teil auf Druck der Herkunftsländer - diesen Menschen mehr als restriktive Vorgaben hinsichtlich des Wohnens und des Umgangs mit der DDR-Bevölkerung.

(Beck, 2001, S. 9)

Mit dem Zusammengehen der beiden deutschen Staaten im Oktober 1990 entstand eine neue Einwanderungssituation, „die eine komplexe Überlagerung der unterschiedlichen Zuwanderungsströme beinhaltete" (Otman, 1996, S. 5). Die Bundesregierung strebte Neuregelungen im Bereich Zuwanderung und Integration an. Wer durfte oder sollte eigentlich nach Deutschland kommen? Wie viele Zuwanderer sollten pro Jahr einreisen können? Wer entschied über solche Kontingente? Wie war mit dem Familiennachzug zu verfahren? Wodurch ließ sich die Integration verbessern? Stimmte es, dass wir trotz hoher Arbeitslosigkeit Einwanderung brauchten? Dies waren die zentralen Fragen, die schließlich zur Verabschiedung des neuen Zuwanderungsgesetzes führten (vgl. Schneider, 2005).

Aufgabe 10

Bitte schreiben Sie diejenigen Punkte aus dem Kapitel über ausländische ArbeitnehmerInnen auf, die Sie persönlich im Hinblick auf Ihren Unterricht für wichtig finden. ....

....

....

3 Gründe für Migration nach Deutschland

Welche Beweggründe bringen nun Menschen dazu, ihre vertraute Umgebung zu verlassen, um an einem anderen Ort ihr Leben weiterzuführen?

Aufgabe 11

Haben Sie schon einmal daran gedacht, in ein anderes Land auszuwandern, oder sind bereits in eine andere Region umgezogen? Diskutieren Sie in Ihrer Lerngruppe, welche unterschiedlichen Gründe bzw. Ursachen zu einer Migration führen können. Befragen Sie auch andere Personen in Ihrem Umfeld, die bereits Migrationserfahrung haben (z.B. aufgrund eines längeren Auslandsaufenthalts, Zuwanderung nach Deutschland, Migration in ein anderes Land).

Wie die Entscheidung zu Migration bei einem Menschen ablaufen kann, beschreibt Petrus Han folgendermaßen:

> „Sieht man von Migrationsformen ab, die durch gewaltsame Ereignisse und Einwirkungen von außen (z.B. Naturkatastrophen, Krieg, politische und religiöse Verfolgung) abrupt veranlasst werden, ist allgemein davon auszugehen, dass der ‚normale' Schritt in die permanente und grenzüberschreitende Migration nicht auf eine spontane Ad-Hoc-Entscheidung, sondern auf wohlüberlegte und lang andauernde Entscheidungsprozesse zurückgeht. Die Ungewissheit und die nicht abschätzbaren Risiken, die mit dem endgültigen Schritt zur Migration eingeleitet werden, sprechen für diese Annahme" (Han, 2000, S. 169).

Auch hier ist es sinnvoll, die Lernenden selbst – diskret und mit Verständnis – nach den Gründen für ihre Migration zu fragen. In der Rubrik „Für den Unterricht" (S. 53) finden Sie dazu die Aktivität „Interview: Gründe für die Migration nach Deutschland". Anhand dieser Aktivität können die Lernenden ihre Wünsche und Bedürfnisse sowie ihre individuelle Motivation zum Erlernen der deutschen Sprache äußern; Sie selbst können dann an Themen anknüpfen, die die Lernenden zusätzlich motivieren. Im Folgenden gehen wir kurz auf einzelne Migrationsmotive ein.

Arbeitsmigration

Der Begriff selbst weist schon darauf hin, welchem Ziel diese Migrationsform dient, nämlich dazu, an einem anderen Ort eine Arbeitsstelle in Anspruch zu nehmen (siehe auch Kapitel 2.4.2). Die Motivation für Arbeitskräfte, in einem für sie in der Regel unbekannten fremden Land zu arbeiten, wird oft durch die eigene Lebenssituation im Heimatland beeinflusst. Ein Mensch wird vor allem dann den mutigen Schritt tun und seine bekannte Lebensumgebung verlassen, wenn er die Aussicht bzw. Vorstellung hat, dass er mit einer Arbeit im Ausland seine Lebenssituation verbessern kann.

Lassen Sie Ihre Teilnehmer in einem Kreisgespräch von sich erzählen. Welche Ausbildung und welchen Beruf bzw. welche Qualifizierung haben Ihre Teilnehmer? Gibt es Überschneidungen? In der Rubrik „Für den Unterricht" (S. 52) finden Sie die Aktivität „Wie haben Sie Ihren Beruf gefunden?".

Familiennachzug

Die meisten Neuzuwanderer kommen im Rahmen des Familiennachzugs nach Deutschland, d.h. um zu heiraten oder bei ihren bereits ansässigen Familienmitgliedern zu leben.

Es besteht ein Nachzugsanspruch bis zum 18. Lebensjahr bei Kindern von Asylberechtigten, GFK-Flüchtlingen (Konventionsflüchtlingen) [Ausländer, die in Anwendung der Genfer Flüchtlingskonvention in Deutschland Abschiebungsschutz genießen, auch wenn sie keinen Anspruch auf Asyl nach Art. 16a Grundgesetz haben].

Als maßgebliche Altersgrenze gilt im Übrigen das 16. Lebensjahr sowie eine restriktive Ermessensregelung, bei der aber Kindeswohl und die familiäre Situation zu berücksichtigen sind. Voraussetzung für den Familiennachzug zu einem Ausländer ist nach § 29 AufenthG allgemein, dass

- der bereits hier lebende Ausländer eine Aufenthaltserlaubnis oder eine Niederlassungserlaubnis besitzt,
- ausreichender Wohnraum zur Verfügung steht,
- der Lebensunterhalt des Familienangehörigen ohne Inanspruchnahme öffentlicher Mittel gesichert ist und
- kein Ausweisungsgrund vorliegt.

[...] Andere Verwandte als Ehegatten oder minderjährige ledige Kinder können nur nachziehen, wenn es zur Vermeidung einer außergewöhnlichen Härte erforderlich ist.

(Bundesministerium des Innern, 2005b)

Aufgabe 12

Überlegen Sie, wie die Situation von Lernenden, die im Familiennachzug – zu bereits Zugewanderten oder Deutschen – nach Deutschland gekommen sind, sein mag und was das für Ihren Unterricht bedeutet.

Migration zur beruflichen Aus-/Weiterbildung

Jedes Jahr kommen mehrere Zehntausend Menschen aus anderen Ländern für einige Jahre nach Deutschland, um hier an einer Ausbildung oder Weiterbildung teilzunehmen. Sie müssen besondere Kriterien der aufenthaltsrechtlichen Bestimmungen erfüllen.
Ein Anspruch auf Teilnahme an einem Integrationskurs besteht – so der Gesetzgeber – nicht für Kinder, Jugendliche und junge Erwachsene, die in Deutschland eine schulische Ausbildung beginnen oder fortsetzen.

Flucht

Ein spezieller Migrationsgrund ist Flucht. Flüchtlinge können aus verschiedenen Gründen zum Schritt der Migration gezwungen werden: weil ihr Leben unmittelbar bedroht wird (z.B. Krieg und Verfolgung oder Zwangsverheiratung) oder weil ihr Leben längerfristig gesehen bedroht ist (z.B. bei Verseuchung der Lebensumwelt oder einer bevorstehenden Umweltkatastrophe). Zur Teilnahme an einem Integrationskurs berechtigt sind lediglich → Asylberechtigte und Kontingentflüchtlinge. Alle anderen Flüchtlingsgruppen sind nicht zugelassen.

Aufgabe 13

Wählen Sie eines der Länder aus, aus denen Teilnehmende an Integrationskursen kommen, und leiten Sie aus den wirtschaftlichen und sozialen Bedingungen mögliche individuelle Gründe für die Migration nach Deutschland ab. Diskutieren Sie darüber mit den anderen Teilnehmenden in Ihrer Lerngruppe.

Aufgabe 14

Bitte schreiben Sie hier diejenigen Punkte aus dem Kapitel 3 auf, die Sie persönlich im Hinblick auf Ihren Unterricht wichtig finden. ....

....

....

4 Der Integrationskurs

Am 30.07.2004 hat der Bundestag das neue Zuwanderungsgesetz beschlossen. Hierin wird erstmalig ein Mindestrahmen staatlicher Integrationsangebote für Migrantinnen und Migranten gesetzlich geregelt. Der seit dem 01. Januar 2005 bundesweit durchgeführte Integrationskurs umfasst einen Basis- und einen Aufbausprachkurs von insgesamt 600 UE sowie einen Orientierungskurs zur Vermittlung von Kenntnissen der Rechtsordnung, der Kultur und Geschichte Deutschlands von 30 UE. (Die entsprechenden Gesetzestexte finden Sie unter den im Anhang angegebenen Internetadressen.)

> Als wichtigstes Instrument der Förderung der Integration von MigrantInnen – sowohl von Neuzuwanderern als auch von Ausländern, die schon länger in Deutschland leben, aber noch offensichtliche Defizite im Gebrauch der deutschen Sprache haben – sind so genannte „Integrationskurse" vorgesehen, die aus zwei Teilen bestehen: einem modular gegliederten Sprachkurs und einem Orientierungskurs, der Grundkenntnisse zur Rechtsordnung, zur Geschichte und zur Kultur in Deutschland vermitteln soll.
>
> Rechtsgrundlage für die Integrationskurse sind die Paragrafen 43, 44 und 44 a des Aufenthaltsgesetzes als Teil des neuen Zuwanderungsgesetzes, die vom Bundesministerium des Innern (BMI) erlassene Integrationsverordnung (IntV) sowie der Leitfaden zur Durchführung von Integrationskursen.
>
> Grundüberlegung für das Kursangebot ist die Überzeugung, dass ohne ausreichende Beherrschung der deutschen Sprache und ohne Mindestkenntnisse des Rechtssystems und der demokratischen Grundordnung eine gleichberechtigte Teilhabe an und in der Gesellschaft gar nicht möglich ist: Die Sprache erschließt erst den Zugang zum Bildungs- und Ausbildungssystem, zum Beruf und zum Arbeitsmarkt, zur Teilnahme an der Kultur und an den politischen Institutionen.
>
> (Zwick, 2004)

Schauen Sie sich auf der Homepage des Bundesamts für Migration und Flüchtlinge auch die hier nur klein abgebildete AID-Grafik zum Integrationskurs an:

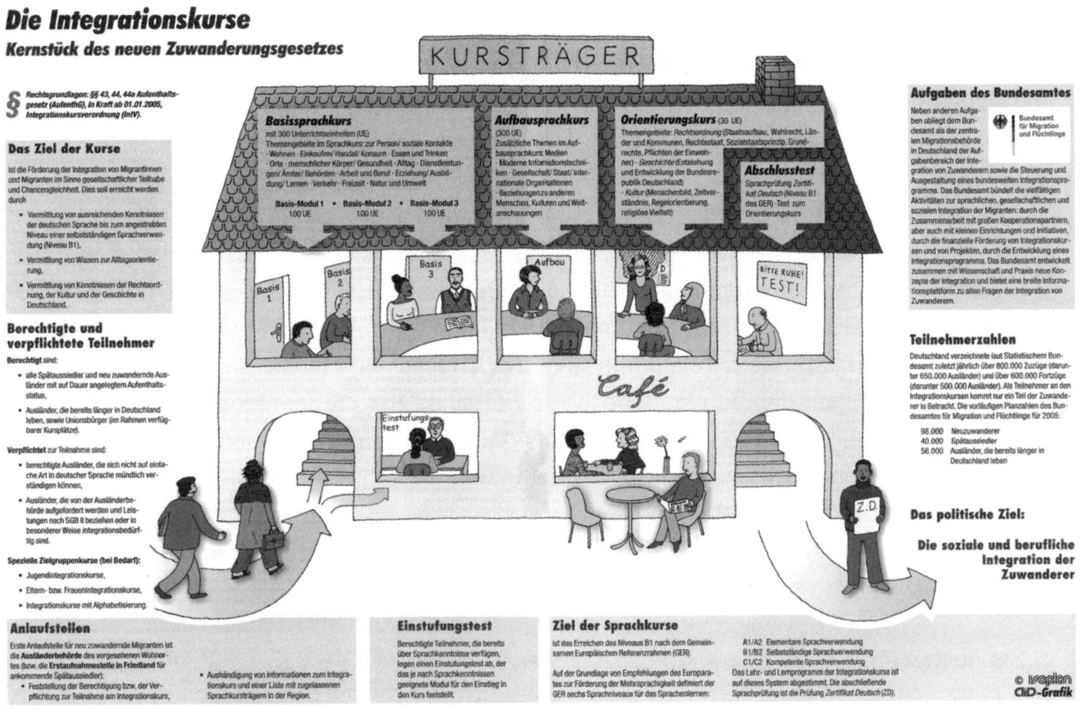

Abb. 2: Grafische Übersicht zum Integrationskurs, www.bamf.de, unter Integration/ Lehrkräfte (24.07.2006) © Isoplan

4.1 Grundsätzliche Fragen

Ist es für Sie überhaupt nötig, sich mit den gesetzlichen Bestimmungen zur Teilnahme an einem Integrationskurs zu befassen? Wir meinen ja, da Sie, die Kursleitenden, einen wesentlichen Teil im Gesamtsystem der Integrationskurse darstellen und es für Sie wichtig ist, über den Rahmen, in dem Sie arbeiten, Bescheid zu wissen. Im Folgenden haben wir einige grundsätzliche Fragen beantwortet (vgl. dazu den „Leitfaden zur Durchführung von Integrationskursen" des Bundesamts für Migration und Flüchtlinge, 2006, http://www.bamf.de Integration/Kursträger, 05.09.2006).

1. **Wer hat einen Anspruch auf die Teilnahme an einem Integrationskurs?**
   Einen Anspruch haben Ausländer/innen, die dauerhaft in Deutschland leben werden, wenn sie erstmals eine Aufenthaltserlaubnis oder eine Niederlassungserlaubnis erhalten. Von einem dauerhaften Aufenthalt wird z.B. ausgegangen, wenn eine Aufenthaltserlaubnis von mehr als einem Jahr erteilt wurde. Einen Anspruch haben außerdem Spätaussiedler/innen sowie deren Familienangehörige. Ausgenommen sind Kinder, Jugendliche und junge Erwachsene, die eine schulische Ausbildung aufnehmen oder ihre bisherige Schullaufbahn in der Bundesrepublik Deutschland fortsetzen. Deutsche Staatsangehörige haben keinen Anspruch auf Teilnahme an einem Integrationskurs, auch wenn sie nach Deutschland zugewandert sind.
2. **Wer kann zu einem Integrationskurs verpflichtet werden?**
   Verpflichtet zur Teilnahme sind Personen, die einen Anspruch auf Teilnahme haben und sich nicht auf einfache Art in deutscher Sprache mündlich verständigen können, Sozialleis-

tungen beziehen oder die in sonstiger Weise (von der Ausländerbehörde, der Arbeitsverwaltung etc.) als „integrationsbedürftig" eingestuft werden.

3. **Was kostet der Integrationskurs?**
Keinen eigenen Kostenbeitrag zahlen Spätaussiedler und Teilnehmer, die Sozialleistungen beziehen. Alle anderen Teilnehmenden zahlen 1,- € pro Unterrichtsstunde, also 100,- € für einen Kursabschnitt.
4. **In welchem Zeitraum muss der Teilnehmer den Kurs beginnen? Kann er den Kurs wechseln?**
Zwischen der Anmeldung eines Teilnehmers bei einem Kursträger und dem Beginn des Integrationskurses dürfen maximal drei Monate liegen. Auf Wunsch bekommt der Teilnehmer dann vom Kursträger den Teilnahme-Berechtigungsschein zurück, damit er sich einen anderen Kursträger auswählen kann. Der Wechsel eines Kursträgers ist grundsätzlich nur nach Abschluss eines Kursabschnittes möglich, doch kann das Bundesamt – z.B. im Fall eines Umzugs – einen Wechsel vor Abschluss eines Kursabschnitts gestatten.
5. **Gibt es Kinderbetreuung?**
Nur für Spätaussiedler/innen ist ein Kinderbetreuungsangebot während des Kurses vorgesehen. Ansonsten sind die Teilnehmer selbst für die Kinderbetreuung verantwortlich.

Aufgabe 15

Haben Sie noch weitere Fragen zum Integrationskurs? Tauschen Sie sich darüber in ihrer Lerngruppe aus.

4.2 Orientierung der Zugewanderten im Alltag

Lernziele & Lerninhalte des Orientierungskurses

voneinander lernen - gemeinsam leben

Eine Empfehlung für Kursträger

Stand: 10.08.2006

- Referat 311 -

Wie schon oben angesprochen umfasst der Integrationskurs einen Basis- und einen Aufbausprachkurs von insgesamt 600 Unterrichtseinheiten (UE) sowie einen Orientierungskurs zur Vermittlung von Kenntnissen der Rechtsordnung, der Kultur und Geschichte in Deutschland von 30 UE[1]. Nun wird die deutsche Sprache in keinem DaZ-Kurs losgelöst von der deutschen Umgebung unterrichtet; von Anfang an fließen Aspekte aus Alltag, Recht, Kultur mit ein. Mit dem Orientierungskurs als zusätzlichem Teil des Integrationskurses will der Gesetzgeber jedoch herausstreichen, dass zur Integration mehr als die Kenntnisse der deutschen Sprache erforderlich sind. Die Ziele des Orientierungskurses sind, so das Bundesamt für Migration und Flüchtlinge:

- Verständnis für das deutsche Staatswesen zu wecken,
- eine positive Bewertung des deutschen Staates entwickeln helfen,
- Kenntnisse der Rechte und Pflichten als Einwohner und Staatsbürger zu vermitteln,
- die Fähigkeit zu fördern, sich weiter zu orientieren (Methodenkompetenz),
- zur Teilhabe am gesellschaftlichen Leben zu befähigen (Handlungskompetenz),
- interkulturelle Kompetenz erwerben helfen.

[1] Die vorliegende Empfehlung für Kursträger „Lernziele und Lerninhalte des Orientierungskurses" soll im 2. Halbjahr 2007 durch ein Curriculum für den Orientierungskurs ersetzt werden (siehe dann http://www.bamf.de).

In der Integrationskursverordnung heißt es: „Der Orientierungskurs wird grundsätzlich vom für den Integrationskurs zugelassenen Kursträger durchgeführt" (Bundesministerium des Innern, 2005a). Es werden also in der Regel die Lehrkräfte des Basis- und Aufbausprachkurses gleichzeitig auch diejenigen sein, die als Lehrkräfte für den Orientierungskurs in Frage kommen. Kursleitende in Integrationskursen sollten daher nicht nur über sprachdidaktische Kenntnisse, sondern auch über Methoden der politischen Bildungsarbeit verfügen, wie sie z.B. Günter Gugel auf der Internetseite des Instituts für Friedenspädagogik Tübingen e.V. beschreibt (Gugel, 1997).

Eine der Hauptherausforderungen für Kursleitende des Orientierungskurses ist, dass angesichts der zur Verfügung stehenden Zeit, aber auch aufgrund des sprachlichen Niveaus der Teilnehmenden Umfang und Schwierigkeit des Lernstoffes soweit begrenzt bzw. herabgesetzt werden müssen, dass er von den Teilnehmenden lernend und verstehend bewältigt werden kann. Dafür sind im Wesentlichen folgende Gesichtspunkte sinnvoll und geeignet:

- **Eingrenzung:** Der Umfang des Unterrichtsgegenstandes wird soweit eingegrenzt, dass dessen Bearbeitung in der zur Verfügung stehenden Zeit möglich ist.
- **Teilnehmerorientierung:** Die Lernenden entscheiden bei dieser Eingrenzung mit, indem sie die Themen auswählen, die für sie besonders interessant und wichtig sind.
- **Vereinfachung:** Die Schwierigkeiten des Unterrichtsgegenstandes werden vereinfacht.
- **Verdichtung:** Detailreichtum und Komplexität des Unterrichtsgegenstandes werden herabgesetzt. Konzentration arbeitet die wesentlichen Aspekte heraus.
- **Straffung:** Die Unübersichtlichkeit des Unterrichtsgegenstandes wird herabgesetzt, sein Gehalt herausgearbeitet.
- **Veranschaulichung:** Ein abstrakter Unterrichtsgegenstand wird anschaulich gemacht.
- **Isolierung:** Der Unterrichtsgegenstand wird aus seinen verwickelten Zusammenhängen gelöst und durch Isolation fassbar gemacht.
- **Anregungen zur eigenständigen Weiterarbeit:** Nicht alle Aspekte des Unterrichtsgegenstandes können im Unterricht in der nötigen Ausführlichkeit behandelt werden; die Lernenden werden daher zur eigenständigen Weiterarbeit angeregt.

Aufgabe 16

Bitte schauen Sie sich die Liste der zugelassenen Lehrwerke (unter *www.bamf.de* Integration/Lehrkräfte) an und notieren Sie, welche Unterrichtsmaterialien für den Orientierungskurs vorliegen. Gibt es weitere Materialien, die Sie hinzuziehen würden? ....

....

....

Aufgabe 17

Bitte notieren Sie diejenigen Punkte aus dem Kapitel 4, die Sie persönlich im Hinblick auf Ihren Unterricht wichtig finden. ....

....

....

5 Integration

Aufgabe 18

Bitte schreiben Sie auf der nächsten Seite verschiedene Faktoren auf, die Sie für wichtig halten, damit Integration gelingen kann.

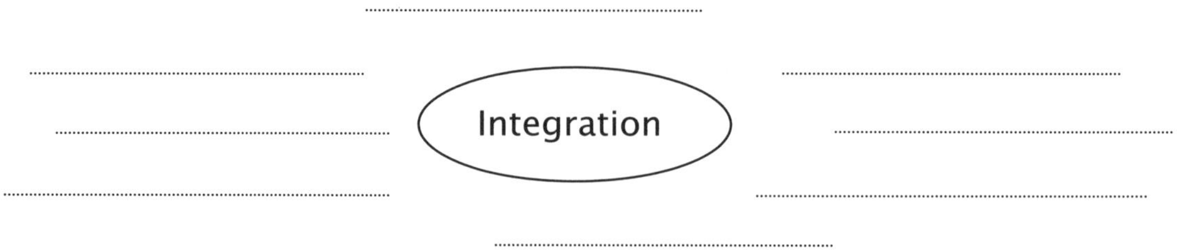

5.1 Integration und psychosoziale Situation

In der Migrationswissenschaft haben sich etliche Autoren mit den psychosozialen Folgen der Migration auseinandergesetzt. Bereits Mitte des 20. Jahrhunderts gab es erste Untersuchungen und Thesen zu diesem Thema.

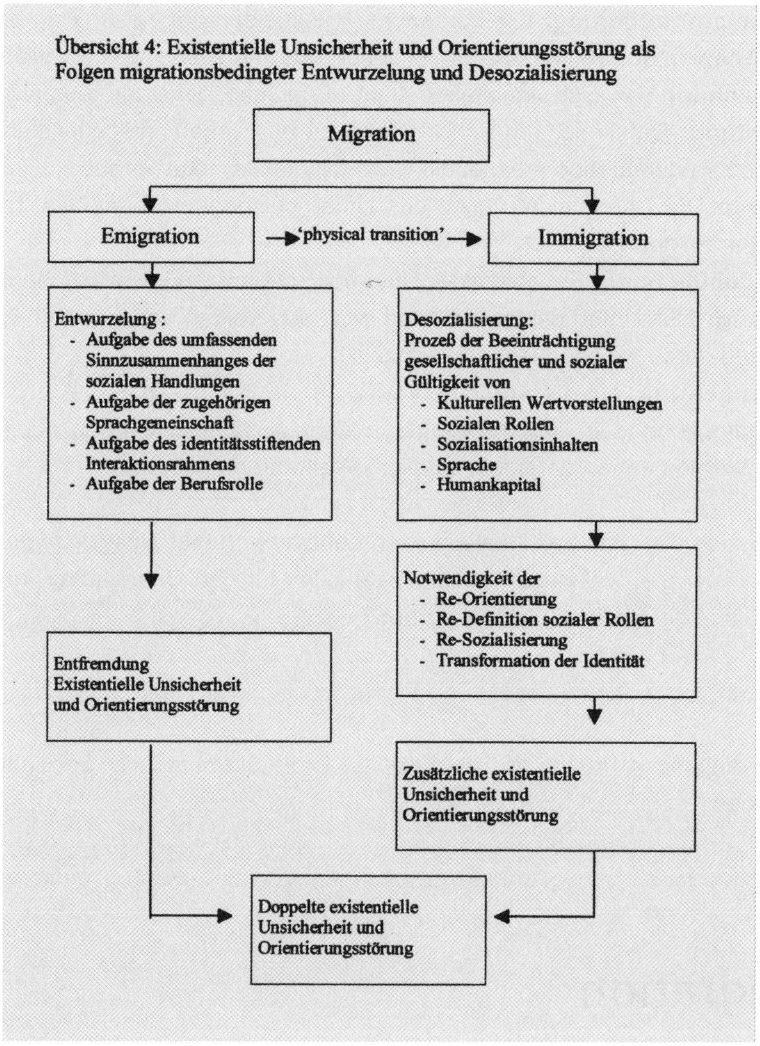

Abb. 3: aus Han, 2000, S. 194

Dass Migrantinnen und Migranten mehr als andere Menschen in einer Gesellschaft von Beeinträchtigungen ihres psychischen Gleichgewichts betroffen sind, wird in wissenschaftlichem Jargon zum Beispiel mit dem Begriff Desozialisierung bezeichnet. Desozialisierung bedeutet, dass ein Mensch aus seinem Lebensumfeld gerissen wird und er sein bisheriges Leben nicht adäquat an einem anderen Ort im gleichen Sozialisationsumfeld weiterführen kann. Das Schaubild auf der vorangegangenen Seite stellt in einfacher Weise die komplexen psychischen und sozialen Vorgänge bei Migration dar.

Migration wird von jedem Menschen individuell bewältigt. Dennoch lassen sich Typologisierungen von Bewältigungsmaßnahmen vornehmen. Einen ersten Überblick über diesen Bereich finden Sie in Petrus Hans *Soziologie der Migration* (Han, 2000).

5.2 Integration und Sprache

Dass die Lebensqualität und die Lernchancen von Migranten sehr davon abhängen, wie gut sie die Sprache des Landes beherrschen, in dem sie leben, ist unumstritten.

> „Sprache ist die Voraussetzung für den normalen Umgang mit Freunden, Nachbarn und Kollegen. Sie ist buchstäblich der Schlüssel für die vielen Räume in einer komplizierter werdenden Gesellschaft. Wird die Sprache des Landes, in dem man lebt, nicht beherrscht und verbleibt man in der Kommunikation und in der gesamten Wahrnehmung (Fernsehen, Rundfunk, Presse) in der Herkunftssprache befangen, dann begünstigt dies in der Tat die soziale Abkapselung und das Entstehen von ‚Parallelgesellschaften'" (Zwick, 2004).

> „Nur wer die deutsche Sprache beherrscht, hat die Chance, erfolgreich an Bildung und Beschäftigung teilzuhaben. Ohne eine gemeinsame Sprache misslingt Kommunikation, ist das friedliche Zusammenleben gefährdet" (Ministerium für Generationen, Familie, Frauen und Integration, 2006).

Wie die Zitate zeigen, sind Erwartungen und Forderungen mit dem Erlernen der deutschen Sprache verbunden: Migranten und MigrantInnen sollen ihre Interessen wahrnehmen können, es sollen keine sogenannten Parallelgesellschaften entstehen, sie sollen so schnell wie möglich einen Arbeitsplatz und damit einen Platz in der Gesellschaft finden. Dabei wird selten nach den Wünschen der Zugewanderten selbst gefragt und danach, wie viel Deutsch für die Integration überhaupt erforderlich ist und welche anderen wichtigen Faktoren für Integration zu bedenken sind.

Anlässlich der Internationalen Deutschlehrertagung (IDT) in Graz vom 1. bis 6. August 2005 beschäftigte sich eine Sektion mit der Frage „Wie viel Deutsch braucht's für die Integration?" Rund 20 Teilnehmende aus Deutschland, Österreich, Kirgisien, Usbekistan, Holland und der Schweiz präsentierten unterschiedliche Konzepte, tauschten Erfahrungen aus und diskutierten Problemfelder. Fest stand für alle, dass für jedes erfolgreiche Sprachenlernen im deutschsprachigen Raum verschiedene Faktoren ausschlaggebend sind, die hier sehr verkürzt vorgestellt werden sollen:

1. Die Motivation zum Spracherwerb wird durch differenzierte Lernangebote für Zielgruppen mit unterschiedlichem Bildungs- und sozialem bzw. kulturellem Hintergrund, durch angemessene Rahmenbedingungen und Perspektiven für einen sozialen Aufstieg unterstützt.
2. Die Lernangebote für unterschiedliche Zielgruppen bedürfen einer seriösen konzeptionellen und curricularen Planung seitens der Bildungsbehörden.

3. Kompetenzen in der deutschen Sprache dürfen vor allem in der schulischen Aus- und Weiterbildung nicht weiter mit den landläufigen Kriterien von Korrektheit in Rechtschreibung und Grammatik beurteilt werden. Verschiedene Stufen von Deutschkompetenzen sind wahrzunehmen, zu würdigen und darauf aufzubauen.
4. Die Herkunftssprachen müssen seitens der Aufnahmegesellschaft gefördert werden, da diese Sprachen ein wertvolles Potenzial für die Aufnahmegesellschaft bilden, einen substantiellen Beitrag zu der von Europarat geforderten Mehrsprachigkeit liefern und für die migrierte Person einen wichtigen identitätsstiftenden Faktor bedeuten.

Aufgabe 19

Lesen Sie die vollständigen „Thesen zur ‚Sprache und Integration'" unter *www.sprachenrechte.at* (unter „Integrationsvereinbarung", 21.02.2006) und diskutieren Sie in Ihrer Lerngruppe, welche der angegebenen Punkte Sie als KursleiterIn betreffen. Was bedeuten diese Forderungen für Ihren Unterricht?

Zum Schluss möchten wir Sie noch auf ein „Sprachen- und Qualifikationsportfolio für Migranten und Flüchtlinge" hinweisen, das diese dabei unterstützt, die Fragen „Wo stehe ich jetzt? Wo möchte ich hin? Wie komme ich dorthin?" zu beantworten. Es ist für österreichische Zugewanderte konzipiert, lässt sich aber leicht auf Deutschland übertragen (siehe *http://www.integrationshaus.at/portfolio*, 31.10.2005).

Im Kapitel „Für Ihren Unterricht" finden Sie eine Aktivität zur Thematisierung des persönlichen Sprachenreichtums im Unterricht („Sprachenmännchen", S. 54).

Aufgabe 20

Die folgenden Aufgaben dienen der Reflexion und dem Transfer des Gelernten. Bitte wählen Sie zum Schluss eine von ihnen zur Bearbeitung aus.

1. Bitte beschreiben Sie die Lernenden in Ihrem Deutschkurs unter Berücksichtigung der Kriterien „Nationalität", „Aufenthaltsdauer in Deutschland", „Ausbildung und berufliche Qualifizierung" sowie „gesetzlicher Status/ Aufenthaltstitel".
2. Überlegen Sie sich Möglichkeiten, das Thema „Aufenthaltstitel" im Unterricht zu thematisieren.

6 Für Ihren Unterricht

1. Das habe ich nach Deutschland mitgebracht...

Ziel: Sprechaktivität über das Migrationserlebnis

TN: ab A2

Material: Bilder verschiedener Koffer und Taschen

Vorgehen: Legen Sie Bilder verschiedener Koffer und Taschen aus. Erläutern Sie den TN, dass es darum geht, sich gegenseitig mitzuteilen, was sie aus ihrem Herkunftsland mitgebracht haben – was „in ihrem Koffer" war – Bilder von ihrer Familie, Musik-Kassetten, Kochrezepte, die Sprache, Erinnerungen ....

Schreiben Sie an die Tafel einige Redemittel zum Nachfragen: „Warum haben Sie/hast du diese Tasche genommen?" / „Was haben Sie/hast du aus deinem Land mitgebracht?" / „Wann sind Sie/bist du nach Deutschland gekommen?" / „Warum?" / „Wie war das für Sie/dich?" etc.

Wenn alle TN eine Tasche/einen Koffer gewählt haben, lassen Sie kleine Gruppen bilden, die sich gegenseitig erzählen, was sie nach Deutschland mitgebracht haben.

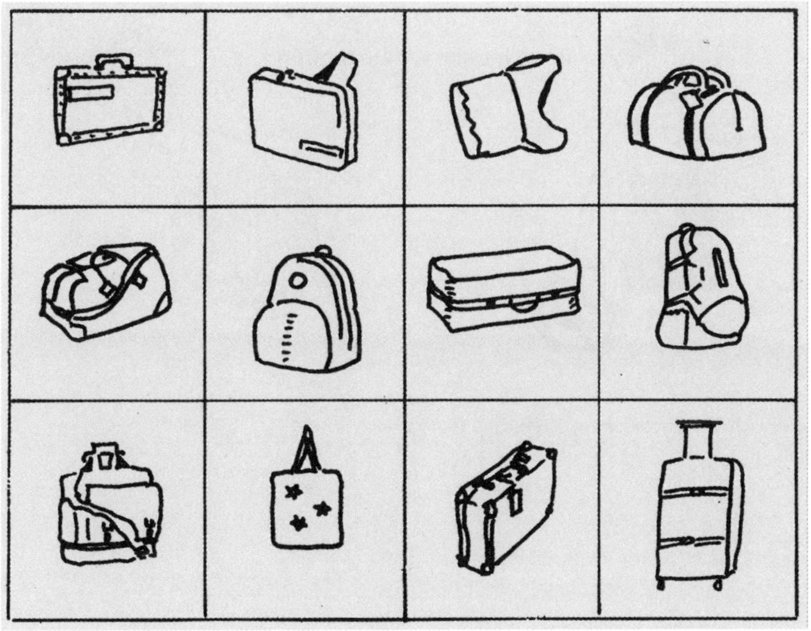

2. Wie haben Sie Ihren Beruf gefunden?

Abb. 4: *Ziemlich viel Berufliches*, 1999, S. 11

3. Interview: Gründe für die Migration nach Deutschland

Ziel: Sprechaktivität über die persönlichen Gründe für die Migration nach Deutschland

TN: ab A2

Vorbereitung: Interview-Fragebogen rechts

Vorgehen: Sagen Sie den TN, dass es um ein Interview geht: Eine Person fragt „Warum bist du in Deutschland?", die andere Person schreibt auf.

Bereiten Sie den Interview-Frageboden am besten mit den Teilnehmenden selbst vor.

Fragen Sie: Wer von Ihnen möchte erzählen, warum er nach Deutschland gekommen ist? Wer von Ihnen möchte lieber zuhören und aufschreiben? Bitten Sie die TN, sich so in Paaren zusammenzufinden, dass ein/e Journalist/in und ein/e Erzähler/in zusammenkommen. (Diese Aufteilung hat den Vorteil, dass TN, die nicht über ihre persönlichen Motive sprechen wollen, dies auch nicht müssen, in der Rolle des Journalisten aber aktiv beteiligt sind.).

Sie können differenzieren, indem Sie unterschiedliche Interviewbögen vorbereiten: Fortgeschrittenere TN kreuzen nicht nur die jeweilige Rubrik an, sondern schreiben auch noch einen erklärenden Satz dazu.

Fragebogen

Gründe für Migration nach Deutschland

Eltern/Familie in Deutschland	☐
Heirat	☐
Freunde in Deutschland	☐
Suche nach besserer Arbeit	☐
Krieg im Heimatland	☐
politische Verfolgung	☐
Nationalität deutsch/ deutschstämmig	☐
Interesse am Leben in einem anderen Land	☐
....	☐
....	☐
....	☐

4. Sprachenmännchen

Ziel: Sprechaktivität über die Herkunftssprachen, Vermittlung eines positiven Gefühls gegenüber den bisher gelernten Sprachen.

TN: ab A2

Material: Kopien des Sprachenmännchens, sehr viele Bunt-/Filzstifte

Vorgehen: Geben Sie den TN Kopien, auf denen der leere Umriss einer Figur zu sehen ist, und bitten Sie sie, alle „ihre“ Sprachen dort hineinzumalen und dabei für jede Sprache eine andere Farbe zu benutzen. Machen Sie nach Möglichkeit keine weiteren Angaben. Beantworten Sie z.B. nicht die Frage, wie gut man eine Sprache beherrschen muss, um sie hineinmalen zu können. Jede/r TN entscheidet dies für sich selbst.

Nachdem die TN ihre Sprachenmännchen ausgefüllt haben, bitten Sie sie, den anderen TN einzeln die Sprachen-Bilder zu erläutern und vielleicht ein paar Worte in einer ihrer Sprachen zu sagen.

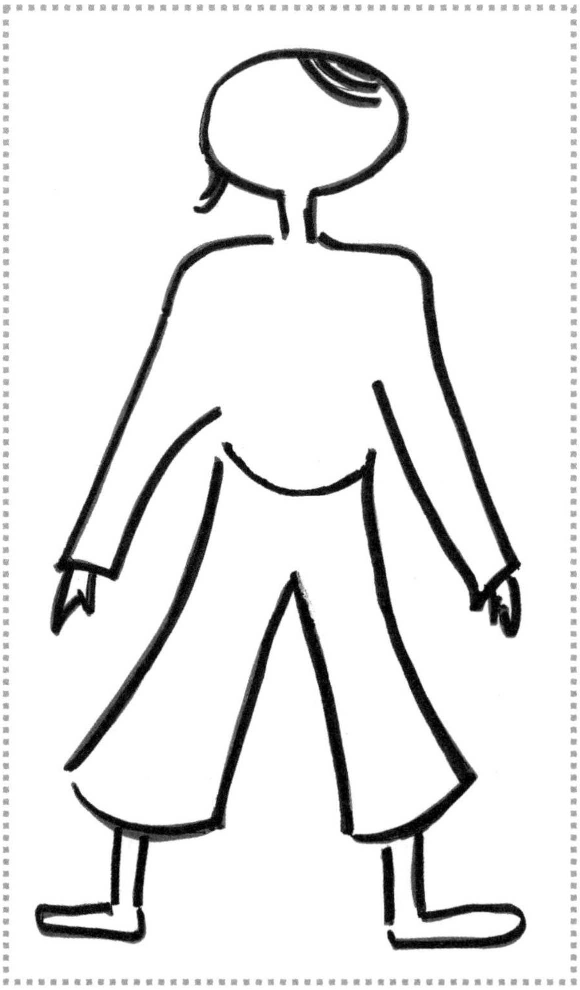

(Idee nach: Krumm/Jenkins, 2001)

7 Glossar

Anwerbestopp: Ausländische ArbeitnehmerInnen wurden von 1955 bis 1973 angeworben, um den Bedarf an wenig qualifizierten Arbeitskräften zu decken. Die Verschlechterung der Beschäftigungssituation während der Wirtschaftskrise führte zum Anwerbestopp vom November 1973. Die Einreise zum Zweck der Arbeitsaufnahme war nicht mehr erlaubt.

Arbeitsmigration/Arbeitsmigranten: „Unter Arbeitsmigration wird – unabhängig von der Aufenthaltsdauer – die in der Regel durch zwischenstaatliche Vereinbarungen rechtlich definierte und die Arbeitsverwaltung gesteuerte Zuwanderung von Migrant/innen (und deren Familienangehörigen) aus einem anderen Land zwecks Arbeitsaufnahme verstanden." (Otman, 1998, S.2)

Asylberechtigte: Ausländer, die vom Bundesamt für Migration und Flüchtlinge oder einem Verwaltungsgericht als asylberechtigt nach Art. 16a Grundgesetz anerkannt worden sind.

Aussiedler/Spätaussiedler: Als AussiedlerInnen bezeichnet man im Bundesvertriebenengesetz (BVFG) Nachfahren deutscher Auswanderer, die teilweise seit Generationen vor allem in Russland, Rumänien und Ungarn lebten und nach Deutschland zurückgekehrt sind. Seit dem 1. Januar 1993 werden deutschstämmige Einwanderungswillige als SpätaussiedlerInnen bezeichnet.

Familiennachzug: Unter Familiennachzug versteht man den Nachzug von Familienangehörigen, d.h. im Wesentlichen Kinder und Ehegatten, zu in Deutschland lebenden Deutschen und Ausländern, der besonderen ausländerrechtlichen Regelungen unterliegt.

Integration: Integration bedeutet die Eingliederung von Migrantinnen und Migranten in die deutsche Gesellschaft, ohne von ihnen die Aufgabe ihrer ethnischen Identität zu verlangen. Im Gegenteil dazu bedeutet Assimilation die Übernahme einer vorherrschenden Kultur bzw. das spurlose Aufgehen in der Mehrheitskultur des Gastlandes.

Kontingentflüchtlinge: Als Kontingentflüchtlinge werden Flüchtlinge aus Krisen- und Kriegsgebieten der Welt bezeichnet, die im Rahmen internationaler humanitärer Hilfsaktionen oder – jenseits aller völkerrechtlichen Verpflichtungen – durch Übernahmeerklärung des Bundesinnenministeriums in festgelegter Zahl aufgenommen wurden.

Zuwanderungsgesetz: Gesetz zur Steuerung und Begrenzung der Zuwanderung und zur Regelung des Aufenthalts und der Integration von Unionsbürgern und Ausländern vom 01.01.2005. Die wichtigste Neuregelung ist das mit Artikel 1 des Zuwanderungsgesetzes neu eingeführte Aufenthaltsgesetz, das das frühere Ausländergesetz von 1990 ersetzt. Es regelt zudem erstmals gesetzlich ein Grundangebot an Integrationsleistungen für alle Zugewanderten.

8 Literatur

Bade, Klaus J. (Hrsg.) (1992): Deutsche im Ausland, Fremde in Deutschland. Migration in Geschichte und Gegenwart. München: C. H. Beck.

Baaden, Andreas (1997): Aussiedler-Migration. Historische und aktuelle Entwicklungen. Berlin: Berlin Verlag A. Spitz.

Beauftragte der Bundesregierung für Migration, Flüchtlinge und Integration (Hrsg.) (2004): Migrationsbericht der Integrationsbeauftragten im Auftrag der Bundesregierung. Berlin: Beauftragte der Bundesregierung für Migration, Flüchtlinge und Integration.

Beauftragte der Bundesregierung für Migration, Flüchtlinge und Integration (Hrsg.) (2006): 6. Bericht über die Lage der Ausländerinnen und Ausländer in der Bundesrepublik Deutschland, Teil II. Berlin. http://www.bundesregierung.de/nn_56708/Content/DE/Publikation/IB/6-auslaenderbericht-teil-2.html (24.07.2006).

Beck, Marieluise (2001): Zuwanderung in Deutschland und Europa – Chancen und Risiken für Beschäftigungen und Integration. In: Heinrich-Böll-Stiftung (Hrsg.): Zukunft der Arbeit IV: Arbeit und Migration. Dokumentation der vierten Tagung der Heinrich-Böll-Stiftung in der Reihe „Zukunft der Arbeit" am 10./11. November 2000 in Berlin. http://www.boell.de/downloads/arbeit/zukunftarbeit4_1.pdf (24.07.2006).

Blahusch, Friedrich (1999): Zuwanderungspolitik im Spannungsfeld ordnungspolitischer und ethnisch-nationalistischer Legitimationsmuster. Frankfurt/Main: Peter Lang.

Bundesamt für Migration und Flüchtlinge (2005): Konzept „Lernziele und Lerninhalte des Orientierungskurses". http://www.bamf.de (22.02.2006).

Bundesamt für Migration und Flüchtlinge (2005): Konzept für einen bundesweiten Integrationskurs. http://www.bamf.de (22.02.2006).

Bundesamt für Migration und Flüchtlinge (2006): Leitfaden zur Durchführung von Integrationskursen. http://www.bamf.de (05.09.2006).

Bundesministerium des Innern (2004): Gesetz zur Steuerung und Begrenzung der Zuwanderung und zur Regelung des Aufenthalts und der Integration von Unionsbürgern und Ausländern. http://www.bmi.bund.de/cln_012/nn_121852/Internet/Navigation/DE/Gesetze/GesetzeAbisZ,param=z.html__nnn=true (12.10.2006).

Bundesministerium des Innern (2005a): Verordnung über die Durchführung von Integrationskursen für Ausländer und Spätaussiedler, § 12, Grundstruktur des Orientierungskurses. http://bundesrecht.juris.de/intv/index.html (22.02.2006).

Bundesministerium des Innern (2005b): Zuwanderung A-Z: Familiennachzug. http://www.zuwanderung.de/2_neues-gesetz-a-z/familiennachzug.html (22.02.2006).

Brauneck, Peter; Urbanek, Rüdiger; Zimmermann, Ferdinand (2000): Methodensammlung. Anregungen und Beispiele für die Moderation. Materialien zur Lehrerfortbildung in Nordrhein-Westfalen. Soest: Verlag für Schule und Weiterbildung.

Caglar, Gazi (2004): Deutsche Sprache und migrantisches Leiden. Zur Rolle der deutschen Sprache im Integrationsprozess. In: AMFN-Zeitschrift 24/2004, S. 4–8.

Göbel, Richard (1975): Deutschunterricht für ausländische Arbeitnehmer. Zur Situation 1975. In: Deutsch lernen 0/75, S. 49–55.

Gugel, Günter (1997f.): Methoden in der politischen Bildungsarbeit. http://www.friedenspaedagogik.de/service/unter/metho_2/in_met_2.html (10.10.2006).

Han, Petrus (2000): Soziologie der Migration: Erklärungsmodelle, Fakten, Politische Konsequenzen, Perspektiven. Stuttgart: Lucius und Lucius.

Hansen, Margarete; Zuber, Barbara (1996): Zwischen den Kulturen. Strategien und Aktivitäten für landeskundliches Lehren und Lernen. Berlin, München: Langenscheidt.

Heinen, Ute (2000): Einführung. In: Bundesagentur für politische Bildung: Informationen zur politischen Bildung. Aussiedler. Heft 267. Bonn, S. 3–4.

Henkel, Robert (2001): Werbende Offenheit. In: Süddeutsche Zeitung, 30.07.2001. http://www.sueddeutsche.de/deutschland/artikel/510/8502/ (07.03.2006).

Institut für Arbeitsmarkt- und Berufsforschung (o.J.): Gesetz zur Förderung der Rückkehrbereitschaft von Ausländern. http://doku.iab.de/chronik/31/1983_12_01_31_gese.pdf (24.02.2006).

Kaufmann, Susan; Paleit, Dagmar (1995): Sprachverband von A-Z. 20 Jahre Deutschkursförderung für ausländische Arbeitnehmer und ihre Familienangehörigen. Sprachverband Deutsch für ausländische Arbeitnehmer e.V. (Hrsg.). Ismaning: Hueber.

Krekeler, Christian (2001): Sprachförderung für Spätaussiedler. Ein erfolgreiches Auslaufmodell. In: DaZ 0/2001, S. 13–22. http://www.daz-didaktik.de/html/spataussiedler.html (30.10.2005).

Krumm, Hans-Jürgen (2003): Integration durch Deutschlernen – ein falsches Versprechen? Vortrag auf der Tagung „LernRaum Wien", VHS Ottakring, Wien. http://www.sprachenrechte.at (unter „Integrationsvereinbarung", 30.10.2005).

Krumm, Hans-Jürgen; Jenkins, Eva-Maria (Hrsg.) (2001): Kinder und ihre Sprachen – Lebendige Mehrsprachigkeit. Sprachenportraits – gesammelt und kommentiert von Hans-Jürgen Krumm. Wien: Eviva.

Hans-Jürgen Krumm (2002): „One sprachen konnten wir uns nicht ferstendigen. Ferstendigung ist wichtig." Entwicklung und Tendenzen in der Sprachlehrforschung im Bereich der Migration und Integration. In: Deutsch als Zweitsprache 2/2002, S. 32–40.

Maas, Utz; Mehlem, Ulrich (Hrsg.) (2003): Qualitätsanforderungen für die Sprachförderung im Rahmen der Integration von Zuwanderern. Osnabrück: Institut für Migrationsforschung und Interkulturelle Studien (IMIS-Beiträge 21/2003). http://www.imis.uni-osnabrueck.de/pdffiles/imis21.pdf (30.10.2005).

Mass, Utz (Hrsg.) (2005): Sprache und Migration. Osnabrück: Institut für Migrationsforschung und Interkulturelle Studien (IMIS-Beiträge 26/2005). http://www.imis.uni-osnabrueck.de/pdffiles/imis26.pdf (31.10.2005).

Ministerium für Generationen, Familie, Frauen und Integration, NRW (2006): Sprache und Integration. http://www.mgffi.nrw.de/integration/sprache-integration/index.html (10.10.2006).

Nispel, Andrea; Szablewski-Çavuş, Petra (1996): Über Hürden, über Brücken. Berufliche Weiterbildung mit Migrantinnen und Migranten. Frankfurt: Deutsches Institut für Erwachsenenbildung (DIE). http://www.die-bonn.de/esprid/dokumente/doc-1997/nispel97_01.pdf (22.10.2005).

Nodari, Claudio; Tuk, Cornelis (2005): Thesen zu Sprache und Integration. http://www.sprachenrechte.at (unter „Integrationsvereinbarung", 30.10.2005).

Noetzel, Thomas (1992): Immer davon reden, aber nie daran denken. Aus- und Übersiedler als Problem der deutschen Politik. In: Ludwig, Ralf; Nees, Klaus; Perik, Muzaffer (Hrsg.): Fluchtpunkt Deutschland. Marburg: Schüren, S. 79–95.

Özdemir, Cem (1999): Deutsch oder nicht sein? Integration in der Bundesrepublik. Bergisch Gladbach: Lübbe.

Otman, Alp (1998): Arbeitsmigration. In: Deutsche AIDS-Hilfe (Hrsg.): Handbuch Migration. Berlin: Deutsche AIDS-Hilfe. S. 2–12.

Pfeiffer, Ulrich u.a. (2002): Einwanderung: Integration, Arbeitsmarkt, Bildung (Thesenpapiere des Managerkreises der Friedrich-Ebert-Stiftung) – [Electronic ed.]. – Bonn. (http://library.fes.de/fulltext/stabsabteilung/01129.htm, 10.02.2006).

Pfeiffer, Ulrich u.a. (2000): Neue Wege der Aussiedlerintegration : vom politischen Konzept zur Praxis / Forschungsinstitut der Friedrich-Ebert-Stiftung, Abt. Arbeit und Sozialpolitik. – [Electronic ed.]. – Bonn. (http://library.fes.de/fulltext/asfo/00806toc.htm, 10.02.2006).

Plutzar, Verena; Haslinger, Ilse u.a. (2005): Sprachen- und Qualifikationsportfolio für MigrantInnen und Flüchtlinge. Wien: Verein Projekt Integrationshaus.

Schäuble, Wolfgang (2006): Rede bei der Amtseinführung des Beauftragten der Bundesregierung für Aussiedlerfragen und nationale Minderheiten. Berlin: BMI.

Scheuch, Erwin K. (1982): Kulturintelligenz als Machtfaktor. Intellektuelle zwischen Geist und Politik. Osnabrück: Fromm.

Schneider, Jan (2005): Neue Zuwanderungspolitik. http://www.bpb.de/themen/UPKFZ1,0,0, Neue_Zuwanderungspolitik.html (10.10.2006).

Schmidt-Fink, Ekkehart (2003): Vielfalt als Ressource. Europa begreift sich als Zuwanderungskontinent. In: AID Ausländer in Deutschland 3/2003, 19.Jg. http://www.isoplan.de/aid/2002-4/schwerpunkt.htm (9.2.2006).

Schubert, Klaus; Klein, Martina (2003): Migration. In: Das Politiklexikon. Bonn: Dietz 2003. http://www.bpb.de (18.10.2005).

Szablewski-Çavuş, Petra (1994): Migration und berufliche Qualifizierung in der Bundesrepublik Deutschland. In: Bender, Walter; Szablewski- Çavuş, Petra (Hrsg.): Ausländische Erwachsene qualifizieren (Praxishilfen 1). Frankfurt: Deutsches Institut für Erwachsenenbildung, S. 7–35. http://www.die-frankfurt.de/esprid/dokumente/doc-1994/bender94_01.pdf (09.02.2006).

Szablewki-Çavuş, Petra (2000): Zur Relevanz von Sprachkompetenz im Berufsleben: Realität und Überzeichnung. In: Praxisforum „Russische Juden in Nordrhein-Westfalen: Zum Stand ihrer beruflichen und sozialen Integration" des Landeszentrums für Zuwanderung NRW in Zusammenarbeit mit dem Zentrum für Weiterbildung der Universität Dortmund, S. 15–19.

Zwick, Martin (2004): Weg aus der Sprachlosigkeit. Sprach- und Orientierungskurse – ein neues Angebot für Migranten. In: AID Integration in Deutschland (hrsg. von Isoplan), 4/2004, 20.Jg. http://www.isoplan.de/aid/index.htm (30.10.2005).

Internetadressen

Zu Kap. 2.1/Nationalitäten und Herkunftsländer

http://www.isoplan.de/isoplan.htm, siehe Migration-Integration / AID Statistiken (10.02.2006),
http://www2.amnesty.de/internet/deall.nsf/WNachLand?OpenView&Start=1&Count=200 (10.02.2006),
http://www.migration-info.de/dokumente_und_materialien/deutschland.htm (10.02.2006),
http://www.fes-online-akademie.de/index.php?&scr=txt&tmode=detail&t_id=39 (21.02.2006),
http://www.spiegel.de/static/flash/einwandererkarte.html (21.02.2006).
http://www.auswaertiges-amt.de/diplo/de/LaenderReiseinformationen.jsp (25.07.2006),
www.bpb.de/ (21.02.2006),

http://www.migration-info.de/migration_und_bevoelkerung/laenderprofile/index.htm (10.02.2006), http://www.politische-bildung.net (21.02.2006).

Zu Kap. 2.2/Aufenthaltsdauer
http://www.isoplan.de/isoplan.htm, siehe Migration-Integration/AID Statistiken (22.01.2006), http://www.zuwanderung.de/1_statistik.html (22.01.2006), http://www.destatis.de/basis/d/bevoe/bevoetab8.php (05.09.2006), http://www.integrationsbeauftragte.de (siehe „Migrationsbericht", 22.01.2006).

Zu Kap. 2.3/Ausbildung und berufliche Qualifikation
http://www.bundesregierung.de/Webs/Breg/DE/Bundesregierung/BeauftragtefuerIntegration/Service/service.html (24.07.2006).

Grafiken zum Download von Isoplan http://www.isoplan.de/mi/index.htm (21.02.2006), Artikel von Petra Szablewski-Çavuş http://www.die-frankfurt.de/esprid/dokumente/doc-1994/bender94_02.pdf (09.02.2006) und Andrea Nispel und Petra Szablewski-Çavuş http://www.die-bonn.de/esprid/dokumente/doc-1997/nispel97_01.pdf (22.10.2005).

Zu Kap. 2.4.1/Spätaussiedler und SpätaussiedlerInnen
Wikipedia http://de.wikipedia.org/wiki/Sp%C3%A4taussiedler (22.10.2005), Beauftragte der Bundesregierung für Aussiedlerfragen und nationale Minderheiten http://www.aussiedlerbeauftragter.de (22.10.2005), http://www.zuwanderung.de/2_neues-gesetz-a-z/spaetaussiedler.html (21.06.2006), Artikel von Christian Krekeler „Sprachförderung für Spätaussiedler. Ein erfolgreiches Auslaufmodell" (Krekeler, 2005, http://www.daz-didaktik.de/html/spataussiedler.html, 22.10.2005), Bundeszentrale für politische Bildung http://www.bpb.de/themen/96ORR8,0,0,Aussiedler.html (21.06.2006), Friedrich-Ebert-Stiftung: Pfeiffer, Ulrich u.a.: „Neue Wege der Aussiedlerintegration: vom politischen Konzept zur Praxis"http://library.fes.de/fulltext/asfo/00806toc.htm (10.02.2006).

Zu Kap. 2.4.2/Arbeitsmigrantinnen und -migranten
Erzählungen von persönlichen Migrationserlebnissen http://www.angekommen.com/iberer/index.html (22.10.2005), die Seiten der Bundeszentrale für Politische Bildung http://www.bpb.de/themen/6XDUPY,1,0,Von_der_GastarbeiterAnwerbung_zum_Zuwanderungsgesetz.html (21.02.2006), „Gastarbeiter und Migration" bei planet.wissen http://www.planet-wissen.de/pw/Artikel,,,,,,,AE27525E47C056AFE034080009B14B8F,,,,,,,,,,,,,,,,.html (22.10.2005), Artikel „Der millionste Gastarbeiter" http://www.wortgestoeber.de/wg-magazin/000304.php (22.10.2005), Artikel „Vor 40 Jahren fing alles an" http://www.dtsinfo.de/deutsch/p200111/seite03.htm (10.02.2006).

Zu Kap. 3/Gründe für Migration nach Deutschland
http://www.braunschweig.de/rat_verwaltung/verwaltung/fb32_4/auslaender/famnachzug.html (21.02.2006), Zahlen u.a. auf der Seite des Verbands binationaler Familien und Partnerschaften http://www.verband-binationaler.de/zahlenundfakten/index.htm (21.02.2006).

Zu Kap. 4 /Der Integrationskurs
Bundesministerum des Innern: Einzelheiten des Zuwanderungsgesetzes http://www.zuwanderung.de/downloads/Einzelheiten_des_Zuwanderungsgesetzes.pdf (10.02.2006), Integrationskursverordnung http://www.aufenthaltstitel.de/intv.html (24.07.2006), Bundesamt für Migration und Flüchtlinge: Grafische Übersicht zum Integrationskurs sowie Konzept für einen bundesweiten Integrationskurs, http://www.bamf.de, unter Integration/ Lehrkräfte (10.02.2006).

Zu Kap. 4.2/Orientierung der Zugewanderten im Alltag
Bundesamt für Migration und Flüchtlinge: Konzept „Lernziele und Lerninhalte des Orientierungskurses" http://www.bamf.de, Integration/ Lehrkräfte (10.02.2006), Ergänzungsmaterialien (zu *Zur Orientierung)* zum Thema „Nationalsozialismus und Zweiter Weltkrieg" siehe http://www.hueber.de/sixcms/media.php/36/3-19-001499-X_Ergaenzungsmaterial.pdf (10.10.2006), zu didaktischen Prinzipien für den Orientierungskurs siehe die Handreichungen, Kopiervorlagen und den Modelltest zum *Orientierungskurs* http://www.langenscheidt.de/orientierungskurs (21.02.2006) Online-Übungen zu *30 Stunden Deutschland* unter http://www.edition-deutsch.de/buecher/30-stunden-deutschland-uebung.php (10.10.2006).

Zu Kap. 5/Integration

http://www.sprachenrechte.at (21.02.2006), hier z.B. Hans-Jürgen Krumm: „Integration durch Deutschlernen – ein falsches Versprechen?“ (Krumm, 2005),
vgl. auch den Artikel von Gazi Caglar: „Deutsche Sprache und migrantisches Leiden. Zur Rolle der deutschen Sprache im Integrationsprozess“, *http://www.amfn.de/Zeitschriften/Web%20AMFN-Nr24.pdf* (23.10.2005).

Franziska Kjellström Medici, Susan Kaufmann

Interkulturelles Lernen und Lehren im DaZ-Unterricht

1 Interkulturelles Unterrichten und Lernen

Lernziele

In diesem Studienbrief lernen Sie

- das Ausmaß des Einflusses der Sozialisation in einer bestimmten Kultur auf die Wahrnehmung und Interpretation von menschlichem Verhalten zu beurteilen,
- Ihre KursteilnehmerInnen dafür zu sensibilisieren, dass die Unterschiedlichkeit menschlichen Verhaltens kulturell bedingt sein kann, und sie zum interkulturellen Lernen als einer Voraussetzung für die Integration zu befähigen sowie
- den Unterricht interkulturell zu öffnen und diese Perspektive produktiv bei der Unterrichtsgestaltung einzubeziehen.

> In unserer Welt gibt es keine klaren, eindeutigen Zugehörigkeiten mehr, Grenzen sind brüchig und kurzlebig geworden. Die ganze Welt, der Alltag scheint aus permanenten Übergängen, Neubildungen, Anpassungen, Übernahmen zu bestehen, weil die Begegnungen zwischen Menschen, zwischen fremden Menschen zu einer Selbstverständlichkeit geworden sind. Es wäre zu einfach, wenn man jemanden als zu einer Kultur zugehörig identifizieren könnte und dann die entsprechenden Verhaltensregister zieht, nach dem Motto: Du kommst aus Bayern, also bekommst Du jeden zweiten Tag Weißwürste, oder: Du bist Christ, also bekommst Du freitags kein Fleisch.
> (Uzarewicz, 2003, S. 4).

Wir sind aus der Landeskunde im Fremdsprachenunterricht durchaus die Beschäftigung mit fremden Kulturen gewohnt. In Englischunterricht lernen wir *William the Conqueror*, *The Houses of Parliament*, *Double Decker Buses* und vieles mehr kennen. In diesem Zusammenhang wird üblicherweise die fremde zielsprachliche Kultur als statische Größe gesehen, zu der ganz bestimmte – zu lernende – Fakten aus unterschiedlichen Wissensgebieten (Geographie, Politik, Kunst und Kultur, Tourismus, Essen und Trinken, Verkehrsmittel, Sitten und Gebräuche etc.) gehören (vgl. Sercu, 2002, S. 67).

Ein solch eindimensionales Bild von Kulturen kann angesichts der Charakteristika moderner Gesellschaften, wie sie Uzarewicz oben beschreibt, nicht aufrechterhalten werden. Sprachliche und kulturelle Vielfalt ist heute der Normalfall. Moderne Gesellschaften sind durch Differenzierungen und dynamische Prozesse gekennzeichnet. Sie sind zusammengesetzt aus Menschen, die Mitglieder unterschiedlichster Gruppen sind, verschiedene Identitäten haben und die – in der Begegnung mit dem Fremden – mit Erstaunlichem, Verunsicherndem, Neuem zurecht kommen müssen.

Daher geht es beim interkulturellen Lernen um

- das Erkennen von Differenzen zwischen der eigenen und der Zielkultur, vor allem auch in konkreten Kommunikationssituationen,
- emotionales und kognitives Aushalten von Differenzen (Ambiguitätstoleranz),
- einfühlsames Umgehen mit Differenzen, beispielsweise ihre Thematisierung, ohne beleidigend zu wirken (Empathie),
- die Entwicklung von Konfliktvermeidungs- oder -bewältigungs-Strategien,
- Möglichkeiten einer subjektiv zu verstehenden Darlegung des eigenen Standpunkts,
- Anerkennung eines anderen Standpunkts und Einbezug in die Kommunikationssituation (Kleppin, 2005).

Was bedeutet das für den Deutsch als Zweitsprache-Unterricht? Er soll Raum für Begegnung und Austausch zwischen Menschen unterschiedlicher Herkunft schaffen. Er soll den Lernenden Verständnis dafür vermitteln, dass andere Kulturen – genauso wie die eigene – alles andere als homogene, alles umfassende Einheiten sind und dass es Risse, Ungleichheiten, Meinungsverschiedenheiten genauso gibt wie Verständigung und Elemente von Stabilität (vgl. Sercu, 2002, S. 68).

> „Der interkulturelle Lernansatz zielt darauf, gewohnte ‚Selbstverständlichkeiten' und Sichtweisen in Frage zu stellen und neue Lernchancen für alle zu entdecken. Ein Einbezug des interkulturellen Lernens in Bildungskonzepte will die Aufmerksamkeit darauf lenken, dass einige der Gewohnheiten und Sichtweisen in besonderem Maße dazu beitragen können, dass Äußerungen und Handlungen von Personen mit einem anderen Sozialisationshintergrund als dem eigenen missverstanden werden. Ein ‚Missverständnis' wirkt dann besonders störend auf die Verständigung, wenn es als solches nicht erkannt wird [...]" (siehe Szablewski-Çavuş, 1996, S. 1).

Das Zulassen von kultureller Vielfalt im Sinne eines kulturellen Pluralismus dient der Integration aller in die Gesellschaft. Diese kann aber nur erreicht werden, wenn der Diskurs, der die kulturelle Vielfalt rechtfertigt, nicht von jenen politischen Strategien vereinnahmt werden kann, die eine gesellschaftliche Desintegration entlang der Unterscheidung „wir – die Fremden" bezwecken.

1.1 Einbeziehen statt ausgrenzen

Eine Ausgrenzung von (sprachlichen) Minderheiten führt leicht zu einer gesellschaftlichen Desintegration. Wichtigstes Ziel des interkulturellen Voneinander-Lernens im Deutsch als Zweitsprache-Unterricht ist daher, Ausgrenzungstendenzen zu vermeiden.

Aufgabe 1

Bitte überlegen Sie gemeinsam in der Lerngruppe, was alles zur Ausgrenzung führen kann und wo überall Ausgrenzung stattfindet. Denken Sie zurück an eine solche Situation, in der Sie sich selbst als AußenseiterIn fühlten. Welche Faktoren waren dabei ausschlaggebend?

Teilnehmende in Integrationskursen haben Ausgrenzung meist selbst erlebt – sei es im Herkunftsland, sei es in Deutschland. Diese Erfahrungen fließen in das Kursgeschehen mit ein und werden sich möglicherweise an einer besonderen Sensibilität gegenüber Ausgrenzung zeigen.

Im Deutschkurs selbst kann es zu Ausgrenzungen verschiedenster Art kommen, deren Ursache in Konflikten zwischen Nationalitäten, einem unterschiedlichen Verständnis der Geschlechterrollen, politischen oder religiösen Einstellungen usw. zu finden sind.

So haben Integrationskursleitende sehr viel mit dem Thema Ausgrenzung zu tun. Es liegt gewissermaßen im Wesen ihrer Arbeit, Ausgrenzung entgegen zu steuern und „Einbezieher“ zu sein, die den Zugewanderten Brücken in die deutsche Gesellschaft bauen. Trotz einer klaren Ausrichtung auf diese Mittlerfunktion haben Kursleitende möglicherweise aber auch selbst mit Vorurteilen zu kämpfen.

In der folgenden Tabelle haben wir Stufen der Ausgrenzung zusammengestellt (nach Kwiet, 1988, S. 545-659). Bitte überlegen Sie sich, inwiefern Sie mit der jeweiligen Stufe der Ausgrenzung im Kursgeschehen zu tun haben könnten und nennen Sie ggf. ein Beispiel. Welche Anforderungen an die Fähigkeit, Menschen einzubeziehen statt auszugrenzen, ergeben sich daraus bzw. sollten interkulturell kompetente KursleiterInnen Ihrer Meinung nach haben?

Aufgabe 2

Tabelle 1:

Stufen der Ausgrenzung	**Anforderungen an DaZ-Kursleitende**
Stereotype, Witze, Gerüchte Dies ist die Stufe der Vorurteile (besonders im Zusammenschluss mit Gleichgesinnten), der abwertenden Bemerkungen und des ausgrenzenden Sprachgebrauchs. Negative Informationen werden akzeptiert, positive Informationen ausblendet.	
Vorurteile und Stigmatisierungen Auf dieser Stufe werden Sündenböcke geschaffen. Die ausgegrenzte Person wird lächerlich gemacht und stigmatisiert; man vermeidet den sozialen Kontakt.	
Diskriminierung Auf dieser Stufe gibt es Benachteilung und/ oder Belästigung. Ein Mensch wird diskriminiert und sozial ausgeschlossen.	
Gewalt Auf dieser Stufe erlebt ein Mensch die Gefährdung seiner körperlichen Unversehrtheit entweder als Bedrohung oder als tätlichen Angriff.	

1.2 Grundrechte und unterschiedliche Kulturen

Die → Integration unterschiedlicher Kulturen in eine Gesellschaft bedingt einen Konsens über gemeinsame Werte und Normen. Ein erfolgreicher Verständigungsprozess kann dabei nicht nur auf die Werte der aufnehmenden Mehrheitsgesellschaft zurückgreifen. Die gegenseitige Integration aller setzt voraus, dass auch Werte und Erfahrungen der zugewanderten MitbürgerInnen Gehör finden.

Im interkulturellen Kontext gelten dabei folgende Definitionen (angelehnt an Kälin, 2000):

- Kulturen haben keinen Wert an sich. Sie besitzen vielmehr einen Wert insbesondere in Bezug auf die individuelle Autonomie und Entwicklung der Menschen. Daher soll vor allem der Rahmen für die Ausübung der Kultur geschützt werden, nicht aber ein konkreter Inhalt. Das Recht soll die Wandelbarkeit der Kulturen erhalten und nichts zementieren.
- Jeder Mensch soll um seiner unverwechselbaren Identität willen anerkannt werden. Das Erkennen und Akzeptieren dieser kulturellen Heterogenität als Wert ist ein wesentlicher Bestandteil einer Politik der Integration. MigrantInnen sollen also *nicht assimiliert* werden, d.h. eine einseitige Anpassung oder Übernahme der dominanten Kultur steht außer Diskussion.
- Die Anerkennung dieser Differenz der Menschen ist insbesondere deshalb zentral, weil sich hinter der Betonung der Gleichheit und gleicher Rechte für alle Menschen in Wahrheit eine Bevorzugung der Mehrheitskultur verbergen kann. Ein Beispiel: MigrantInnen haben Anrecht darauf, ihre Sprache zu verwenden oder ihre Religion auszuüben (Artikel 27 des internationalen Pakts über bürgerliche und politische Rechte, Minderheitenrechte des UNO-Menschenrechtsschutzes).

Grundrechte sind oftmals der Rahmen, in dem „kulturelle" Konflikte ausgetragen werden. Sie bewegen sich oft im Graubereich zwischen → Assimilation und → Interkulturalität. Einige Beispiele:

Tabelle 2:

Assimilation	**Interkulturalität**
Deutsch ist das dominante Sprachmilieu eines tamilischen Kindes. Die Erstsprache Tamilisch sowie den kulturellen Hintergrund seiner Heimat kennt es nur in Ansätzen.	Wissenschaftliche Untersuchungen[1] belegen, dass Kinder, die in der Erstsprache keine Förderung erhalten oder sie (als etwas, das hier nicht gefragt ist) vernachlässigen, oft in der Zweitsprache weniger kompetent sind. Daher wird der Unterricht in der heimatlichen Sprache und Kultur staatlich unterstützt.
Bildungsinstitutionen erwarten, dass Eltern den Schulbesuch ihrer Kinder unterstützen und beklagen mangelnde Beteiligung ausländischer Eltern. Sprachliche Gründe werden unterstellt. Eine Zusammenarbeit zwischen Einrichtungen der Elementarerziehung, der Schule und den Eltern findet jedoch nicht statt.	Es werden Maßnahmen ergriffen, die ausländische Eltern ermutigen und ihnen Wege der Partizipation aufzeigen (z.B. durch Einbezug von Migranten-Selbstorganisationen).

---

[1] Müller (1992), Eriksson (1995, 1999) u.a.

Deutsch ist die Bildungssprache. Als bedeutende Kulturvertreter gelten ausschliesslich Personen aus dem deutschsprachigen oder westlichen Raum. Migrantinnen und Migranten sollen die Namen deutscher Musiker und Literaten lernen, werden jedoch nicht nach Kulturschaffenden aus dem eigenen Kulturkreis gefragt.	In Bildungszusammenhängen beschäftigt man sich mit der Sprache und Kultur aller TeilnehmerInnen. Im Kulturvergleich lernen sie Literaten, Künstler, Wissenschafter von weltweiter Bedeutung aus allen Herkunftsländern kennen. Über den Sprachvergleich entsteht ein vertieftes Bewusstsein für Sprachstrukturen.

In den genannten Fällen geht es oft darum, die eigene Lebensauffassung gegenüber anderen der Mehrheitsgesellschaft zu verteidigen. Die Grundrechte können hier einen Integrationsbeitrag leisten, da sie das Verhältnis zwischen Menschen der dominanten einheimischen Kultur und den zugewanderten Minderheiten regeln und so einen Ausgleich schaffen. Wenn beide Seiten mit den gesetzlich und/oder kulturell verankerten Rechten und Pflichten vertraut sind, lassen sich Konflikte leichter auf einer sachlichen Ebene austragen und Lösungsansätze können erarbeitet oder ausgehandelt werden, die für alle Beteiligten tragbar sind.

Einige fiktive Beispiele für konkrete Umsetzungen in verschiedenen Bereichen (angelehnt an die Klassifikation von Levy, 1997, S. 22–67):

- **Öffentliche Fremd- und Selbstdarstellung**: Muslimische Vertreter ihrer religiösen Gemeinde können bei der Schulbuchgestaltung zum Thema „Muslime in Deutschland" mitreden.
- **Religiös begründete Ausnahmeregelungen**: ArbeitnehmerInnen haben das Recht auf einen geschützten Raum am Arbeitsplatz, um vorgeschriebene Gebete verrichten zu können. (Eine soziale Ausgrenzung entsteht dabei nicht, wenn z.B. alle MitarbeiterInnen einen gemeinsamen Meditationsraum erhalten.)
- **Sprachenrechte**: Zugewanderte MitbürgerInnen haben ein Recht auf ein muttersprachiges Programm im Radio/Fernsehen.
- **Förderungsrechte**: Bestrebungen zur Integration verschiedener Minderheiten werden finanziell unterstützt. Ein Beispiel: Spezielle Integrationskurse für fremdsprachige Frauen mit kleinen Kindern bei gleichzeitiger Kinderbetreuung führen dazu, dass die Frauen neben dem Deutschkurs eine Sozialinformation erhalten und sich so besser in der neuen Heimat orientieren können. Die Kleinkinder lernen in der Kindergruppe auch Deutsch über Spiele, Geschichten und Lieder.

Solche Regelungen haben eine individualistische Struktur; sie sollen die einzelne Person vor Eingriffen in bestimmte Rechtsgüter bewahren. Damit können Ausgrenzung und Herabsetzung verhindert und der Zugang zur Gesellschaft im weitesten Sinne (Arbeitsmarkt, Bildung ...) erleichtert werden.

2 Kulturelle Heterogenität in der Gesellschaft

> „Wir können heute nicht mehr in alten Mustern denken: Wir Deutschen sind so! Wir Inder so! Etc. Nein. Wie viele Deutsche arbeiten in anderen Ländern – und es werden immer mehr – und wie viele andere Menschen arbeiten hier. [...] wir haben hier auch andere, die alle Ausländer raushaben wollen. Die, die diese Arbeitnehmer reinholen, sind Deutsche. Und die, die sie alle raushaben wollen, sind auch Deutsche. Also, wo bleibt die deutsche Kultur?" (Singh, 2001, S. 18).

Wie oft sprechen wir von „den Indern“, „den Kurden“ etc. und vernachlässigen dabei, dass es „die“ genauso wenig gibt wie „die Deutschen“ oder „die Schweizer“, sondern dass Menschen unterschiedlichen Teil- und Subkulturen ihrer eigenen Gesellschaft angehören. Daher ist die zunehmende Heterogenität nicht einseitig als eine Folge der Globalisierung und Migration zu betrachten. Unsere Gesellschaft ist bereits in sich vielfältig und nicht erst aufgrund der Zuwanderung aus anderen Kulturen. Grafisch könnte die Zugehörigkeit zu Teil- und Subkulturen eines Menschen so aussehen:

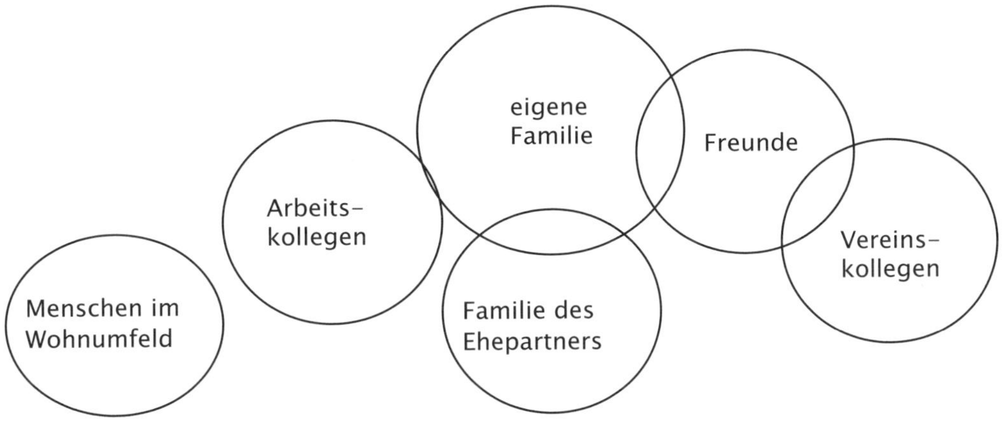

Aufgabe 3

Zeichnen Sie auf einem separaten Papier verschiedene Kreise ein. Tragen Sie dann pro Kreis je eine gesellschaftliche Gruppe ein, der Sie angehören. Berücksichtigen Sie, dass Gruppen ineinander greifen können und sich so die Kreise überschneiden. Überlegen Sie anschließend, ob die Angehörigen der verschiedenen Gruppen die gleichen Wertvorstellungen teilen, zum Beispiel in punkto Erziehung, Schule und Autorität. Sehen Sie sich das entstandene Gebilde an und tauschen Sie sich mit den KollegInnen Ihrer Lerngruppe über die Zugehörigkeit zu unterschiedlichen Teilkulturen aus.

2.1 Gruppenkultur versus Gesellschaftskultur

Wenn es um Fragen der kulturellen Heterogenität geht, rückt der Einflussfaktor „Kultur“ ins Blickfeld. Inwieweit beeinflussen Traditionen, Werte und Normen das Zusammenleben einzelner Gruppen innerhalb der Gesellschaft? Sollen Zugewanderte auf hiesige Werte verpflichtet werden? Gibt es Kulturen, die uns näher stehen, oder benötigen alle Zugewanderten, aus welchem Kulturkreis auch immer, Unterstützung beim Erlernen der hier geltenden Rechte und Pflichten? Mit dem Begriff „Leitkultur“ wurde der Versuch unternommen, die Werte der aufnehmenden Gesellschaft zu definieren. Aber was ist nun Kultur? Es gibt eine Dialektik des Kulturbegriffs, zu deren Erläuterung zunächst auf das Recht verwiesen werden soll, denn oft schwingen Rechtsfragen beim Kulturbegriff mit. Der französische Rechtsphilosoph Blaise Pascal (1623–1662) schrieb:

> „Drei Breitengrade näher zum Pol stellen die ganze Rechtswissenschaft auf den Kopf, ein Längengrad entscheidet über Wahrheit; nach wenigen Jahren der Gültigkeit ändern sich grundlegende Gesetze; das Recht hat seine Epochen. Diesseits der Pyrenäen Wahrheit, jenseits Irrtum“ (Pascal, 1670, Pensées).

Genauso wie Kultur sich ständig in Bewegung befindet, so wandeln sich auch die Traditionen. Zwar gehen wir unbewusst davon aus, dass sie „ein fester Bestandteil unserer Kultur“ sind und sozusagen immer dazu gehörten, doch auch sie unterliegen Veränderungen (vgl. Hobsbawm, 1992. Er bezeichnet es hier als „Erfindung von Tradition").

Aufgabe 4

Bitte besprechen Sie in der Lerngruppe, was Kultur für Sie bedeutet. Wie würden unterschiedliche Alters- oder Berufsgruppen Kultur definieren? Stellen Sie sich eine Taxifahrerin, einen Facharbeiter, eine Studentin oder einen Verkäufer vor. Was denken z.B. Personen auf dem Land oder in der Großstadt über Kultur? Hat Kultur auch etwas mit Religion oder mit einer Institution zu tun?

2.2 Interkulturelle Kommunikation

Kulturen, so Margarete Payer, bestimmen die Erwartungen und Interpretationen, die ich im Umgang mit anderen habe. Das Ausmaß, in dem man selbst von eigenen Kulturen geprägt ist, kann einem erst bei der Begegnung mit Angehörigen anderer Kulturen bewusst werden:

> „Jede Begegnung mit jemand Fremdem oder einer fremden Situation bedeutet Unsicherheit. Eine Reduktion dieser Unsicherheit ist möglich, wenn man eine begründete Wahrscheinlichkeitserwartung hat, wie der Fremde auf bestimmtes Verhalten vermutlich reagieren wird bzw. wie man mit der fremden Situation vermutlich zurechtkommt. Soziale ‚Konventionen', die eine solche Erwartung ermöglichen und die einem selbst Verhaltensmuster zur Verfügung stellen, sind Bestandteil dessen, was man etwas unscharf ‚Kultur' nennt. Kultur stellt unter anderem gemeinsame Bewertungen, Bedeutungen, Sinngebungen, Erwartungen, Verhaltensweisen zur Verfügung. Dies reicht von festen ‚Drehbüchern' für bestimmte Situationen (z.B. an der Kasse im Supermarkt, beim Fahrscheinlösen im Bus) bis zu sehr subtilen, den Angehörigen der betreffenden Kultur völlig ‚natürlich' erscheinenden Verhaltensweisen und Erwartungen (z.B. wie man Trauer zeigt)" (Payer, 2000b).

Die Wahrnehmung der Wirklichkeit geschieht jeweils aus einer kulturell geprägten Perspektive heraus. Bitte lesen Sie dazu den folgenden Textabschnitt.

> Es gibt ein indisches Volksmärchen über Menschen, die zum ersten Mal ein Schwein sahen. Zunächst waren sie verblüfft, doch dann behauptete einer von ihnen selbstbewusst, es handle sich um eine Ratte, die zuviel gegessen habe. Ein anderer widersprach und behauptete ebenso selbstbewusst, es sei ein Elefant, der geschrumpft sei, weil er gehungert habe. Keiner von beiden war bereit, seine Kategorien aufzugeben und einzugestehen, dass es sich um eine neue Erfahrung handelte.
>
> (Nandy, 1990, S. 102)

Die Wahrnehmung kultureller Unterschiede, so zeigt dieses Märchen, ist nicht bloß ein objektives Festhalten zwischenmenschlicher Begebenheiten und Begegnungen. Unsere Sinne können uns täuschen. Die Wahrnehmung ist immer selektiv und subjektiv. Sie hängt nicht nur von den empfangenen Reizen ab, sie ist auch von der eigenen Kultur stark beeinflusst. Die Kultur bestimmt also mit, was wir wirklich sehen, hören, denken oder fühlen wollen und können.

Was und wie der Mensch wahrnimmt, spiegelt seine Einstellung zur wahrgenommenen Situation wider. Daraus erklärt sich, dass persönliche Wünsche und Bedürfnisse sowie kulturelle oder weltanschauliche Vorstellungen eine große Wirkung auf die Wahrnehmungsgabe ausüben. Wahrnehmung ist also ein Kompromiss zwischen dem, was ein Mensch wahrzunehmen erwartet und dem, was er effektiv wahrnimmt. Die Wahrnehmung und die Wahrnehmungserwartung sind zudem beeinflusst durch bisherige Erfahrungen. Wahrnehmungserwartungen, die sich schon unzählige Male bestätigt haben, wirken so stark, dass sie oft das tatsächliche Geschehen beeinträchtigen oder gar verhindern.

Die gelungene Kommunikation „zwischen den Kulturen" setzt die Kompetenz voraus, eigene Kategorien aufzugeben, um eine Nachricht richtig zu interpretieren.

Auf den Deutsch als Zweitsprache-Unterricht übertragen kann man sagen, dass die Fachkompetenz nicht ausreicht, um zielgruppengerecht unterrichten zu können. Wissen über kulturell bedingte Werte, Normen, Regeln und Verhaltensweisen werden zentral. Von KursleiterInnen wird interkulturelle Kompetenz erwartet, d.h.:

- die Bereitschaft, das eigene, oft monokulturell geprägte Handlungsrepertoire zu erweitern,
- Sensibilität für kulturelle Unterschiede entwickeln,
- Kenntnisse über die eigenen und die fremden Kulturen erwerben,
- Geschicklichkeit und Anpassungsfähigkeit im Umgang mit Fremden und Fremdem zeigen,
- Offenheit für andere Kulturen, Sitten und Gebräuche zeigen (vgl. Payer, 2000b).

Petra Szablewski-Çavuş schreibt,

> „... dass der Anspruch eines ‚interkulturellen Lernens' sich besonders an die Angehörigen der dominanten Kultur richtet, dass sie in besonderem Maße gefordert sind, wollen sie zur Verständigung mit den ZweitsprachenlernerInnen beitragen. Dies gilt umso mehr für deutsche Lehrkräfte im Unterricht mit Erwachsenen ausländischer Herkunft, denn sie sind nicht nur Angehörige, sondern auch VermittlerInnen der dominanten Kultur. Ein teilnehmerInnenorientierter Unterricht, in dem die Erfahrungen der ausländischen Erwachsenen produktiv in das Unterrichtsgeschehen einbezogen werden sollen, erfordert Lehrkräfte, die in der Lage oder zumindest bereit sind, ihre gewohnten Sichtweisen, Bewertungen und Handlungsweisen zu hinterfragen und von anderen hinterfragen zu lassen, ihr Wahrnehmungsrepertoire zu erweitern und einem Dialog Raum zu geben, in den die Erfahrungen aller Beteiligten einbezogen werden können" (Szablewski-Çavuş, 1996, S. 1).

Dabei geht es „mehr als sonst darum, dass die Lehrerin, der Lehrer den Kopf freihält von ‚Schulungs'-Gedanken, von erzieherischen Absichten. Takt und Maß heißen die Zauberworte" (Piepho/Häussermann, 1996, S. 403).

2.3 Kulturelle Gemeinsamkeiten und Unterschiede

Um Gemeinsamkeiten und Unterschiede zwischen den Kulturen festzuhalten und Kulturen beschreiben und verstehen zu können, führt Geert Hofstede (1980; 1997) den Begriff „Kulturdimensionen" ein. Hofstede geht im Wesentlichen von den vier folgenden Dimensionen bzw. Werteorientierungen aus. Die fünfte Dimension kam später dazu (vgl. Hofstede, 1997, S. 16 ff.).

1. **Machtdistanz**: Hier geht es um die Bedeutung von Autorität und Hierarchie, die die Beziehungen und die Machtverteilung zwischen Menschen regeln. In einer Gesellschaft, in der der Faktor „Machtdistanz" hoch ist, sind Macht und Wohlstand sehr unterschiedlich verteilt. Gesellschaften, in denen dieser Faktor niedrig ist, werden versuchen, Unterschiede in

Wohlstand und Macht auszugleichen und Gleichberechtigung und Chancengleichheit zu fördern.

2. **Unsicherheitsvermeidung**: Diese Dimension beschreibt den Stellenwert von Struktur, Ordnung, Regeln und Gesetzen, um das Zusammenleben in verschiedenen Kulturen zu gestalten bzw. den Grad, in dem eine Gesellschaft Unsicherheit und Mehrdeutigkeit akzeptiert. In einer Gesellschaft, in der der Faktor Unsicherheitsvermeidung sehr hoch ist, wird es viele Gesetze, Regeln, Gebote und Kontrollen geben. Eine Gesellschaft hingegen, die Unsicherheit toleriert, wird ein weniger starres Regelsystem und weniger Kontrollen haben und z.B. unterschiedliche Meinungen zulassen.
3. **Individualismus versus Kollektivismus**: Mit dieser Dimension wird die Beziehung zwischen Mensch und Gemeinschaft, das Erreichen individueller Ziele versus Gruppenziele beschrieben. In einer Gesellschaft, die durch Kollektivismus gekennzeichnet ist, spielen die Bindungen der Menschen untereinander eine wichtige Rolle. Hier wird es eher große Familien und Gruppen geben, für deren Interessen die Menschen ihre persönlichen Bedürfnisse zurückstellen. Eine Gesellschaft, in der Individualismus wichtig ist, wird auf Individualität und individuelle Freiheit Wert legen und lockere Bindungen zwischen den Individuen favorisieren.
4. **Maskulinität versus Femininität**: Hier geht es um Gleichberechtigung und Rollenaufteilung. In einer durch den Faktor Maskulinität gekennzeichneten Gesellschaft sind die Rollen der Geschlechter klar gegeneinander abgegrenzt: Männer dominieren wichtige Bereiche der Gesellschaft, während Frauen auf gesellschaftlich untergeordneten Positionen und den häuslichen Bereich beschränkt sind. In einer eher durch Femininität gekennzeichneten Gesellschaft überschneiden sich die Rollen der Geschlechter; Werte wie Kommunikations- und Teamfähigkeit spielen für beide Geschlechter eine wichtige Rolle.
5. **Orientierung auf kurze oder lange Zeiträume im Leben**: Diese Dimension beschreibt, ob etwas langfristig angelegt ist oder nur für eine kurze Dauer. Es kann sich dabei auf die Wohn- oder Arbeitssituation beziehen, um den Zusammenhalt der Familie oder den Erwerb von Land oder Gegenständen.

Aufgabe 5

Bitte schauen Sie sich den folgenden Text zu Konfliktlösungsstrategien in der Türkei an und überlegen Sie, welche der genannten Kulturdimensionen Sie in welcher Weise wiederfinden.

Serdar erzählt:

Am Anfang möchte ich einen grundlegenden Punkt hervorheben. Eine wichtige Unterscheidung: Einerseits sind es traditionell lebende Türkinnen und Türken (oft religiöse Leute, aus dem Dorf oder in Kleinstädten lebende Menschen), und andererseits moderne, das heisst westlich orientierte Türkinnen und Türken, deren Lebenseinstellung sich nicht wesentlich von der westeuropäischen unterscheidet. Zwischen diesen beiden Polen gibt es selbstverständlich verschiedene Übergangsformen.

Die erstgenannte Gruppe ist stark geprägt vom Islam und von bäuerlichen (feudalistischen) Sitten. Der Islam spielt eine sehr wichtige Rolle mit seinen patriarchalischen und moralischen Strukturen. Da sind Begriffe wichtig wie Ehre (türkisch: Namus), Ansehen (türkisch: Seref) und Achtung (türkisch: Saygi). Diese Begriffe finden ihren gesellschaftlichen Ausdruck in einer stark kontrollierten Lebensweise. Die älteren Männer (Großvater, Vater, ältester Bruder) haben in der

Familie die Macht. Ihnen muss gehorcht werden. Man darf ihnen nicht widersprechen. Sie haben meistens das Sagen.

Die Solidarität der Familie gegen außen ist auch ein wichtiger Aspekt. Der Vater ist die einzige Strafinstanz. Die Leute von außen müssen zu ihm kommen und ihm ihre Beschwerde gegen ein Familienmitglied schildern, sonst stellt sich die ganze Familie gegen sie.

Die Frauen spielen in der Konfliktlösung eine wichtige Rolle. Über diese Tatsache sollte man nicht hinwegsehen. Die Männer haben zwar in der Familienhierarchie die Macht, jedoch läuft die Kommunikation fast immer über die Frauen. Sie organisieren den Haushalt und mit den Kindern haben sie viel nähere Beziehungen als die Männer. Dadurch steuern sie viele Prozesse, aber der Vater bleibt Oberhaupt der Familie und behält das letzte Wort.

Die Wirtschaftsbeziehungen zu Westeuropa haben aber in den größeren Städten längst ihren Einfluss auf die Einstellung der Türkinnen und Türken ausgeübt, sodass ihre Lebensweise nur noch schwer unterscheidbar ist von der westeuropäischen.

Konfliktlösungsstrategien in einer großen Verwandtschaft

In der Türkei leben oft Verwandte nahe beisammen. Ich kann ein Beispiel erzählen:

Wie ist die Rolle der Verwandtschaft bei Konfliktlösungen in der Familie? Mein Vater war ein harter Patriarch. Er verbot vieles und hat mich oft geschlagen etc. Um die Strafe zu vermeiden, flüchtete ich oft zu meinen Tanten oder meinen Onkeln. Da waren die Türen immer offen. Meine Mutter wusste immer, wo ich war. Ich übernachtete dort jeweils, je nach dem wie groß die Wut meines Vaters war, mehrere Nächte. Dann kam ich wieder nach Hause, wenn die Situation sich beruhigt hatte. Ich musste dann keine Strafe mehr verbüßen. Nur die Drohung des Vaters blieb bestehen, dass er mich bei einer Wiederholung heftiger strafen würde. Ich sagte dann kein Wort, spielte ihm in diesem Moment meine Achtung vor, machte aber danach weiter, wie es mir passte. Aber natürlich mit der Absicht, dass nicht alles zu Ohren meines Vaters kam.

Dies ist auch eine Regel, dass man, wenn man zu einer Tante oder einem Onkel geflüchtet ist, nicht nach Hause geholt werden darf. Dies wäre verpönt. Hier gibt es, wie man dem Beispiel entnehmen kann, einen Ausgleich durch die Verwandtschaft bei den Auseinandersetzungen zwischen Eltern und Kindern, um Konflikte zu mildern.

(Serdar, 2002, unveröffentlichtes Manuskript)

Aufgabe 6

Bitte überlegen Sie, in welcher Weise Sie Aspekte der genannten Kulturdimensionen im eigenen Unterricht oder in anderen Unterrichtssituationen beobachten konnten. Halten Sie mögliche Auswirkungen auf das Lernen fest. ....

....

....

2.4 Mögliche Auswirkungen kultureller Unterschiede auf den DaZ-Unterricht

Kulturelle Unterschiede können im Unterrichtsgeschehen auf verschiedene Weise beobachtet werden, wie die folgenden Beispiele zeigen:

1. **Zeit:** KursleiterInnen fühlen sich möglicherweise irritiert, wenn Teilnehmende bereits um die Mittagszeit zum Unterricht erscheinen, obwohl der Kurs erst am Nachmittag beginnt. Wie oft müssen Beginn und Dauer des Kurses erklärt werden? Können sie nicht die Uhr lesen? Andere TeilnehmerInnen kommen regelmäßig zu spät, warum? Spielen hier andere – kulturell geprägte – Vorstellungen eine Rolle?
2. **Nähe und Distanz:** KursleiterInnen können sich von Nöten und Sorgen der Lernenden nicht distanzieren. Sie geraten dadurch leicht in Situationen, die kaum zu ihrer Rolle als Lehrperson gehören. Wie können sie sich taktvoll abgrenzen? Und wie können sie damit umgehen, dass ein Lernender aufschrickt, wenn man ihn an der Schulter berührt oder zu nahe an ihn herantritt?
3. **Religion:** Die KursleiterInnen sind bestrebt, religiöse Rituale und Unterschiede zu thematisieren. Was machen sie, wenn ein Lernender während des Ramadan den Geburtstagskuchen einer Kurskollegin ablehnt? Wie sollen sie mit einer Muslima umgehen, die nicht in den Kurs kommt, „weil sie → ‚Bayramı' habe? Und wie behandeln sie die Reaktionen der weiteren KurskollegInnen darauf, die sich gegenseitig mit pauschalen Urteilen über Moslems eindecken?
4. **Machtdistanz:** KursleiterInnen wollen eine freundschaftliche Beziehung zu den Lernenden pflegen und den Unterricht ohne Machtausübung gestalten. Sie überlegen sich, welche Anredeform sie wählen sollen, damit sie dieses Ziel am besten erreichen können und bieten vielleicht den Lernenden an, sie beim Vornamen anzusprechen. Sie stellen dann fest, dass dies den Lernenden ganz unangenehm ist. Sie werden weiterhin förmlich mit „Lehrerin" oder „Frau Gudrun" angesprochen.
5. **Individualismus versus Kollektivismus:** In manchen Ländern ist das Erreichen von Gruppenzielen wichtiger als die Erfüllung individueller Bedürfnisse. KursleiterInnen von Frauenkursen werden häufig feststellen, dass die Bedürfnisse der Familien vorgehen. Wie können sie den Lernenden vermitteln, wie wichtig der regelmäßige Kursbesuch ist?
6. **Normalität des Fremden**: Auch unter den Lernenden wird das Fremde nicht unbedingt als normal wahrgenommen. Es kann vorkommen, dass KursleiterInnen Ausgrenzung und → Kulturalisierung von Konflikten zwischen den KursteilnehmerInnen erleben. Wie sollen sie damit umgehen?

Aufgabe 7

Erleben Sie noch weitere oder andere Auswirkungen kultureller Unterschiede in Ihrem Unterricht? Tauschen Sie sich in Ihrer Lerngruppe darüber aus. Bitte diskutieren Sie auch mögliche Lösungsansätze für die genannten Punkte. Achten Sie darauf, dass es hier nicht um richtig oder falsch geht. Verschiedene Wege können zu einem guten Ergebnis führen. Beim Nachdenken über interkulturelle Kommunikation sollte auch erwogen werden, dass ein gegenseitiges Verstehen nicht immer möglich ist.

3 Das Abenteuer des Umdenkens: Ideen für den interkulturellen DaZ-Unterricht

Bislang ging es um interkulturelles Lernen und um Sie als KursleiterIn in dem interkulturellen Lernfeld, das der DaZ-Unterricht darstellt. Das folgende Kapitel behandelt die Sensibilisierung der KursteilnehmerInnen und die interkulturelle Öffnung des Unterrichts. Sie finden Beispiele aus Lehrwerken sowie Anregungen für Ihren Unterricht.

Dabei geht es weniger um landeskundliches Lernen oder darum, dass die Kursteilnehmerinnen und Kursteilnehmer sich in deutsche, in österreichische, in schweizerische Lebensumstände hineindenken und sich zu Aspekten der Zielkultur äußern. (Dafür ist besonders Hansen/Zuber, 1996, zu empfehlen). Es geht um sprachliche und kulturelle Handlungsfähigkeit in der Zielsprache und die Entwicklung von Einstellungen wie Offenheit, Toleranz und Kommunikationsbereitschaft gegenüber der Zielkultur. Dabei sollen im Dialog ethnozentrische Sichtweisen relativiert und Vorurteile abgebaut werden. Dialog, schreibt Hans Barkowski,

> „setzt Engagement und Offenheit voraus, sich zu äußern und übereinander ins Gespräch zu kommen, mit dem Ziel, irgendwann vielleicht sogar bereit zu sein, die eigene Persönlichkeit mit ihren kulturellen und ethnischen Hintergründen, ihren Zweifeln und Gewissheiten, Ansichten und Emotionen, Erfahrungen und Lebensplänen miteinzubringen“ (Barkowski, 1992, S. 152).

Es geht darum, so schreiben Ulrich Häussermann und Hans-Eberhard Piepho, „die Lernenden über eine Vielzahl von Fragen, Eindrücken, Denkanreizen und Tätigkeiten an das Abenteuer eines Umdenkens heranzuführen [...]“ (Piepho/Häussermann, 1996, S. 401).

3.1 Interkulturelle Themenauswahl

Der Einbezug interkultureller Themen hat einige Konsequenzen für die Unterrichtsgestaltung. Erstrebt wird eine → Andragogik der Vielfalt. Bei der Planung des Unterrichts wird das sprachliche und kulturelle Potenzial der Lernenden einbezogen. Die Lernenden reflektieren und entwickeln das eigene Sprach(en)bewusstsein im Sprach- und Kulturvergleich (→ Language awareness) und stellen Bezüge zum eigenen Wohn- und Arbeitsumfeld etc. her.

Die KursleiterInnen helfen den Lernenden, ihre Verunsicherung in deutscher Sprache zu thematisieren. Sie bieten Lernfelder an, in denen die Lernenden über das Vorleben von gegenseitigem Respekt, Kooperation und Mit- und Voneinanderlernen wahrnehmen, was sie für das Zusammenleben in der neuen Heimat benötigen. Die Lernenden können dabei ihr kulturelles und sprachliches (Mehr-) Wissen nutzbringend einsetzen, um das gegenseitige Verständnis zu fördern. Nicht zuletzt lernen sie in der Begegnung mit lokalen Normen und Traditionen, ihre eigene Identität und Eigenart zu reflektieren und relativieren. Einige Beispiele solcher interkultureller Themen, Texte und Aufgaben finden Sie im anschließenden Praxisteil.

Die Themenauswahl kann auf zwei Arten entstehen:

- Die Lehrperson macht den Lernenden ein Angebot zu einem bestimmten Thema und schlägt die das Kernthema berührenden Aspekte vor. Die Lernenden wählen aus dem Angebot aus, was sie interessiert, und bearbeiten es in den Lerngruppen.
- Die Lernenden bringen selber Themen ein, die sie behandeln möchten und entwickeln weitere Teilaspekte zum ausgewählten Kernthema. Dadurch entsteht ein *Themennetz*, das von der Erfahrungs- und Lebenswelt der Lernenden ausgeht. Sie begeben sich auf die Suche nach gemeinsamen Themen in diesem Kontext, die für sie als Einzelne sowie für die konkrete Gruppe von (existentieller) Bedeutung sind. Es handelt sich also um *generative Themen* (nach Paulo Freire), d.h. um Themen, aus denen sich im Laufe der Kursarbeit immer wieder andere relevante Themen ableiten lassen. Im Verlauf des Unterrichts kann daraus ein Themennetz entstehen (vgl. Badstübner-Kizik, 1998, 13 f.).

Aufgabe 8

Bitte versuchen Sie nun selbst, ein interkulturelles „Themennetz" zusammenzustellen (ein mögliches Thema wäre z.B. „Grenzen"). Lassen Sie Ihren Gedanken freien Lauf und notieren Sie unten alles, was Ihnen zum Begriff „Grenze" einfällt. Versuchen Sie dann, die gefundenen Gedanken zu strukturieren: Was bildet einen Themenkomplex? Was führt zu einem neuen Thema? Wenn Sie das Thema für Ihren Unterricht vorbereiten möchten, so überlegen Sie sich auch, welche Sozialformen für die Durchführung in Frage kommen.

3.2 Wahrnehmungstraining und Perspektivenwechsel

Wir beobachten die Welt und nehmen dabei ständig Unterscheidungen und Bewertungen vor. Diese erfolgen aufgrund gesellschaftlich definierter Codes wie z.B. gut-böse, wertvoll-wertlos, schön-hässlich. Je nach Standpunkt, Gefühlslage, Erfahrung oder (sozio-) kulturellem Hintergrund teilen wir die Wirklichkeit.

Abb. 1: *Sprachkurs Deutsch 5*, S. 268.

Was sehen Sie in der nebenstehenden Zeichnung? Eine alte Frau oder ein junges Mädchen? Bitte denken Sie über die Sehübung nach. Was können Sie nach dieser Sehübung über objektives Sehen (Sehunterschiede zwischen Menschen, Missverständnisse zwischen Menschen) sagen?

Beim Wahrnehmungstraining geht es darum, die eigene Perspektive – die durch die Kultur bestimmt ist, in der man aufgewachsen ist – vorübergehend auszuschließen und die Perspektive der anderen zu übernehmen. Es gilt, die beobachteten Phänomene aus der Innenperspektive der anderen Kultur zu sehen und die eigenen Ansichten aus dieser Perspektive heraus zu untersuchen (vgl. Zeuner, 2006).

Sie können das Thema „Perspektive und → Perspektivenwechsel“ anhand einer Landkarte wie der folgenden thematisieren, auf der die Welt aus einer ungewohnten, nämlich der neuseeländischen Perspektive dargestellt ist:

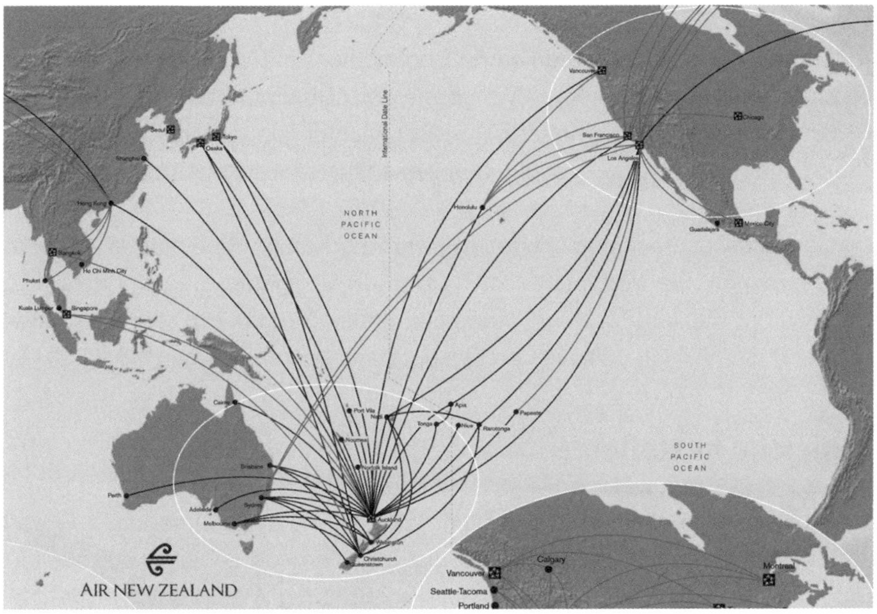

Ein ganz anderes Beispiel für kulturbedingte Wahrnehmung ist die folgende Hörübung aus dem Lehrwerk *Dimensionen*, bei der es um die unterschiedliche Bewertung von gutem bzw. schlechtem Wetter geht.

a. ***Hören Sie die Interviews. Machen Sie Notizen. Welche Gründe nennen die Personen?***

	Gutes Wetter ist ...	Schlechtes Wetter ist ...
1 Soni (Österreich)		
2 Eva (Deutschland)		
3 Diane (England)		
4 Teclaire (Kamerun)		
5 Sonja (Deutschland)		
6 Frau Hofer (Österreich)		

b. ***Austausch in der Klasse.***
c. ***Was ist gutes / schlechtes Wetter für Sie persönlich? Erzählen Sie.***

Abb. 2: *Dimensionen 2*, S. 182

Den Gedanken des Sichtwechsels finden Sie auch aufgegriffen im Unterrichtsvorschlag „Sichtweisen“ im Kapitel „Für Ihren Unterricht“ auf S. 84.

3.2.1 Aufmerksames Beobachten

In einem fremden Land kann das aufmerksame Beobachten und Wahrnehmen verschiedener Phänomene das Leben erleichtern und Konflikte vermeiden. Über das handlungsorientierte Lernen – „Learning by Doing“ – setzen die Lernenden ihre Beobachtungen wirklichkeitsnah um und erfahren über die eigenen Fehler oder Irrungen, ob sie den wesentlichen Punkt getroffen haben oder nicht.

Die Erkundung der deutschsprachigen Umgebung wurde schon im Studienbrief „Merkmale des DaZ-Unterrichts“ angesprochen. Sie wird auch noch Thema eines eigenen Studienbriefs „Projektarbeit im DaZ-Unterricht“ sein. Im Kapitel „Für Ihren Unterricht“ finden Sie das Projekt: „Das habe ich noch nie gesehen“, S. 85, und die Aktivität „Was ich an diesem Land besonders mag“, S. 86.

3.2.2 Vergleiche anstellen

Im Vergleich zwischen Herkunftsland und Zielland können die TeilnehmerInnen Situationen erkennen, deuten und verstehen lernen. Sie dringen so tiefer in die neue Lebenswirklichkeit ein und reflektieren sie auf dem Hintergrund der eigenen kulturellen Prägung. Wenn das Vergleichen und Relativieren der eigenen Position zur Gewohnheit werden, entsteht eine Situation des gegenseitigen Mit- und Voneinander-Lernens, was zu einer nachhaltigen Verständigung führt. Aber, so betont Schader, die einheimische Mehrheitskultur darf nicht bloß den unhinterfragten und undiskutierten Einheitshintergrund bilden, vor dem ausländische Lernende exotische Kostproben aus fremden Ländern präsentieren. Sie soll vielmehr in ihrer Vielfalt und Eigenart ebenso bewusst und diskutierbar gemacht werden wie jede andere Kultur (vgl. Schader, 2000, S. 54).

Im Kapitel „Für Ihren Unterricht“ finden Sie den Unterrichtsvorschlag „Autoren aus verschiedenen Weltteilen wissen dasselbe“, S. 87.

3.2.3 Über Herkunftsländer sprechen

Der interkulturelle Unterricht bezieht den Hintergrund der Lernenden als Teil ihrer Identität mit ein. Hier werden sie als kompetente Gesprächsteilnehmende wahrgenommen und lernen ihr „Expertenwissen“ in deutscher Sprache zu formulieren. Die KursleiterInnen lernen dabei die Herkunft der Kursteilnehmer besser kennen und verstehen. Oder, kurz gefasst: „Die dialogische Ebene begegnet dem Anderen, indem sie in einen empathischen Dialog mit ihm eintritt. Sie fragt nach seinen Wurzeln und versucht, die Welt auch durch seine Augen zu sehen“ (Thissen, 2006).

Im Folgenden sehen Sie ein Beispiel für den Einbezug der Erfahrungen der Lernenden, das sich auch schon für den Anfängerunterricht eignet. Ein weiteres Beispiel „Sie und die anderen“ finden Sie auf S. 88 im Kapitel „Für Ihren Unterricht“.

2. Geburtstag, Namenstag anderswo (oder gar nicht?)

a. ***Texte 1–9:***
Partnerarbeit: Wer feiert wie Geburtstag?
Lesen Sie die Texte und ergänzen Sie die Liste.

Catalina aus Spanien feiert Geburtstag und Namenstag.
________ aus ________ feiert besonders den 15. Geburtstag.
________ aus ________ feiert den Geburtstag des Königs.
________ aus ________ feiert besonders den 1. Geburtstag.
________ aus ________ feiert vor allem runde Geburtstage.
________ aus ________ bekommt die Geschenke und eine Torte morgens ans Bett.
________ aus ________ feiert nach 30 nur noch den Namenstag.
________ aus ________ feiert den Geburtstag sogar zweimal.
________ aus ________ möchte das Geburtstagskind mit einem Lied im Radio grüßen.

b. ***Austausch in der Klasse.***

c. ***Werden Sie Text-Profi!***
- Was und wie feiern Sie? Schreiben Sie einen kleinen Text.
- Lesen Sie die Texte vor. Hängen Sie die Texte zum Geburtstagsposter.

Sprachbox

man [Generalisierung: alle, viele, die meisten]

◆ *Wie feiert man Geburtstag in Tschechien?*
♥ *Das ist verschieden.*
Manche feiern nicht. Viele feiern die ganze Nacht.
Ich feiere zweimal: einmal mit meinen Eltern, einmal mit meinen Freunden.

sie / er / man } feiert

Abb. 3: *Dimensionen 1*, S. 109

3.2.4 Austausch über Kulturdimensionen

Lernenden macht es in der Regel enorm viel Spaß, sich über die Unterschiede zwischen den Kulturen auszutauschen. Zwei Vorschläge zur Kulturdimension „Zeit" finden Sie im Kapitel „Für Ihren Unterricht" (Projekt „Im Verlauf der Zeit ...". S. 89, und „Drei-Kulturen-Spiel", S. 90).

3.3 Reflexion der eigenen Erfahrung

Die Wahrnehmung des sprachlich-kulturellen „Anderen" erfolgt ganzheitlich; sie wird sowohl gefühlsbetont als auch rational verarbeitet.

> „Ein wirkliches Verständnis für Situationen, in denen man sich ‚zwischen' verschiedenen Sprachen und Kulturen bewegt, lässt sich daher nicht unter Umgehung emotionaler Gesichtspunkte und Problemfelder erlangen" (Grünhage-Monetti/Pohl, 1997, S. 8).

Matilde Grünhage-Monetti und Uwe Pohl schlagen die Aktivität „Stranger in a strange land" vor, bei der es darum geht, eigene Gefühle und Eindrücke in der Begegnung mit Erscheinungsformen des kulturell Fremden zu vergegenwärtigen und zu verbalisieren. Sie finden sie im Kapitel „Für Ihren Unterricht" auf S. 91.

Im Ausland werden die Lernenden weiterhin mit verschiedenen Fremdwahrnehmungen konfrontiert. Sie befinden sich an der Grenze zwischen neu und alt, sind weder hier noch dort. Aber sie bringen ihre inneren Bilder mit, Assoziationen von dem, was sie erwartet. Gleichzeitig lösen sie Bilder im

Kopf bei anderen aus. So entstehen unterschiedliche Wahrnehmungen, denn **Fremde sind verschieden fremd**. Eine Englisch sprechende Brasilianerin löst andere Bilder aus als ihre Landsmännin, die sich in der Muttersprache unterhält, und der indische Koch wird anders behandelt als sein Landsmann, der als Computerexperte mit Arbeitserlaubnis einreist. Eine gebildete türkische Frau aus Istanbul wird gefragt, warum sie kein Kopftuch trägt.

Sind Fremde in der Heimat Ihrer Lernenden auch verschieden fremd? Lassen Sie die Lernenden eine Collage (evtl. aus Presse- und Medienberichten) erstellen und darüber berichten (siehe *Miteinander leben in Europa*, 2000, Heft 6).

3.3.1 Über Klischees und Vorurteile sprechen

Wie werden Nationalitäten gedanklich und sprachlich einsortiert? Einen spielerischen Umgang mit diesen „inneren Bildern" in den Köpfen der Lernenden und der Einheimischen finden Sie im folgenden Beispiel:

Alle Hühner dieser Welt

Aus welchen Regionen kommen die Hühner? Ordnen Sie zu.

1. Frankreich
2. Italien
3. England
4. Japan
5. Holland
6. Deutschland
7. Schweiz
8. Amerika (2)
9. Islamische Länder

Wahrscheinlich ist Huhn a ein italienisches Huhn.

Huhn b kommt aus …

Ich glaube …

Begründen Sie Ihre Lösung zu 1.1. Ordnen Sie die Begriffe den Nationalitäten zu.

- ☐ Lederhose
- ☐ Zigarette
- ☐ Rumfässchen
- ☐ Spaghetti
- ☐ Mickey Mouse
- ☐ Holzschuhe
- ☐ Baskenmütze
- ☐ Skier
- ☐ Schirm
- ☐ Hut (Melone)
- ☐ Federschmuck
- ☐ Zeitung
- ☐ Schleier
- ☐ Essstäbchen
- ☐ Baguette (französisches Weißbrot)

Bei Engländern denkt man oft an Schirm und Melone.

Wenn man an Deutschland denkt, dann denkt man an …

Amerika, das ist für viele Leute …

Abb. 4: *eurolingua 3*, S. 19

Im *Baustein für die nicht-rassistische Bildungsarbeit* finden Sie Ideen, um Stereotypen und Vorurteile abbauen zu helfen (DGB-Bildungswerk Thüringen, 2004). Bei der folgenden Übung zu Fremdzuschreibungen wurde eine Idee aus dem Baustein adaptiert.

Ja-Nein-Spiel

Rahmenbedingungen: Anzahl der TN: 10 bis 20; Raum: möglichst groß, damit die Spontaneität beim Antworten nicht durch Platzmangel begrenzt wird; Material: vorbereitete Behauptungen und Fragen, die vorgelesen werden

Ablauf: Die KL kündigen an, dass nun ein Spiel gespielt wird, in dem es um die Meinungen der TN zu Aussagen geht, die in der Bevölkerung weit verbreitet sind.

Der Seminarraum ist in zwei gleich große Felder eingeteilt, ein JA- und ein NEIN-Feld. Die TN laufen zu Musik kreuz und quer durch den Raum. Nach einer Weile wird die Musik gestoppt und die KL rufen eine Behauptung in den Raum. Die TN müssen sich nun auf eins der beiden Felder stellen und damit die Behauptung bejahen oder verneinen. Anschließend wird gezählt, wie viele Personen in dem Ja-Feld, wie viele auf dem Nein-Feld stehen und gefragt, wieso sie sich für Ja oder Nein entschieden haben.

In der Auswertung des Spieles kann die Funktion von kollektiven Meinungen und Vorurteilen deutlich werden.

Beispiele für Behauptungen:

Frauen sind friedfertig?!

Brasilianer können besser tanzen?!

Jungen sind besser in Mathematik als Mädchen?!

Schwarze sind anders als Weiße!?

Die Deutschen sind fleißig!?

Niemand verlässt seine Heimat freiwillig!?

In der Rubrik „Für Ihren Unterricht“ auf S. 92 finden Sie auch noch das Arbeitsblatt „In einem neuen Land“.

3.3.2 Probehandeln in Rollenspielen

Anhand von Rollenspielen können Aufgaben und Funktionen, die einzelne Personen im gesellschaftlichen Leben einnehmen, spielerisch ausagiert werden. Rollenspiele veranschaulichen einerseits, dass Menschen innerhalb der Grenzen und Möglichkeiten ihrer Rollen kommunizieren und mit anderen interagieren, und zeigen so Konflikte, aber auch Lösungsmöglichkeiten auf. Andererseits ermöglichen sie soziales Lernen durch Probehandeln; Verständnis und Toleranz für andere werden geweckt.

Bei dem folgenden Beispiel erstellen die Lernenden gemeinsam Rollenspiele zu Tabuthemen, Höflichkeitsformen und interkulturellen Konflikten und spielen sie durch. Nach und nach entwickeln sie unterschiedliche Lösungsansätze und setzen diese um. Einige Themen sind im folgenden Text enthalten (viele weitere finden Sie bei Payer, 2000a).

Tabuthemen: In China wird beim Kennenlernen einer fremden Person Vertrautheit mittels interessierten Nachfragens über ‚Privatangelegenheiten' wie beispielsweise ‚Sind Sie verheiratet?' oder ‚Wie viel verdienen Sie?' hergestellt. Das Fragen nach der persönlichen Meinung eines chinesischen Gesprächspartners wird häufig als ‚peinlich' oder ‚zu direkt' eingestuft.

Höflichkeit: Unterschiedliche Auffassungen von Höflichkeit bzw. verschiedene Arten der Höflichkeitsmarkierungen treffen in interkulturellen Situationen häufig aufeinander. In China werden Höflichkeitsfloskeln wie ‚bitte', ‚danke' oder ‚Entschuldigung' äußerst selten verwendet, und es kann durchaus passieren, daß einem jemand im Bus mit voller Wucht auf den Fuß tritt, ohne sich dabei zu entschuldigen. [...]

Berichteten mir Chinesen von ‚Unhöflichkeiten' ihrer deutschen Bekannten, so erfuhr ich von Situationen, in denen Deutsche ihren Gesprächspartner/innen offen widersprechen. Offene Kritik an einer anderen Person (z.B. Kritik des Lehrers am Schüler oder vice versa) stellt eine enorme Gefahr des Gesichtsverlustes dar. Um das Gesicht des Gegenübers zu bewahren, verstummt man, statt zu widersprechen, oder aber man beauftragt eine 3. Person als Kritikübermittler/in.

(Günthner,1988, S. 5).

3.4 Die eigene Kultur und Sprache wertschätzen

Der eigene Hintergrund der Lernenden beim Entwickeln ihrer Identität in der neuen Heimat spielt eine wichtige Rolle im Lernprozess. Im Unterricht können Sie Ihren Kursteilnehmenden eine „Sprachbrücke" zur eigenen Kultur und Sprache bauen, indem Sie wertschätzend mit Sprachenvielfalt und Bilingualismus umgehen (ein Beispiel, die Aktivität „Sprachenmännchen" haben Sie bereits im Studienbrief „Migration, Migrantinnen und Migranten" kennen gelernt). Die im Nachdenken über Sprache und Kultur geförderte → „language awareness" hilft beim Entwickeln eigener Lernstrategien und Kompetenzen in der Erstsprache wie in der Zweitsprache.

3.4.1 Die Muttersprache nutzen

Lernende in Deutsch als Zweitsprache-Kursen bringen nicht nur ihre Muttersprache(n), sondern auch weitere auf Grund von Unterricht, Sprachkontakten und Medienerfahrungen erworbene Sprachen mit in den Unterricht. Diese vorhandenen Sprachkenntnisse sollte interkulturell ausgerichteter Unterricht nutzen. Im folgenden Beispiel findet Wortschatzerweiterung im Deutschen unter Einbezug der Muttersprachen statt:

Abb. 5: *elemente Bd.1*, S. 33

Unten finden Sie weitere Vorschläge zum Einbezug der Muttersprache in den Unterricht, die sich auf den DaZ-Unterricht mit Erwachsenen übertragen lassen.

Sprachvergleiche Wort für Wort: Spannende Einsichten im Detail

„Wie heißt du?" – „Comment t'appelles-tu?" – „What's your name?": Dreimal dieselbe Frage, und doch nicht dreimal dasselbe, wie die wortwörtliche Übersetzung schnell beweist. Jede Sprache formuliert die Wendung auf etwas andere Weise.

„Wir ihnen es geben Freunden-den Buch-das das neue". Das ist die wortwörtliche Entsprechung des albanischen Satzes „Wir geben den Freunden das neue Buch". Wiederum: derselbe Inhalt, doch eingepasst in unterschiedliche Sprachstrukturen.

Im ersten Beispiel geht es um Wendungen, die in den verschiedenen Sprachen unterschiedlich gebildet werden, im zweiten um Unterschiede in Sprach- und Satzbau. Gemeinsam ist beiden Bereichen, dass der pingelige Blick auf das Detail oft zu spannenden und überraschenden Erkenntnissen führt. Sprachvergleiche „Wort für Wort" erweitern das sprachliche Wissen und Bewusstsein – vor allem auch jenes gegenüber der eigenen Sprache. Erst im Vergleich mit anderen Sprachen tritt ja die Spezifik der Muttersprache hervor und ist nicht mehr unhinterfragte Selbstverständlichkeit.

Vergleich von sprachspezifisch unterschiedlich gebildeten Wendungen:
Zeile 1: Wendung in der Fremdsprache (Bsp. Ça ne te regarde pas.)
Zeile 2: wortwörtliche Übersetzung auf Deutsch (Das nicht dich schaut nicht.)
Zeile 3: sinngemäße deutsche Übersetzung (Das geht dich nichts an.)

Vergleich von Sätzen und Satzbau:
Zeile 1: Satz auf Deutsch (Bsp. Wir geben den Freunden das neue Buch.)
Zeile 2: Satz in der Fremdsprache (Albanisch: Ua japim shokëve librin e ri.)
Zeile 3: Wortwörtliche Übersetzung auf Deutsch (Ihnen es [wir] geben Freunden-den Buch-das neue.)

Die sich entsprechenden Wörter auf den Zeilen werden nun mit Strichen verbunden. Zwischen Zeile 2 und 3 (Original und wortwörtliche Übersetzung) sollte das ziemlich linear geschehen können. Interessanter ist der Vergleich von Zeile 1 und 3. Hier dürfte es meistens zu allerlei Überkreuzungen und „Fehlstellen" kommen. Im obigen Beispiel etwa haben die deutschen Personalpronomen und Artikel keine direkte Entsprechung im Albanischen; Artikel und Adjektiv stehen hinter dem Nomen (Buch-das das neue).

(nach: Schader, 2000, S. 260-261)

Sprachbegegnungsprojekt

Hier handelt es sich um eine kurs- bzw. stufenübergreifende Projektwoche bzw. -phase (z.B. als Kursabschluss). Während der Dauer des Projekts soll der Kursort gestaltet werden, um die kulturelle und sprachliche Vielfalt zu aktualisieren und visualisieren, z.B. mit einer Tabelle aller Länder und Sprachen, einer Sprachenstatistik, illustrierten Plakaten zu den verschiedenen Ländern, Landkarten, „Hörboxen" zu den einzelnen Sprachen etc. Themen/Aktivitäten für diese Projektwoche könnten sein:

1. **„Sprachen und Kulturen in unserem Schulhaus/in unserem Stadtteil"**: Die Lernenden werden selbst SprachlehrerInnen und geben Unterricht in ihren Muttersprachen. Andere führen ein „Sprachsammelprojekt" in der Umgebung durch: Sie befragen Menschen in Läden und Kiosken, sprechen mit Nachbarn, Verwandten und Bekannten etc. (und nehmen die Aussagen ggf. mit einem MP3-Player auf).

2. **„Musik, Lieder, Tänze"**: Es gibt Workshops/Wahlkurse, in denen Lieder und Tänze einstudiert werden; Tanzgruppen aus unterschiedlichen Ländern begegnen sich.

3. **„Essen, Kochen, Haushalten"**: Jede Gruppe liefert Beiträge zu einem großen internationalen Kochbuch, das als mehrsprachiges Schlussprodukt entsteht. Es werden große Plakate zu den wichtigsten Speisen gestaltet. Landwirtschaftliche Produkte und Gewürze werden vorgestellt (mit Riechproben); Bilder traditioneller Küchen und Küchengeräte werden gezeigt und mit deutschen Küchen und Geräten verglichen.

4. **„Bücher, Geschichten und andere Texte"**: Hier gibt es eine Ausstellung mit Büchern, Zeitschriften, Zeitungen, Comics. Geschichten und Märchen aus verschiedenen Regionen werden vorgelesen. Die Lernenden gestalten selbst ein mehrsprachiges Buch. Es gibt Beiträge (z.B. Gedichte) für eine mehrsprachige Hörstation im Korridor und von TeilnehmerInnen geleitete Angebote, um eine neue Schrift (z.B. Kyrillisch, Tamilisch) oder kalligrafische Gestaltung (Arabisch, Chinesisch) zu lernen.

(Schader, 2000, S. 143-145, Vorschlag 17, gekürzt und adaptiert von F. Kjellström Medici).

3.5 Bereitstellen von Redemitteln

„Aufgaben, die zu interkulturellem Lernen führen, sind deshalb einerseits darauf gerichtet, die Lernenden zu veranlassen, eigenes Denken und Fühlen zu äußern und die eigene Welt zu erläutern. (Und das vermittelt die Fähigkeit, sich präzise und geduldig mitzuteilen, wenn man übers eigene Ich und die eigene Welt befragt wird.) Sie sind andererseits darauf gerichtet, dass sich die Lernenden darin üben, Nichtverstandenes oder Befremdliches zum Anlass für beharrliches Fragen zu nehmen und dabei das zu berücksichtigen, was Deutsche wahrscheinlich ungewöhnlich finden" (Piepho/Häussermann, 1996, S. 400).

Bitte überlegen Sie sich → Redemittel für Ihre Lernenden, die diesen helfen:

Aufgabe 9

Tabelle 3:

a. über das eigene Leben/ das Herkunftsland zu sprechen	b. nach Verhältnissen im Herkunftsland anderer zu fragen	c. nachzufragen, wenn Sie bei Deutschen etwas nicht verstehen oder befremdlich finden
„In (Land oder Stadt oder Region) …“		

Bedenken Sie dabei, dass Sie den Teilnehmenden nicht ein „Ich gehöre nicht nach Deutschland“ in den Mund legen. Wenn „Bei uns …“ nicht „wo ich jetzt wohne“, sondern „wo ich früher gewohnt habe“ bedeutet, wird eine große Nähe zu dem vergangenen Leben unterstellt und damit möglicherweise eine Schranke zur Integration in Deutschland errichtet. Achten Sie bei den Formulierungen also darauf, dass Ihre Kursteilnehmer ihren derzeitigen Wohnort als „Hier und Jetzt“ setzen – „bei uns“ bezieht sich also auf einen Ort in Deutschland, „In (Land oder Stadt oder Region) …“ auf einen Ort im Herkunftsland.

4 Der Reichtum des Erlebens: Menschen verschiedener Kulturen miteinander

In kaum einem anderen Zusammenhang kommen Menschen so unterschiedlicher Herkunft zusammen wie in einem DaZ-Kurs. Die Kurse sind in der Regel von einer nationalen Heterogenität geprägt, die für Lehrende und Lernende einerseits viele Fragen aufwirft und andererseits eine Quelle der Bereicherung ist. In den vorherigen Kapiteln wurde versucht, Ihnen, den Lehrkräften, Hilfestellung zu geben, dieses Potential im Unterricht zu nutzen und nicht nur selbst die kulturelle Bedingtheit Ihres Denkens und Handelns zu reflektieren, sondern auch bei den Lernenden die Reflexion über die eigene Kultur, Lebensform, Geschichte und Gesellschaft zu stimulieren. Dazu gehört bei allen die Bereitschaft, fremde Perspektiven anzuerkennen und die eigene Perspektive durch das Fremde in Frage stellen lassen zu können.

Im letzten Kapitel soll es um Verhalten gehen: Verhaltensweisen der Deutschen, denen die Lernenden begegnen, Verhaltensweisen, denen Sie im Kontakt mit den Menschen aus anderen Ländern begegnen. (An dieser Stelle wird nicht auf paraverbale – z.B. Lautstärke – und extraverbale Aspekte – Mimik, Gestik, Körpersprache – eingegangen, da diesem Thema der Studienbrief „Nonverbale Kommunikationsmittel im DaZ-Unterricht“ gewidmet ist.)

Die Teilnehmenden in Ihren Kursen bitten Sie, ihre Kursleiterin/ihren Kursleiter, um Erläuterung, denn Sie sind Vermittler zur noch fremden Kultur. Sie fragen Sie nicht nur nach vielen konkreten Informationen, z.B. welche Feste und Feiern es in Deutschland gibt (siehe auch die interaktiven

Übungen unter *http://www.heimat-in-deutschland.de/sitemap.html*, Sprachheitmat/Interaktive Übungen, 17.07.2006), sondern stellen auch Fragen, die kulturelle Hintergründe haben, z.B.:

1. Wir haben unsere deutschen Nachbarn zum Essen eingeladen, sie kamen auch und wir hatten einen sehr schönen Abend, aber dann kam keine Einladung zurück.
2. Warum sind viele deutsche Frauen nicht verheiratet?
3. Wann soll ich „Du" und wann „Sie" benutzen?
4. Warum zahlen deutsche Frauen in Restaurants selbst, wenn sie doch mit einem Mann ausgehen?
5. Wie kommt es, dass die Deutschen so viele Haustiere haben, aber nicht so viele Kinder?
6. Wann schüttelt man bei der Begrüßung einander die Hand? Und soll ich auch den Hund, den die Nachbarin an der Leine führt, grüßen?
7. Eine Kollegin hatte uns eingeladen; ich habe ein besonderes Geschenk aus meinem Heimatland mitgebracht, aber sie machte ein ganz unglückliches Gesicht. Was habe ich falsch gemacht?
8. Auf der Post trägt eine Angestellte eine wilde, bunte Haarfrisur. Wieso ist denn so etwas in Deutschland erlaubt?
9. Warum kleiden sich Deutsche so wenig elegant? Das wäre bei uns nicht möglich.
10. Ich höre oft „Grüß Gott" und auch „Guten Tag". Was ist denn der Unterschied? Was soll ich wann benutzen?
11. Manchmal umarmen und küssen sich die Deutschen bei der Begrüßung, manchmal nicht. Wie mache ich es richtig?
12. In meinem Land ist Nationalstolz ganz normal. Hier in Deutschland aber scheint das ganz anders zu sein.
13. ...

Aufgabe 10

Bitte ergänzen Sie diese Liste mit den Fragen, denen Sie selbst schon einmal begegnet sind. Tauschen Sie sich in Ihrer Lerngruppe darüber aus, wie Sie solche und ähnliche Fragen beantworten würden.

Die Lernenden stellen Ihnen diese und andere Fragen teils aus Unverständnis, wenn sie das ihnen Neue mit dem Vertrauten vergleichen, aber auch, um keine Tabus zu verletzen. Sie wollen lernen, welche Handlungen und Verhaltensweisen richtig und angemessen und gesellschaftliche Selbstverständlichkeiten sind. Aber auch Sie als KursleiterIn begegnen Verhaltensweisen bei den Lernenden, die Sie in Erstaunen versetzen, vielleicht auch ganz hilflos machen, mit denen Sie auf jeden Fall umgehen müssen – ein weites Feld potentieller, gegenseitiger Fettnäpfchen tut sich auf.
Hier sollen nur einige solcher Beispiele angesprochen werden:

- Ein Lernender aus China besteht darauf, in eine höhere Kursstufe versetzt zu werden. Da er in seine Kursstufe sehr gut hineinpasst und in der nächsten Stufe voraussichtlich nicht so gut mitkommen würde, lehnen Sie diesen Wechsel ab. Er bleibt aber bei seinen Nachfragen und scheint Ihr „Nein" nicht zu verstehen.
- Eine Lernende aus der Türkei lädt Sie (ihre Kursleiterin) wiederholt zu sich nach Hause ein.

- Eine Lernende aus der Ukraine lehnt es ab, mit einem Koreaner, der sich noch kaum traut, frei zu sprechen, in einer Gruppe zusammenzuarbeiten.

Aufgabe 11

Bitte tauschen Sie sich in Ihrer Lerngruppe über Ihre persönlichen Erlebnisse aus. Was hat Sie erstaunt oder unsicher gemacht? Wie haben Sie sich verhalten? Warum gerade so? Wie würden Sie sich in Zukunft gerne verhalten?

Als Abschluss: Die Geschichte vom Papahai

Kürzlich hörte ich folgende Geschichte:

In einem fernen Lande lebte einst ein Papagei. Er fühlte sich unglücklich, denn das Leben in seiner Heimat war sehr schwer geworden. Also beschloss er, in die Fremde aufzubrechen. Er kam zum großen Meer, dessen Wellen und Glitzern ihn faszinierten. So sprang er ins Wasser und tauchte ein. Da kam ein gefräßiger Hai. Kaum hatte er den Papagei erblickt, verschlang er ihn mit einem Biss. Doch der Papagei lag ihm schwer im Magen, und er fühlte sich elend und krank. Aber nach einer Weile spürte er, wie ihm aus seiner Seite Flügel wuchsen, mit denen er sich über das Meer erheben konnte. So entstand aus dem Hai und dem Papagei der Papahai, der sich im Wasser und in der Luft bewegen kann.

Geschieht nicht etwas Ähnliches mit Menschen, die in ein fremdes Land ziehen, und mit Menschen dieses Landes?

In: *Vertrauenssache* (1996). Beratungsstelle für anerkannte Flüchtlinge AN LAC. Bern

5 Für Ihren Unterricht

1. Sichtweisen

Ziel: über unterschiedliche Sichtweisen nachdenken

TN: TN ab A2

Material: Eine Kopie des Arbeitsblatts unten

Vorgehen: Die TN bilden Paare. Die Paare werden gebeten, einander gegenüber Platz zu nehmen. Das Blatt wird in die Mitte gelegt und die TN werden gebeten zu beschreiben, was sie sehen. Nachdem beide TN „ihre“ Seite beschrieben haben, werden die Plätze getauscht.

Die TN schauen sich die andere Seite an und kommentieren die Veränderung. Sie lesen dann die Zitate, suchen sich ein Zitat aus und sprechen in Partnerarbeit darüber. KL fragt, ob TN ähnliche Sprüche oder Redewendungen in ihrer Muttersprache kennen.

Sichtweisen

Things do not change; we change.
Nicht die Dinge verändern sich;
wir verändern uns.
Henry David Thoreau

On ne voit bien qu'avec le cœur,
l'essentiel est invisible pour les yeux.
Man sieht nur mit dem Herzen gut.
Das Wesentliche ist für die Augen unsichtbar.
Antoine des Saint Exupery

Seht ihr den Mond dort stehen?
Er ist nur halb zu sehen,
Und ist doch rund und schön!
So sind wohl manche Sachen,
Die wir getrost belachen,
Weil unsre Augen sie nicht sehn.
Mathias Claudius

Nem tudo que brilha é ouro.
Es ist nicht alles Gold, was glänzt.
Portugiesisches Sprichwort

Abb. 6: *Orientierungskurs*, S. 34

2. Projekt „Das habe ich noch nie gesehen!"

Ziel: Kontakte zu Einheimischen entwickeln. Im Austausch mit Einheimischen über Unterschiede und Ähnlichkeiten in der Wohnumgebung sprechen. Das interkulturelle Verständnis beider Beteiligten wird gefördert, indem Ungewöhnliches festgehalten und Erklärungen dafür gesucht werden. Als zusätzlichen Effekt lernen beide voneinander Ungewöhnliches zu dokumentieren und Meinungen darüber auszutauschen.

TN: TN ab A2, die im Austausch mit Einheimischen etwas lernen möchten.

Material: Eine (Digital-)Kamera. Eventuell ist auch ein Zugang zu einem Computer erforderlich, um das Gesehene dort festzuhalten. Einen Reiseführer der näheren Umgebung, um Sehenswürdigkeiten zu finden.

Vorgehen: Die TN suchen einheimische Personen, mit denen sie sich unterhalten, um die nähere Umgebung besser kennen und verstehen zu lernen. Über die Sehenswürdigkeiten in der Umgebung erhalten sie einen guten Einblick in ihre neue Heimat. Im Austausch lernen sie gemeinsam Eigenes und Vertrautes in Beziehung mit dem Neuen oder Andersartigen zu setzen. Wie der kleine Prinz von Antoine de Saint-Exupéry bezähmen sie ihre neue Heimat und erst so erhält diese den besonderen Wert.

(Link zur englischen Originalversion: http://www.media-net-works.de)

Die vier Szenarien *Im Verlauf der Zeit* (S. 89), *Das habe ich noch nie gesehen* (S. 85) und *Was ich an diesem Land besonders mag* (S. 86) wurden von F. Kjellström Medici übersetzt und für den DaZ-Unterricht adaptiert (Link zur englischen Originalversion: http://www.media-net-works.de).

3. Projekt: Was ich an diesem Land besonders mag

Ziel: Hier soll das Interesse für die andere Kultur geweckt und das Bewusstsein für die Werte beider Kulturen gefördert werden. Die TN setzen sich im Austausch miteinander aktiv mit kulturellen Sitten und Gepflogenheiten auseinander. Sie lernen, den Kontakt zu Fremden in den Alltag zu integrieren. Das Projekt soll

- Interesse an einer anderen Kultur wecken,
- Lerneraktivität fördern,
- Lernerautonomie fördern,
- positive Wahrnehmungen fördern,
- die Fähigkeit der Lernen, sich zu orientieren und
- Erlebtes zu dokumentieren, fördern.

TN: TN, die im Austausch miteinander etwas lernen möchten.

Material: Papier und Stift, um einen Beobachtungsbogen erstellen und Wahrgenommenes festhalten zu können, ggf. Zugang zum Internet.

Vorgehen: Jeweils zwei TN tauschen sich über Dinge und Begebenheiten, die sie am Heimatland des anderen besonders mögen. Sie tauschen sich über ihre Kenntnisse der beiden Heimatländer aus und halten positive Wahrnehmungen mündlich, schriftlich und in Bildern fest.

(Link zur englischen Originalversion: http://www.media-net-works.de)

4. Autoren aus verschiedenen Weltteilen wissen dasselbe

9 Lesetext

I Von deinen Kindern lernst du mehr als sie von dir.
Sie lernen eine Welt von dir, die nicht mehr ist;
Du lernst von ihnen eine, die nun wird und gilt.

FRIEDRICH RÜCKERT

II Eure Kinder sind nicht eure Kinder. Sie kommen durch euch, aber nicht von euch. Und obwohl sie mit euch leben, gehören sie euch nicht.
Ihr könnt ihnen eure Liebe geben, aber nicht eure Gedanken, denn sie haben ihre eigenen Gedanken.
Ihr habt sie in eurer Wohnung – ihren Körper, nicht ihre Seele.
Ihre Seelen leben in dem Haus von morgen, in das ihr nicht eintreten könnt, nicht einmal in euren Träumen.
Ihr könnt euch bemühen, ihnen gleich zu werden. Aber versucht nicht, sie euch gleich zu machen.

KHALIL GIBRAN

10 Unterhaltung

a Sagen Sie die Grundgedanken der beiden Texte in Ihren Worten.

b Was bedeutet „Eure Kinder sind nicht eure Kinder"?

c Sind Sie einverstanden mit den beiden Texten? Haben Sie eine andere Meinung? In welchen Punkten?

d Wie wurden Sie selbst von Ihren Eltern behandelt? Wenn Sie Kinder haben: Vergleichen Sie die Texte mit Ihrer eigenen Erfahrung.

e Es gibt verschiedene Arten von Liebe: sehr gefühlvoll – wie Kameraden – eng verbunden, mit vielen Fäden – kühl, höflich – sorgenvoll – frei, vertrauensvoll – respektvoll. Wie sollte man – nach Ihrer Meinung – seine Kinder lieben?

links:
Friedrich Rückert (1788–1866), deutscher Lyriker und Übersetzer

rechts:
Khalil Gibran (1883–1931), der bekannteste Autor des Libanon

Abb. 7: Häussermann/Piepho, 1996, S. 406 (Text I von Friedrich Rückert, Text II von Khalil Gibran)

5. Sie und die anderen

Ziel: Sprechaktivität über die Herkunftskulturen, Nationalitäten, Stereotypen

TN: ab A2, möglichst national heterogene Gruppen

Material: Kopien des Arbeitsblatts

Vorgehen: Bitten Sie die TN, sich in Kleingruppen möglichst mit TN aus anderen Herkunftsländern zusammenzusetzen, anhand des Arbeitsblatts über die unterschiedlichen Nationalitäten zu sprechen und mit ihrem Bild von den Deutschen zu vergleichen.
„Welche Sätze passen auf Menschen aus Ihrem Herkunftsland? Passen die Sätze auch auf Sie selbst? Welche passen auf Deutsche? Auf alle oder nur auf einige? Sprechen Sie mit den anderen KursteilnehmerInnen darüber.“

	---------	---------	---------	Deutsche
1. laden gerne Fremde nach Hause ein				
2. lieben ihre Autos				
3. überheizen ihre Wohnungen				
4. lieben Kinder				
5. geben gerne Geld für Kleidung aus				
6. ziehen häufig um				
7. sind stark an Politik interessiert				
8. ärgern sich leicht				
9. sind freundlich zu Nachbarn				
10. sind sportlich				
11. mögen Musik				
12. reisen viel				
13. sind laut				
14. haben große Hunde				
15. haben große Familien				
16. lieben technische Geräte				
17. lesen gerne Bücher				
18. haben leicht Depressionen				
19. ...				

6. Projekt: „Im Verlauf der Zeit ..."

Ziel: Hier soll das Bewusstsein für verschiedene Wahrnehmungen von Zeit geweckt werden.

TN: TN, die im Tandem mit Einheimischen etwas lernen möchten.

Material: Fragebogen mit Fragen, die mit dem Verhältnis zum Zeitbegriff zu tun haben.

Vorgehen: Im Kurs wird der Fragebogen besprochen und ggf. ergänzt.
Dann nimmt jede/r TN mit verschiedenen Einheimischen Kontakt auf und befragt sie mit Hilfe des Fragebogens. Anschließend stellt er/sie die Ergebnisse der Befragung im Kurs vor.

Lerneffekt: Die TN setzen sich intensiv mit dem Zeitphänomen auseinander und vergleichen das Bewusstsein für Zeit in ihrer Heimat mit dem bei uns. Sie tauschen sich hierüber mit Einheimischen aus und lernen eine Wechselperspektive einzunehmen und den eigenen Hintergrund zu relativieren.

(Link zur englischen Originalversion: http://www.media-net-works.de)

Wann stehen Sie morgens auf?
Wie viel Zeit verbringen Sie mit Kochen?
Wie viel Zeit verbringen Sie mit einer Mahlzeit?
Wie viele Stunden arbeiten Sie?
Wie viel Zeit haben Sie am Tag für Ihre Familie und/oder Freunde?
Was ist eine normale Arbeitszeit für Sie?
Wie lange sollte jemand zur Schule gehen?
In welchem Alter sollen Menschen heiraten und Kinder bekommen?
Ist ein Mensch mit 50 Jahren Ihrer Meinung nach alt?
Macht es Ihnen etwas aus zu warten?
Finden Sie es unhöflich, wenn jemand zu spät zu einer Verabredung kommt?
Wie lange dauert es, bis Sie nervös werden, wenn ein Zug Verspätung hat?
Finden Sie das Leben in Deutschland schnell oder langsam?
Finden Sie in Deutschland die Nächte lang oder kurz?
...

7. Drei-Kulturen-Spiel (Einstellungen zur Zeit)

Ziel: Beim folgenden Rollenspiel geht es um drei Kulturen, eine vergangenheitsorientierte, eine gegenwartsorientierte und eine zukunftsorientierte.

TN: A2-B1

Vorgehen: KL teilt im Plenum jedem TN ein Rollenkärtchen aus. Sie bittet die TN, jeweils das eigene Kärtchen zu lesen und ein Beispiel zu geben. Ggf. gibt sie zur Erläuterung eigene Beispiele. KL bittet die TN dann, 3er-Gruppen zu bilden, in denen jeweils die Kärtchen A, B und C vertreten sind. Sie bittet nun die TN, mit einander über Ihren (Unterrichts)-Alltag zu sprechen und dabei die Vorgaben des eigenen Kärtchens zu beachten. Nach Beendigung des Gesprächs in den Kleingruppen fragt die KL:

1. Wie ging es Ihnen? Wie fühlten Sie sich in Ihrer Rolle?
2. Welchen Eindruck hatten Sie von der Kommunikation in Ihrem Team?
3. Können Sie Ihre Erfahrung in Ihr Alltagsleben und Ihren Unterrichtsalltag übertragen?

Gemeinsam werden die Erfahrungen besprochen.

Variation: Sie können diese Aktivität auch, wie Rinvolucri und Davis es in *66 Grammatikspiele Deutsch als Fremdsprache* vorgeschlagen haben, machen, indem Sie drei Stühle aufstellen. Der erste Stuhl dient zum Erzählen von Vergangenem, der zweite ist dem gegenwärtigen Geschehen und Befinden gewidmet, und der dritte ist auf die Erwartungen an die Zukunft ausgerichtet.

Rollenvorgaben:

A	B	C
Sie gehören einer **vergangenheitsorientierten** Kultur an. In dieser Kultur spricht man viel über Geschichte, Herkunft der Familie, vergangene Ereignisse. Man sieht alles im Licht von Tradition und Geschichte. Man zeigt Ehrfurcht vor Ahnen, Vorgängern und alten Leuten. **Kurz: Sie leben in der Vergangenheit.** Benutzen Sie Verbformen im Perfekt und Präteritum.	Sie gehören einer **gegenwartsorientierten** Kultur an. Gegenwärtige Aktivitäten und Freuden sind in dieser Kultur am wichtigsten. Man zeigt großes Interesse an momentanen Beziehungen. Man sieht alles in Bezug auf seine momentane Bedeutung. Man hat nichts gegen Pläne, führt sie nur meist nicht aus. **Kurz: Sie leben jetzt.** Benutzen Sie Verbformen im Präsenz.	Sie gehören einer **zukunftsorientierten** Kultur an. In dieser Kultur spricht man viel über Pläne, Möglichkeiten, über das, was kommt. Vergangenheit und Gegenwart sind nicht so wichtig. Ihre Kultur hat großes Interesse an Kindern und Jugendlichen. **Kurz: Sie leben in der Zukunft.** Benutzen Sie Verbformen im Präsens und Futur I.

(nach Rinvolucri/Davis, 1999, S. 80, und Trompenaars/Hampden-Turner, 1998)

8. Stranger in a strange land

Ziel: Anhand dieser Aktivität können sich die TN eigene Gefühle, Eindrücke etc. in der Begegnung mit Erscheinungsformen des kulturell Fremden vergegenwärtigen und sie zur Sprache bringen.

TN: A2-B1

Materialien: Kärtchen oder Arbeitsblätter mit den folgenden Arbeitsanweisungen:

> Können Sie sich an Situationen in einem anderen kulturellen Umfeld erinnern, in denen Sie Verlegenheit, Einsamkeit, Angst oder Überraschung, Freude usw. empfunden haben?
>
> Ergänzen Sie die folgenden Sätze:
>
> Ich war überrascht ...
> Ich war verlegen ...
> Ich fühlte mich einsam ...
> Ich war irritiert ...
> Ich habe mich gefreut ...
> Ich hatte Angst ...
> Ich habe nicht verstanden ...
> Ich fand es toll ...
> Ich habe mich gefragt ...
>
> Schreiben Sie jeden Satz auf ein Kärtchen.

Vorgehen: KL bittet die TN, die Satzanfänge zu ergänzen und jeden Satz auf ein Kärtchen zu schreiben. Sie sammelt die Kärtchen ein. Jede/r TN zieht ein Kärtchen, liest den Text laut vor und hängt das Kärtchen an die Wand.
KL bittet nun die TN, die Satzanfänge oben ins Präsenz zu setzen, die Sätze neu zu ergänzen und alle auf ein Blatt Papier zu schreiben.
KL schreibt eine Liste von Diskursmarkern an die Tafel und bittet die TN, im Plenum darüber zu sprechen, wie sich die Bedeutung der Aussagen verändert hat.

Ja, aber ...	aber doch
natürlich, aber ...	alles in allem
doch	in jedem Fall
andererseits	Tatsache ist, dass ...
trotz allem	zum Glück
Das Gute daran ist ...	Ehrlich gesagt ...
Man darf nicht vergessen, ...	Wenn man noch mal drüber nachdenkt, ...
Letztendlich ...	Aber auf Dauer
...	

(nach: Grünhage-Monetti/Pohl, 1997, S. 13–14)

9. In einem neuen Land

In einem neuen Land

Das Kulturschock-Modell
Wenn man in einem fremden Land leben will oder muss, dann stellt man schnell fest, dass vieles anders und neu ist: das Klima, das Essen, die Leute. Man muss alle Energie, die man hat, aufbringen und einsetzen. Wissenschaftler haben herausgefunden, dass es in diesem Prozess verschiedene Phasen gibt: Begeisterung, Gefühle von Fremdheit, Krise, Missverständnisse, Verständigung.

Ein Kulturschock muss aber nicht immer alle fünf Phasen durchlaufen. Die individuellen Erfahrungen können sehr verschieden sein.

Leben im Ausland

5. Verständigung
Die Missverständnisse werden weniger. Man versteht, akzeptiert, lernt und schätzt die kulturellen Spielregeln.

4. Missverständnisse
Man sieht, dass viele Schwierigkeiten aus dem kulturellen Unterschied entstehen und Missverständnisse sind.

3. Krise
Man fühlt sich sehr fremd im neuen Land. Man gibt der fremden Kultur die Schuld und verherrlicht die eigene Kultur. Man möchte am liebsten wieder nach Hause.

2. Gefühle von Fremdheit
Man beginnt zu merken, wie fremd die neue Kultur ist. Vielleicht hat man erste Kontaktschwierigkeiten. Meist gibt man sich selbst die Schuld.

1. Begeisterung
Am Anfang ist alles neu und aufregend. Man sieht alles mit den Augen eines Touristen. Man ist noch in der eigenen Kultur verwurzelt.

1 **Sehen Sie sich die Phasen 1–5 an. Überlegen Sie: Wie war oder ist das bei Ihnen? Welche Phasen haben Sie durchlaufen? War es vielleicht ganz anders? Wo stehen Sie jetzt?**

2 **Sprechen Sie über das Kulturschock-Modell. Wie ist das bei Ihnen? Hat sich Ihre Bewertung, Ihre Sicht im Laufe der Zeit geändert?**

Abb. 8: *Orientierungskurs*, 2005, S. 39

6 Glossar

Andragogik: die Wissenschaft von der Bildung Erwachsener. Sie versteht sich als eine zur Pädagogik komplementäre Wissenschaft, darf aber nicht einfach kontrastierend mit dieser gesehen werden. Vielmehr spricht vieles dafür, dass der Mensch im Laufe seiner Lernbiographie zuerst für pädagogische Maßnahmen empfänglich und dann mit zunehmender Autonomie offen für andragogische Maßnahmen ist.

Assimilation: An- und Einpassung; die einseitige Anpassung einer Minderheit an ihr soziales Umfeld oder Aufgehen in der Mehrheit

Bayramı: Das Ende des Ramadan wird mit dem Fest des Fastenbrechens zelebriert. Dieses Fest ist für Moslems verbindlich und richtet sich nach dem islamischen Mondkalender.

Integration: Integration bedeutet die Eingliederung von Migrantinnen und Migranten in die deutsche Gesellschaft, ohne von ihnen die Aufgabe ihrer ethnischen Identität zu verlangen. Im Gegenteil dazu bedeutet Assimilation die Übernahme einer vorherrschenden Kultur bzw. das spurlose Aufgehen in der Mehrheitskultur des Gastlandes.

Interkulturalität: Beziehung zwischen zwei oder mehr Kulturen. Interkulturalität bedeutet nicht nur, dass in einer Situation verschiedene Teilnehmer aus verschiedenen Kulturen agieren, sondern, dass sich eine Eigendynamik entwickelt, die über die Addition der Merkmale der beteiligten Kulturen hinausgeht. Anders gesagt, in einer kulturellen Überschneidungssituation treffen die Eigenkultur und die Fremdkultur(en) aufeinander. Es entsteht dann das Interkulturelle, u.a. weil man das Verhalten einer Person aus einem anderen kulturellen Kontext aus dem Wissen des Eigenen heraus interpretiert.

interkulturelle Kommunikation: Verständigung innerhalb unterschiedlicher Kulturen. Durch zunehmende Globalisierung kommt ihr vermehrt Bedeutung zu. Angebote in der Erwachsenenbildung können Raum für Begegnung, Kennen lernen und Austausch zwischen Menschen unterschiedlicher Kulturen schaffen. Dies kann Vorurteile ab- und tolerantes Verhalten aufbauen.

language awareness: Sensibilität für Strukturen und Funktionen von Sprache, reflektierter Umgang mit Deutsch im Kontext anderer Sprachen. Wer Deutsch als zweite oder weitere Sprache lernt, hat schon Erfahrungen mit dem Sprachenlernen und Einstellungen gegenüber Sprachen entwickelt. Die Lernenden beginnen auf Sprachliches aufmerksam zu werden, und über die Auseinandersetzung damit vertieft sich das Interesse am Lernen und führt zu Sprachbewusstheit und Sprachreflexion. Es verschafft Lernenden nicht nur einen Überblick darüber, was sie schon können. Sie werden auch angeregt, sich intensiver mit dem Sprachenlernen zu beschäftigen und ihre Sprachreflexionen festzuhalten.

Kulturalisierung: Gefahr, die Ursache von Missverständnissen und Konflikten (ausschließlich) an der Kultur festzumachen oder sich hinter der Kultur zu verstecken; sowohl einheimische als auch ausländische MitbürgerInnen können davon betroffen sein.

Perspektivenwechsel: Darunter versteht man die Fähigkeit, (soziokulturelle) Phänomene nicht ausschließlich durch die Brille der eigenen (soziokulturellen) Gewohnheiten wahrzunehmen, sondern sich durch Empathie in das andere, Fremde einzufühlen und dadurch eine neue Perspektive einnehmen zu können.

Redemittel: Redemittel sind Standardsätze, die man nützt, um eine kommunikative Handlung auszuführen. Redemittel um z.B. auszudrücken, dass man einer Meinung ist, sind: „Das finde ich auch", „Da sind wir uns einig", „Ich bin derselben Meinung" etc.

7 Literatur

Auernheimer, Georg (2003): Einführung in die Interkulturelle Pädagogik. Darmstadt

Badstübner-Kizik, Camilla; Radziszewska, Krystyna (1998): Österreichische, deutsche und polnische Identitäten. In: Fremdsprache Deutsch, Heft 18: „Landeskundliches Lernen", 1/1998, S. 13–17.

Barkowski, Hans (1992): „Setz dich zu mir, mein Kamel" – Interkulturelles Lernen und Lehren und der Erwerb des Deutschen als Zweitsprache. In: Deutsch lernen 2/1992, S. 144–166.

Barkowski, Hans; Harnisch, Ulrike; Kumm, Sigrid (1986): Handbuch für den Deutschunterricht mit Arbeitsmigranten. Lernen mit Ausländern, Erfahrungen und Konzepte. Mainz: Verlag Manfred Werkmeister.

Bausch, Karl-Richard; Christ, Herbert; Krumm, Hans-Jürgen (Hrsg.) (2003^4): Handbuch Fremdsprachenunterricht. Tübingen/Basel: A. Francke Verlag.

Beratungsstelle für anerkannte Flüchtlinge AN LAC (1996). Vertrauenssache. Bern: Beratungsstelle für anerkannte Flüchtlinge

Borgnini, Mariapia; Crivelli, Giosanna (2003): Fotosprache: Eine didaktische Erfahrung mit ausländischen Jugendlichen. Bellinzona: Casagrande.

Bundesamt für Migration und Flüchtlinge (2005): Konzept für einen bundesweiten Integrationskurs. *http://www.bamf.de* (28.02.2006).

Bundesamt für Migration und Flüchtlinge (2006): Konzeption für die Zusatzqualifizierung von Lehrkräften Deutsch als Zweitsprache. *http://www.bamf.de* (28.02.2006).

Deutscher Bildungsserver (2006): Interkulturelle Kompetenz. *http://www.bildungsserver.de/zeigen. html? seite=3477* (21.11.2006).

DGB-Bildungswerk Thüringen e.V. (Hrsg.) (2004): Baustein zur nicht-rassistischen Bildungsarbeit. Erfurt. *http://baustein.new-bbs.info/index.php* (10.07.2006).

Eriksson, Brigit (1995): Der Einfluss der Erstsprache beim Zweitspracherwerb. In: Babylonia 2/1995, S. 16–20.

Eriksson, Brigit (1999): Welche Rolle spielt die Sprachkompetenz in der Erstsprache beim Lernen einer Zweitsprache? In: slz 7/1999, S. 11–13.

Fachhochschule Köln (2001): Forschungsschwerpunkt Interkulturelle Kompetenz. *http://www.interkulturelle-kompetenz.de/* (21.11.2006).

Grünhage-Monette, Matilde; Pohl, Uwe (1997): Von Verstehen zu Verständnis. Interkulturelles Lernen im Fremdsprachenunterricht. In: Deutsch lernen 1/1997, S. 4–23.

Günthner, Susanne (1988): Fremdkulturelle Begegnungen im Umfeld Deutsch als Fremdsprache: Erfahrungen aus der Volksrepublik China. In: Zielsprache Deutsch 4/1988. Ismaning: Hueber. S. 3–10.

Hall, Edward (1990^3): The Silent Language. New York: Anchor Books.

Hansen, Margarete; Zuber, Barbara (1996): Zwischen den Kulturen. München: Langenscheidt.

Heftreihe: Miteinander leben in Europa. Lese- und Arbeitshefte zur deutschen Landeskunde. Heft 6: Mit Unterschieden leben – Mehrheiten und Minderheiten (2000). Hamburg: edition Körber-Stiftung.

Hobsbawm, Eric (1992): Nationen und Nationalismus. Mythos und Realität seit 1780. Frankfurt/New York: Campus.

Hofstede, G.H. (1997): Lokales Denken, globales Handeln: Kulturen, Zusammenarbeit und Management. München: Beck.

Hueber Verlag (2000): Drei Aktivitäten, die interkulturelles Lernen fördern. *http://www.hueber.de/sixcms/media.php/36/Interkultur.pdf* (10.07.2006).

Huth, Manfred (o.J.): Umsonstmaterialien für den DaF- und DaZ-Unterricht. *http://www.manfred-huth.de/fbr/umsonst.html* (10.07.2006).

Institut für deutsche Sprache, Literatur und Literaturkritik der Universität Innsbruck (1999–2003): DACHL. Landeskundliche Vielfalt im zeitgenössischen Deutschunterricht-Konzept. *http://www.dachl.net/* (10.07.2006).

Kälin, Walter (2000): Grundrechte im Kulturkonflikt. Freiheit und Gleichheit in der Einwanderungsgesellschaft. Zürich: NZZ Verlag.

Kleppin, Karin (2005): FSU vor neuen Aufgaben: Interkulturelle Kompetenz. Bonn: Schulen ans Netz e.V. *http://www.lehrer-online.de/dyn/9.asp?url=478781.htm* (10.07.2006).

Krumm, Hans-Jürgen (1998): Landeskunde Deutschland, D-A-CH- oder Europa? Über den Umgang mit Verschiedenheit im DaF-Unterricht. In: Informationen Deutsch als Fremdsprache, Heft 5/Oktober 1998, S. 523–544.

Kwiet, Konrad (1988): Nach dem Pogrom: Stufen der Ausgrenzung. In: Benz, Wolfgang (Hrsg.): Die Juden in Deutschland 1933–1945. München: C. H. Beck.

Landeszentrale für politische Bildung Thüringen (o.J.): Interkulturelle Kompetenz online. *http://www.ikkompetenz.thueringen.de/* (21.11.2006).

Lefringhausen, Klaus (Hrsg.); Plassmann, Thomas (Zeichn.) (2005): Integration mit aufrechtem Gang. Wege zum interkulturellen Dialog. Wuppertal: Peter Hammer Verlag.

Levine, Robert (2002): Eine Landkarte der Zeit. Wie Kulturen mit Zeit umgehen. München: Pieper Verlag.

Levy, Jacob T. (1997): Classifying Cultural Rights. In: Shapiro, I. and Kymlicka, W. (Hrsg.): Ethnicity and Group Rights. New York/London: New York University Press.

media-net-works (o.J.): Project „Intercultural ICT-mediated Communication competencies as a key to enable participation in a network society". *http://www.media-net-works.de/* (10.07.2006).

Müller, Romano (1992): Über die Zweisprachigkeit von Kindern. In: Furrer/Müller, S. 45–70.

Nandy, Ashis (1990): Dialog und Diaspora, Third Text 11, 1990, S. 102, zit. nach Iain Chambers: Migration Kultur Identität. Tübingen: Stauffenburg, S. 35.

Nertinger, Eva M. (2002) Interkulturelle Kommunikation im Fremdsprachenunterricht (Auszug). *http://www.hueber.de/sixcms/media.php/36/interkultur2.pdf* (10.07.2006).

Pascal, Blaise (1670): Über die Religion und einige andere Themen (Pensées). Ditzingen: Reclam 1997.

Payer, Margarete (2000a): Internationale Kommunikationskulturen. 0. Übersicht. *http://www.payer.de/kommkulturen/kultur00.htm* (10.07.2006).

Payer, Margarete (2000b): Internationale Kommunikationskulturen. 2. Kultur und Kommunikation. *http://www.payer.de/kommkulturen/kultur02.htm* (10.07.2006).

Payer, Margarete (2001): Internationale Kommunikationskulturen. 6. Kulturelle Faktoren: Lehr- und Lernstile. *http://www.payer.de/kommkulturen/kultur06.htm* (10.07.2006).

Piepho, Hans-Eberhard; Häussermann, Ulrich (1996): Aufgaben-Handbuch Deutsch als Fremdsprache. Abriss einer Aufgaben- und Übungstypologie. München: iudicium.

Rinvolucri, Mario; Davis, Paul (1999): 66 Grammatik-Spiele. Stuttgart: Ernst Klett Verlag.

Sauer, Joachim; Scholten, Alfons; Zaunseder, Bernhard W. (2004): Global Games. 70 Spiele und Übungen für Interkulturelle Begegnungen. Freiburg: Herder.

Schader, Basil (2000): Sprachenvielfalt als Chance. Zürich: Orell-Füssli.

Sercu, Lies (2002): Autonomous Learning and the Acquisition of Intercultural Communicative Competence: Some Implications for Course Development. In: LANGUAGE, CULTURE AND CURRICULUM Vol. 15, No. 1, 2002. *http://www.multilingual-matters.net/lcc/015/0061/lcc0150061.pdf* (21.11.2006).

Singh, Rayvinder (2001): Kultur ist: Selbstkultur. In: Deutsch als Zweitsprache, Heft 0/2001, S. 8–12.

Sutter, Alex (2002): Vom gruppenbezogenen zum offenen Kulturkonzept. *http://www.transkultur.ch* (10.07.2006).

Szablewski-Çavuş, Petra (1996): „Ich habe da ganz andere Erfahrungen..." Perspektivenwechsel, Gesprächsstile und vorgefasste Meinungen im Unterricht Deutsch als Zweitsprache. *http://www.daz-didaktik.de/Szablewski_InterkulturellesLernen.pdf* (10.07.2006), S. 1–11.

Szablewski-Çavuş, Petra (2000) Versuch einer Annäherung: Interkulturelle Kommunikation. *http://www.daz-didaktik.de/Szablewski_Volksmarchen.pdf* (21.11.2006).

Thissen, Frank (2006): Interkulturelles Lernen. *http://www.frank-thissen.de/de/lernen.htm* (10.07.2006).

Trompenaars, Fons; Hampden-Turner, Charles (1998): Riding the waves of culture: understanding cultural diversity in global busines. New York: McGraw-Hill.

Uzarewicz, Charlotte (2003): Kultur und Bildung – Lernen in einer transkulturellen Welt. Bonn: Deutsches Institut für Erwachsenenbildung. *http://www.die-bonn.de/esprid/dokumente/doc-2003/uzarewicz03_01.pdf* (21.11.2006).

Zeuner, Ulrich (2006): Interkulturelle Bewusstheit. Ein E-Mail-Projekt zum interkulturellen Lernen. *http://www.tu-dresden.de/sulifg/daf/iklerfra.htm* (10.10.2006).

Susan Kaufmann

Analyse von DaZ-Unterricht

1 Einstieg

Lernziele

In diesem Studienbrief lernen Sie

- Lernziele zu bestimmen,
- Unterrichtsphasen zu erkennen,
- Übungsformen einzuordnen,
- Progressionen zu beurteilen,
- die Wirkung von Sozialformen zu beurteilen sowie
- die Wirkung von Medieneinsatz zu beurteilen.

Stellen Sie sich vor, Sie besuchen eine Vorstellung im Theater: Sie setzen sich auf Ihren Platz. Menschen um Sie herum nehmen ebenfalls ihre Plätze ein; es wird dunkel und der Vorhang hebt sich. Das Stück hat verschiedene Akte, zwischen denen der Vorhang fällt; es gibt eine längere Pause und schließlich den Schlussapplaus.
Eine ganz ähnliche Dramaturgie hat auch die Unterrichtsstunde. Und – ähnlich wie beim Theater – gibt es unterschiedliche Modelle für diese Dramaturgie; jedes spiegelt bestimmte Vorstellungen über Sprache und Lernen und so eine bestimmte Herangehensweise wider, für die es ein Für und Wider gibt.

Hier sollen Sie die verschiedenen grundlegenden Aspekte des DaZ-Unterrichts – die Sie im Studienbrief „Planen, Vorbereiten und Erteilen von DaZ-Unterricht" für die systematische Planung Ihrer Unterrichtstunde nutzen werden – zunächst einmal genauer analysieren (vgl. Bimmel/Kast/Neuner, 2003, S. 29f.).

2 Lernziele und Lerninhalte

In diesem Kapitel geht es um die Unterscheidung zwischen → Lernziel und → Lerninhalt, übergeordnetem Lernziel und Teillernzielen.

Definition

Lernziele formulieren die Kenntnisse, Fähigkeiten und Fertigkeiten oder in anderen Worten die angestrebten Qualifikationen, die die Lernenden durch den Unterricht erreichen sollen. Bei der Formulierung von Lernzielen wird gefragt, was die Lernenden am Ende der Unterrichtseinheit neu bzw. anders können/ wissen/ denken sollen als zuvor. Die Antwort – und damit das Lernziel – könnte dann z.B. lauten: Sie sollen ein kurzes Kontaktgespräch führen können.

Lernziele sind aber nicht als reine Absichtserklärungen zu verstehen, denn in ihnen ist ein beobachtbares Verhalten der Lernenden vorüberlegt: Woran, an welchem Verhalten, kann ich sicher erkennen, dass Lernende das angestrebte Lernziel auch erreicht haben? In unserem Beispiel daran, dass die/der Lernende wirklich ein kurzes Kontaktgespräch führen kann.

Sie werden im Studienbrief „Methodische Ansätze" noch sehen, dass sich die Vorstellungen von den Zielen des Deutschunterrichts im Laufe der Jahre stark verändert haben. Heute steht bei der Formulierung von Lernzielen nicht mehr der Lernstoff und die Lerninhalte im Vordergrund; vielmehr bezieht der Begriff Lernziel das Lernverhalten und die Lernprozesse mit ein (vgl. Krumm, 2003, S. 116ff.).

Der Gemeinsame Europäische Referenzrahmen, an dem sich die modernen Lehrwerke orientieren, formuliert Niveaus mit Kannbeschreibungen (sog. can do-Formulierungen). Ursprünglich nur zur Niveaubeschreibung gedacht, fungieren diese Beschreibungen nun als Lernziele, wie in dem folgenden Beispiel:

Die Lernenden können
- in Briefen, Broschüren und Anzeigentexten für sie wichtige Informationen auffinden und verstehen,
- beim flüchtigen Lesen von kurzen Texten wichtige Details verstehen.

(Goethe-Institut u.a. , 2005).

Man unterteilt die Lernziele in abstrakte und konkrete, über- und untergeordnete Lernziele und unterscheidet Leitziele (auch Richtziele), Grobziele und Feinziele.

a. Leitziele

In den Leitzielen finden übergeordnete, oft bildungspolitische Zielsetzungen ihren Ausdruck. Aufgrund ihrer allgemeinen, richtungsweisenden Natur sind sie meist sehr abstrakt formuliert und weit interpretierbar.

Frage: Was ist das bildungspolitische Ziel?

Beispiel: Die Lernenden beherrschen die deutsche Sprache in Wort und Schrift.

Aufgabe 1

Bitte formulieren Sie die Leitziele, die aus den nachfolgenden Texten des Bundesinnenministeriums und des Bundesamtes für Migration und Flüchtlinge hervorgehen. ....

....

....

Integration ist ein langfristiger Prozess, der zum Ziel hat, alle Menschen, die dauerhaft und rechtmäßig in Deutschland leben, in die Gesellschaft einzubeziehen. Zuwanderern soll eine umfassende, möglichst gleichberechtigte Teilhabe in allen gesellschaftlichen Bereichen ermöglicht werden. Zuwanderer haben die Pflicht, die deutsche Sprache zu erlernen sowie die Verfassung und die Gesetze zu kennen, zu respektieren und zu befolgen. Gleichzeitig muss den Zuwanderern ein gleichberechtigter Zugang möglichst zu allen gesellschaftlichen Bereichen ermöglicht werden (Bundesministerium des Innern, 2006).

Gute Deutschkenntnisse und Kenntnisse des Rechts- und Gesellschaftssystems sind ein unabdingbares Instrument, dem Ziel der gleichberechtigten Teilhabe und Chancengleichheit näher zu kommen. Gute Sprachkenntnisse steigern die Chancen zur Integration in den Arbeitsmarkt und sind die Grundlage für eine erfolgreiche Bildungskarriere. Der Integrationskurs strebt daher „ausreichende Sprachkenntnisse“ an, wie sie mit dem Niveau B1 – der ersten Stufe der selbstständigen Sprachverwendung – auf der Skala des Gemeinsamen Europäischen Referenzrahmens für Sprachen (GER) beschrieben sind (Bundesamt für Migration und Flüchtlinge, 2005, S. 4).

b. Grobziele

Grobziele sind sozusagen die Hauptlernziele, die aus den Leitzielen abgeleitet wurden. Sie benennen den Schwerpunkt der Zielsetzung einer Unterrichtsreihe oder -stunde, sind weniger abstrakt formuliert und schließen bereits eine größere Reihe von Alternativen aus.
Frage: Was sollen die Teilnehmer in dieser Lektion lernen?
Beispiel: Die Teilnehmenden sollen über Körper, Gesundheit, Krankheit sprechen können.

c. Feinziele

Feinziele präzisieren die übergeordneten Ziele weiter und beziehen sich auf eine bestimmte Unterrichtssequenz. Sie sind am konkretesten formuliert und besitzen den höchsten Präzisionsgrad. Sie erlauben eine Bestimmung des gewünschten Lernerverhaltens und schließen alternative Interpretationen aus.
Frage: Was sollen die Teilnehmer in der Unterrichtseinheit lernen?
Beispiel: Die Teilnehmenden sollen Körperteile benennen können.

Lernziele können auch nach ihrer Zielrichtung unterschieden werden.

- Kognitive Lernziele z.B. beziehen sich auf Wissen und intellektuelle Fertigkeiten,
- affektive Lernziele auf Interessen, Einstellungen und Haltungen,
- psychomotorische Lernziele auf manuelle Fähigkeiten und
- interkulturelle Lernziele auf den Erwerb einer interkulturellen Kompetenz bzw. auf den Umgang mit fremden Kulturen und Menschen anderer Nationalität und Kultur.
- Handlungsorientierte Lernziele verfolgen das erfolgreiche Handeln in Kommunikationssituationen (vgl. *http://de.wikipedia.org/wiki/Lernziel*, 03.04.2006).

Aufgabe 2

Überlegen Sie, welche dieser Lernziele im Deutsch als Zweitsprache-Unterricht eine Rolle spielen mögen. Schließen Sie auch Alphabetisierungskurse in der Zweitsprache Deutsch und → Orientierungskurse in Ihre Überlegungen mit ein.

Lernziele von Zweitsprachenlernern sind nicht primär grammatische – auch wenn die Lernenden häufig den Wunsch äußern, „richtig“, d.h. grammatisch korrekt Deutsch sprechen zu können. Hauptlernziel ist die sprachliche Handlungsfähigkeit in der deutschen Gesellschaft, und damit stehen Fragen der Sprachverwendung im Vordergrund des Interesses: „Wann sagt man was wie zu wem?“ (Barkowski/Harnisch/Kumm, 1986, S. 52). Als Feinlernziele folgen daraus Redeabsichten, für deren Verwirklichung dann bestimmte sprachliche Mittel: Wortschatz, Formen/Strukturen, Intonation etc. nötig sind.

2.1 Lerninhalte und Lernaktivitäten

Nun geht es im Unterricht um die Frage, wie die Lernziele erreicht werden können:
Welche → Lerninhalte sind ausgewählt, d.h. was müssen die Teilnehmenden lernen (z.B. Inhalte, Strukturen, Redemittel, Wortschatz), um das jeweilige Lernziel/die Lernziele der Unterrichtseinheit erreichen zu können?
Welche → Lernaktivitäten sind ausgewählt, d.h., was müssen die Teilnehmenden tun (z.B. Fragen beantworten, einen Text lesen, diskutieren), um das jeweilige Lernziel/die Lernziele der Unterrichtseinheit erreichen zu können?

Tabelle 1: Beispiel

Lernziel: Was sollen die TN als Teillernziele auf dem Weg zum Gesamtlernziel lernen? Was ist das Lernziel der jeweiligen Unterrichtsphase?	**Lerninhalte: Was müssen die Lernenden lernen, um dieses Lernziel zu erreichen (z.B. Strukturen, Redemittel, Wortschatz)?**	**Lernaktivitäten: Was machen die TN, um dieses Lernziel zu erreichen?**
Die TN können höfliche Ratschläge geben.	Strukturen: Modalverben im Konjunktiv II (du solltest, du könntest) Landeskundliches Wissen: Wer kann wem in welcher Situation wie einen Ratschlag erteilen? Was ist (un)höflich?	1. Die TN hören Dialoge, in denen Ratschläge erteilt werden. 2. Sie sammeln Probleme zum Thema (z.B. Gesundheit) und schreiben sie auf Kärtchen (z.B. „Ich bin oft erkältet"). Die Kärtchen werden gemischt. Die TN ziehen Karten und geben Ratschläge.

Sie sehen, dass das für die Integration Wichtige im Zentrum steht: Wer kann/darf wem und unter welchen Umständen Ratschläge erteilen? Wie erteilt man Ratschläge „nach unten" (an Kinder, Auszubildende ...), wie erteilt man Ratschläge auf Augenhöhe (an Freunde, Kollegen ...), wie an Vorgesetzte? Wo sind die Grenzen zu Bitten, Befehlen? Wie erkennt man, dass etwas ein Ratschlag ist, wie nachdrücklich darf ein Ratschlag sein? Das lässt sich durchaus thematisieren – nicht alles auf einmal, sondern gezielt am Beispiel in der Kurssituation.

Bitte überlegen Sie sich nun zu einem Lernziel Ihrer Wahl Lerninhalte und Lernaktivitäten. **Aufgabe 3**

2.2 Individuelle Lernziele

Der Begriff „Lernziel" bezeichnet häufig sowohl die Ziele der Lernenden als auch die der Lehrenden: die für das eigene Lernen gewählten *Lernziele* genauso wie die *Lehrziele,* die für das Lernen anderer gewählt sind. Auch hier wurde bisher der Begriff „Lernziel" benutzt, als sei zwischen dem, was die Lehrenden, und dem, was die Lernenden wollen, kein Unterschied. Jedoch verfolgen Lehrende und Lernende im Fremdsprachenunterricht keineswegs automatisch die gleichen Ziele (vgl. Krumm, 2003[4], S. 116). „‚Lehrziele' sollen die TeilnehmerInnen, Lernziele wollen sie erreichen" (Alsheimer/Müller/Papenkort, 1996, S. 43).

Richard Göbel nennt als möglichen Grund für die begriffliche Unklarheit die Verschleierung eines Dissenses zwischen Unterrichtsinstitution, Lehrenden und Lernenden. Er fragt, ob gar die feste Vorstellung zu vermuten sei, zugewanderte Lernende könnten mangels Wissen gar nicht über Lernziele entscheiden (vgl. Göbel, 1981, S 38). Hans-Jürgen Krumm dagegen sieht für diese begriffliche Angleichung in der fremdsprachendidaktischen Diskussion den Ausdruck einer Tendenz der Curriculumentwicklung, das Lernen möglichst eng an den Bedürfnissen der Lernenden und dem Bedarf der Gesellschaft an Fremdsprachenkenntnissen zu orientieren (Krumm, 2003[4], S. 116). Welche Begründung im Fall des DaZ-Unterrichts auch zutrifft: wichtig ist, dass Sie sich immer wieder bewusst machen, dass Ihre Lehrziele nicht unbedingt die Ziele der Lernenden sein müssen, denn diese werden – bewusst oder unbewusst – von den Lernenden selbst gesetzt.

Aufgabe 4

Was könnten Ziele der Lernenden sein, was Ziele der Lehrenden? Machen Sie sich Notizen und tauschen Sie sich in Ihrer Lerngruppe aus.

Sie selbst entscheiden, wie Sie mit dem Zwiespalt zwischen Zielorientierung und Teilnehmerorientierung, der zwangsläufig mit einem auf Prüfungen ausgerichteten Unterricht einhergeht, umgehen. Ich empfehle Ihnen, Ihre Lehrziele als Vorschläge zu verstehen, die Sie den Teilnehmenden gegenüber mindestens in Grundzügen offen legen und begründen – und an denen Sie am besten und soweit es geht – die Lernenden selbst beteiligen sollten. Laden Sie die Lernenden so oft es geht dazu ein, Bezug zur eigenen Lebenswelt herzustellen und ihre Lernziele im Hinblick auf die kommunikativen Anforderungen der Lebenslagen, in denen sie sich als ZweitsprachenlernerInnen befinden, zu artikulieren. Wenn Sie zu sehr auf Ihre Lehrziele pochen und die Lernenden nicht verstehen, dass und welche Ziele verfolgt werden, besteht die Gefahr, dass die Lernenden nur einüben, was die Lehrziele vorgeben. Die erfolgreich bestandene Prüfung, Ihre Anerkennung o.Ä. tritt in den Vordergrund, das Beherrschen der deutschen Sprache stellt dann ein zweitrangiges Motiv für das Lernen dar (vgl. http://www.e-teaching.org/didaktik/konzeption/lehrziele/, 20.03.2006).

> „Mechanisches Auswendiglernen von Lerninhalten oder Einüben grammatischer Lernpensen, deren Sinnhaftigkeit nicht vermittelt und akzeptiert wird, führt lediglich dazu, dass der Lerner im Unterricht ‚funktioniert' und kleinteilig und formal ausgerichtete Übungen bearbeiten bzw. lineare Aufgaben im Unterricht lösen kann. Auf die Anforderungen komplexer Aufgaben oder die Anwendung der neu erworbenen Sprachkenntnisse außerhalb des Unterrichts jedoch wird er dadurch nicht vorbereitet" (Bundesamt für Migration und Flüchtlinge, 2005a, S. 11).

Im Kapitel „Für Ihren Unterricht" auf S. 119 finden Sie eine Aktivität, anhand derer die Lernenden ihre eigenen Lernziele formulieren können.

Und was ist eigentlich mit Ihren eigenen Zielen als KursleiterIn? Sind Sie lediglich Vermittlerin zwischen vorgegebenen Lernzielen und Teilnehmerinteressen? Sicherlich nicht. Persönliche Ziele sind wesentlich für Ihre Weiterentwicklung als Lehrende/r – und Ihre Freude an der Arbeit. Bitte schreiben Sie einige Ziele auf, die Sie im Unterricht – evtl. über einige Stunden hinweg – verfolgen wollen. Das können Ziele sein wie, dass Sie mehr Aufmerksamkeit auf die Stillen in der Gruppe lenken wollen, Aktivitäten zur sinnvollen Nutzung der Muttersprachen in Ihrem Unterricht ausprobieren, Ihr Tafelbild verbessern wollen etc.

> Man kann sagen, dass die bedeutendste pädagogische Innovation die LehrerInnen sind – mit ihrem pädagogischen Denken und ihren persönlichen Qualitäten.
> (Viljo Kohonen)

3 Unterrichtsphasen

In diesem Kapitel geht es um die Unterscheidung von Lehr- bzw. Lernphasen und ihrer Funktionen, die für die einzelnen Schritte und Phasen typischen Übungsformen und Aufgabenstellungen sowie die gängigen Abfolgen der Lern- bzw. Lehrschritte und -phasen im Unterricht.

Die → Phasen einer Unterrichtseinheit strukturieren deren Ablauf. Es gibt unterschiedliche Modelle mit unterschiedlich kleinschrittiger Strukturierung. Ein mögliches Modell ist z.B. das TTT-Modell (test, teach, test = Testen, Lehren, Testen, vgl. Woodward, 2001, S. 123):

1. Sie finden heraus, was die Lernenden in einem bestimmten Bereich können.
2. Sie unterrichten etwas, was die Lernenden offenbar noch nicht können.
3. Sie überprüfen, ob die Lernenden das Neue tatsächlich gelernt haben.

Sie sehen, dass dieses Modell ein sehr allgemeines ist. Es macht keine Aussagen darüber, ob der Lerngegenstand ein sprachlicher ist, ob es einen Einstieg gibt, der die Lernenden motiviert, an welcher Stelle im Unterrichtsverlauf sich welche Aufgabenstellung, welche Übungsform anbietet, ob die Lernenden in der Zielsprache kommunizieren lernen etc. Der Eindruck entsteht, dass hier die Lehrkraft mit ihren „Lehrzielen" eine zentrale Rolle einnimmt und diesen Ansatz wählt, um den Lernenden die Relevanz dessen zu zeigen, was sie lernen sollen.

Ein anderes Modell ist das PPP-Modell (presentation, practice, production – Präsentieren, Praktizieren, Produzieren). Dieses Modell hat die folgenden drei Phasen:

1. Sie präsentieren den Lernenden bestimmte sprachliche Muster oder Regeln.
2. Sie geben den Lernenden die Möglichkeit, diese Muster kontrolliert zu üben.
3. Sie lassen die Lernenden das Gelernte produzieren, d.h., Sie geben die Möglichkeit, die neue Sprache frei anzuwenden.

Bei diesem Modell gibt es zunächst einen Lehrerinput: hier kann die Lehrkraft z.B. einen Text mit neuer Sprache einführen oder auf andere Weisen einen situativen Kontext schaffen, in dem sie beispielhafte sprachliche Äußerungen vorstellt. Es gibt bei diesem Modell weiterhin unterschiedliche Übungsphasen, die logisch aufeinander folgen: eine stark gelenkte Übungsphase und eine freie Anwendungsphase.

Im Folgenden soll ein Modell vorgestellt werden, das für → induktives, selbstentdeckendes Lernen entwickelt wurde, bei dem also keine sprachlichen Regeln präsentiert werden, sondern die Lernenden selbst in vorgegebenen Sprachbeispielen Strukturen entdecken bzw. aus diesen herausfiltern. Die Strukturen werden verallgemeinert und bilden den Inhalt neuer Regeln.

Sehen Sie sich aber zunächst bitte folgenden Unterrichtsverlauf an.

1. Die KL lässt zu Beginn der Stunde romantische Musik laufen und bittet die TN, sich Fotos von Frauen und Männern anzuschauen und sich darüber auszutauschen, welche Frau, welchen Mann sie sympathisch finden und warum. Wer passt zu wem? Warum?

2. Die TN lesen daraufhin Kontaktanzeigen aus einer Zeitung. Die KL ermuntert sie, die Bedeutung unbekannter Wörter aus dem Kontext abzuleiten und ggf. das Wörterbuch zu Hilfe zu nehmen. Danach hören die TN einen Hörtext dazu und machen sich Notizen zu den Personen: Alter, Beruf, Familienstand, Interessen, Wünsche an den Partner.
3. Die KL klärt Unklarheiten und räumt eventuelle Missverständnisse aus.
4. Die TN lesen die Kontaktanzeigen noch einmal und ergänzen vorgegebene Sätze:
   Du *interessierst* *dich* für Kultur.
   Melde _______ einfach mal.
   Ich __________ _________ auf deine Post.
5. Die TN formulieren die Regel zum Gebrauch der Reflexivpronomen.
6. Die TN ergänzen nun anhand vorgegebener Ausdrücke die Reflexivpronomen in einer Lückenübung.

   Anschließend üben sie die Reflexivpronomen mit einem Ball und fragen eine/n andere/n TN: „Interessierst du dich für ...?" „Nein, ich interessiere mich für ..." usw.
7. Schließlich schreiben die TN selbst Kontaktanzeigen für ihren Nachbarn/ihre Nachbarin im Kurs.
8. Als Hausaufgabe erhalten die TN die Aufgabe, sich im Kursbuch oder Arbeitsbuch eine Kontaktanzeige auszuwählen, die Ihnen gefällt, und einen Antwortbrief zu schreiben (vgl. *Tangram 2A*, 1999, S. 41–44).

Aufgabe 5

Bitte geben Sie den → Phasen des oben dargestellten Unterrichts Bezeichnungen bzw. erläutern Sie sie.

Tabelle 3:

Phase	**Erläuterung**
1.	
2.	
3.	
4.	
5.	
6.	
7.	
8.	

Im Folgenden soll ein Ansatz vorgestellt werden, der relativ kleinschrittige Phaseneinteilung favorisiert (nach Zimmermann, 1977, vgl. Grieshaber unter *http://spzwww.uni-muenster.de/ ~griesha/fsu/mtd/lehrphasen.html*, 04.04.2006). Jede einzelne Phase hat ihre typischen Übungsformen und Aufgabenstellungen, jedoch kommen nur selten in einer Unterrichtsstunde alle Phasen vor (vgl. Bimmel/Kast/Neuner, 2003, S. 56–105).

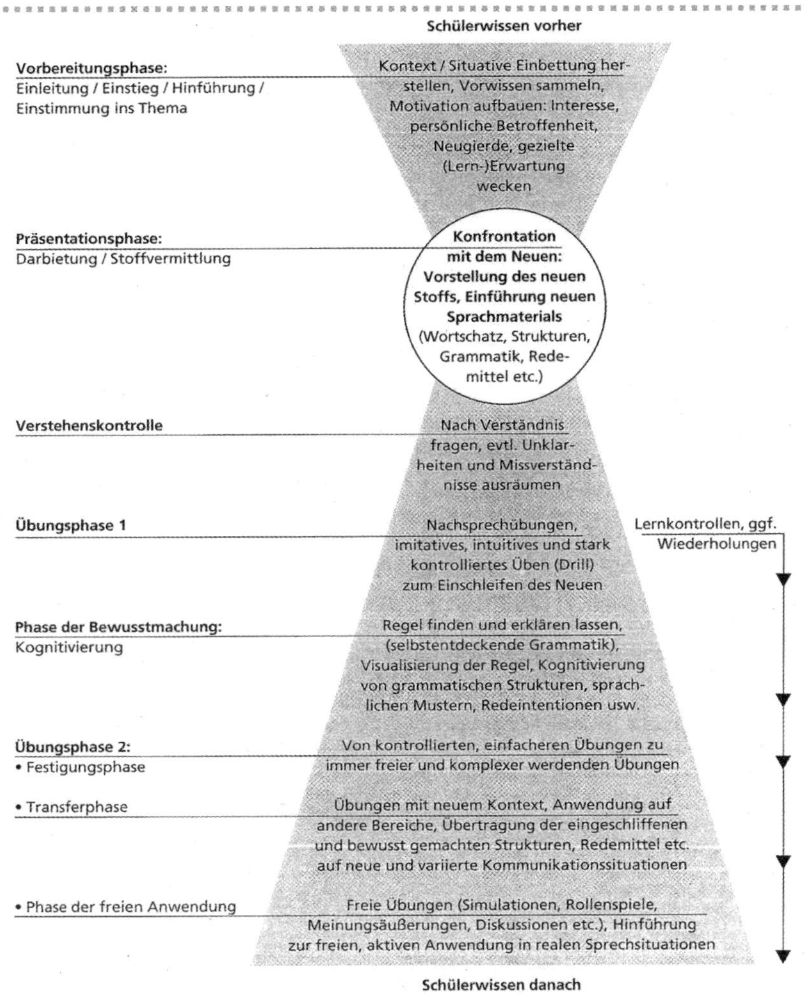

Abb. 1: Ziebell, 1998, S. 49

Aufgabe 6

In welcher Phase wären Ihrer Meinung nach die folgenden Übungen aus unterschiedlichen aktuellen Lehrwerken angebracht? Bitte ordnen Sie sie zu.

Tabelle 4:

Phase	**Übung Nr.**	**kleine Begründung**
Vorbereitungsphase		
Präsentationsphase		
Übungsphase 1		
Phase der Bewusstmachung		
Festigungsphase		
Transferphase		
Phase der freien Anwendung		

1

8 Üben Sie die Konjugation im Kurs.

⊙ *Ich muss arbeiten.*	⊙ *Ich soll springen.*	⊙ *Ich will singen.*	⊙ *Ich darf nicht telefonieren.*
◆ *Du musst schwimmen.*	◆ *Du sollst ...*	◆ *Du willst ...*	◆ *Du darfst nicht ...*
□ *Er muss ...*	...	...	...

Abb. 2: *Lagune*, Kursbuch 1, S. 83

2

Schauen Sie das Bild an. Kennen Sie die Situation?

Abb. 3: *eurolingua Deutsch 1*, S. 90

3

C4 Schreiben Sie ein „Elfchen“-Gedicht und lesen Sie es dann vor. Welches Gedicht im Kurs gefällt Ihnen am besten?

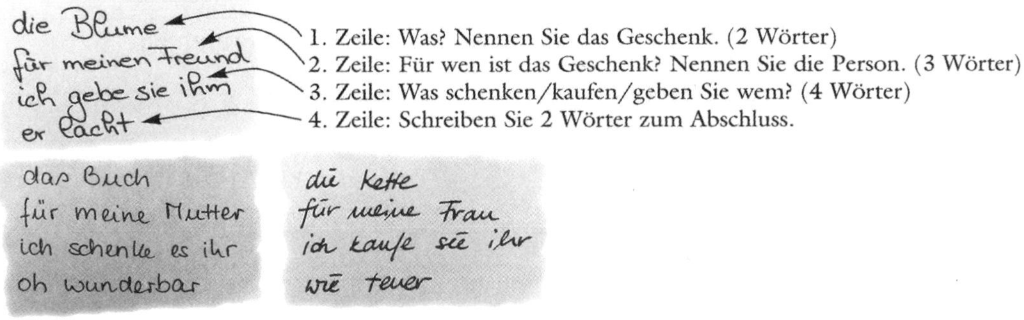

Abb. 4: *Schritte 3*, S. 60

4

4. „zum" oder „zur"

a. ***Finden Sie die Regel:***
zur bei ______________________________
zum bei ______________________________

Einheits-Grußkarte
Herzliche Glückwünsche

- zum Namenstag
- zum Geburtstag
- zum bestandenen Examen
- zum Führerschein
- zum …-jährigen Jubiläum
- zum Baby
- zum Muttertag
- zum Vatertag
- zur Verlobung
- zur Hochzeit
- zur Silberhochzeit
- zur goldenen Hochzeit
- zur bestandenen Prüfung

Zutreffendes bitte ankreuzen

Abb. 5: *Dimensionen. Lernstationen 1*, S. 124

5

4 Vereinbaren Sie telefonisch einen Termin und spielen Sie den Dialog vor.

beim Arzt – beim Arbeitsamt – für eine Wohnungsbesichtigung

Abb. 6: *Pluspunkt 1b*, S. 30

6

13. Variieren Sie die Gespräche. Sie können die folgenden Ausdrücke verwenden:

Hast du schon …?	Das habe ich	schon …
Bist du schon …?	Ich habe	noch nicht …
	Ich bin	gestern …
Kannst du bitte …?		heute Morgen …
Kannst du nicht …?		vorhin …
		gerade …

Ich muss noch …	Das brauchst du nicht.
Du musst noch …	Das brauchen wir nicht.
Wir müssen noch …	Das können wir ja auch …

die Fahrräder in die Garage stellen
das Licht ausmachen
den Strom / das Gas abstellen
die Fenster zumachen
die Koffer packen
die Mäntel einpacken
das Auto sauber machen
die Wohnung putzen
zum Blumenladen gehen
die Kinder ins Bett bringen
das Mittagessen machen
Geld von der Bank holen
zur Post fahren

Abb. 7: *Delfin*, S. 65

7 Ein Hotel in Salzburg

Genießen Sie Ihren Aufenthalt in der Mozartstadt in einem typischen Salzburger Altstadthaus aus dem 15. Jahrhundert.
Zentral, nur wenige Gehminuten von den meisten Sehenswürdigkeiten und Festspielhäusern entfernt in der Fußgängerzone gelegen, ist das Hotel Amadeus der ideale Ausgangspunkt für Ihren Salzburg-Aufenthalt.

Der Tag beginnt mit einem reichhaltigen Frühstücksbuffet im Frühstücksraum – natürlich all inclusive!
Sie wohnen in gemütlich eingerichteten Zimmern mit Fernseher, Telefon und Dusche oder Bad/WC.
Günstige Parkgarage ums Eck.

Zimmerpreise:		**Hochsaison**
Einzelzimmer:	*53 €*	*68 €*
Doppelzimmer:	*87 €*	*130 €*
Dreibettzimmer:	*109 €*	*145 €*
Appartement:	*130 €*	*174 €*

Hotel Amadeus, Linzer Gasse 43-45, 5020 Salzburg, Österreich
www.hotelamadeus.at, Tel. +43-662-87 14 01, Fax 87 14 017
E-Mail salzburg@hotelamadeus.at

Abb. 8: *Passwort Deutsch 2*, S. 8

4 Übungsformen

In diesem Kapitel lernen Sie Klassifizierungskriterien von Übungen und deren Anwendungsbereiche kennen, informieren sich über den Unterschied zwischen Übung und Aufgabe und erfahren etwas über die Funktion gängiger Übungsformen bzw. Aufgabenstellungen. (Dem Thema „Übungstypologien, Arbeitsanweisungen und Sozialformen im DaZ-Unterricht" ist ein eigener Studienbrief gewidmet.)

Wilhelm Grießhaber listet die folgende Klassifizierungsmöglichkeit für Übungen auf (nach Segermann, 1994):

FSU: Kennzeichen Übungen (Segermann 1994)

1. Ort, an dem sie stattfinden:
Unterrichtsraum (alle Lernenden im Klassenverband zusammen)
Sprachlabor (spezielle Medien)
zu Hause (Lernende auf sich allein angewiesen)

2. Medium/Kanal, über den die sprachlichen Äußerungen realisiert werden
mündlich -> akustisch
mündlich-schriftlich: Informationsaufnahme mündlich,
Informationsabgabe
schriftlich-mündlich
schriftlich

3. Sozialform
im Klassenverband, Beteiligung aller Lernenden
Gruppenarbeit (Interaktion mehr als drei Lernende)
Partnerarbeit zwischen zwei Lernenden
Einzelarbeit

4. Hilfsmittel, die für den Übungsablauf benötigt/herangezogen werden
am Unterricht beteiligte Personen
Requisiten, d.h. Gegenstände oder Attrappen
Technische Geräte und ihr Zubehör, lehrer-/schülergesteuert
Textmaterial, Bildmaterial, Ton-Bild-Material, Arbeitsmaterial

5. Kontrolltechnik zur Beurteilung richtig/falsch, Erreichung Übungsziel
durch die Lehrenden
durch die Mitschüler
durch den Partner
durch Selbstkontrolle
durch programmiertes Reinforcement

6. Motivationsform
Spielhandlung: Rollenspiel, Wettspiel, Such- oder Ratespiel,
Kreativspiel
Kommunikationshaltung: Wunsch nach Aufnahme, Abgabe von Information
Testhaltung: Überprüfung von Kenntnissen.
(Grieshaber, 2002f.a).

Sie können sich anhand der obigen Liste vorstellen, dass es die unterschiedlichsten Übungen gibt. Im Aufgabenhandbuch von Piepho/Häussermann sind ganze 291 Beispiele aufgeführt. Das Buch soll helfen, so die Autoren, das Auswählen, aber auch das Auffinden von Aufgaben und Übungen leicht und lehrbar zu machen (vgl. Piepho/Häussermann, 1996).

Aufgabe 7

Unten sehen Sie eine kleine Sammlung von Satzanfängen, mit denen Arbeitsanweisungen für Aufgaben und Übungen formuliert sind. Bitte sammeln Sie aus den Ihnen vorliegenden Lehrwerken weitere solcher Formulierungen. ....

....

....

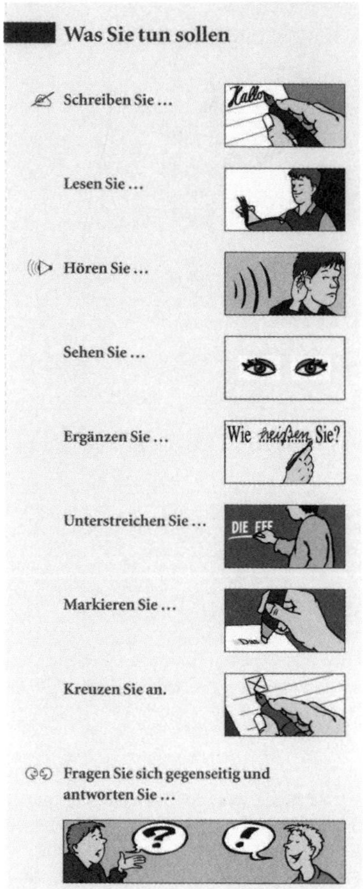

Abb. 9: *Pluspunkt 1a*, Innenteil

Ihnen ist bestimmt aufgefallen, dass die meisten Formulierungen „Schreiben Sie ...“, „Lesen Sie ...“, „Hören Sie ...“, „Sehen Sie ...“ sind. Diese beziehen sich auf das Einüben der sogenannten sprachlichen → Fertigkeiten. Im modernen Fremdsprachenunterricht sollen diese Fertigkeiten mit vielfältigen Aktivitäten und Materialien zielgerichtet gefördert werden.

4.1 Übung und Aufgabe

„Die Grenze zwischen Aufgabe und Übung fließt und kann sehr unterschiedlich definiert werden. Als Übung bezeichnen wir Beispiele von eher bindender, als Aufgaben solche von eher freisetzender Struktur“ schreiben Hans-Eberhard Piepho und Ulrich Häussermann (Piepho/Häussermann, 1996, S. 17), und diese auslegbare Definition soll der folgenden Unterscheidung vorausgeschickt werden.

4.1.1 Übung

„Jeder, der eine Sprache lernt, braucht ständige Übung“, heißt es im Vorwort zu *„mir“ oder „mich“? Übungen zu Formenlehre*, einem Übungsbuch zu Grammatik, Wortschatz und Rechtschreibung aus dem Jahr 1982, aus dem das folgende Beispiel stammt.

14 Was geschieht gerade?

der tropfende Wasserhahn	*Der Wasserhahn tropft.*
die wachsende Bevölkerung	*Die Bevölkerung wächst.*
das auslaufende Schiff	*Das Schiff läuft aus.*
1. das startende Flugzeug	______________________
2. das landende Flugzeug	______________________
3. die steigenden Preise	______________________
4. die blühenden Bäume	______________________
5. die aufgehende Sonne	______________________
6. die sinkende Temperatur	______________________
7. das spielende Kind	______________________
8. die schmerzende Wunde	______________________

Abb. 10: Busse/Westermann, 1982, S. 12

Wie Sie an dem Beispiel sehen, wird bei der Übung ein bestimmtes sprachliches Merkmal isoliert. Die Lernenden sollen nun dieses Merkmal wiederholen, um es zu behalten und schließlich selbst korrekt produzieren zu können.

Natürlich sind „startende Flugzeuge", „spielende Kinder" und „schmerzende Wunden" Phänomene aus dem alltäglichen Lebenszusammenhang, trotzdem sind sie hier willkürlich und allgemein gewählt – sprachliche Träger für die zu lernende Struktur. Ob das Flugzeug landet oder startet, die Kinder spielen oder schlafen, die Wunden schmerzen (und man einem Arzt verdeutlichen muss, dass der Schmerz dumpf ist und pocht) spielt hier keine Rolle.

4.1.2 Aufgabe

Im modernen Fremdsprachenunterricht – und besonders im DaZ-Unterricht – sollen die Lernenden vor allem zur mündlichen Kommunikation mit Sprechern und Sprecherinnen der Zielsprache befähigt werden, das bedeutet, dass das Leben außerhalb des Unterrichtsraums in den Unterricht mit einfließen muss, ebenso wie im Unterricht Gelerntes in der außerunterrichtlichen Kommunikation Anwendung findet und sie motiviert. Hier kommt das aufgabenorientierte Lernen ins Spiel. Eine Aufgabe im Unterricht will normale alltägliche kommunikative Handlungen (z.B. einen Termin vereinbaren, dem Arzt ein Problem beschreiben etc.) spiegeln und ist weniger auf das Einüben bestimmter Strukturen ausgerichtet.

Christina Kuhn erläutert das aufgabenorientierte Lernen am Beispiel des Lehrwerks *studio d*:

> „So sollen z. B. die Lernenden in Einheit 3, S. 45, Aufgabe 5, eigene Fotos oder Postkarten von Städten, Bauwerken o. Ä. mitbringen und sich gegenseitig danach fragen (Was ist das? Wo ist das? In welchem Land ist das? Das ist ... Das ist in ...). In Einheit 4, S. 63, wird geübt, wie eine Wohnung beschrieben und kommentiert wird (S. 63, Aufgabe 4), um dann am Ende der Einheit (S. 67, Aufgabe 2) unterschiedliche Wohnformen, die die Lernenden kennen, zu vergleichen und zu kommentieren.
>
> In beiden Aufgabenbeispielen handeln die Lernenden mit für sie bedeutungsvollen Inhalten. Dabei können sie echtes Interesse an den Mitlernenden zeigen und Informationen etwa über ihre Heimatländer oder ihre Erfahrungen im deutschsprachigen Raum in einer realen Kommunikationssituation austauschen" (vgl. Kuhn, 2005).

Bei kommunikativen Aufgaben können Sie bei Weitem keinen solchen Korrektheitsanspruch erheben wie bei Übungen, denn kommunizieren kann man auf viele verschiedene Arten und erfüllt auch ohne grammatische Korrektheit das kommunikative Ziel. Ein dennoch Befriedigung fordernder Korrektheitsanspruch mag der Grund dafür sein, dass Sie auch in modernen Lehrwerken sehr viele Übungen finden werden.

Aufgabe 8

Bitte nehmen Sie einen Band eines der Ihnen vorliegenden Lehrwerke zur Hand und analysieren Sie die Arbeitsanweisungen. Überwiegen Übungen oder Aufgaben? Machen Sie eine Strichliste.

5 Progressionen

In diesem Kapitel geht es um die Sequenzierung, die Abfolge von Lernzielen, Übungen und Aufgaben im Unterricht.

Definition

Der Begriff → Progression bezieht sich auf die Anordnung des Lehrstoffes im Unterrichtsprozess. Sie kann nach grammatischen oder kommunikativen Gesichtspunkten unterschiedlich sein. Man spricht von einer *steilen* Progression, wenn es schnell vorangeht und hohe Anforderungen an die Lernenden gestellt werden, und von einer *flachen* Progression, wenn ein Lehrwerk nur langsam vorgeht. Letzteres ist z.B. bei dem Lehrwerk *Schritte* der Fall. Dies wird im Vorwort folgendermaßen begründet: „Das Lehrwerk ist gedacht für Lernende, die über wenig Lernerfahrung verfügen und vielleicht noch keine andere Fremdsprache gelernt haben. Die Progression ist daher gezielt flach gehalten“ (*Schritte 1*, 2003, S. 6).

Wilhelm Grieshaber beschreibt die folgenden Typen:

linear

Sprachmittel werden nur einmal behandelt und dann als vermittelt vorausgesetzt. Dies erfordert schon für ‚einfache‘ Bereiche komplexe Regeln, z.B. für die Bildung der nominalen Pluralformen im Deutschen.

konzentrisch

Sprachmittel werden mehrfach behandelt. Schon behandelte Bereiche werden immer wieder aktiviert, komplexe Bereiche werden in mehrere überschaubare Teilbereiche zerlegt.

grammatisch

Die Reihenfolge der Sprachmittel wird nach grammatischen Gesichtspunkten bestimmt, z.B. Präteritum vor Perfekt.

kommunikativ

Die Reihenfolge der Sprachmittel wird nach kommunikativen Gesichtspunkten bestimmt, z.B. nach situativen Arrangements oder Sprechanlässen.

(Grießhaber, 2002f.b)

KursleiterInnen folgen in der Regel der in ihrem Lehrbuch vorgegebenen Progression. Diese von Lehrwerksautoren, also von Außenstehenden, vorgeschlagenen Stoffverteilungspläne „haben den Nachteil, dass sie oft an den Lernmöglichkeiten einzelner Lerngruppen vorbeigehen“ (Quetz, 2003, S. 125). Das liegt zum Teil daran, dass die Heterogenität in Deutsch als Zweitsprache-Kursen extrem groß ist: Es gibt Lernende, für die eine steile, lineare Progression gerade richtig ist, andere, die eine ganz flache oder konzentrische Progression, d.h. viel Wiederholung brauchen, um zu lernen.

Bei der Gestaltung der Integrationskurse ist, so das Bundesamt für Migration und Flüchtlinge, die große Heterogenität der Zielgruppe zu berücksichtigen. (Mehr zu diesem Thema finden Sie im Studienbrief „Heterogenität und Binnendifferenzierung im DaZ-Unterricht“.)

> „Vor allem die Unterschiede im Sprachstand sowie in den individuellen Lernvoraussetzungen, bei der Lernmotivation und dem individuellen Lernziel erfordern ein differenziertes Kurssystem.
>
> Je nach persönlichen Voraussetzungen sind Kurse mit langsamer, durchschnittlicher und schneller Progression vorzusehen. Kurse mit schneller Progression erreichen das Lernziel B1 bereits nach 500 UE, Kurse mit durchschnittlicher Progression nach 600 UE. Kurse mit langsamer Progression erreichen nach 600 UE voraussichtlich das Niveau A2 oder gegebenenfalls auch höher als A2" (Bundesamt für Migration und Flüchtlinge, 2005, S. 8).

Nicht alle Lehrwerke bieten jedoch Hilfestellung für differenzierten Unterricht, so dass es hier – wie an vielen Stellen – auf die Sensibilität und das Geschick der Kursleitenden selbst ankommt.

Die Verteilung der Sprachmittel auf den Kurs kann darüber hinaus in Konflikt kommen mit den sprachlichen Anforderungen, denen die Lernenden in ihrem Alltag außerhalb des Kurses begegnen. Ein Satz wie *Widerrechtlich geparkte Fahrzeuge werden kostenpflichtig abgeschleppt.* muss möglicherweise lange vor der Einführung des Passivs verstanden werden. Wenn also die Lernenden Probleme haben, deren Lösung die Anwendung komplizierterer Strukturen erforderlich macht, können Sie sie nicht damit vertrösten, dass dieses Thema erst später „durchgenommen" wird (vgl. Gürkan/Laqueur/Szablewski, 1982, S. 99).

Der Deutsch als Zweitsprache-Unterricht folgt auch hier eigenen Gesetzmäßigkeiten (vgl. den Studienbrief „Merkmale des DaZ-Unterrichts").

6 Sozialformen

In diesem Kapitel werden Sie die sogenannten Sozialformen und ihre Funktion kennenlernen und über ihre Wirkung (auch vor dem kulturellen Hintergrund der Lernenden) sowie die Wichtigkeit des Wechsels der Sozialformen nachdenken.

Aufgabe 9

Kreuzen Sie bitte diejenigen Aussagen zur Interaktion im Unterricht an, mit denen Sie übereinstimmen können, und lesen Sie dann den Text.

1a	Es ist wichtiger, dass Lernende der Lehrkraft zuhören und mit ihr sprechen, als dass sie einander zuhören und miteinander sprechen	☐
1b	Die Lernenden sollten die meisten Konversations-Übungen mit anderen Lernenden machen und nicht mit der Lehrkraft.	☐

zu 1: Lernende lernen – ganz unabhängig von dem Stoff, der gerade behandelt wird – viel, indem sie zuhören, was die Lehrkraft sagt und wie sie das sagt: die Begrüßung, die Anweisungen, die Nebenbemerkungen, die Scherze usw. Die Lehrkraft ist „Experte" in der deutschen Sprache, dies ist ja genau ihre Rolle – und die Lernenden hören korrektes Deutsch und können diese Sprachbeispiele als Modell bzw. Vorbild für eigene Äußerungen nehmen. Insofern ist der Sprechanteil von Lehrenden durchaus sinnvoll. Bedenken Sie aber: Wie viel Zeit bleibt für die Lernenden (z.B. in einer Lerngruppe von 20 Personen) übrig, selbst zu sprechen, wenn die Zeit vom Sprechen der Lehrkraft belegt ist? Auch wenn Kursleitende sich bemühen, Lernende zum Sprechen zu animieren, z.B. durch Reihen-

übungen, vielleicht mit Hilfe eines Balls, der hin- und hergeworfen wird (eines Wollknäuels, das dabei abgerollt wird, sodass im Raum ein Netz entsteht), vielleicht auch mit Hilfe eines Abwickelfadens oder einer Sanduhr, der die Redezeit begrenzt, damit jeder an die Reihe kommt: In einer großen Gruppe ist die Redezeit allemal zu gering; die Lehrkraft muss andere Sozialformen anregen.

Die „Lernerredezeit“ wird erheblich erhöht, wenn Lernende mit einem Partner oder in kleinen Gruppen miteinander sprechen.

2a	Die Menschen lernen am besten, wenn sie zuhören, wie andere etwas erklären.	☐
2b	Die Menschen lernen am besten, indem sie selbst Dinge ausprobieren und herausfinden, was funktioniert.	☐

zu 2: Hier geht es um unterschiedliche Lerntypen oder Präferenzen beim Lernen (mehr dazu im Studienbrief „Lernen lernen“), aber auch um kulturelle Unterschiede. Kulturbedingte Lehr- und Lernstile können im Unterricht zu Konflikten führen, wenn z.B. Lernende ihre Erwartungen und Rollenvorstellungen im Unterricht enttäuscht sehen. So kann eine Lehrkraft, die selbst lebendige Bemerkungen, Fragen, Widerspruch gewohnt ist, an einer Teilnehmerin, die still tut, was ihr gesagt wird, verzweifeln. Andererseits können Lernende, die autoritäre Formen des Unterrichts gewohnt sind und einen „richtigen“ Lehrer erwarten, möglicherweise mit dem freundschaftlichen Auftreten ihrer Kursleiterin gar nichts anfangen. Diese Position formuliert eine Dozentin aus der Türkei: „ [...] hier in der Türkei sehen die Lernenden in ihrem Lehrer einen kenntnissreichen, elterlichen Betreuer, ohne den es nicht geht“ (Duman, 2005, freie Übers. S.K.).

3a	Die Lehrkraft sollte so viel wie möglich während der Unterrichtszeit sprechen.	☐
3b	Die Lehrkraft sollte so wenig wie möglich während der Unterrichtszeit sprechen.	☐

(nach: Scrivener, 1994, S. 13–14)

zu 3: Wie im Punkt 1 geht es hier letztlich um die Frage der Kräfteverhältnisse im Unterricht: Wer redet und wie lange, wer hört zu? Wer trifft die Entscheidungen? Gibt es Raum für die Lernenden, eigene Interessen und Wünsche einzubringen oder steht der Stoff im Vordergrund? Wie ist die Rolle der Lehrkraft, steht sie immer im Zentrum der Aufmerksamkeit? Werden die Lernenden ermuntert, Verantwortung für ihren Lernprozess zu übernehmen? Werden Beurteilungen so gegeben, dass sie die Lernenden fördern und sie lernen, sich selbst und andere zu beurteilen? Wenn diese Fragen Sie interessieren, sollten Sie die Kräfteverhältnisse im Blick behalten und sich überlegen, was das für Ihren Unterricht bedeutet. Was halten Sie – mit Blick auf Ihre Lernergruppe(n) – davon, die Lernenden mehr zu beteiligen? Wo sehen Sie die Vorteile, wo die Grenzen?

Im Folgenden geht es also um die → Sozialformen, d.h. die Interaktionsformen der am Unterricht Beteiligten: der Lernenden untereinander, der Lernenden mit der Lehrperson. Es werden grob die folgenden Sozialformen unterschieden: Frontalunterricht bzw. Plenum, Gruppenarbeit, Partnerarbeit sowie Einzelarbeit.

Sie sind, wie Inge C. Schwerdtfeger ausführt, „als Grundformen anzusehen, die im Unterricht in unterschiedlicher Weise kombiniert werden können“ (Schwerdtfeger, 2003, S. 247). Sie finden einen kurzen einführenden Überblick z.B. im Lehrerhandbuch zu *Dimensionen* (Jenkins/Clalüna/Hirschfeld, 2003, S. 21) und mehr noch zum Thema im Studienbrief „Übungstypologien, Sozialformen und Arbeitsanweisungen im DaZ-Unterricht“.

6.1 Frontalunterricht

Frontalunterricht (vielfach wird auch der Begriff „Plenum“ verwandt) kennen Sie sicherlich aus Ihrer Schulzeit: Hier steht der Lehrer, die Lehrerin vor der Klasse und plant, steuert und kontrolliert das Unterrichtsgeschehen. Vom Lernenden fordert der Frontalunterricht Zuhören, Aufmerksamkeit, das Antworten auf Fragen des Lehrers, das Zurückstellen von Meinungen, wenn er nicht gefragt ist – ein schweigendes Mitgehen und Mitdenken also. Sinnvoll ist diese Sozialform z.B. bei der Einführung von neuem Sprachmaterial (Wortschatz, grammatische Strukturen etc.), der Klärung von Verständnisfragen, der Fehlerkorrektur.

Eine besondere Form des Frontalunterrichts ist, wenn einzelne Kursteilnehmer die Lehrerrolle einnehmen, z.B. bei einem Referat über das eigene Land, in einem Rollenspiel – dadurch wird die zentrale Stellung der Lehrkraft durchbrochen (vgl. Walter, 2003, S. 252).

6.2 Gruppenarbeit

a. die ganze Gruppe

Bei Diskussionen der ganzen Lerngruppe ist ein interessantes Phänomen zu beobachten: Auf eine Frage der Lehrkraft, die die Diskussion anstoßen soll (z.B. Wie viele Sprachen sollte man als Kind lernen?), richten sich zunächst die Lernenden noch ganz auf die Lehrkraft aus. Wenn das Thema die Lernenden aber fesselt, sie in die Diskussion hineingezogen werden, fangen sie an, miteinander zu diskutieren, vergessen die Lehrkraft und beziehen sich aufeinander – der Übergang vom lehrerzentrierten zum kooperativen Lernen ist geschafft.

Anders als beim Frontalunterricht tritt nun die Lehrkraft in den Hintergrund, beobachtet, hört zu und macht (z.B. auf einer OHP-Folie) Notizen zu sprachlichen Phänomen, die anschließend besprochen werden sollen – aber sie räumt der ganzen großen Gruppe das Feld. Der Übergang – das haben Sie sicherlich erlebt – ist im Unterrichtsprozess immer besonders: die Lernenden vergessen, dass sie lernen, interagieren miteinander; die Stimmung ist emotionaler, intensiver, die des menschlichen Miteinanders. Lehrende können solche Übergänge ermutigen, indem sie selbst zurücktreten und die Aufmerksamkeit auf das lenken, was gesagt wird; die auf sie gerichteten Augen nicht festhalten, sich nicht in die Diskussion einmengen, sondern sehr interessiert zuhören, was andere sagen.

Eine andere Form der Interaktion in der Großgruppe ist das „Mingle“ („Jeder mit jedem“). Hier mischen sich die Teilnehmer, jeder kann mit jedem sprechen, sich dann einen anderen Partner suchen; vielleicht bilden sich Kleingruppen.

b. Kleingruppen

Bei der Gruppenarbeit haben die Lernenden viel mehr Zeit für eigene – meist, aber nicht notwendigerweise verbale – Sprachproduktion zur Verfügung. Das ist wichtig im kommunikativ und handlungsorientierten DaZ-Unterricht. Mithilfe von Gruppenarbeit haben eher unsichere Lernende die Möglichkeit, die Sprache in einem kleinen, ungefährlichen Rahmen – weg vom kritischen Ohr der Lehrkraft – auszuprobieren. Die Schwelle etwas zu sagen wird niedriger. Die Lernenden sind nicht mehr so stark auf den oder die KursleiterIn fixiert, sondern können voneinander lernen und einander helfen. Gruppenarbeit ist ein gutes Rezept gegen Langeweile, da die Lernenden meist sehr am Kontakt und am Austausch mit den anderen interessiert sind.

Gruppenarbeit fördert die Selbstständigkeit der Lernenden. Wichtig ist trotzdem, dass sie sich auch hierbei betreut fühlen, der/die KursleiterIn herumgeht und sehr aufmerksam und wach ist (nicht hinter einer Zeitung verschwindet), die Gruppen aber auch in Ruhe arbeiten lässt.
Gruppen können nach unterschiedlichen Prinzipien gebildet werden, nach Zufall, nach Interesse, nach Sympathie usw. Bitte vergleichen Sie dazu und zu Fragen der Vorbereitung, Durchführung und Auswertung von Gruppenarbeit die Ausführungen auf der Seite von sowi-online e.V. unter *http://www.sowi-online.de/methoden/lexikon/gruppenarbeit.htm*, 09.04.2006). Dies wird aber noch Gegenstand anderer Studienbriefe sein.

6.3 Partnerarbeit

Für die Partnerarbeit gelten ähnliche Prinzipien wie für die Gruppenarbeit. Partner können sich gegenseitig im Lernprozess unterstützen und helfen, aber auch motivieren und kontrollieren. Partnerarbeit ist leicht zu organisieren. Auf die Aufforderung „Bitte tauschen Sie sich mit Ihrer Nachbarin aus." gibt es kein langes Stühlerücken. Sie können Paare aber auch im Rahmen einer Aufgabe bilden (z.B. zur Adjektivdeklination: „Bitte setzen Sie sich heute neben einen schlanken Mann mit einer schwarzen Brille und braunen Augen.") oder sie sich nach dem Zufallsprinzip finden lassen (z.B. mit Hilfe von Kärtchen mit zusammenzusetzenden Komposita, bunter Wollfäden, Spielkarten o.ä.)

6.4 Einzelarbeit

Diese Sozialform dient primär der individuellen Sprachproduktion, dem Üben, dem selbstständigen Transfer auf neue Zusammenhänge usw. Eine ältere Bezeichnung für die Einzelarbeit ist „Stillarbeit", und dies weist auf einen wesentlichen Aspekt hin, der nach Häusermann/Piepho in seinen Möglichkeiten für den Sprachunterricht oft nicht gebührend beachtet wird:

> „Phasen des individuellen Nachdenkens, Sichvortastens, Erkennens beim Einstieg in eine Aufgabe, einen Lesetext, ein Gesprächsthema, ein Erzählgeschehen [...] sollte[n], als Alternative zur Kleingruppenarbeit, beispielsweise in einem Unterrichtszeitraum von 90 Minuten mindestens einmal vorkommen" (Häussermann/Piepho, 1996, S. 228).

Einzelarbeit ist aber auch eine Sozialform, die viele Lernende in Deutsch als Zweitsprache-Kursen neben dem Frontalunterricht gewöhnt sind und schätzen. Auch aus diesem Grund sollte sie einen Platz im Unterricht haben (siehe auch *http://www.uni-koeln.de/ew-fak/konstrukt/didaktik/einzelarbeit/*

kurzbeschreibung.html, 17.04.2006). Gehen Sie jedoch mit der Einzelarbeit – wie mit allen Sozialformen – sehr bewusst um und geben Sie nicht kostbare, knappe Unterrichtszeit an Einzelaufgaben, wenn diese besser als Hausaufgaben getan wären.

Aufgabe 10

Bitte schauen Sie sich nun noch einmal den Überblick über die Unterrichtsphasen auf S. 103 an und überlegen Sie sich, welche Sozialform Sie für welche Phase für geeignet halten.

„Die Sozialform ist stark von der Persönlichkeit des Lerners abhängig", schreiben Häussermann/Piepho (1996, S. 196). Ich würde hinzufügen: auch stark von Ihrer Persönlichkeit, von dem/der Kursleitenden also. In den folgenden Studienbriefen werden Sie noch viele Anregungen bekommen, die vielen Möglichkeiten, die die Sozialformen bieten, kennenzulernen und den Wechsel der Sozialformen wertzuschätzen.

7 Medieneinsatz

In diesem Kapitel geht es um die gängigen Medien, die Leistung von Medien und ihre Einsatzformen, ihre Funktion sowie ihre Vor- und Nachteile. „Inzwischen hat sich das Wort Medium für alles eingebürgert, das im Fremdsprachenunterricht die Arbeit des Lehrers und das Lernen der Schüler zu unterstützen und zu fördern vermag" (Freudenstein, 2003[4], S. 395). Im Folgenden werden Lehr- und Lernmaterialien, Unterrichtsmedien und neue Medien gesondert behandelt.

7.1 Lehr-/Lernmaterialien

Dem Thema Lehrwerke ist ein eigener Studienbrief gewidmet: „Analyse von Lehrwerken für Integrationskurse". Im Studienbrief „Planen, Vorbereiten und Erteilen von DaZ-Unterricht" werden Sie einen Blick auf Zusatzmaterialien werfen.

Lehrwerke – für Ihren Unterricht von Autoren geschriebene, von diversen Verlagen publizierte Materialien – spielen eine wichtige Rolle. Welches Lehrwerk eingesetzt wird, ist von Institution zu Institution unterschiedlich. Oft ist es so, dass man sich auf eine bestimmte Publikation festgelegt hat – vielleicht weil die pädagogische zuständige Kraft von diesem Lehrwerk überzeugt ist, weil man sich im Team darauf geeinigt hat, weil es eine Tradition gibt, mit diesen Materialien zu arbeiten, weil zuvor Klassensätze angeschafft wurden etc. Auch wenn das der Fall ist, und Sie vielleicht denken: „Was soll ich mich mit anderen Lehrbüchern beschäftigen, ich darf doch nur mit *Lehrwerk XYZ* arbeiten", kann es für Sie wichtig und interessant sein, sich mit den anderen Materialien zu beschäftigen. (Am besten lassen Sie sich in die Verteiler der Verlage aufnehmen; so erhalten Sie Informationsmaterialien und Prüfstücke zugesandt. *http://www.cornelsen.de*; *http://www.edition-deutsch.de*; *http://www.hueber.de*; *http://www.langenscheidt.de* u.a.)

Überlegen Sie: Wie arbeiten Sie mit dem Lehrbuch? Arbeiten Sie es von vorne bis hinten, Schritt für Schritt durch? Picken Sie sich nur das heraus, was Sie für nötig halten? Die Art des Umgangs mit dem Lehrbuch hat mit der Persönlichkeit der Lehrkraft, mit ihrer Erfahrung, damit, wie lange sie in dem Bereich tätig ist, mit dem Lehrwerk selbst und ihrer Einstellung dazu zu tun, wie die folgenden Beispiele zeigen sollen:

1. Kursleiterin A stützt ihren Unterricht ganz auf das vorgegebene Lehrwerk. Das Lehrwerk ist bei Weitem besser als das, was sie auf ihrem eigenen PC produzieren könnte und erspart ihr viel Zeit bei der Vorbereitung. Ihr Lehrwerk orientiert sich am Gemeinsamen Europäischen Referenzrahmen, da kann sie sicher sein, dass alle grammatischen Strukturen in der logischen Reihenfolge aufeinander folgen. Das Lehrwerk bietet ihr alles, was sie braucht: das Lehrbuch, Arbeitsbuch, Audiomaterialien, weitere Hilfestellung auf der zugehörigen Internetseite. Und die Lernenden, da ist sie sich sicher, wollen auch ein Buch in der Hand haben und sind sehr zufrieden.

2. Kursleiter B findet das von seiner Institution vorgegeben Lehrwerk langweilig und für seinen Unterricht nicht ausreichend. Es befriedigt nicht die Kommunikationsbedürfnisse in seiner Gruppe (weder die anstehende Fußballweltmeisterschaft noch die Gewaltproblematik in der Schule der Kinder). Am liebsten würde er ganz ohne Lehrwerk arbeiten, mit Arbeitsblättern, authentischen Materialien, die er sammelt und zusammenstellt, die er von den Kursteilnehmern mitbringen lässt. Lehrwerke, so sagt er oft, sind sowieso nur etwas für Einsteiger oder unsichere Kollegen.

Aufgabe 11

Bitte sammeln Sie in Ihrer Lerngruppe Argumente für und gegen die Arbeit mit den Lehrwerken. Was ist Ihre eigene Einstellung?

Tabelle 5:

Argumente für die Nutzung von Lehrwerken	**Argumente gegen die Nutzung von Lehrwerken**

Es gibt heute eine ganze Reihe von Lehrwerken für Deutsch als Zweitsprache, vor allem für die Grundstufe. Auch wenn diese nach dem neuesten Stand der Fachdidaktik und -methodik konzipiert und in ihrer Aufmachung attraktiv sind, bedeutet das noch nicht, dass sie zwangsläufig in jeder Lerngruppe gleichermaßen gut ankommen oder einzusetzen sind. Das Lehrwerk als Angebot für Unterrichtsgestaltung muss angepasst werden an eigene Vorstellungen, die konkrete Lehrsituation in der konkreten, häufig sehr heterogenen Lerngruppe und vor allem an die Lernenden selbst. Entscheidend ist, dass nicht eine Methode oder ein bestimmtes Lehrbuch für den Erfolg von Unterricht verantwortlich ist, sondern das, was die/der Lehrende daraus macht.

Die Verlage haben sowohl für Kursleiterin A als auch für Kursleiter B passende Materialien herausgegeben: neben den Lehrwerken auch lehrwerksunabhängige Materialien wie Wörterbücher, Grammatiken, Lese-, Übungs- und Arbeitsbücher, Poster, Tests etc.

7.2 Unterrichtsmedien

Unter Unterrichtsmedien werden alle Geräte verstanden, die Sie im Unterricht nutzen können.

- die Tafel (Kreide oder Stift),
- Flipcharts und Stellwände,
- der Overhead-Projektor,
- Laptop und Beamer,
- Radio, Kassettenrekorder bzw. CD-Spieler,
- MP3-Player, Aufnahmegeräte,
- Fernseher und Videogerät oder DVD-Player.

Zum Einsatz von Medien (Tafel, Overhead-Projektor, Pinnwand und Wandzeitung) erfahren Sie mehr im Studienbrief „Visualisierung im DaZ-Unterricht“.

Aufgabe 12

Über welche Unterrichtsmedien verfügt Ihre Einrichtung bzw. welche können Sie für Ihren Unterricht nutzen? Und welche Unterrichtsmedien nutzen Sie?

Tabelle 6:

Unterrichtsmedien, die ich für meinen Unterricht nutzen kann:	Unterrichtsmedien, die ich für meinen Unterricht wirklich nutze:

Es ist ebenfalls sehr interessant, die Lernenden nach ihrer Erfahrung mit Unterrichtsmedien zu fragen. Im Kapitel „Für Ihren Unterricht“ auf S. 120 finden Sie eine Aktivität zur Mediennutzung.

7.3 Neue Medien

Zu den neuen Medien zählen E-Mail, das Internet, das computergestützte Lernen und die CD-Rom (vgl. Freudenstein, 2003[4], S. 296). Die folgende Grafik zeigt die fünf Leistungsbereiche des Computers im Fremdsprachenunterricht:

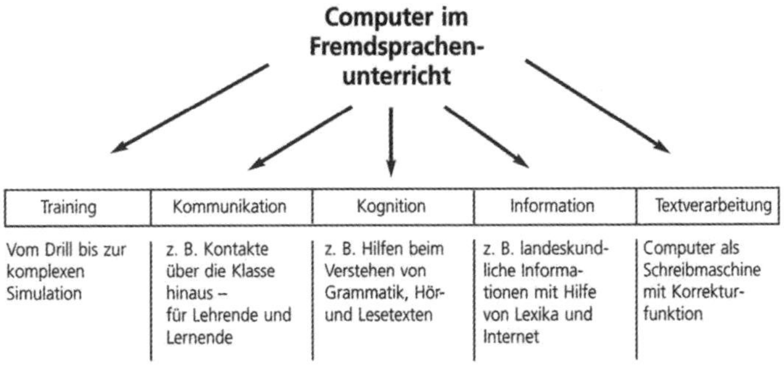

Abb. 10: Funk, 1999, S. 5

Ein besonderes Einsatzgebiet der neuen Medien ist die Alphabetisierung in der Zweitsprache. Teilnehmende haben oftmals wenig Berührungsängste mit den neuen Medien, sehen den PC vielmehr als hilfreiches technisches Gerät, mit dem es sich leichter umgehen lässt als mit dem Stift.

Der Einsatz von Computer bzw. Internet wird ausführlich im Studienbrief „Neue Medien im DaZ-Unterricht“ behandelt, Fragen der Alphabetisierung in der Zweitsprache Deutsch im Studienbrief „Alphabetisierung im DaZ-Unterricht“.

7.4 Der Unterrichtsraum

Zum Schluss: Erinnern Sie sich noch an das Bild von der Theatervorführung, das ich am Anfang benutzt habe? Was nun noch fehlt, ist die Bühne selbst: der Unterrichtsraum. Sie müssen als KursleiterIn „auf den unterschiedlichsten Bühnen spielen“ können, in hellen, gut ausgestatteten Räumen genauso wie in Räumen, die Sie nicht unbedingt als hell und freundlich bezeichnen würden, in denen es an der nötigen Medienausstattung mangelt oder die für die Größe Ihrer Gruppe zu klein sind. Räume können ein Faktor sein, der das ganze Kursgeschehen stark beeinflusst (vgl. Vanderheiden/Fritz/Sartingen, 2002, S. 3).

Lassen Sie sich durch das, was Sie antreffen, nicht entmutigen und davon abhalten, Ihre eigene Lehrumgebung zu gestalten: Stellen Sie die Tische mit Hilfe der TeilnehmerInnen um, wenn Sie dies für nötig halten, hängen Sie Bilder auf, legen Sie farbige Materialien aus. (Eine Kollegin erzählte mir gar unlängst von ihrer Wanderpflanze, einer Topfpflanze, die sie in die jeweiligen Unterrichtsräume mitnimmt, um die Atmosphäre zu verbessern. Dies ist sicherlich ein Extremfall, aber Sie sehen, es kommt auf Ihren Einfallsreichtum an.)

Aufgabe 13

Beschreiben Sie, wie Ihr Unterrichtsraum aussieht (Ausstattung, Medien, Größe). ....

....

....

Sie werden die verschiedenen hier nun vorgestellten Aspekte des DaZ-Unterrichts später für die systematische Planung Ihrer Unterrichtstunde nutzen. Wenn Sie jetzt denken, dass DaZ-Unterricht niemals in ein solch starres Schema gepresst werden kann, so denken Sie bitte zurück an das Beispiel von der Vorstellung im Theater. Das oben genannte Modell ist ein Ideal, das Ihnen helfen soll, Struktur und einen Spannungsbogen in Ihren Unterricht zu bringen. Ihr Unterricht wird letztlich von einer Vielzahl von Entscheidungen geprägt, die Sie – teilnehmerorientiert und Ihrer Persönlichkeit und Ihren Einstellungen zum Lernen und Lehren entsprechend – im Prozess des Unterrichtens treffen werden.

8 Für Ihren Unterricht

1. Eigene Lernziele setzen

Ziel: TN formulieren eigene Lernziele

TN: ab A2

Vorbereitung: Kopien der unten abgebildeten Zeichnung

Vorgehen: 1. Bitten Sie die TN, eine Liste der Situationen zu erstellen, in denen sie Deutsch benutzen wollen oder müssen.
2. Bitten Sie dann die TN, diese Situationen den verschiedenen Bereichen (Arbeit, Alltag, Lernen, Freizeit) zuzuordnen.
3. Bitten Sie die TN in einem dritten Schritt zu jedem Punkt zu überlegen, welche Fertigkeiten (Sprechen, Hören, Schreiben, Lesen) dazu nötig sind und diese der Zeichnung zuzuordnen. (In den meisten Fällen werden die TN alle vier Fertigkeiten benötigen, ihren Schwerpunkt aber möglicherweise auf nur eine oder zwei Fertigkeiten setzen wollen).
4. Schließlich können die TN zu jeder Fertigkeit überlegen, wie gut sie diese Fertigkeit bereits beherrschen und wie gut sie sie beherrschen wollen.

2. Aktivität zur Mediennutzung

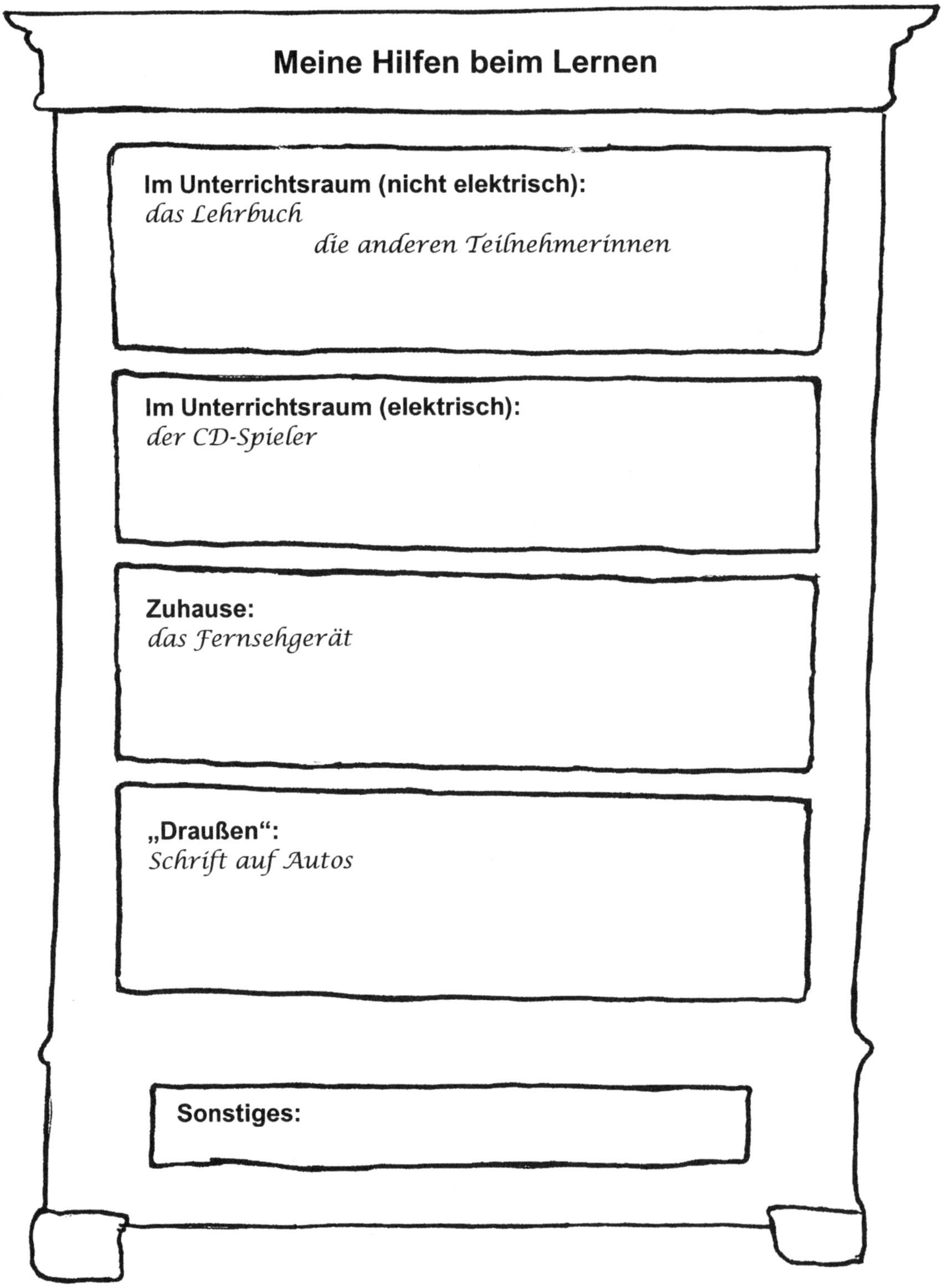

(Idee: nach Tessa Woodward, 2001, S. 161)

9 Lösungen

Aufgabe 6:

Phase	**Übung Nr./Thema**	**kleine Begründung**
Vorbereitungsphase	**2** Verständigung im Unterricht (*eurolingua Deutsch 1*)	Anhand des Bilds erfolgt die situative Einbettung. „Kennen Sie die Situation?“ fragt nach den persönlichen Erfahrungen, der Betroffenheit der TN; das persönliche Interesse wird geweckt.
Präsentationsphase	**7** Ein Hotel in Salzburg (*Passwort Deutsch 2*)	Der neue Stoff (Wortschatz zum Thema Hotel) wird neu vorgestellt.
Übungsphase 1	**1** Konjugationsübung (*Lagune 1*)	Stark kontrolliertes Üben zum Einschleifen der neuen Konjugation (von wollen, müssen, sollen, dürfen)
Phase der Bewusstmachung/ Kognitivierung	**4** Finden Sie die Regel (*Dimensionen 1*)	Regelfindung und -formulierung, Kognitivierung der grammatischen Struktur
Festigungsphase	**5** Übung der Modalverben (*Delfin*)	Es gibt hier nicht nur eine korrekte Lösung, sondern mehrere Möglichkeiten: weniger stark kontrollierte, d.h. freiere/offenere Übung.
Transferphase	**3** Elfchen-Gedicht (*Schritte 3*)	Übertragung einer gelernten Struktur auf einen anderen Bereich, einen neuen Kontext.
Phase der freien Anwendung	**6** Dialog Terminvereinbarung (*Pluspunkt 1b*)	Freie/offene Übung: Hinführung zur realen Sprechsituation.

10 Glossar

Fertigkeiten: Der Begriff bezieht sich auf das Konzept der vier grundlegenden sprachlichen Fertigkeiten: Hören, Sprechen, Lesen und Schreiben. Die vier Fertigkeiten werden nach folgenden Parametern definiert: nach der Art der Kommunikation (mündlich oder schriftlich), nach der Richtung der Kommunikation (rezeptiv oder produktiv).

induktive, selbstentdeckende Lernmethode: Induktives Lernen heißt Lernen am Beispiel. Den Lernenden werden Beispiele gegeben, an denen sie sprachliche Regeln selbst entdecken können. Dabei ist der Aspekt der Förderung der Eigenständigkeit der Lernenden wichtig.

deduktive Methode: Bei dieser Methode werden die sprachlichen Regeln vorgegeben. Die Lernenden üben sie anschließend an Beispielen.

Lernaktivität: Der Begriff Lernaktivität bezieht sich auf das, was die Teilnehmenden tun (z.B. Fragen beantworten, einen Text lesen, diskutieren), um das jeweilige Lernziel/die Lernziele der Unterrichtseinheit erreichen zu können.

Lerninhalt: Der Begriff Lerninhalt bezieht sich auf das, was die Teilnehmenden lernen (z.B. Strukturen, Redemittel, Wortschatz), um das jeweilige Lernziel/die Lernziele der Unterrichtseinheit erreichen zu können.

Lernziel: Lernziele formulieren die Kenntnisse, Fähigkeiten und Fertigkeiten, die angestrebten Qualifikationen also, die die Lernenden durch den Unterricht erreichen sollen. Was sollen die Lernenden am Ende der Unterrichtseinheit neu bzw. anders können/wissen/denken als vorher? Sie sollen z.B. ein kurzes Kontaktgespräch führen können.

Phase/Unterrichtsphase: Die Phasen einer Unterrichteinheit strukturieren deren Ablauf. Es gibt unterschiedliche Modelle mit unterschiedlich kleinschrittiger Strukturierung. Ein relativ großschrittiges Modell unterscheidet als Phasen den Einstieg, das Erarbeiten, das Üben und die Anwendung.

Progression: Wenn man im Zusammenhang mit dem Fremdsprachenlernen von Progression spricht, verbindet man damit das allmähliche Anwachsen der zielsprachlichen Kompetenz. Man spricht von einer flachen oder steilen Progression bei Lehrwerken, je nachdem, von welcher Geschwindigkeit des Lernzuwachses ausgegangen wird.

Sozialform: Als Sozialformen werden die Formen der Zusammenarbeit in Unterricht bezeichnet. Die folgenden vier Sozialformen können als Grundformen bezeichnet werden: Frontalunterricht, Gruppenarbeit, Partnerarbeit, Einzelarbeit.

11 Literatur

Alsheimer, Martin; Müller, Ulrich; Papenkort, Ulrich (1996): Spielend Kurse planen. Die Methodenkartothek (nicht nur) für die Erwachsenenbildung. München: Lexika Verlag.

Andrewes, Simon: Group work v. whole-class activities. In: teaching English, http://www.teachingenglish.org.uk/think/methodology/whole_class.shtml (27.03.2006).

Barkowski, Hans; Harnisch, Ulrike; Kumm, Sigrid (1986[2]): Handbuch für den Deutschunterricht mit Arbeitsmigranten. (Lernen mit Ausländern: Erfahrungen und Konzepte). Mainz: Verlag Manfred Werkmeister.

Beaven, Briony (2005): Was ist unter Task-based approach – aufgabenorientiertem Fremdsprachenlehren und -lernen – zu verstehen? In: MitSprache 15, 2005, http://www.cornelsen.de/teachweb/1.c.174422.de (24.03.2006).

Bimmel, Peter; Kast, Bernd; Neuner, Gerd (2003): Deutschunterricht planen. Arbeit mit Lehrwerkslektionen. Berlin: Langenscheidt (Fernstudieneinheit 18 des Fernstudienprojekts zur Fort- und Weiterbildung im Bereich Germanistik und Deutsch als Fremdsprache).

Bundesamt für Migration und Flüchtlinge (2005): Konzept für einen bundesweiten Integrationskurs. http://www.bamf.de (28.02.2006).

Bundesamt für Migration und Flüchtlinge (2005a): Konzeption für die Zusatzqualifizierung von Lehrkräften im Bereich Deutsch als Zweitsprache. http://www.bamf.de (28.02.2006).

Bundesministerium des Innern (2006): Integration. http://www.zuwanderung.de/2_neues-gesetz-a-z/integration.html (20.03.2006).

Busse, Joachim; Westermann, Anneliese (1982): „mir“ oder „mich“? (deutsch üben 1). Ismaning: Verlag für Deutsch.

Crawford, Jane (2002): The Role of Materials in the Language Classroom: Finding the Balance. In: Richards, Jack C.; Renandya, Willy A. (Hrsg.): Methodology in Language Teaching. An Anthology of Current Practice. New York: Cambrigde University Press, S. 80–91.

Doyé, Peter (1989): Lehr- und Lernziele. In: Bausch, Karl-Richard u.a. (Hrsg.): Handbuch Fremdsprachenunterricht. Tübingen: Franke, S. 126–131.

Duman, Tulay (2005): Readers' letters: Why impose „autonomy“ against students' culture? In: Humanising Language Teaching, 4/2005, http://www.hltmag.co.uk/jul05/lett.htm (26.03.2006).

Freudenstein, Reinhold (2003[4]): Unterrichtsmittel und Medien: Überblick. In: Bausch, Karl-Richard; Christ, Werner; Krumm, Hans-Jürgen (Hrsg.): Handbuch Fremdsprachenunterricht. Tübingen, Basel: A. Francke.

Funk, Hermann (1999): Lehrwerke und andere neue Medien. In: Fremdsprache Deutsch, Heft 2/1999, S. 5–12.

Göbel, Richard (1981): Verschiedenheit und gemeinsames Lernen. Kooperative Binnendifferenzierung im Fremdsprachenunterricht. (Lernen mit Ausländern: Modelle und Perspektiven). Königstein/Ts.: Scriptor.

Goethe-Institut, Österreichisches Sprachdiplom Deutsch, Schweizerische Konferenz der kantonalen Erziehungsdirektoren, Weiterbildungs-Testsysteme GmbH (Hrsg.) (2005): Zertifikat Deutsch für Jugendliche. Lernziele und Testformat. Frankfurt: WBT.

Grießhaber, Wilhelm (2002f.a): FSU: Methoden – Kennzeichen Übungen. In: Grießhabers Internetseiten, http://spzwww.uni-muenster.de/~griesha/fsu/mtd/ueb-kennzeichen-segermann.html (24.03.2006).

Grießhaber, Wilhelm (2002f.b): FSU: Methoden – Progression. In: Grießhabers Internetseiten, http://spz www.uni-muenster.de/~griesha/fsu/mtd/progression.html (24.03.2006).

Gürkan, Ülkü; Laqueur, Klaus; Szablewski, Petra (1982): Aus Erfahrung lernen. Handbuch für den Deutschunterricht mit türkischen Frauen. (Lernen mit Ausländern: Modelle und Perspektiven). Frankfurt a.M.: Scriptor.

Häussermann, Ulrich; Piepho, Hans-Eberhard (1996): Aufgaben-Handbuch Deutsch als Fremdsprache. Abriss einer Aufgaben- und Übungstypologie. München: iudicium.

Hedke, Reinhold u.a. (2005): Gruppenarbeit. http://www.sowi-online.de/methoden/lexikon/gruppenarbeit.htm (09.04.2006).

Krumm, Hans-Jürgen (2003[4]): Lehr- und Lernziele. In: Bausch, Richard; Christ, Herbert; Krumm, Hans-Jürgen (Hrsg.): Handbuch Fremdsprachenunterricht. Tübingen, Basel: A. Franke, S. 116–121.

Kuhn, Christina (2005): Aufgabenorientierter DaF-Unterricht mit studio d. In: MitSprache 15, 2005, http://www.cornelsen.de/teachweb/1.c.174422.de (24.03.2006).

Quetz, Jürgen (2003): Fremdsprachliches Curriculum. In: Bausch, Karl-Richard; Christ, Werner; Krumm, Hans-Jürgen (Hrsg.): Handbuch Fremdsprachenunterricht. Tübingen, Basel: A. Francke.

Schwerdtfeger, Inge C. (2003[4]): Sozialformen: Überblick. In: Bausch, Richard; Christ, Herbert; Krumm, Hans-Jürgen (Hrsg.): Handbuch Fremdsprachenunterricht. Weinheim, Basel: Beltz, S. 247–251.

Scrivener, Jim (1994): Learning Teaching. (The Teacher Development Series). Oxford: Macmillan Heinemann.

Vanderheiden, Elisabeth; Fritz, Dorothee; Sartingen, Thomas (2002): Lernfreundliche Bildungsräume. Anregungen für die Erwachsenenbildung. Mainz: KEB.

Walter, Gertrud (2003[4]): Frontalunterricht. In: Bausch, Richard; Christ, Herbert; Krumm, Hans-Jürgen (Hrsg.): Handbuch Fremdsprachenunterricht. Weinheim, Basel: Beltz, S. 251–254.

Wilde, Dagmar (2003): Lehr-Lernziele: Ermitteln, Begründen, Formulieren. In: dw-learnline-online http://www.dagmarwilde.de/fachseminar/upllernziele.html, (20.03.2006).

Woodward, Tessa (2001): Planning Lessons and Courses. Designing sequences of work for the language classroom. (= Cambridge Handbook for Language Teachers). Cambridge: Cambridge University Press.

Ziebell, Barbara (1998): Materialien zur Unterrichtsbeobachtung. München: Goethe-Institut.

Viktor Augustin, Johannes Hauser

Methodische Ansätze im DaF- und DaZ-Unterricht

1 Einstieg

Lernziele

In diesem Studienbrief lernen Sie verschiedene methodische Ansätze kennen. Dabei handelt es sich um Methoden, die allgemein im Fremdsprachenunterricht Einsatz finden. Sie lernen diese Methoden mit Bezug auf ihre charakteristischen Elemente einzuschätzen, Lehrbücher und Übungen den methodischen Ansätzen zuzuordnen und sie in Bezug auf die Anwendbarkeit für Deutsch als Zweitsprache bzw. Ihre eigene Lerngruppe zu beurteilen.

Die Autoren dieses Studienbriefes möchten Sie auf einen Erkundungsweg schicken, auf dem Sie einen Teil der Lerninhalte recherchierend und kritisch betrachtend selbst entdecken und Ihre so entwickelten Sinnzusammenhänge in Tabellen übertragen. Wir werden Ihnen selbstverständlich Anregungen geben, im Studienbrief selbst, aber auch durch Hinweise auf Bücher und durch Hinweise auf Adressen im Internet.

1.1 Zum Begriff „Methode“

Aufgabe 1

Kreuzen Sie an: Was fällt Ihrer Meinung nach unter den Begriff Methode?

Tabelle 1:

	ein einsprachiges Wörterbuch benutzen
	spielerische Übungsformen
	eine Einsetzübung
	die Lernenden laut lesen lassen
	ein Diktat
	der kommunikative Ansatz
	im Unterricht singen
	Gruppenarbeit
	einen literarischen Text übersetzen
	das Sprachlabor benutzen
	der Lehrer als Berater
	ein Rollenspiel
	Fallbeispiel
	Multiple-Choice-Tests einsetzen
	Neurolinguistisches Programmieren

	Pattern drills
	den Unterricht ausschließlich einsprachig durchführen
	einen Brief schreiben
	Frontalunterricht

Bitte lesen Sie nun den folgenden Text:

> Wahrscheinlich gibt es nicht viele Berufe, an die die Gesellschaft so widersprüchliche Anforderungen stellt: Gerecht soll er sein, der Lehrer, und zugleich menschlich und nachsichtig, straff soll er führen, doch taktvoll auf jedes Kind eingehen, Begabungen wecken, pädagogische Defizite ausgleichen, Suchtprophylaxe und Aids-Aufklärung betreiben, auf jeden Fall den Lehrplan einhalten, wobei hochbegabte Schüler gleichermaßen zu berücksichtigen sind wie begriffsstutzige. Mit einem Wort: Der Lehrer hat die Aufgabe, eine Wandergruppe mit Spitzensportlern und Behinderten bei Nebel durch unwegsames Gelände in nordsüdlicher Richtung zu führen, und zwar so, dass alle bei bester Laune und möglichst gleichzeitig an drei verschiedenen Zielorten ankommen.
>
> (*Die Weltwoche*, 2. Juni 1988)

Aufgabe 2

Was meinen Sie, was sind die Anforderungen

1. an die Tätigkeit als Lehrkraft im Bereich DaZ,
2. an ein Lehrwerk für die Zielgruppe DaZ,
3. an Aufgaben/Übungen für die Zielgruppe DaZ?

Bitte bearbeiten Sie wahlweise einen der Aspekte. ....

....

....

Definition

Der Begriff „Methode" kommt vom griechischen Wort „methodos", was „der Weg zu etwas hin" bedeutet (und sozusagen das ist, was der Lehrer oben für seine „Wandergruppen" braucht). Aus dieser Grundbedeutung lässt sich sehr allgemein ableiten, dass Unterrichtsmethoden „Verfahren des Lehrens, also der Unterweisung und Anleitung sind, die im Unterricht, der Schule, der Ausbildung, der Hochschule sowie in Angeboten der Erwachsenenbildung Anwendung finden" (Wikipedia, 2006). Allerdings wird der Begriff unterschiedlich verwendet:

> „Die Spannweite gängiger Bedeutungen reicht dabei von einem pädagogischen Konzept, das dem Lehrbetrieb einer ganzen Institution zugrunde liegt, über den Unterrichtsstil eines einzelnen Lehrers bis hin zur Sozial- und Arbeitsform in einer bestimmten Phase einer einzelnen Unterrichtsstunde. Von der Lehrmethode ist deutlich die Lernmethode zu unterscheiden, bei der das Gewicht der Betrachtung bei den Lernenden liegt" (Wikipedia, 2006).

So wären alle in Aufgabe 1 genannten Punkte als „Methoden" zu bezeichnen. Wenn wir im Folgenden von → Methoden sprechen, beziehen wir uns jedoch auf allgemeine Herangehensweisen an das Wie des Unterrichtens (mit ihren theoretischen Grundlagen), wie sie auch der Konzeption von Lehrbüchern oder Lehrwerken zugrunde liegen:

> „Eine Methode bezieht sich auf ein bestimmtes Unterrichtskonzept oder -system, das auf einer bestimmten Theorie zu Sprache und zum Lernen von Sprache basiert. Es beinhaltet detaillierte Be-

> schreibungen von Inhalt, Lehrer- und Lernerrolle, Lehrabläufen und -techniken. [...] Die Rolle der Lehrkraft ist es, der Methode zu folgen und sie entsprechend ihrer Regeln anzuwenden" (Richards/Rodgers, 2001, S. 245).

Methoden werden in der Regel nicht fertig konzipiert „auf den Tisch gelegt". Oft ist es nur ein Ansatz, der sich vielleicht durchsetzt, dann durch andere Ansätze ergänzt wird. Aus der Kombination von verschiedenen Ansätzen/Schwerpunktsetzungen kann dann so etwas wie eine „anerkannte Methode" entstehen. In welchen Lernbereichen (Kindergarten/Vorschule, Schule, Ausbildung, Erwachsenenbildung, Bildungsangebote für Menschen mit Behinderungen usw.) diese dann zum Tragen kommen kann, unterliegt anderen – zum Teil staatlich gesetzten – Bedingungen. (Privatwirtschaftliche Bildungsträger sind vielleicht insoweit ausgenommen, als sie die Methode auswählen, die sie für richtig erachten oder die ihnen ihr Franchisegeber vorgibt.)

Was ist nun die Methode, mit der man am besten Fremdsprachen lernt? Wie Ruth Albert schreibt, ist dies unter Sprachdidaktikern umstritten.

> „Leider ist es auch sehr stark von ‚Moden' abhängig, welche Methoden gewählt werden, bis in jüngste Zeit wurden immer wieder neue Methoden so eingeführt, dass die davor üblichen Methoden radikal abgelehnt und durch das neue Verfahren ersetzt wurden. Inzwischen ist man der Meinung, dass es ganz verschiedene Typen von Lernern gibt, die auf unterschiedliche Weise lernen, und die deshalb auch unterschiedliche Methoden brauchen" (Albert, 2006).

Im Folgenden werden wir Ihnen die wichtigsten Methoden in der Geschichte des Fremdsprachenunterrichts vorstellen, sie an ausgewählten Passagen aus Lehrwerken verdeutlichen und anschließend noch einen Blick auf Deutsch als Zweitsprache werfen (vgl. den Überblick von Grieshaber, 2002–2005).

2 Wichtige Methoden in der Geschichte des Fremdsprachenunterrichts

2.1 Die Grammatik-Übersetzungs-Methode (GÜM)

Wir schauen ins frühe neunzehnte Jahrhundert. Die Menschen in den deutschen Landen sprechen Deutsch. Deutsch ist eine historisch gewachsene Vielfalt von Varietäten, aber die Menschen verstehen sich „auf Deutsch". Natürlich ist Deutsch Bestandteil des Kanons der Unterrichtsfächer der Volksschulen und der Höheren Schulen. Gibt es auch andere, „fremde" Sprachen in diesem Kanon? Ja, es sind die „toten" Sprachen Altgriechisch und Latein, diese aber nur im Kanon der Höheren Schulen. Altgriechisch und Latein werden zur allgemeinen Geistesbildung der Schülerinnen und Schüler unterrichtet, um ihnen ordnendes Denken, aber auch Verständnis für die Kultur und Literatur der antiken Welt (Stichwort: Abendland) zu vermitteln. Zugang zu den Höheren Schulen hat aber nur ein kleiner Anteil eines Jahrgangs, das ist einerseits elitär, andererseits sind die Lernenden aber hoch motiviert und mit guten Lernvoraussetzungen ausgestattet.

„Lebende" fremde Sprachen sind zunächst nicht Bestandteil des Fächerkanons, obwohl die Beherrschung des Französischen für die führenden Stände ein Muss ist. Die Methode, Altgriechisch und

Latein zu unterrichten, ist etabliert; es ist eine Methode, die keinen Wert mehr legt auf den kommunikativen Gebrauch des Lateinischen, der → Lingua franca der Gebildeten im Mittelalter. Die Methode geht außerdem davon aus, dass die Schülerinnen und Schüler über eine einheitliche Ausgangssprache verfügen, dass die Lerngruppe nach Alter, Kenntnis- und Bildungsstand homogen ist und dass sie leistungsstark ist (vgl. Neuner/Hunfeld, 1993, S. 19).

In der zweiten Hälfte des neunzehnten Jahrhunderts werden die „lebenden Fremdsprachen" Französisch und Englisch in den Fächerkanon der Höheren Schulen aufgenommen. Als Methode für das unterrichtliche Lehren und Lernen wird das Vorbild des altsprachlichen Unterrichts übernommen. Das ist damals naheliegend, da Erfahrungen im neusprachlichen Unterricht fehlen. Die Methode ist als **Grammatik-Übersetzungs-Methode (GÜM)** bekannt. Was bei der altsprachlichen Philologie nicht so wichtig ist, nämlich eine gelingende mündliche Kommunikationsfähigkeit zu entwickeln, erweist sich bei den „lebenden Sprachen" als enorm wichtig, kommt aber nicht zur Entfaltung: Erfolgreiche Absolventen sind zwar in der Lage, sämtliche Regeln sowie deren Ausnahmen der fremden Sprache in einer wohlgeordneten Broschüre fehlerfrei darzustellen, aber meist nicht fähig, in London ihre Stiefel besohlen zu lassen oder in Paris ein Frühstück zu bestellen.

Die Schrift des Marburger Universitätsprofessors Wilhelm Viëtor *Der Sprachunterricht muss umkehren* (1882) wird oft als Ausgangspunkt für die Reformbestrebungen für den neusprachlichen Unterricht und damit für die spätere direkte Methode angeführt. Viëtor „wandte sich in erster Linie gegen die Vorherrschaft der Schrift und der Grammatik im Unterricht von lebenden Fremdsprachen" (Neuner/Hunfeld, 1993, S. 33).

> „Im Vordergrund des Unterrichts sollte die aktive mündliche Sprachbeherrschung stehen. Deshalb sollte der Ausspracheschulung besondere Beachtung geschenkt werden; Erkenntnisse der Phonetik und die phonetische Umschrift sollten in den Fremdsprachenunterricht miteinbezogen werden.
>
> Weiterhin kritisierte Viëtor das sinnlose Lernen von zusammenhanglosen Wörtern in Wörterlisten und forderte deren Einbettung bzw. deren Darbietung in einem Satzzusammenhang. [...] Er warf der Grammatik-Übersetzungs-Methode vor, sie betreibe Grammatik nur um der Grammatik willen. Regellernen sei aber nur sinnvoll, wenn sich der Schüler die Regeln aus einer Vielzahl von Beispielen selbst erarbeiten könne. Viëtor spricht sich damit für den induktiven Weg des Grammatiklernens aus (‚vom Beispiel zur Regel'; vgl. dagegen das deduktive Verfahren der Grammatik-Übersetzungs-Methode, das die Regeln vorgibt und sie an Beispielsätzen verdeutlicht)" (Neuner/Hunfeld, 1993, S. 34).

Die GÜM hält sich aber trotzdem bis in das 20. Jahrhundert. Eine frühes Deutsch-Lehrbuch, das in seinem Vorwort als ein „hervorragendes Hilfsmittel zur Erlernung des Deutschen" bezeichnet wird, ist die 1929 vom Verlag des Deutschen Instituts für Ausländer aufgelegte *Deutsche Sprachlehre für Ausländer* von Hans Schulz und Wilhelm Sundermeyer. Zielgruppe sind Menschen im In- und Ausland (vorrangig Studierende). „In der Anordnung des Lehrstoffes folgt das Buch der gewöhnlichen grammatischen Systematik" (Schulz/Sundermeyer, 1929, Vorwort). Es ist nicht mehr die „klassische" GÜM, da u.a. das Übersetzen wegfällt, aber durch den stark grammatikalisierenden Ansatz steht das Lehrbuch direkt in der Tradition der GÜM.

1. Artikel und Substantiv

Verb: Infinitiv und 3. Person Präsens

Übungsstück: Die Familie

1. Der Vater schreibt. Die Mutter kocht. Das Kind spielt. Der Großvater schreibt nicht, er hört Radio. Die Großmutter schläft; sie ist krank. Das Mädchen arbeitet; es macht das Zimmer rein.

2. Der Vater sitzt, der Großvater sitzt auch; aber die Mutter steht, und die Großmutter liegt auf dem Sofa. Der kleine Bruder (der kleine Junge) läuft und springt. Die große Schwester spielt Klavier; die kleine Schwester (das kleine Mädchen) tanzt und singt.

3. Die Uhr geht, sie tickt. Sie geht nicht falsch; sie geht nicht vor, sie geht auch nicht nach, sie geht richtig. Das Feuer brennt, und der Ofen (der Heizkörper, die Zentralheizung) macht das Zimmer warm.

4. Ein Mann klingelt und klopft. Das ist der Briefträger. Das Mädchen geht und macht die Tür auf. Der Briefträger bringt einen Brief, eine Karte und ein Buch; er bringt heute keine Zeitung und kein Paket. Das Mädchen macht die Tür zu. Der Sohn (der große Bruder) liest den Brief, die Tochter (die große Schwester) liest die Karte, und der Großvater liest das Buch. Er hat eine Brille, aber die Tochter hat keine Brille und der Sohn auch nicht.

Der Artikel (Das Geschlechtswort)

Das Substantiv (Das Ding- oder Hauptwort)

Das Geschlecht:	das Maskulinum	(männlich)
	das Femininum	(weiblich)
	das Neutrum	(sächlich)

Abb. 1: *Deutsche Sprachlehre für Ausländer*, 1929, S. 3

Die Beispielseite aus Schulz/Sundermeyer kommt ganz ohne visuelle Unterstützung aus. Der Lehrwerkstext behandelt vor allem eine familiäre Situation: Mitglieder einer Familie befinden sich in einem Zimmer und tun überwiegend „Intransitives“. Soziale Interaktion und Lebenswirklichkeiten kommen nicht vor. Semantisch betrachtet ist der Text von geradezu absurder Sinnlosigkeit. Nicht umsonst macht der gelernte Sprachlehrer Ionesco in seinen Theaterstücken Anleihen in Lehrbüchern dieser Art. Priorität hat die Grammatik, wie schon aus den expliziten Überschriften hervorgeht.

Auch die im Jahr 1955 erschienene *Deutsche Sprachlehre für Ausländer* von Dora Schulz und Heinz Griesbach für Menschen, die aus dem Ausland nach Deutschland kommen, um z.B. an einer deutschen Universität zu studieren oder um in Deutschland beruflich tätig zu werden (vgl. *http://www.hueber.de/sixcms/list.php?page=pg_zeitreise_50j&jahr=1955*) wird von Hermann Funk und Michael König noch der GÜM zugeordnet (Funk/König, 1991, S. 38), gilt aber auch oft als Beispiel für die „vermittelnde Methode“ (siehe die Argumentation bei Neuner/Hunfeld, 1993, S. 70–81; siehe auch Kapitel 2.2).

Unsere Familie

Mein Vater und meine Mutter sind meine Eltern. Ich bin ihr Sohn. Meine Eltern haben auch eine Tochter. Sie ist meine Schwester, und ich bin ihr Bruder. Wir sind Geschwister. Unsere Familie lebt in Stuttgart.

Mein Vater hat keine Eltern mehr. Sie sind tot. Meine Mutter hat noch einen Vater und eine Mutter. Unsere Großeltern leben auch in Stuttgart. Wir lieben unseren Großvater und unsere Großmutter sehr.

Mein Vater hat einen Bruder. Er ist unser Onkel, seine Frau ist unsere Tante. Ich bin sein Neffe, und meine Schwester ist seine Nichte. Seine Kinder sind unsere Vettern und Kusinen. Meine Mutter hat eine Schwester. Sie ist auch meine Tante.

Großvater	–	Großmutter	Bruder	–	Schwester
Vater	–	Mutter	Onkel	–	Tante
Sohn	–	Tochter	Vetter	–	Kusine

Abb. 2: *Deutsche Sprachlehre für Ausländer*, 1970[5], S. 30.

Der Lehrwerkstext ist eine syntaktische Präsentation der Substantive im „Schüttelkasten“ unter dem Text. Er ist konstruiert zur Vermittlung von Verwandtschaftsbezeichnungen (Wortschatz) einerseits und, was die Grammatik betrifft, des Possessivpronomens. Die Zeichnung hat dekorativen Charakter.

Aufgabe 3

Recherchieren Sie bitte im Internet zu Zielen, linguistischen Grundlagen, lerntheoretischen Grundlagen, Unterrichtsprinzipien, Inhalten, Textsorten, Übungsformen und Progression im Rahmen der GÜM (Web-Adressen zur GÜM und zu allen weiteren methodischen Ansätzen finden Sie im Literaturverzeichnis auf S. 154–155). Machen Sie Notizen und tragen Sie sie in die folgende Tabelle ein.

Tabelle 2:

	Grammatik-Übersetzungs-Methode GÜM
Ziele	
Linguistische und lerntheoretische Grundlagen	
Unterrichtsprinzipien	
Fertigkeiten	
Inhalte/Textsorten	
Übungsformen	
Progression	
Ausgangssprache	
Lehrerrolle	
Sonstiges	

Aufgabe 4 Gibt es Ihrer Meinung nach Elemente in der GÜM, die auch im heutigen Fremdsprachenunterricht eine Rolle spielen? Welche Elemente halten Sie für Ihren eigenen Unterricht für sinnvoll? Tauschen Sie sich in Ihrer Lerngruppe aus.

2.2 Die „vermittelnde" Methode

Gegen Ende des neunzehnten Jahrhunderts werden unter dem Einfluss der Reformbewegung die Lehrpläne für die lebenden Fremdsprachen dahingehend revidiert, dass der praktische Bezug beim Sprechen und Schreiben besonders betont wird und die Grammatik nur noch als Mittel zum Zweck des Kommunizierens definiert ist. Nach Wolfgang Butzkamm ist die (so entstandene) **vermittelnde Methode** lediglich eine Minimalreform, „die an den neuen Ausgaben der Standardlehrbücher [...] deutlich abzulesen ist: sie unterscheiden sich von früheren Ausgaben lediglich durch die Vorschaltung eines phonetischen Kurses und den Einbau gelegentlicher ‚Sprechübungen'" (Butzkamm, 1978, S. 34). Viëtor selbst bezeichnet diese Minimalreform als „mittelmäßig".

2.3 Die direkte Methode

Der zu Ende des 19. Jahrhundert sprunghaft gewachsene internationale Handel und überhaupt die Ausweitung der zwischenstaatlichen Beziehungen hat zur Folge, dass mehr und mehr Erwachsene allein schon aus beruflichen Gründen eine Fremdsprache lernen wollen. Anbieter sind überwiegend Sprachschulen oder Hauslehrer.

Die Kritik der Reformer führt zu methodischen Ansätzen, die mit den Adjektiven neu, natürlich, imitativ, → induktiv oder synthetisch bezeichnet werden. Unter der Bezeichnung **direkte Methode** können diese Ansätze zusammengefasst werden, wobei auch die Prinzipien von Berlitz einbezogen sind. LehrerInnen, frustriert von den Beschränkungen der GÜM, wenn es um die kommunikative Kompetenz ihrer Lernenden geht, beginnen Fremdsprachen in einer Weise zu unterrichten, die dem Erstspracherwerb ähnelt.

Anstatt den Unterrichts-Schwerpunkt auf die Erklärung grammatischer Regeln zu legen, ermutigen sie zum direkten und spontanen Gebrauch der Zielsprache. Die Lernenden erschließen sich dann die grammatischen Regeln. Im Anfängerunterricht wird auf Lehrbücher verzichtet; das Sprechen beginnt mit Nachsprechen und einem systematischen Aussprachetraining. Neues Vokabular wird unter Zuhilfenahme von Demonstrationen, Objekten und Bildern eingeführt. Die Muttersprache wird aus dem Unterricht verbannt – man bewegt sich so weit wie möglich weg von den Prinzipien der GÜM (vgl. Richards/Rodgers, 2001, S. 11).

Ein Beispiel dafür ist der deutschstämmige Maximilian Delphinius Berlitz (oder David Berlizheimer), ein Anhänger der GÜM. Er macht nach seiner Auswanderung in die Vereinigten Staaten eine methodische Kehrtwendung. 1878 gründet er in Providence, Rhode Island ein Unternehmen, das bald weltweit unter dem Namen *Berlitz International, Inc.* bekannt wird. 1887 erscheint sein Buch *Methode Berlitz*. Bald schon gibt es weltweit Sprachschulen, in denen nach seinen Prinzipien unterrichtet wird. In vielen anderen privaten Sprachschulen wird oft nach der sogenannten direkten Methode unterrichtet (die mit der Berlitz-Methode übereinstimmt), und zwar – wie auch bei Berlitz – ausschließlich durch MuttersprachlerInnen.

Die Berlitz-Lernmethode: Unterricht nur in der Zielsprache

Die Prinzipien sind bis heute dieselben geblieben: Der Unterricht erfolgt ausschließlich in der Zielsprache, der Schwerpunkt liegt auf dem gesprochenen Wort. Die Schüler lesen und schreiben nur das, was sie bereits gesagt und verstanden haben. Auch die Grammatik wird auf natürliche Weise durch deren Gebrauch gelernt. Die Kursteilnehmer sollen die Fähigkeit entwickeln, in der neuen Sprache zu denken und sie nicht zu übersetzen. Sie sollen neue fremdsprachliche Begriffe mit Objekten und Ideen assoziieren, nicht mit Wörtern aus ihrer Muttersprache. Die Lehrer ermutigen ihre Schüler, auf Fragen nur in der Zielsprache zu antworten, um auf diese Weise ein umfangreiches Vokabular aufzubauen.

Konversation und Imitation sind also die Grundpfeiler der Berlitz-Methode. Die Fremdsprache soll wie einst die Muttersprache erlernt werden.

(*http://www.wissen.de*, Suchbegriff: Berlitz, 10.04.2006)

Seit der Gründung 1968 arbeiten auch die inlingua-Sprachschulen (*www.inlingua-deutschland.de/297.html*) nach den im Folgenden aufgelisteten Prinzipien der direkten Methode.

„Die **inlingua**-Methode basiert auf den folgenden Prinzipien:

- Der Lehrer unterrichtet ausschließlich in der Zielsprache.
- Der Lehrer gibt den Lernenden die Möglichkeit, so viel wie möglich während der Unterrichtsstunde selbst zu sprechen.
- Der Lehrer führt den größten Teil der Unterrichtsstunde mündlich durch, mit geschlossenem Buch.
- Der Lehrer konzentriert sich mehr auf das Vermitteln von Strukturen (z.B. wie Wörter zusammengefügt werden) als auf die Vermittlung einzelner Wörter.
- Der Lehrer kontrolliert seinen Unterricht so, dass die meisten der von den Lernenden produzierten Sätze korrekt sind.
- Der Lehrer analysiert das Vorwissen der Lernenden, bevor er ein Modell oder eine Lösung selbst bereitstellt.
- Der Lehrer reduziert die Anzahl der theoretischen Erklärungen auf ein Minimum.
- Der Lehrer ermutigt den Lernenden, eine kreative Rolle im Lernprozess zu spielen.
- Der Lehrer beachtet die Prinzipien der angewandten Psychologie“ (The International inlingua® Schools of Languages, 1980, S. 5).

Aufgabe 5

Bitte schauen Sie sich den Ausschnitt aus dem Lehrbuch *inlingua Deutsch 1* auf der nächsten Seite an. Was fällt Ihnen hier auf? Was sind die Charakteristika?

Neunte Lektion

Auf diesem Bild sehen Sie die Familie Keller. Herr Keller sitzt in seinem Sessel und liest die Zeitung. Neben ihm steht der Fernsehapparat. Ursula, die Tochter von Herrn Keller, sitzt auf dem Boden und schaut auf den Bildschirm. Ihr Bruder Stephan liegt auf der Couch und liest ein Buch. Frau Keller steht am Fenster. Der Hund Axel liegt auf dem Teppich in der Mitte des Zimmers. Er schläft.

WO?	WOHIN?
Ursula sitzt **auf dem** Boden. WO sitzt sie? Auf **dem** Boden.	Ursula schaut **auf den** Bildschirm. WOHIN schaut sie? Auf **den** Bildschirm.
Stephan liegt **auf der** Couch. WO liegt er? Auf **der** Couch.	Herr Keller schaut **in die** Zeitung. WOHIN schaut er? In **die** Zeitung.
Herr Keller sitzt **in dem** Zimmer. WO sitzt Herr Keller? In **dem** Zimmer.	Stephan schaut **in das** Buch. WOHIN schaut Stephan? In **das** Buch.

	WO?			WOHIN?	
an auf hinter in neben über unter vor zwischen	**dem** **der** **dem** **den**	Teppich Zeitung Haus Teppichen / Zeitungen / Häusern	*(maskulin)* *(feminin)* *(neutral)* *(Plural)*	**den** **die** **das** **die**	Teppich Zeitung Haus Teppiche / Zeitungen / Häuser

Abb. 3: *inlingua Deutsch 1*, S. 39.

Wie Sie vielleicht selbst herausgefunden haben, sind die Personen auf der Zeichnung, ebenso wie Tisch und Stuhl, Inventar eines Zimmers. Sie geben keinen Hinweis auf soziales Miteinander; individuelle Lebenswirklichkeiten sind nicht erkennbar. Die Figuren tauchen im weiteren Verlauf nicht mehr auf. Die Zeichnung hat einerseits dekorativen Charakter, dient aber auch dem Verständnis des Textes. Dieser wiederum zielt auf die Vermittlung eines spezifischen Wortschatzes und eines spezifischen grammatischen Phänomens – und ist sehr deutlich ein für diese Zwecke konstruierter (Lehrwerks-)Text.

Aufgabe 6

Recherchieren Sie bitte im Internet (siehe Web-Adressen auf S. 154–155) zur direkten Methode.

Tabelle 3:

	Direkte Methode
Ziele	
Linguistische und lerntheoretische Grundlagen	
Unterrichtsprinzipien	

Fertigkeiten	
Inhalte/Textsorten	
Übungsformen	
Progression	
Ausgangssprache	
Lehrerrolle	
Sonstiges	

Aufgabe 7

Gibt es Ihrer Meinung nach Elemente in der direkten Methode, die auch im heutigen Fremdsprachenunterricht eine Rolle spielen? Welche Elemente halten Sie für Ihren eigenen Unterricht für sinnvoll? Tauschen Sie sich in Ihrer Lerngruppe aus.

2.4 Die audiolinguale Methode (ALM)

Die **audiolinguale Methode** wird in den USA in den dreißiger Jahren und dann im Verlauf des Zweiten Weltkrieges für die Bedürfnisse und Lernvoraussetzungen einer ganz bestimmten Zielgruppe entwickelt: Es besteht Bedarf an Militärdolmetschern, insbesondere für „exotische“ Sprachen wie Japanisch und Chinesisch (vgl. Neuner/Hunfeld, 1993, S. 45). In sehr intensiven Sprachkursen sollen TeilnehmerInnen in kürzester Zeit in die Lage versetzt werden, sich mit der einheimischen Bevölkerung zu verständigen (vgl. Butzkamm, 1978, S. 99). Die neue Methode schließt viele Charakteristika der „direkten Methode“ ein, wird aber ergänzt durch das Unterrichten immer komplexer werdender zielsprachlicher Muster („linguistic patterns“), die sich durch Imitation und häufiges Wiederholen einschleifen und so zur Gewohnheit werden sollen („habit-forming“).

Im Auftrag des Militärs wurden von Sprachwissenschaftlern zahlreiche Sprachprogramme entwickelt. Diese Methode ist eine der ersten, die sich auf linguistische und psychologische Grundlagen stützt: den amerikanischen → Strukturalismus und die → behavioristische Lernpsychologie. Der Strukturalismus sieht die Sprache als ein Zeichensystem und will dessen Struktur erfassen, indem er die Beziehung der Teile zueinander erforscht; der Behaviorismus ist eine Forschungsrichtung der amerikanischen Sozialpsychologie, die das Verhalten der Menschen vom Reiz-Reaktionsschema bestimmt sieht (dazu mehr z.B. bei Neuner/Hunfeld, 1993, S. 58–61).

Aufgabe 8

Bitte schauen Sie sich den Ausschnitt aus dem Lehrwerk *Kommuniationskurs Türkisch sprechen* auf der nächsten Seite an. Was fällt Ihnen hier auf? Was sind die Charakteristika?

Im Vorspann zu dem oben genannten Lehrwerk heißt es:

> „Sie haben ein Lehrbuch in Händen, das sich in vieler Hinsicht von traditionellen Lehrwerken unterscheidet. Beim ersten Durchblättern werden Sie eine wesentliche methodische Besonderheit gleich erkennen: Der *Kommunikationskurs Türkisch sprechen* enthält keine Lesestücke. Statt dessen finden Sie Modelldialoge und Modellsätze zum Zuhören und Nachsprechen sowie eine große Zahl von Tonbandübungen, in denen Sie selbst aktiv eine bestimmt Rolle übernehmen müssen. [...] Hören Sie sich jeden einzelnen Dialog im A-Teil mehrmals vom Tonband an. Schauen Sie beim Anhören zunächst in die Übersetzung und anschließend in den türkischen Text. Klären Sie Unklarheiten

mit Hilfe des Wörterverzeichnisses und der Erläuterungen. Hören Sie sich dann die Dialoge wieder mehrmals an, ohne dabei ins Buch zu schauen" (*Kommunikationskurs Türkisch sprechen*, 1985, S. 5 und 7).

5 Eine türkische Familie

Sie sitzen in einem Zugabteil und beobachten, wie zwei türkische Mitreisende miteinander ins Gespräch kommen. Im Verlauf der Unterhaltung zeigt einer der Reisenden, Sencer Bey, Fotos seiner Angehörigen:

A 1

- İşte bu benim ağabeyim Mümtaz. Ağabeyim yirmi beş yaşında. Kendisi elektrik mühendisi ve Ankarada oturuyor.
- Ağabeyiniz evli mi?
- Evet, evli.
- Çocuğu var mı?
- Evet, üç çocuğu var, ikisi kız, biri oğlan.

A 2

- Bu ablam Semiha. Kendisi Almanyada kalıyor. Beş yıldır orada diş teknisyeni olarak çalışıyor.
- Ablanız kaç yaşında?
- Yirmi üç yaşında.
- Evli mi?
- Hayır, evli değil, bekâr.

Abb. 4: *Kommunikationskurs Türkisch Sprechen. Grundsituationen*, 1985, S. 44

2.5 Die audiovisuelle Methode (AVM)

Die **audiovisuelle Methode** basiert ebenso wie die audiolinguale Methode auf strukturalistischen und behavioristischen Vorstellungen, wird aber ergänzt durch visuelle Elemente.

> „Eine an alltäglichen Situationen orientierte Sprache wird in Dialogen präsentiert. Sie sind für den Unterricht konstruiert, bieten die jeweiligen grammatischen Phänomene und den entsprechenden (meist minimalen) Wortschatz dar. Grammatische Regeln werden nicht vermittelt. Die Sprachvermittlung wird visuell (Bilder, Dias, Filmstreifen) begleitet und unterstützt. Die in Situationen eingebetteten Sprachmuster werden in Sprechübungen (pattern practice) im Sprachlabor unter Benutzung von Tonbandübungen eingeschliffen. Die notwendige Technik (Dia-Projektor, Filmstreifenprojektor, Tonbandgerät und/oder Sprachlabor) und die oft sehr starren Anleitungen für das methodische Vorgehen im Unterricht lassen Lehrenden wenig oder gar keinen Spielraum zu eigenem lerngruppenabgestimmten Vorgehen" (Jung, 2001, S. 138).

Aufgabe 9

Bitte schauen Sie sich den Ausschnitt aus dem Lehrwerk *Audio-Visual French* auf der nächsten Seite an. Was fällt Ihnen hier auf? Was sind die Charakteristika?

La famille Marsaud

leçon un
première leçon 1

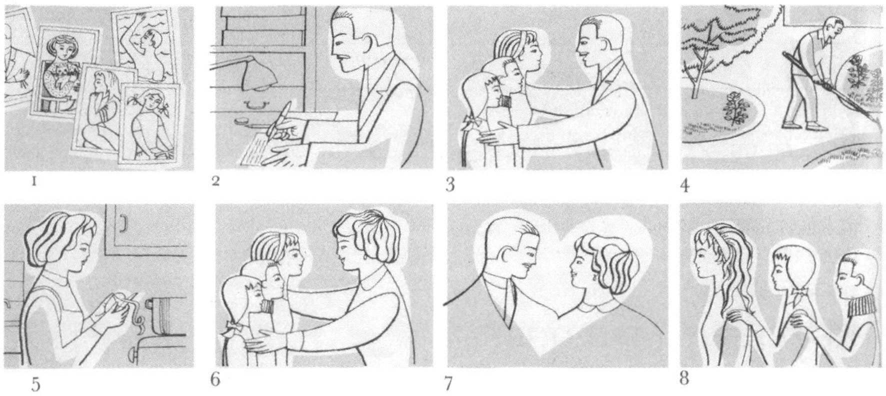

A

[1] Voici la famille Marsaud. [2] Voici Monsieur Marsaud. [3] Monsieur Marsaud est le père de la famille. [4] Il est dans le jardin. [5] Voici Madame Marsaud dans la cuisine. [6] Madame Marsaud est la mère de la famille. [7] Elle est la femme de Monsieur Marsaud, [8] et la mère des enfants.

Répondez s'il vous plaît

Regardez les images 1–8

1. Qui est-ce?
2. Qui est-ce?
3. Qui est le père de la famille?
4. Où est-il?
5. Où est Mme Marsaud?
6. Qui est la mère de la famille?
7. Qui est la femme de M. Marsaud?
8. De qui est-elle la mère?

Abb. 5: *Audio-Visual French,* 1973, S. 10–11

Zu dem Schülerbuch *Audio-Visual French*, aus dem wir die Seite oben genommen haben, gehören noch Arbeitsbuch, Lehrerhandbuch und Bildkarten sowie Tonbandaufnahmen und Filmstreifen. Letztere sind im audio-viduellen Unterricht von zentraler Bedeutung. Das Lehrbuch hat dabei eine begleitende Funktion. Es unterstützt noch einmal visuell die gesprochenen Dialoge – beachten Sie, wie dominant die Zeichnungen gegenüber dem gedruckten Wort auf der Seite sind –, stellt die Texte dafür bereit und gibt Hinweise, die für die mündlichen Übungen nötig sind.

Aufgabe 10

Recherchieren Sie bitte im Internet (Web-Adressen auf S. 154–155) zur audiolingualen und audiovisuellen Methode.

Tabelle 4:

	Audiolinguale Methode/Audiovisuelle Methode
Ziele	
Linguistische und lerntheoretische Grundlagen	
Unterrichtsprinzipien	
Fertigkeiten	
Inhalte/Textsorten	
Übungsformen	

Progression	
Ausgangssprache	
Lehrerrolle	
Sonstiges	

Aufgabe 11

Gibt es Ihrer Meinung nach Elemente der ALM und der AVM, die auch im heutigen Fremdsprachenunterricht eine Rolle spielen? Welche Elemente halten Sie für Ihren eigenen Unterricht für sinnvoll? Tauschen Sie sich in Ihrer Lerngruppe aus.

2.6 „Alternative" Methoden

„Alternative Methoden" werden teils deshalb als „alternativ" bezeichnet, weil sie eine neue Einstellung zum Lernenden, teils weil sie eine völlig neue Art des Unterrichtens propagieren. Sie setzen sich zumeist über fest verankerte didaktische Prinzipien hinweg, wie z.B. Einsprachigkeit, sorgfältig gestufte grammatische Progression, didaktisch präparierte und vorentlastete (Lehrbuch-)Texte sowie unterrichtliche Verfahrensweisen. Sie kreieren jeweils ihre eigenen Vorschriften für den Unterrichtsverlauf und das Lehrerhandeln (vgl. Albert, o.J., und Jung, 2001, dort finden Sie auch weiterführende Literaturangaben). Zu den alternativen Methoden zählen u.a.:

- Suggestopädie/Superlearning
- Total Physical Response (TPR)
- Silent Way
- Community Language Learning
- Tandem

2.6.1 Suggestopädie

Die Suggestopädie versteht sich als ganzheitliches Lehr- und Lernverfahren. Sie geht zurück auf die Experimente und Untersuchungen des bulgarischen Arztes und Psychologen Georgi Lozanov in den 60er Jahren des vorigen Jahrhunderts. Lozanov ging davon aus, dass jeder Mensch einen Großteil seines geistigen Potentials nicht nutzen könne. Negative Lernerfahrungen sowie ein – oft unbewusst vorhandenes – gesellschaftlich und kulturell geprägtes, negatives Selbstbild verhinderten die volle Nutzung der vorhandenen Möglichkeiten (vgl. Riedel, 2000, S. 231). Lozanov versuchte, über die Gestaltung der Lernsituation sowie durch einen bestimmten Ablauf der Unterrichtsphasen den Lernprozess positiv zu beeinflussen und Lernhemmungen abzubauen (Edelmann, 2000[3], S. 33).

Mit Beginn der 70er Jahre wurden Lozanovs Gedanken – oft sehr vereinfacht – in der westlichen Welt, zunächst vor allem in den USA und Kanada verbreitet. In dieser Zeit entstand auch der Begriff „Superlearning" für Lozanovs Methode. Er geht zurück auf den Titel eines Buches der Amerikanerinnen Sheila Ostrander und Lynn Schroeder aus dem Jahre 1979. Im Laufe der Zeit entwickelten sich verschiedene Richtungen der Suggestopädie. Ihr Anwendungsbereich beschränkt sich heute nicht mehr auf den Fremdsprachenunterricht, sondern wird auch von Firmen zur Mitarbeiterschulung eingesetzt (vgl. die zusammenfassende Darstellung bei Riedel, 2000, S. 236–239).

Bei allen Unterschieden in der Gewichtung der Einzelelemente zeichnet sich die Suggestopädie in Deutschland heute durch folgende Charakteristika aus:

1. Suggestopädischer Unterricht findet in bestimmten Sequenzen statt, dem sogenannten suggestopädischen Kreislauf. Bestandteile dieses Kreislaufs sind unter anderem eine Präsentation des Lernstoffes durch die Lehrkraft sowie verschiedene Übungs- und Aktivierungsphasen. In einer bestimmten Phase fördert Musik die Entspannung und unterstützt die Aufnahme des Lernstoffs.
2. Ein weiteres Prinzip ist das Lernen mit allen Sinnen. Möglichst breitgefächerte Lernangebote sollen die unterschiedlichen Lerntypen und Lernkanäle ansprechen.
3. Die Suggestopädie versucht gezielt, das Potential der Lerngruppe für das Lernen nutzbar zu machen. Vor allem in den Übungsphasen („Aktivierung") spielen Gruppenaktivitäten eine große Rolle.
4. Eine angenehme, anregende Lernatmosphäre soll helfen, Lernblockaden abzubauen. Dazu gehören nicht nur die ansprechende Gestaltung des Unterrichtsraums sondern auch gegenseitiger Respekt und Wertschätzung.

2.6.2 Total Physical Response

Unter **Total Physical Response** (TPR) wird eine Fremdsprachenlehrmethode verstanden, die auf einigen grundlegenden Beobachtungen des kindlichen Spracherwerbs aufbaut, z.B. dass das Zuhören und Verstehen von verschiedenen physischen Reaktionen begleitet ist (lächeln, nach etwas greifen, etwas aufnehmen, schauen usw.) – lange bevor die Lernenden beginnen, die Sprache selbst mündlich zu gebrauchen. Beim TPR wird Lernen mit körperlicher Aktivität kombiniert. Es soll Spaß machen und so entspannt wie möglich sein.

Der Unterricht mit TPR läuft nach festen Mustern ab: Die Lehrkraft beschreibt in Worten eine Handlung und führt diese gleichzeitig pantomimisch oder real aus. Sie fordert die Lernenden auf, die Handlungen ebenfalls in gleicher Weise auszuführen. So lernen sie zunächst, auf einfache, kurze Aufforderungen zu reagieren. Nach und nach werden die sprachlichen Äußerungen komplexer, aber die Grundmethode bleibt unverändert (nach: http://www.englishraven.com/method_TPR.html, 10.05.2006).

Charakteristika von TPR sind:

1. Die Lehrkraft gibt Anweisungen und die Lernenden handeln in Reaktion darauf.
2. Die Befehlsform ist – auch auf fortgeschrittenerem Niveau – die am häufigsten benutzte sprachliche Form.
3. Der Schwerpunkt des Unterrichts liegt auf der Fertigkeit des Zuhörens und auf dem Umsetzen des Gehörten in körperliche Bewegung.
4. Die mündliche Produktion Die Lernenden brauchen erst dann zu sprechen, wenn sie sich dazu bereit fühlen bzw. genügend Selbstvertrauen dazu haben.
5. Wo immer möglich wird Humor in die Unterrichtsstunden gebracht, damit diese stressfrei und angenehm verlaufen.

aus einem Lehrbuch, das auf TPR basiert

LESSON 1

1. *Stand the children up in the middle of the room. Walk to one end of the room and beckon the children.*

   Teacher: Haere mai.

2. *As soon as the children come to you, repeat, moving to different parts of the room, speaking and beckoning each time.*

   Teacher: Haere mai.

3. *Move from place to place in the room, calling the children without beckoning.*

   Teacher: Haere mai.

4. *Send individual children to different parts of the room to call class.*

   Child: Haere mai.

   Class moves to child.

Abb. 6: *Oral Maori 1*, 1976, S. 1

Übersetzung

Lektion 1

1. Lassen Sie die Kinder sich in die Mitte des Klassenzimmers aufstellen. Gehen Sie zur einen Seite des Zimmers und winken Sie die Kinder zu sich.

LehrerIn: Kommt her.

2. Sobald die Kinder zu Ihnen gekommen sind, wiederholen Sie, gehen Sie dabei in einen anderen Teil des Zimmers, sprechen Sie und winken Sie jedes Mal die Kinder zu sich.

LehrerIn: Kommt her.

3. Wechseln Sie immer wieder Ihren Platz im Zimmer und rufen Sie die Kinder, ohne ihnen zuzuwinken.

LehrerIn: Kommt her.

4. Schicken Sie einzelne Kinder in verschiedene Teile des Zimmers und bitten Sie sie, die anderen Kinder zu rufen.

Kind: Kommt her.

Die Kinder gehen zu diesem Kind hin.

2.6.3 Silent Way

Die von Caleb Gattegno in den 60er Jahren entwickelte Methode basiert auf der Vorstellung, dass Menschen dann am besten eine Sprache lernen, wenn sie sie selbstständig entdecken, Hypothesen über die Regeln formulieren und diese durch eigenständige Anwendung überprüfen, wobei sie selbst die Fehler finden und korrigieren. Die Lehrkraft sollte in ihrer Rolle als Unterstützer und Stimulator im Unterricht so schweigsam wie möglich sein, um es den Lernenden zu ermöglichen, so viel Sprache wie möglich zu produzieren. Die **Silent-Way**-Methode sieht Lernen als problemlösende, kreative Aktivität, d.h. die Lernenden entdecken und kreieren, anstatt zuzuhören und zu wiederholen.

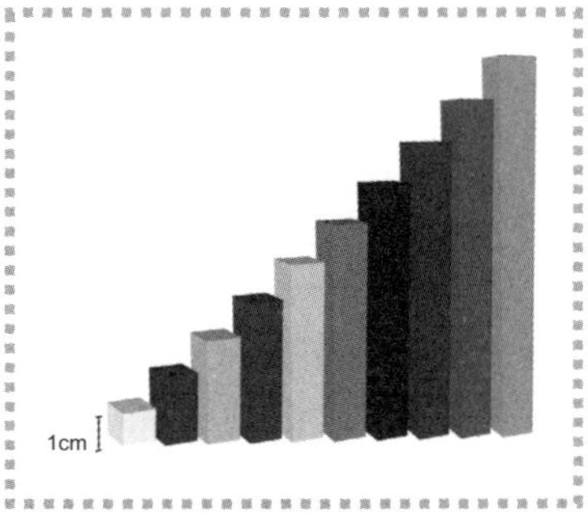

Charakteristische Merkmale des Silent Way sind:

1. Das Lernen wird durch bestimmte Gegenstände unterstützt, z.B. Wandtafeln, auf der die Grapheme der Zielsprache farblich repräsentiert sind und die den Lernenden helfen sollen, Elemente der Zielsprache akzentfrei zu produzieren.
2. Worttafeln helfen den Lernenden, Sätze zu bilden.
3. Das Lehren ist dem Lernen untergeordnet; die Lehrkraft schweigt und sagt nur etwas, wenn es absolut notwendig ist.
4. Die Lernenden werden ermuntert, einander in einer kooperativen Weise zu helfen.
5. Farbige Stäbchen werden verwandt, um z.B. Strukturen zu visualisieren. (Hier werden sie benutzt, um die Wortstellung im Aussage- bzw. Fragesatz zu verdeutlichen.)

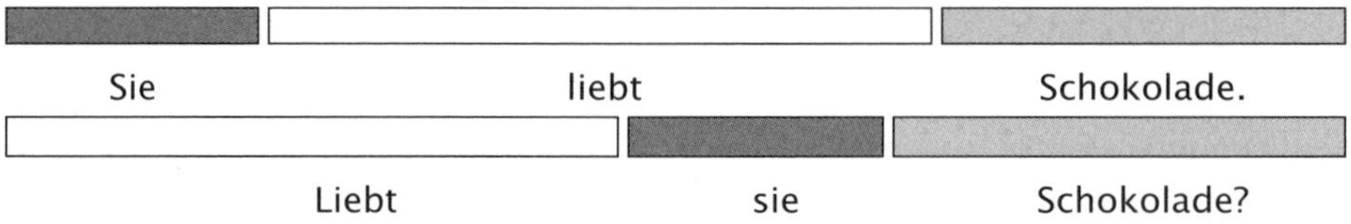

6. Die Lehrkraft benutzt ihre Hände, um anzuzeigen, dass etwas korrigiert oder verändert werden sollte.
7. Die Lernenden werden ermutigt, Feedback zur Unterrichtsstunde und zu ihrem Lernerfolg zu geben.

2.6.4 Community Language Learning

Diese Methode wurde in den 70er Jahren von Charles A. Curan, einem Professor der Psychologie, entwickelt. Er übertrug die Metapher und Methoden der psychologischen Beratung auf den Sprachlernprozess. Curan hatte sich ausgiebig mit dem Lernen Erwachsener beschäftigt. Eines der Ziele seiner Methode war es, die Bedrohlichkeit der Lernsituation und die damit verbundenen Ängste zu reduzieren, indem die Lehrkraft als mitfühlender Helfer im Lernprozess fungiert, der den Lernenden in seinem Prozess begleitet und berät. **Community Language Learning** sieht den Lernenden als „ganzen Menschen" mit Gefühlen und Einstellungen, Beziehungen, Schutzbedürfnis – und dem Wunsch zu kommunizieren als Motivation zu lernen.

Bei dieser Methode sitzen die Lernenden normalerweise im Stuhlkreis, wobei sich die Lehrkraft in ihrer Beraterrolle außerhalb des Kreises befindet. Die Lernenden benutzen zunächst Sprache, um vertrauensvolle Beziehungen zu den anderen Lernenden aufzubauen. Was sie sagen wollen, sagen sie zunächst in ihrer Muttersprache. Die Lehrkraft übersetzt die Äußerung in die Zielsprache; der Lernende versucht, die zielsprachliche Äußerung zu wiederholen. Andere Lernende können dann unter Nutzung desselben Verfahrens antworten. Diese Technik wird dann eine ganze Zeit lang wiederholt, bis die Lernenden die Zielsprache ohne Übersetzung benutzen können. Sie werden in diesem Prozess immer unabhängiger von dem Lehrer/Berater.

Charakteristika dieser Methode sind:

1. Die Lernenden werden als „Lerner/Klienten" und die Lehrenden als „Lehrer/Berater" gesehen.
2. Eine auf gegenseitigem Vertrauen basierende Beziehung wird als unbedingt notwendig für den Lernprozess erachtet.
3. Grammatik und Vokabular werden induktiv unterrichtet.
4. Lerneräußerungen in der Zielsprache werden aufgenommen und später angehört.
5. Die Lernenden wenden die Zielsprache unabhängig und ohne Übersetzung an, wenn sie sich dazu bereit fühlen.
6. Die Lernenden werden ermutigt, ihre Gefühle zur Sprache und zum Lernprozess zu äußern. Die Lehrenden reagieren darauf mit Verständnis (nach: *http://www.englishraven.com/method_TPR.html*, 10.05.2006).

2.6.5 Tandem

Beim Tandem-Lernen handelt es sich um eine Form des offenen Lernens, bei dem Personen mit verschiedenen Muttersprachen paarweise zusammenarbeiten, um voneinander ihre Sprachen zu lernen, um mehr über die Person und die Kultur des Partners zu erfahren und um auch andere

Kenntnisse – z.B. aus ihrem beruflichen Tätigkeitsbereich – auszutauschen. Jeder der beiden Partner nimmt sowohl die Lehrerrolle ein, wenn die Arbeit in seiner Muttersprache stattfindet, als auch die Lernerrolle, wenn die Arbeit in seiner Zielsprache geschieht.

Weitere alternative Methoden sind das neurolinguistische Programmieren (NLP), die Psychodramaturgie Linguistique (PDL) von Bernard und Marie Dufeu und andere.

Aufgabe 12

Tauschen Sie sich in Ihrer Lerngruppe über die unterschiedlichen alternativen Methoden aus. Wählen Sie ggf. eine weitere „alternative" Methode aus, die Sie interessiert, und recherchieren Sie wie schon bei den vorher behandelten Methoden.

Tabelle 5:

	gewählte Methode:
Ziele	
Linguistische und lerntheoretische Grundlagen	
Unterrichtsprinzipien	
Fertigkeiten	
Inhalte/Textsorten	
Übungsformen	
Progression	
Ausgangssprache	
Lehrerrolle	
Sonstiges	

2.7 Der kommunikative Ansatz

Die „pragmatische Wende" Ende der sechziger Jahre führt zu einer Abkehr von der systematischen Vermittlung grammatikalischen Regelwissens und strukturalistischer Übungsverfahren im muttersprachlichen und fremdsprachlichen Unterricht. Die Inhalte des Sprachunterrichts, die Lernenden selbst und ihr Lernprozess rücken in den Vordergrund. Sprache wird unter dem Einfluss von Sozialpsychologie (Habermas: *Was heißt Universalpragmatik?*) und der → Pragmalinguisten (Austin, 1962; Searle, 1969) nicht mehr nur als System von Formen, sondern als Aspekt sozialen Handelns verstanden[1]. Habermas (*Vorbereitende Bemerkungen zu einer Theorie der kommunikativen Kompetenz*, 1971) liefert auch den Begriff für den sich neu entwickelnden Ansatz, der als **kommunikativer Ansatz** beschrieben werden kann (vgl. Götze/Pommerin, 1991, S. 299).

---

[1] John L. Austin begründete 1955 die Sprechakttheorie, die von John Searle verbreitet, aber auch modifiziert wurde. Die Sprechakttheorie basiert auf der Annahme, dass man mit einer Aussage nicht nur Sachverhalte beschreibt, sondern eine kommunikative Handlung vollzieht.

2.7.1 Kennzeichen

Der kommunikative → Ansatz im Fremdsprachenunterricht stellt Kommunikationsfähigkeit in Alltagssituationen als das wichtigste Lernziel auf. Die Themen orientieren sich an den kommunikativen Grundbedürfnissen (Essen, Wohnen, Liebe, Gesundheit ...) der Lernenden; dabei spielt die Alltagskultur eine überragende Rolle bei der Themenfindung. Der selbstbewusst kommunizierende Lerner wird dabei zum Idealbild, das Regelpauken tritt in den Hintergrund. Das Sprechen und Hören ist wichtiger als das Lesen und Schreiben. Es gibt vorrangig authentische Texte, keine Übersetzungen und wenig Grammatik (vgl. Albert, o.J.). Übergreifendes Lernziel ist die sprachliche und kulturelle Handlungsfähigkeit in der Zielsprache und Zielkultur. Nach Barkowski/Harnisch/Kumm können Lehrende und Lehrbuchautoren nicht umhin, zu überlegen, wie kommunikative Fähigkeiten im Deutschunterricht entwickelt werden können.

> „Sprache kommt [...] aber nicht ‚an sich' vor, sondern immer in bestimmten Funktionen: man will fragen oder erklären, was ‚ohne Worte' eben nicht klar ist; man will sich vergewissern, ob die eigene Wahrnehmung mit der des anderen übereinstimmt; man will den Äußerungen des anderen zustimmen oder ihnen widersprechen oder sie modifizieren oder ...
>
> Sprache ohne diese kommunikative Funktionen kommt nur in Sprach-Lehrbüchern vor, in denen interesselos angesichts des Bildes eines Gegenstandes gefragt wird: ‚Was ist das? – Das ist eine Zigarette!' oder angesichts des Bildes einer Person: ‚Wer ist das? – Das ist ein Mann" (Barkowski/Harnisch/Kumm, 1980, S. 52).

Kapitel 6 74

● **Verständigungsbereiche (Notionen)**
Zeit und zeitliche Relationen: abgeschlossene Handlungen – Gegenwärtiges; Zeitpunkt, Zeitraum, Zeitablauf
Raum und räumliche Relationen: Ort, Richtung

● **Intentionen**
Unzufriedenheit/Tadel ausdrücken; Rechtfertigen, Begründen; jemanden (zu sprachlicher Hilfe) auffordern, sprachlich korrigieren; Informationen (zu Sachverhalten) erfragen und geben; jemanden auffordern, etwas einwenden, Einwände zurückweisen; Stationen eines Weges/Tages/einer Handlung rekonstruieren

● **Situationen**
Beim Chef, nach dem Einkauf, in der Werkstatt, zu Hause

A Texte und kommunikative Aufgaben

A1 Was haben Sie den ganzen Vormittag gemacht? .. 74
A2 Horst hat eingekauft 76
A3 a) Die Chefin hat angerufen! 78
b) Sie haben eben angerufen 79
A4 Verloren! 80
A5 Gefunden! 81
A6 Pech gehabt! 82
A7 Was ist passiert? 84
A8 Wer hat gewußt? 85

B Grammatik und grammatische Übungen

B1 Das Perfekt 86
B2 Das Perfekt: regelmäßige Verben 86
B3 Das Perfekt: unregelmäßige Verben 87
B4 Das Perfekt mit „haben" – das Perfekt mit „sein" . 87
B5 Trennbare Verben – nicht trennbare Verben: Partizip II 87
B6 Verben auf „-ieren": Partizip II 88
B7 Die Konjugation: Perfekt 88
Übungen Ü1 bis Ü6 88

Abb. 7: *Deutsch aktiv Neu 1a*. Inhaltsverzeichnis. 1986, S. 5

Für das Lernen von fremdsprachlicher Kommunikation sind Sprechanlässe und kommunikative Aufgaben wichtig. Die Lehr- und Lernprogression orientiert sich an der leitenden Kategorie Sprechabsichten/-intentionen. Ihr sind weitere Kategorien wie Situation, Thema, Grammatik zu- und nachgeordnet (vgl. Albert, o.J.).

Sprechabsichten, Sprechanlässe und kommunikative Aufgaben werden jedoch nicht losgelöst vom Lerner formuliert, sondern auf Bedürfnisse der Lernenden beim Gebrauch der Fremd-/Zweitsprache bezogen.

> „Dieser Wechsel der didaktischen Perspektive – vom Lerngegenstand zum Lernenden selbst –, das konsequente Eingehen auf zielgruppenspezifische Faktoren als Grundlage der curricularen Planung des Unterrichts macht deutlich, dass die Festlegung allgemein verbindlicher Methoden dem Selbstverständnis der Kommunikativen Didaktik zuwider läuft, dass sie kein in sich geschlossenes, universell gültiges Konzept von Didaktik und Methodik zu entwerfen sucht, sondern Verfahrensweisen zur zielgruppenspezifischen Ausformulierung von Unterrichtszielen und -verfahren [...] bereitzustellen versucht“ (Neuner, 1991[2], S. 151).

Das Sich-Einstellen auf unterschiedliche Lernerbedürfnisse schließt also eine geschlossene „Methodik“ aus, sondern verlangt ein offenes und flexibles Vorgehen. Wie Neuner darstellt, hat eine solche Lerner- und Lernprozessorientierung Auswirkung auf die Beschreibung methodischer Prinzipien, z.B. auf

- die Rolle der Lehrenden, die zu Helfern im Lernprozess werden,
- die Rolle der Lernenden, die miteinander interagieren,
- die Aufgabenstellungen, die Kooperation und Eigentätigkeit verlangen,
- die bewusste Nutzung verschiedener Sozialformen,
- die stärkere Orientierung der Lerninhalte an den Themen, die den Lernenden wichtig sind,
- den Versuch, den Unterricht im Klassenraum stärker mit der Nutzung der Sprache außerhalb des Klassenzimmers zu verbinden (vgl. Neuner, 2003[4], S. 231–232, und Neuner/Hunfeld, 1993, S. 104).

Abb. 8: *Themen 2*, 1984, S. 114.

Aufgabe 13

Bitte schauen Sie sich den Ausschnitt aus dem Lehrwerk *Themen 2* auf der vorhergehenden Seite an. Was fällt Ihnen hier auf? Was sind die Charakteristika?

Sie sehen hier, dass Menschen in einer echten, ganz alltäglichen Kommunikationssituation dargestellt sind. Die Lernenden sollen lernen, unter Nutzung der Verben „bringen“, „holen“, „suchen“ und „geben“ nach etwas zu fragen. Sie werden dabei auch auf die korrekte Stellung von Personalpronomen und Definitpronomen hingewiesen.

Aufgabe 14

Recherchieren Sie bitte im Internet (Web-Adressen auf S. 154–155) zum kommunikativen Ansatz.

Tabelle 6:

	kommunikativer Ansatz
Ziele	
Linguistische und lerntheoretische Grundlagen	
Unterrichtsprinzipien	
Fertigkeiten	
Inhalte/Textsorten	
Übungsformen	
Progression	
Ausgangssprache	
Lehrerrolle	
Sonstiges	

Aufgabe 15

Gibt es Ihrer Meinung nach Elemente des kommunikativen Ansatzes, die auch im heutigen Fremdsprachenunterricht eine Rolle spielen? Welche halten Sie für Ihren eigenen Unterricht für sinnvoll? Tauschen Sie sich in Ihrer Lerngruppe aus.

2.7.2 Entwicklungen

Es ist das Wesen eines Ansatzes, so schreiben Jack C. Richards und Theodore S. Rodgers, dass man ihn überarbeiten und ergänzen kann, wenn neue Haltungen oder Überlegungen dies erfordern (vgl. Richards/Rodgers, 2001, S. 245). Der kommunikative Ansatz wird in den letzten Jahren ergänzt um folgende Aspekte:

- **Interkulturelles Lernen:** Gerhard Neuner und Hans Hunfeld sehen im interkulturellen Ansatz, im „Vergleichen der eigenen Welt mit der Welt der Zielsprachenländer und [im] Nachdenken und Reden über das, was die fremde Welt als fremd auszeichnet, anregt, was an ihnen interessant und attraktiv, aber auch missverständlich, bedrohlich und unverständlich sein kann“, eine Weiterentwicklung des kommunikativen Ansatzes (vgl. Neuner/Hunfeld, 1993, S. 109; siehe auch den Studienbrief „Interkulturelles Lernen im DaZ-Unterricht“).

- **Nutzung von Mehrsprachigkeit:** Die Einbeziehung vorhandener Sprachkenntnisse und Nutzung der Mehrsprachigkeit entsprechend der Empfehlung des Ministerkomitees des Europarats: „Mehrsprachigkeit ... betont die Tatsache, dass sich die Spracherfahrung eines Menschen in seinen kulturellen Kontexten erweitert, von der Sprache im Elternhaus über die Sprache der ganzen Gesellschaft bis zu der Sprache anderer Völker“ (Gemeinsamer Europäischer Referenzrahmen für Sprachen, 2001, S. 17).
- **Wachsende Selbstständigkeit der Lernenden:** Zu den Zielen des modernen Fremdsprachenunterrichts gehört auch das „Lernen lernen“ und damit die Förderung der Selbstständigkeit der Lernenden. Die Vermittlung und Reflexion von Lernstrategien und Lerntechniken leisten einen großen Beitrag zur Entwicklung der Selbstständigkeit bei den Lernenden (siehe auch den Studienbrief „Lernen lernen im DaZ-Unterricht“).

3 Die besonderen methodischen Bedürfnisse von DfaA, Deutsch für Aussiedler bzw. DaZ

Bitte vergegenwärtigen Sie sich noch einmal die Zielgruppe der zugewanderten DaZ-Lernenden mit ihren Spezifika (vgl. dazu den Studienbrief „Merkmale von DaZ-Unterricht“):

- Lebenssituation als Zugewanderte in Deutschland
- Berufstätigkeit/wenig freie Zeit
- ggf. Belastungen durch die Arbeitsplatzsituation, evtl. Arbeitslosigkeit
- wenig Kommunikationsmöglichkeiten mit Deutschen/Isolation
- soziale Probleme und Auswirkungen auf die Lernmotivation
- finanzielle Belastung durch Kursteilnahme
- unterschiedliche Sozialisation in den Heimatländern, häufig in streng hierarchischen Systemen
- heterogene Lernvoraussetzungen
- ...

Angesichts der Herausforderungen, denen sich DaZ gegenüber sieht, nämlich den Lernenden zu ermöglichen, die für sie elementaren Lebenssituationen kommunikativ zu bewältigen, stellt sich die Frage: Welche Ansätze und Methoden sind angemessen? Womit und in welcher Form werden wir den Lernenden und ihren Bedürfnissen gerecht? Hans Barkowski formuliert dies so:

> „Die Geschichte der Vermittlung des Deutschen als Zweitsprache an Erwachsene ist im Wesentlichen geprägt von der Frage nach geeigneten Lernmaterialien und nach Organisationsformen des Lernens, die der speziellen Situation Berufstätiger am ehesten angemessen sind“ (Barkowski, 1991, S. 526).

Im Folgenden wollen wir Ihnen zwei Beispiele vorstellen, die Antwort auf die obigen Fragen zu geben versuchten: das 1977 erschienene Lehrbuch für Deutsch für ausländische Arbeitnehmer (DfaA) *Feridun,* und das Lehrwerk für Spätaussiedler, Asylberechtigte und Kontingentflüchtlinge *Der neue Weg* aus dem Jahr 1998 (mehr über Lehrwerke für den DaZ-Unterricht erfahren Sie im Studienbrief „Analyse von Lehrwerken für Integrationskurse“).

Feridun, so wird rezensiert, ist das erste Lehrwerk überhaupt,

> „das die soziale und psychische Problematik der Arbeitsmigranten in der BRD in vollem Umfang ernst nimmt. Auf der Grundlage eines differenzierten Kenntnisstandes gelingt den Autoren eine sensible und glaubwürdige Einfühlung in die Situation türkischer Migranten und eine Bearbeitung der entsprechenden Konflikte [...] Es ist auch das erste Lehrwerk, das sich dem Problem der Zweisprachigkeit der Arbeitsmigranten stellt, d.h. der Tatsache, dass ausländische Arbeiter ständig in und mit zwei Sprachsystemen leben und zwischen den beiden Sprachen hin- und herübersetzen müssen. Das Lesebuch ist dementsprechend durchgehend zweisprachig angelegt [...]" (Barkowski/Harnisch/Kumm, 1977, S. 18).

Die in der Zeichnung unten dargestellten Personen sind nicht schematisiert, sondern tragen individuelle Züge anatolischer Dorfbewohner. Dargestellt ist Feridun mit Frau und Kindern. Die Protagonisten des Lehrwerks sollen in ihrer Lebenswirklichkeit den Lernenden die Gelegenheit bieten, ihre jeweils eigenen Lebenszusammenhänge bewusst darzustellen, sei es durch Identifikation, sei es durch Distanzierung.

Feridun Üstün ist dreißig Jahre alt.

Feridun Üstün ....yaşında.
Er wohnt in einem Dorf bei Yıldızeli.

Yıldızeli'ne yakın ....
Er ist verheiratet und hat drei Kinder.

Evli ve ....
Die heißen Kerime, Recep und Aziz.

İsimleri ....
Sie sind zehn, sieben und drei Jahre alt.

...yaşındalar.
Seine Frau ist in İmranlı geboren.

...doğdu.
Jetzt ist sie achtundzwanzig Jahre alt.

Şimdi ....
Sie heißt Aynur.

...............Aynur.

Abb. 9: *Feridun*, 1977, S. 9

Im zweiten Beispiel – aus einem Lehrbuch Deutsch für Aussiedler – steht die Bewältigung des Alltags und die Arbeitsaufnahme im Vordergrund. So heißt es im Vorwort zum ersten Band des Lehrwerks *Der neue Weg*:

> „Spätaussiedler, Asylberechtigte und Kontingentflüchtlinge sind in Deutschland, um hier ihr Leben zu gestalten. Dazu gehören zunächst eine allgemeine Orientierung sowie im Speziellen der Umgang mit Menschen, Situationen und Institutionen. Dabei bildet schließlich insbesondere bezahlte Arbeit die Grundlage, um den Lebensraum aktiv auszufüllen und eine soziale Integration zu sichern" (*Der neue Weg 1*, 1998, S. 1).

Sie sehen auf der nächsten Seite, dass hier landeskundliche und berufsvorbereitende Themen, die sich an den Interessen der Lernenden orientieren, im Vordergrund stehen. Häufig werden auch authentische Texte gewählt, die auf das Alltagsleben und die Arbeitswelt vorbereiten und die Neuzuwanderer informieren sollen.

Fatimeh zeigt Maria und Alexander Familienfotos

Fatimeh:	„Das ist mein Sohn Hossein und das ist meine Tochter Maryam."
Maria:	„Aha, und wie alt ist dein Sohn?"
Fatimeh:	„Mein Sohn ist 20 Jahre alt. Und meine Tochter ist 18. Wie alt ist eure Tochter?"
Alexander:	„Unsere Tochter ist auch 18 Jahre."
Fatimeh:	„Und euer Sohn?"
Maria:	„Unser Sohn ist erst 15. Er geht noch in die Schule. Was macht denn deine Tochter?"
Fatimeh:	„Meine Tochter geht auch noch in die Schule."
Alexander:	„Wo liegt denn ihre Schule?"
Fatimeh:	„Ihre Schule liegt im Stadtzentrum. Das ist ein Glück, denn ihr Bruder arbeitet auch im Zentrum. Er lernt Bankkaufmann. Seine Bank heißt „Handelsbank" und sein Chef heißt Herr Stein."
Maria:	„Ach so!- Wie fahren denn Maryam und Hossein in die Stadt?"
Fatimeh:	„Sie fahren mit öffentlichen Verkehrsmitteln. Ihr Bus hat die Nummer 102 und ihre Fahrt dauert nur 10 Minuten."
Alexander:	„Da haben sie Glück! So, Maria, jetzt fahren wir. Bis morgen, Fatimeh!"
Fatimeh:	„Bis morgen! Tschüs, ihr zwei!"

Abb. 10: *Der neue Weg 1*, 1998, S. 41

Nach der Beschäftigung mit wichtigen Methoden und Ansätzen sollte sich, nach unserer Meinung, die Überzeugung einstellen, dass es keine kohärente für alle Notwendigkeiten wappnende Methode des Sprachunterrichts gibt. Sehr wohl gibt es aber eine Fülle von sinnvollen Arbeitsprinzipien und Übungsformen, das haben Sie möglicherweise im Verlauf Ihrer Recherchen auch herausgefunden. Ähnlich sieht dies auch Gerhard Neuner – insbesondere in seinem Beitrag zur Sondernummer II/19997 der Fachzeitschrift Fremdsprache Deutsch, den wir Ihnen zur Lektüre unbedingt empfehlen:

> „Deutlich geworden ist in den letzten Jahrzehnten auch,
>
> - dass es ‚die beste aller Unterrichtsmethoden' nicht gibt,
> - dass die jeweils spezifischen Bedingungen in einer ganz konkreten Klasse und Lerngruppe es gar nicht zulassen, dass eine bestimmte Lehrmethode ‚in Reinkultur' praktiziert wird, sondern dass man die Methode den jeweiligen Gegebenheiten anpassen muss und
> - dass sich diese Bedingungen ständig verändern und die Lehrmethoden kontinuierlich weiterentwickelt werden müssen" (Neuner, 1997, S. 40).

> „Die fremdsprachendidaktische Forschung hat [...] in den letzten Jahrzehnten [...] die Vorstellung aufgegeben, es gäbe so etwas wie universelle, d.h. für alle Menschen, die rund um den Globus Fremdsprachen lernen, gültige und fest gefügte *Lehr*methoden. Und die Frage, ob man annehmen kann, dass alle Menschen auf die gleiche Weise Fremdsprachen *lernen*, gehört gegenwärtig zu den spannendsten Fragen der Fachdiskussion!“ (Neuner, 1997, S. 38).

Aufgabe 16

Welche Arbeitsprinzipien und Übungsformen halten Sie nun für Ihren eigenen Unterricht für sinnvoll? Sie haben sich beim Durcharbeiten der verschiedenen Methoden schon Gedanken darüber gemacht. Sehen Sie sich ggf. noch die Übersicht auf den Seiten 148–151 an und sammeln Sie zunächst Ideen im Hinblick auf Ihre Lernergruppe: Welche Elemente würden den Lernenden in Ihrem Kurs helfen, weiterzukommen? Tauschen Sie sich dann in Ihrer Lerngruppe darüber aus, welche Elemente aus allen Methoden Ihrer Meinung nach in den DaZ-Unterricht gehören.

Tabelle 7:

Situation im Unterricht (Beispiele)	**Elemente aus ... /Begründung**
Es gibt sehr schüchterne Lernende.	Elemente aus „Community Language Learning“ können Ängste abbauen helfen, besonders die vertrauensvolle Beziehung zwischen Lehrkraft und Lernenden.
Manche Lernende können nicht lange still sitzen.	...
In meiner Gruppe sind Lernende, die sehr strukturiert arbeiten wollen.	...
...	

Die Wahl – so denken wir – basiert auf der grundlegenden Frage: Woher kommst du – wohin willst du? Dieser „Beichtspiegel“, den sich ein Kursleiter zurechtlegt, kommt von der Grundfrage: Kann mein Kursteilnehmer lesen und bis zu welchem Grade sollte er lesen können? Dieses Fragemuster lässt sich auf alle Teilfertigkeiten beziehen. Für Lehrende in Deutsch als Zweitsprache-Kursen stellt sich die Grundfrage: Wie kann mein Kursteilnehmer momentan mit seiner gesellschaftlichen Wirklichkeit umgehen und wie sollte er nach Ende unseres Lernprozesses damit umgehen können? Eine solche Formulierung betrachten wir als das Vademecum des DaZ-Unterrichts.

4 Lösungen

Überblick über die Methoden

	GÜM	Direkte/natürliche Methode
Ziele	Ziele sind: • die Beherrschung der Sprache durch Übersetzen, • die Herausbildung von Fähigkeiten zum abstrakten/logischen Denken, • die geistige Bildung des Schülers, • die Eröffnung des Zugangs zur Literatur, • die Vermittlung von Sprachwissen.	Ziel ist es, dass sich ein Sprachgefühl entfaltet und die Lernenden in der Zielsprache denken und kommunizieren lernen. Sie sollen sie spontan und mündlich gebrauchen und dabei zielsprachliche Äußerungen mit Bedeutung verknüpfen. Man wendet sich von hochkulturellen Bildungsidealen ab: Die formalen Bildungsziele der GÜM werden von pragmatischen Zielen abgelöst.
Linguistische und lerntheoretische Grundlagen	Die GÜM basiert auf der Auffassung von Sprache als einem System von Regeln. Die jeweilige Zielsprache wird mit Hilfe der „Wortartengrammatik des Lateinischen" dargestellt. Zugrunde liegt ein strikt kognitives Lernkonzept. Regeln werden verstanden und angewendet (Synthetisch-deduktive Methode).	Zunächst keine „neue Schule" der Linguistik, aber Neuerungen in den linguistischen Grundlagen des Fremdsprachenunterrichts: Man orientiert sich an der gesprochenen Alltagssprache (auch: Phonetik). Die Grammatik wird als Beispielgrammatik gesehen, nicht mehr als Regelgrammatik. Das Lernen einer Fremdsprache wird mit dem Lernen der Muttersprache gleichgesetzt. Lernen erfolgt über Imitation (Hören, Nachsprechen). Wortschatz wird assoziativ gelernt. Regeln werden nach vorgegebenen Beispielen erarbeitet (induktives Vorgehen). Der Unterricht muss anschaulich sein.
Unterrichtsprinzipien	• die Fähigkeit des Übersetzens spielt die größte Rolle. • Wortschatz wird anhand von Listen von isolierten Wörtern gelernt. • Typisch sind lange Erklärungen grammatischer Phänomene. • Grammatik bietet die Regeln, anhand derer Wörter zusammengefügt werden, daher Fokus auf der Wortform. • Lesen schwieriger klassischer Texte. • Wenig Aufmerksamkeit auf dem Inhalt der Texte; sie bieten nur Übungen für die grammatische Analyse. • Oft sind die einzigen Übungen Übersetzungen einzelner, zusammenhangloser Sätze aus der Zielsprache in die Muttersprache.	• Absoluten Vorrang hat die mündliche Kommunikation. • Unterrichtet werden ausschließlich Wortschatz und Sätze aus dem Alltagsleben. • Die mündliche Kommunikationsfähigkeit wird durch Frage-Antwort-Austausch zwischen Lehrenden und Lernenden aufgebaut. • Grammatik wird induktiv gelehrt. • Neuer Lernstoff wird durch Beispielgebung und Einüben gelernt. • Konkretes Vokabular wird unterrichtet durch Demonstrationen, mit Hilfe von Gegenständen und Bildern. • Abstraktes Vokabular wird durch die Assoziation von Ideen unterrichtet.
Fertigkeiten	• Keine oder nur wenig Aufmerksamkeit auf der Aussprache. Lesen und Schreiben stehen im Vordergrund.	Sowohl Sprechen als auch Hören werden unterrichtet. Dabei wird Wert auf korrekte Aussprache und Grammatik gelegt.

ALM/AVM	**Alternative Methoden**	**Kommunikativer Ansatz**
Ziel ist die schnelle mündliche Sprachkompetenz. Der Spracherwerb erfolgt nicht auf Basis von grammatischen Regeln, sondern durch häufiges Wiederholen von Mustersätzen (pattern drill), die zu Gewohnheiten (habits) führen.	Übergreifende Ziele der alternativen Methoden sind die Humanisierung des Unterrichts, die angstfreie Gestaltung der Unterrichtsatmosphäre und die Förderung der Ganzheitlichkeit des Lernens.	Mit dem kommunikativen Ansatz kommt ein übergreifender Ansatz, der verschiedene Methoden einbezieht. Ziel ist die Förderung der „realen " Kommunikation im Unterricht. Dabei geht es eher darum, dass die Lernenden fließend, als dass sie völlig korrekt sprechen; sie sollen sich außerhalb des Unterrichtsraums verständigen können.
Die audiolinguale (ebenso wie die audiovisuelle) Methode entstanden unter dem Einfluss des amerikanischen Strukturalismus (Bloomfield). Der Strukturalismus will die spezifischen Formen jeder Sprache (Phonologie, Morphologie, Syntax) erfassen und beschreiben. Dabei wird die gesprochene, nicht die geschriebene Sprache untersucht. Die Methoden stützen sich auch auf die behavioristische Lernpsychologie, nach der das Sprachenlernen eine Frage von Reiz und Reaktion bzw. der Konditionierung ist.	In der Suggestopädie bleibt die von der System-Linguistik geprägte Auffassung von Sprache als einem System von Regeln erhalten. Die Wurzeln des Silent Way liegen im Strukturalismus. Das Community Language Learning steht sowohl in der Tradition der GÜM als auch in der Tradition der strukturalistischen Linguistik. Anstatt sich jedoch auf bestimmte linguistische Schulen zu stützen, basieren diese Ansätze eher auf eigenen Konzepte zum Lernen. Unterschiedliche, als innovativ verstandene Ansätze spielen eine Rolle, z.B. Tiefenentspannung (Suggestopädie), Bewusstmachung innerpsychischer Vorgänge (Silent Way) usw.	Linguistische Grundlage ist die Pragmalinguistik bzw. die amerikanische Sprechakttheorie (Austin, Searle). Dabei wird Sprache nicht als System von Formen, sondern als Aspekt menschlichen Handelns gesehen. Richards/Rodgers (2001, S. 161) nennen als Elemente einer zugrunde liegenden Lerntheorie: • das kommunikative Prinzip: echte Kommunikation fördert Lernen, • das Aufgabenprinzip: Sprache wird für echte Sprachhandlungen benutzt, • das Bedeutungsprinzip: Sprache die für den Lerner Bedeutung hat, fördert den Lernprozess. Lernaktivitäten sind demnach so gewählt, dass sie den Lerner in bedeutungsvolle und authentische Sprachnutzung involvieren.
• Neuer Stoff wird in Dialogform präsentiert. • Strukturen werden aufgeteilt und eine nach der anderen unterrichtet. • Wiederholungen, Drills zum Einüben sprachlicher Muster. • Wenig oder gar keine grammatischen Erklärungen. Grammatik wird anhand induktiver Analogie, nicht deduktiver Erklärungen unterrichtet. • Vokabular ist limitiert und wird im Zusammenhang gelernt. • Sehr häufiger Gebrauch von Tonbändern, Sprachlabors und visuellen Hilfsmitteln. • Ein Schwerpunkt liegt auf der Aussprache. • Richtige Antworten werden sofort bestätigt bzw. verstärkt. • Die Lernenden sollen sich nach Möglichkeit fehlerfrei äußern.	Jede Methode hat eigene, definierte Unterrichtsprinzipien. • Suggestopädie: ganzheitliche Form des Sprachlernens im Zustand tiefer Entspannung und unter Berücksichtigung verschiedener Lerntypen, Lernkanäle und Intelligenzformen. • Total Physical Response (TPR): Sprachlernen durch die Verknüpfung von Sprache mit körperlicher Aktivität. • Silent Way: Sprachlernen durch Problemlösung, Entdecken, Kreativität. • Community Language Learning: Sprachlernen in einer Lernsituation, die den ganzen Menschen mit seinen Gefühlen und Erfahrungen mit einbezieht. • Tandem: Form des offenen Lernens, bei dem Personen mit verschiedenen Muttersprachen paarweise zusammenarbeiten.	• Interaktion in der Zielsprache, damit die Lernenden lernen, in der Zielsprache zu kommunizieren. • Inhaltsorientierung: Sprache wird als Werkzeug verstanden, um über Themen/Inhalte zu kommunizieren. Deren Wahl bestimmt, welche sprachlichen Elemente gelernt werden müssen, nicht umgekehrt. • Aufgabenorientierung: Die Bewältigung von Aufgaben bereitet auf authentische Alltagssituationen vor. Die Aufgabe kann in einer Problemlösung oder einem Projekt bestehen. • Teilnehmerorientierung: Die eigenen Erfahrungen der Lernenden werden als wichtige Beiträge zum Unterricht gesehen. • Kooperation: Die Lerngruppe wird als „Team" gesehen; Lerner helfen einander, ihre Lernziele zu erreichen. • Der unterrichtliche Sprachlernprozess wird nach Möglichkeit mit außerunterrichtlichen Sprachhandlungen verknüpft. • Möglichkeiten für die Lernenden, sich nicht nur auf die Sprache, sondern auch auf den Lernprozess zu konzentrieren.
Sprechen und Hören stehen im Vordergrund; die Aussprache spielt eine große Rolle.	Die meisten alternativen Ansätze setzen den Schwerpunkt auf Hören und Sprechen gegenüber dem Lesen und Schreiben.	Alle Fertigkeiten werden geübt mit einer Schwerpunktsetzung auf Hören und Sprechen.

Inhalte/ Textsorten	Es werden vorwiegend literarische anspruchsvolle Texte (Prosa, Gedichte) der Hochkultur herangezogen.	Häufig werden für den Unterricht nach grammatischer Schwerpunktsetzung konstruierte Texte verwendet.
Übungsformen	• grammatisch korrekte Ergänzungen von Lückensätzen, • grammatisch orientierte Umformungen, • Übersetzung literarischer Passagen, • Beantwortung von Fragen zum Textverständnis, • Zuordnung von Antonymen oder Synonymen zu vorgegebenen Wörtern, • Beispielsätze ohne inneren Zusammenhang, • Auswendiglernen von Vokabellisten, Regeln etc., • Aufsätze in der Zielsprache schreiben.	• Fragen und Antworten, • lautes Lesen, • Nachsprechübungen, • Ausspracheübungen, • Lückentexte/ Einsetzübungen, • Nachspielen von Dialogen, • Auswendiglernen von Reimen und Liedern, • gelegentlich: Diktat, • Schreiben von kleinen Texten in eigenen Worten in der Zielsprache, • Selbstkorrektur der Lernenden.
Progression	• „Grundstufe“: Einführung, Einübung des gesamten grammatischen Lehrstoffs (plus Wortschatz), • „Erweiterungsstufe“: Anwendung des Gelernten: lesen, übersetzen, schreiben.	Grammatik wird aus dem Unterricht herausgenommen, ist aber für die Lernprogression wichtig. Prinzip: vom Einfachen zum Komplexen
Ausgangssprache	Der Unterricht findet in der Muttersprache statt, kein oder nur wenig aktiver Gebrauch der Zielsprache.	Die Muttersprache wird ganz aus dem Unterricht verbannt; der Unterricht findet ausschließlich in der Zielsprache statt.
Lehrerrolle	Der Unterricht ist frontal organisiert. Der Lehrerrolle liegt die Vorstellung von Unterricht als „verordnetem Gleichschritt“ zugrunde, aus der der Lehrer einen Anspruch auf alleinige Steuerung des Unterrichts ableitet.	Der Unterricht ist lehrerzentriert und lehrergesteuert. Der Erfolg der Methode hängt stark davon ab, ob die Lehrkraft (fast-)muttersprachliche Beherrschung der Zielsprache und Kreativität bzw. Fähigkeit besitzt, ein Sprachmodell abzugeben, realistische Beispiele zu bringen, die Bedeutung der Zielsprache zu illustrieren und die Lernenden durch Fragen, Anweisungen und andere Hinweise dazu zu bringen, korrekte sprachliche Äußerungen zu produzieren.

„Alltägliche" Situationen werden in für den Unterricht konstruierten Dialogen präsentiert.	Dialoge spielen bei der Suggestopädie und beim Community Language Learning eine spezielle Rolle.	Authentische Texte werden in die Unterrichtssituation aufgenommen.
• Wiederholungs-Drill (Lernende wiederholen Lehreräußerungen), • Reihen-Drill (Frage-Antworten der Reihe nach), • Satzmusterübungen in vielfachen Variationen (pattern drill), • Satzschalttafeln/ Substitutionsübungen, • Lückentexte/ Einsetzübungen, • Auswendiglernen und Nachspielen von Modelldialogen, • Aussprache-Übung: Minimalpaare, • Grammatikspiele, bei denen es um viel Wiederholung geht.	• Suggestopädie: Vorlesen/Lesen von Dialogen; unterschiedliche, spielerische Übungsformen, • Silent Way: Lernende entdecken und produzieren selbstständig, • Total Physical Response: Lernende setzen Anweisungen in körperliche Bewegung um, • Community Language Learning: Tonband-Aufnahmen der Lerneräußerungen; Zuhören; Aufgaben in kleinen Gruppen.	• Dialoge mit kommunikativer Funktion (kein Auswendiglernen), • Herstellen von kommunikativem Kontext, • nur am Rande stark gesteuerte Übungen, • Ausspracheübungen, soweit für Kommunikation wichtig, • Übersetzungsübungen bei Bedarf, • lernerorientierte Sozialformen, • Gruppenarbeit, • Projektunterricht, • Tandem, • Rollenspiele, -training, • Stationenlernen etc. • Integration verschiedener Medien.
Es wird eine strikte Progression verfolgt.	Ganzheitlichkeit des Lernens steht im Vordergrund; daher liegt eher geringe Aufmerksamkeit auf der grammatischen Progression.	Die Progression wird den Lernenden angepasst.
Der Gebrauch der Muttersprache ist nur selten erlaubt.	Unterschiedlich von Methode zu Methode. Der bewusste Gebrauch der Muttersprache ist charakteristisch für das Community Language Learning.	Der absichtsvolle Gebrauch der Herkunftssprachen ist erlaubt.
Sowohl die ALM als auch die AVM sind lehrerdominierte Methoden. Die Lehrkraft gibt das Zielsprachenbeispiel, kontrolliert den Sprachlernprozess und überwacht die Lernerleistung. Sie muss nun aber auch die neuen Techniken zur Sprachaufzeichnung und -wiedergabe beherrschen.	Die meisten der alternativen Methoden sind lehrerzentriert, wobei aber die Lehrkraft bemüht ist, eine angst- und stressfreie Atmosphäre zu erzeugen.	Der Lehrer tritt vom Zentrum des Geschehens zurück und organisiert den Unterricht als Ort der Kommunikation. Er nimmt verschiedene Rollen ein: • Er sorgt dafür, dass die Lernenden in einen Kommunikationsprozess treten. • Er analysiert Lernerbedürfnisse und plant so teilnehmerorientierten Unterricht. • Er begleitet und ermutigt den Lernprozess, nimmt dabei aber eher die Rolle eines Moderators wahr.

5 Glossar

Ansatz: In der Fremdsprachendidaktik versteht man unter einem Ansatz eine Reihe von Vorstellungen und Prinzipien, die als Grundlage für Unterricht benutzt werden können. Ein Ansatz ist „charakterisiert durch eine Bandbreite an Interpretationsmöglichkeiten im Hinblick auf seine Anwendung" (Richards/Rodgers, 2001, S. 244).

induktiv: Unter induktivem Lernen wird die Form des Lernens verstanden, bei der die Lernenden anhand vorgegebener Sprachbeispiele sprachliche Muster selbst finden und zu Regeln verallgemeinern.

deduktiv: Beim deduktiven Lernen werden Beschreibungen sprachlicher Regeln vorgegeben und an Beispielsätzen verdeutlicht und eingeübt.

Methode: „Eine Methode bezieht sich auf ein bestimmtes Unterrichtskonzept oder -system, das auf einer bestimmten Theorie zu Sprache und zum Lernen von Sprache basiert. Es beinhaltet detaillierte Beschreibungen von Inhalt, Lehrer- und Lernerrolle, Lehrabläufen und -techniken. [...] Die Rolle der Lehrkraft ist es, der Methode folgend ihre Regeln präzise anzuwenden" (Richards/Rodgers, 2001, S. 245).

lingua franca: Eine Sprache, die zwischen den Sprechern verschiedener Sprachgemeinschaften als Verkehrssprache verwendet wird und dabei aufgrund ihrer sekundärsprachlichen Verwendungen gewissen Veränderungen und Vereinfachungen unterliegt, wird als „lingua franca" bezeichnet.

Strukturalismus: Der Strukturalismus sieht die Sprache als ein Zeichensystem und will dessen Struktur erfassen, indem er die Beziehung der Teile zueinander erforscht.

Behaviorismus: Der Behaviorismus ist eine Richtung der Psychologie, in der „Stimuli" (Reize) und „Responses" (Reaktionen) von Individuen und Organismen als Verhaltenselemente betrachtet werden. Sie sind nach dem Schema „wenn Reiz - dann Reaktion" aufgebaut.

Pragmalinguisten: Pragmalinguisten beschäftigen sich mit der Kommunikation im Alltag, also mit Sprechen als Handeln bzw. Handlung.

6 Literatur

Albert, Ruth (o.J.): Vorlesung „Einführung in die Psycholinguistik" (Lektion 5: Mehrsprachigkeit, 5.4.3 Der Einfluss von Lehrmethoden): http://web.uni-marburg.de/fb09/igs/institut/abteil/daf/service/Reader (15.03.2006).

Austin, John L. (1962): How to do things with words. Oxford: Clarendon Press.

Barkowski, Hans u.a. (1982): Deutsch für ausländische Arbeiter. Gutachten zu ausgewählten Lehrwerken. Königstein/Ts.: Scriptor.

Barkowski, Hans; Harnisch, Ulrike; Kumm, Sigrid (1977): „Feridun" - Neue Wege zum Deutschunterricht mit türkischen Arbeitern, Deutsch lernen 3/1977, S. 18–30.

Barkowski, Hans; Harnisch, Ulrike; Kumm, Sigrid (1980): Handbuch für den Deutschunterricht mit ausländischen Arbeitern. Königstein/Ts.: Scriptor.

Barkowski, Hans (2003^4 a): Deutsch als Zweitsprache. In: Bausch, Karl-Richard u.a. (Hrsg.): Handbuch Fremdsprachenunterricht. Tübingen: Francke, S. 525–529.

Barkowski, Hans (2003^4 b): Zweitsprachenunterricht. In: Bausch, Karl-Richard u.a. (Hrsg.): Handbuch Fremdsprachenunterricht, Tübingen: Francke, S. 157–163.

Baur, Rupprecht S. (1991^2): Superlearning und Suggestopädie. Grundlagen – Anwendung – Kritik – Perspektiven. Berlin, München: Langenscheidt.

Bausch, Karl-Richard u.a. (Hrsg.) (1991^2): Handbuch Fremdsprachenunterricht. Tübingen: A. Francke.

Bausch, Karl-Richard; Christ, Werner; Krumm, Hans-Jürgen (Hrsg.) (2003^4): Handbuch Fremdsprachenunterricht. Vierte, vollständig neu bearbeitete Auflage, Tübingen, Basel: A. Francke.

Berlitz, Maximilian D. (1887): Methode Berlitz. New York: Berlitz and Company.

Böttcher, Erhard (2001): Vom Eyachtal an den Hudson geraten. In: dpa, Stuttgarter Zeitung 20.3.2001. www.horb.com/magazin/010320_stuttgarter_berlitz.htm (10.04.2006).

Bünde, Frauke; Kunz, Valérie; Laudut, Nicole (o.J.): Lernen im Tandem. Ein neuer Weg, Sprache(n) zu erfahren. http://www.hueber.de/shared/elka/Internet_Muster/Elka2/3-19-003269-6.Muster_1.pdf (17.05.2006)

Butzkamm, Wolfgang (1991²): Unterrichtsmethodische Problembereiche. In: Bausch, Karl-Richard u.a. (Hrsg.): Handbuch Fremdsprachenunterricht. Tübingen: Francke, S. 153–158.

Butzkamm, Wolfgang (1978²): Aufgeklärte Einsprachigkeit. Zur Entdogmatisierung der Methode im Fremdsprachenunterricht. Heidelberg: Quelle & Meyer.

Dorn, Nico (1999–2005): Methodiken des DaF-Unterrichts. http://www.texttexturen.de/arbeiten/daf_methodiken (10.04.2006).

Edelmann, Walter (2000³): Suggestopädie/Superlearning. Ganzheitliches Lernen – das Lernen der Zukunft? Heidelberg: Roland Asanger Verlag.

English raven (o.J.): ESL/EFL Resources. www.englishraven.com/methodology.html (10.04.2006).

Fachdidaktik im Gespräch – Netzwerk Sprachen e.V. (2004): Deutsch als Zweitsprache: eine Auswahlbibliographie: www.daz-didaktik.de/Auswahlbibliographie.pdf (10.04.2006).

Funk, Hermann; König, Michael (1991): Grammatik lehren und lernen. (Fernstudieneinheit 1). Berlin, München: Langenscheidt.

Gemeinsamer Europäischer Referenzrahmen für Sprachen: lernen, lehren, beurteilen (2001). Hrsg. v. Council for Cultural Co-operation, Education Committee, Modern Languages Division, Strasbourg, Berlin, München, Wien, Zürich, New York: Langenscheidt.

Götze, Lutz; Pommerin, Gabriele (1991²): Deutsch als Fremdsprache. In: Bausch, Karl-Richard u.a. (Hrsg.): Handbuch Fremdsprachenunterricht. Tübingen: Francke, S. 296–301.

Grießhaber, Wilhelm (2002–2005): FSU: Methoden-Überblick: http://spzwww.uni-muenster.de/ ~griesha/fsu/mtd/ueberblick1.html (10.04.2006).

Günther, Britta; Günther, Herbert (2004): Erstsprache und Zweitsprache. Einführung aus pädagogischer Sicht. Weinheim und Basel: Beltz.

Häussermann, Ulrich; Piepho, Hans-Eberhard (1996): Aufgaben-Handbuch Deutsch als Fremdsprache: Abriss einer Aufgaben- und Übungstypologie. München: Iudicium.

Henrici, Gert (1986): Studienbuch Grundlagen für den Unterricht im Fach Deutsch als Fremd- und Zweitsprache (und anderer Fremdsprachen). Paderborn: Schöningh.

Henrici, Gert; Herlemann, Brigitte (1986a): Mündliche Korrekturen im Fremdsprachenunterricht. München: Goethe-Institut.

Henrici, Gert (1994): Kleine Geschichte der Fremdsprachenlehr- und -lernmethoden. In: Henrici, Gert u.a. (Hrsg.): Einführung in die Didaktik des Unterrichts Deutsch als Fremdsprache. Mit Videobeispielen. Bd. 2, Baltmannsweiler: Schneider Verlag Hohengehren, S. 506–522, www.france-mail-forum.de/material/5Methode.html (10.04.2006).

The International inlingua® Schools of Languages (1980): The inlingua Method. Bern, Frankfurt/M.: The International inlingua® Schools of Languages.

Jung, Lothar (2001): 99 Stichwörter zum Unterricht Deutsch als Fremdsprache. Ismaning: Hueber. www.hueber.de/sixcms/media.php/36/methoden.pdf (10.04.2006).

Klein, Wolfgang (1984): Zweitspracherwerb. Eine Einführung. Königstein/Ts.: Athenäum Verlag.

Kleppin, Karin (2005): Interkulturelle Kompetenz. www.lehrer-online.de/url/interkulturelle-kompetenz (10.04.2006).

Ludescher, Franz: Ganzheitliche Methoden und Techniken zum effizienten Fremdsprachenerwerb, http://www.vobs.at/ludescher/pdf%20files/Carl%20Rogers-Ganzh.%20Methoden.pdf (13.04.2006).

Ludescher, Franz: Verschiedene ganzheitliche Lehr- und Lernmethoden für den Sprachenunterricht http://www.vobs.at/ludescher/pdf%20files/Verschiedene%20ganzheitliche%20Lehrmethoden.pdf (13.04.2006).

Neuner, Gerhard; Krüger, Michael; Grewer, Ulrich (1981): Übungstypologie zum kommunikativen Deutschunterricht. Berlin, München: Langenscheidt.

Neuner, Gerhard (1991²): Methodik und Methoden: Überblick. In: Bausch, Karl-Richard u.a. (Hrsg.): Handbuch Fremdsprachenunterricht. Tübingen: Francke, S. 145–153.

Neuner, Gerhard (1997): Die Lernenden im Blickpunkt. Wege der Didaktik und Methodik des fremdsprachlichen Deutschunterrichts ins nächste Jahrtausend. In: Fremdsprache Deutsch. Zeitschrift für die Praxis des Deutschunterrichts, Sondernummer II/1997 (Trends 2000), S. 38–48.

Neuner, Gerhard; Hunfeld, Hans (1993): Methoden des fremdsprachlichen Deutschunterrichts. Eine Einführung. (Fernstudieneinheit 4). Berlin, München: Langenscheidt.

Neuner, Gerhard (2003^4): Vermittlungsmethoden: Historischer Überblick. In: Bausch, Karl-Richard u.a. (Hrsg.): Handbuch Fremdsprachenunterricht. Tübingen, Basel: A. Francke, S. 225–234.

Nové, Michael (2005): DaF – DaM – DaZ – oder was? *www.daz-didaktik.de/DaF_DaZ_DaM.pdf* (10.04.2006).

Palea, Lucia Larissa (2003): Die Audiolinguale (ALM) und Audiovisuelle Methode (AVM). *http://www.actrus.ro/biblioteca/anuare/2003/AUDILINGUALE.pdf* (13.04.2006).

Piepho, Hans-Eberhard (1979): Kommunikative Didaktik des Englischunterrichts, Limburg, S. 120–123, *http://www.france-mail-forum.de/material/tzmf.htm* (14.04.2006).

Piepho, Hans-Eberhard (1974): Lernziel Kommunikation und die Grenzen aktiven Sprachhandelns in der täglichen Unterrichtspraxis. In: Die Neueren Sprachen 2/1974, S. 97–108.

Reich, Hans H. (Hrsg.): Was ist Deutsch als Zweitsprache? *www.daz-didaktik.de/ReichWasist_DaZ.pdf* (10.04.2006).

Richards, Jack C.; Rodgers, Theodore S. (2001): Approaches and Methods in Language Teaching. Cambridge u.a.: Cambridge University Press.

Riedel, Katja (2000): Persönlichkeitsentfaltung durch Suggestopädie. Baltmannsweiler: Schneider Verlag Hohengehren.

Riedel, Katja (2001): Suggestopädie in Ost und West: Wurzeln, Menschenbild, Akzeptanz. Baltmannsweiler: Schneider Verlag Hohengehren.

Rülcker, Tobias (1969): Der Neusprachenunterricht an höheren Schulen, Frankfurt 1969, S. 19–25, *http://www.france-mail-forum.de/material/2Geschichte.html#2.3.%20Rülcker:%20„Die%20direkte%20Methode* (14.04.2006).

Searle, John R. (1969): Speech Acts. Cambridge: Cambridge University Press.

Szablewski-Çavuş, Petra: Skizze einer Profilierung. Vom Unterricht Deutsch für ausländische Arbeitnehmer zum Unterricht Deutsch als Zweitsprache. *www.daz-didaktik.de/profilierungPSC.pdf* (10.04.2006).

Schweckendiek, Jürgen: Lernen Neuzuwanderer Deutsch als Fremdsprache oder Deutsch als Zweitsprache? *www.daz-didaktik.de/Schweckendiek_DafDaZ.pdf* (10.04.2006).

von der Handt, Gerhard: Was Zweitsprache ist, kann nicht immer eindeutig bestimmt werden. Für das Lernen einer solchen kann man aber klare Rahmenbedingungen angeben. *www.daz-di daktik.de/vonderHandtWasZweitspracheist.pdf* (10.04.2006).

Weber, Hartmut (2000): Interaktiver Fremdsprachenunterricht: Definitionen, Formen, Funktionen. *www.hueber.de/sixcms/media.php/36/Interaktiv.pdf* (10.04.2006).

Viëtor, Wilhelm (1882/1886): Der Sprachunterricht muss umkehren! Ein Beitrag zur Überbürdungsfrage von Quousque Tandem. Heilbronn: Henninger 1882. Nachdruck in: Hüllen, Werner (Hrsg.): Didaktik des Englischunterrichts. Darmstadt: Wissenschaftliche Buchgesellschaft, S. 9–31.

Westhoff, Gerard J. (1991): „Kommunikative" Strukturübungen – Kriterien und Beispiele. In: Zielsprache Deutsch 22. Jg., 4/1991, S. 206–215.

Wikipedia (2006): Lehrmethode. *http://de.wikipedia.org/wiki/Unterrichtsmethode* (18.05.2006).

Willkop, Eva-Maria (2002): Fort- oder Rückschritte? Entwicklungen in der Didaktik des Deutschen als Fremdsprache. In: ANGLOGERMANICA online. *http://www.uv.es/anglogermanica/2002-1/willkop.htm#_5_Nur_ein* (26.11.2006).

Weitere Internetadressen

zu Kap. 2.1/Aufgabe 3:

http://www.texttexturen.de/arbeiten/daf_methodiken/seite3.html (10.04.2006),

http://spzwww.uni-muenster.de/~griesha/fsu/mtd/ueberblick2.html (10.04.2006),

http://www.texttexturen.de/arbeiten/daf_methodiken/ (10.04.2006),

http://www.englishraven.com/method_gramtrans.html (14.04.2006).

zu Kap.2.2

http://www.texttexturen.de/arbeiten/daf_methodiken/seite6.html (13.04.2006).

zu Kap. 2.3

http://www.berlitz.de/front_content.php?idcat=411 (04.12.2006),

http://www.wissen.de, Suchbegriff: Berlitz (10.04.2006),

http://www.horb.com/magazin/010320_stuttgarter_berlitz.htm (10.04.2006).

zu Kap. 2.3/Aufgabe 6:

http://www.texttexturen.de/arbeiten/daf_methodiken/seite4.html#direkte (14.04.2006),

http://www.france-mail-forum.de/material/2Geschichte.html#2.3.%20Rülcker:%20„Die%20direkte%20Methode (14.04.2006),

http://www.englishraven.com/method_direct.html (14.04.2006).

zu Kap. 2.5/Aufgabe 10

http://www.texttexturen.de/arbeiten/daf_methodiken/seite5.html#audio (10.04.2006),

http://www.actrus.ro/biblioteca/anuare/2003/AUDILINGUALE.pdf (13.04.2006),

http://www.englishraven.com/method_audioling.html (14.04.2006).

zu Kap. 2.6.1

http://www.suggestopaedie.de/ (11.04.2006),

http://de.wikipedia.org/wiki/Suggestop%C3%A4die (11.04.2006),

http://www.lehrer-online.de/dyn/9.asp?url=444937.htm (11.04.2006),

http://www.englishraven.com/method_suggest.html (11.04.2006).

zu Kap.2.6.2

http://www.learn-line.nrw.de/angebote/egs/info/methoden/tpr.html (11.04.2006),

http://www.englishraven.com/method_TPR.html (11.04.2006).

zu Kap.2.6.3

http://www.vobs.at/ludescher/pdf%20files/Verschiedene%20ganzheitliche%20Lehrmethoden.pdf, (13.04.2006), und
http://www.vobs.at/ludescher/pdf%20files/Carl%20Rogers-Ganzh.%20Methoden.pdf (13.04.2006),

http://www.englishraven.com/method_silent.html (11.04.2006).

zu Kap. 2.6.4

http://www.vobs.at/ludescher/pdf%20files/Verschiedene%20ganzheitliche%20Lehrmethoden.pdf, (13.04.2006),

http://www.vobs.at/ludescher/pdf%20files/Carl%20Rogers-Ganzh.%20Methoden.pdf (13.04.2006),

http://www.englishraven.com/method_silent.html (11.04.2006).

zu Kap.2.6.5

http://www.slf.ruhr-uni-bochum.de/bochum-deu.html (11.04.2006),

http://www.hueber.de/shared/elka/Internet_Muster/Elka2/3-19-003269-6.Muster_1.pdf (11.04.2006),

http://www.dfjw.org/paed/langue/tandemde.html (11.04.2006),

http://www.meavoss-nlp.de/NLP.htm (13.04.2006),

http://www.psychodramaturgie.de (13.04.2006).

zu Kap. 2.7

Henrici, 1994, http://www.france-mail-forum.de/material/5Methode.html (13.04.2006),

http://www.texttexturen.de/arbeiten/daf_methodiken/seite7.html (13.04.2006),

Piepho, 1979, http://www.france-mail-forum.de/material/tzmf.htm (14.04.2006),

Katharina Kuhs

Analyse von Lehrwerken für Integrationskurse

1 Einstieg

Lernziele

Die vorliegende Studieneinheit soll

- (zukünftigen) Leiterinnen und Leitern von Integrationskursen einen differenzierten Einblick in solche Lehrwerke vermitteln, die zum Einsatz in diesen Kursen empfohlen werden,
- eine Lehrwerkanalyse in ausgewählten Teilbereichen initiieren und begleiten,
- (zukünftigen) Kursleiterinnen/Kursleitern eine Hilfestellung bei der Auswahl eines Lehrwerks für den eigenen Integrationskurs geben,
- sie zu eigenen begründeten Vorstellungen im Hinblick auf die Ausgestaltung von Lehrwerken für Integrationskurse führen,
- ihnen die Kompetenz vermitteln, sich im Lehrmaterialien-Markt für Deutsch als Fremd- und Zweitsprache zu orientieren.

Der Studienbrief leitet zur Betrachtung solcher Lehrwerke an, die für den Einsatz in Integrationskursen empfohlen werden. Er enthält weder eine Beschreibung noch eine Besprechung oder Bewertung dieser Lehrwerke. Aus Platzgründen erfolgt eine Beschränkung der Analyse auf Lehr<u>werke</u>, d.h. sonstige Lehr- und Unterrichtsmaterialien für Deutsch als Fremd- und Zweitsprache sind nicht eingeschlossen.

Was ist ein Lehrwerk?

Definition

> „Zur Definition: Lehrbuch und Lehrwerk
>
> Bei der Begriffsbestimmung ist zwischen Lehrbuch und Lehrwerk zu unterscheiden. Das Lehrbuch ist ein in sich abgeschlossenes Druckwerk mit fest umrissener didaktischer und methodischer Konzeption (Zielsetzung, Lehrstoffprogression, Unterrichtsverfahren), in dem alle zum Lehren und Lernen benötigten Hilfsmittel (Texte, Übungen, Grammatikdarstellung, Vokabular, etc.) zwischen zwei Buchdeckeln enthalten sind. Das Lehrwerk dagegen besteht aus mehreren Lehrwerkteilen mit unterschiedlicher didaktischer Funktion, wie Schülerbuch, Arbeitsheft, Glossar, grammatisches Beiheft, Zusatzlesetexte, auditive Medien (z.B. Tonband bzw. Kassette), visuelle Medien (z.B. Wandbilder, Bildkarten, Diaserien, Folien für den Tageslichtprojektor, Filme, Videobänder, CD-ROM, etc.), deren Einsatz in Lehrerhandreichungen dargestellt wird. Sein im Allgemeinen offeneres didaktisches und methodisches Konzept eröffnet eine differenziertere und variablere Unterrichtsgestaltung, ein verstärktes Eingehen auf die Interessen und Bedürfnisse der jeweiligen Lernergruppe und eine realistischere Darstellung von Kommunikationssituationen und landeskundlichen Inhalten. Sein Einsatz ist allerdings an das Vorhandensein von Medienträgern (z.B. Tonband- bzw. Kassettengerät, Tageslichtprojektor, Videogerät, PC) gebunden“ (Neuner, 2003a, S. 399).

Aufgabe 1

Vervollständigen Sie die Skizze, indem Sie Angaben aus dem Text eintragen und zusätzlich eigene Ergänzungen vornehmen. Orientieren Sie sich hierfür ggf. an Verlagsinformationen (s. Kap.4). Beziehen Sie auch Begleitmaterialien ein, die über das Internet angeboten werden. Überlegen Sie auch: Welche Lehrwerksbestandteile kommen Ihrem Unterrichtsstil besonders entgegen? Warum?

....

↑ ↑ ↑

.... ← → ....

Ein Lehrwerk kann bestehen aus ...

.... ← → ....

↓ ↓ ↓

....

Auf folgenden Web-Seiten finden Sie Informationen zu den Integrationskurs-Lehrwerken: http://www.cornelsen.de; http://www.hueber.de; http://www.klett.de und http://www.langenscheidt.de. Im Anhang finden Sie eine ganze Reihe von Internetadressen, die Sie zu weiteren Verlagsinformationen führen.

2 Lehrwerke für Deutsch als Zweitsprache: Die Entwicklung des Markts

In den 70er Jahren zeichnete sich deutlich ab, dass viele der ins Land gerufenen Gastarbeiter mit ihren Familien in Deutschland bleiben würden. Und es zeichnete sich ebenfalls ab, dass – neben anderen Bereichen – ihr Deutscherwerb institutionelle Unterstützung brauchte. Schon in dieser Anfangszeit wurden Lehrwerke und Unterrichtsmaterialien erstellt, mit denen ausländischen Arbeitnehmern und ihren Kindern sprachliche Kompetenzen zur Bewältigung ihrer Lebenssituation vermittelt werden sollten. Zu den Klassikern gehören *Deutsch in Deutschland – Neu* (1975) und *Sprich mit uns!* (1975) für die Kinder, *Das Deutschbuch* (1980) und *Deutsch hier* (1981) für ausländische Jugendliche und *Feridun* (1977) für türkische Arbeitsmigranten. Auch für die ersten Aussiedler stellte das Goethe-Institut bereits 1979 ein „Sprach- und Informationsprogramm“ (*Deutsch für Aussiedler*, Lohfert, 1979) bereit, welches in Sprachkursen für erwachsene Aussiedler Einsatz fand (siehe die Literaturangaben der Lehrwerke im Verzeichnis auf S. 247).

Den Begriff „Deutsch als Zweitsprache“ sucht man in Titeln und Kommentaren dieser frühen Lehr- und Unterrichtsmaterialien vergebens. Die Gastarbeiter- und Spätaussiedlerfamilien waren in ihrer Zweitsprachenerwerbssituation noch nicht in ein eigenes „Fach“ zu stecken, für sie fehlte ein passender terminologischer Platz, sie wurden irgendwo zwischen Deutsch als Fremdsprache und Deutsch als Muttersprache situiert. Aufgrund dessen geht die Spezifik der für sie erstellten Lehrmaterialien häufig aus der Nennung der Zielgruppe im Untertitel hervor, z.B.: „Sprachprogramm für Ausländer“, „Deutsch für Aussiedler“, „Unterrichtswerk für ausländische Arbeitnehmer“, „Deutsch für Kinder und Jugendliche anderer Muttersprache“ oder „Deutschlernwerk für ausländische Kinder“.

Gemeinsam ist diesen Lehrwerken der „1. Generation“ Deutsch als Zweitsprache ein unmittelbarer Bezug zur Sprach- und Lebenssituation der Menschen, an die sie sich richteten: das Zurechtkommen mit (mindestens) zwei Sprachen im Einwanderungsland Deutschland, die emotionale Befindlichkeit in der Fremde, die Vorbereitung auf die sprachliche Bewältigung von typischen Kommunikationssituationen, -notwendigkeiten und -problemen in Schule, Ausbildung und am Arbeitsplatz. Unserem heutigen Verständnis nach handelte es sich bei diesen Lehrwerken tatsächlich um Deutsch als Zweitsprache-Lehrwerke, auch wenn sie damals nie so genannt wurden.

Mit *Themen* und *Deutsch aktiv* kamen Anfang der 90er Jahre Lehrwerke mit dem Untertitel „Deutsch als Fremdsprache“ auf den Markt. Sie bildeten den Beginn der Herausgabe einer bemerkenswerten Anzahl von DaF-Lehrwerken, die sich in ihrer didaktischen Konzeption i.d.R. am Zertifikatsabschluss Deutsch als Fremdsprache orientierten. DaF-Lehrwerke wurden (und werden) international vertrieben; sie richteten sich an Deutschlernende im Ausland und an solche Lernende, die sich zum Zweck des Deutschlernens nur eine begrenzte Zeit im deutschsprachigen Inland aufhielten. Die angesprochene Zielgruppe wurde charakterisiert als nicht in deutschsprachigen Ländern ansässig. Die Lerner wurden i.d.R. als bildungsgewohnt und der sozialen Mittel- und Oberschicht angehörig definiert, sie waren Sekundarstufenschüler in ausländischen Schulsystemen oder an Deutschen Schulen im Ausland, Deutsch-Studierende bzw. Studieninteressierte oder beruflich an Deutsch als Fremdsprache interessierte Erwachsene. Trotzdem fanden die Lehrwerke weiten Einsatz in den Deutsch als Zweitsprache-Kursen der Zeit. Ergänzend kamen zwischen 1980 und 2002 eine ganze Reihe von zielgruppenspezifischen Lehrwerken und Unterrichtsmaterialien auf den Markt:

1. Der steigenden Einwanderung von **Spätaussiedlern** und **Kontingentflüchtlingen** wurde Rechnung getragen u.a. mit *Mit uns leben*, 1989, *Neuer Start*: *Sprach- und Sachinformation für Aussiedler*, 1990, das kontrastiv (deutsch-russisch, deutsch-polnisch) angelegt war, und *Deutsch, unsere Sprache,* 1995, das auf die Zuwanderungssituation und die damit verbundenen Sprachanforderungen einging. *Ankommen in Deutschland,* 1997, orientierte sich an den vom Arbeitsamt geförderten Kursen für Spätaussiedler und Kontingentflüchtlinge mit einer Unterrichtswoche von 35 Stunden und zielte auch darauf ab, die gesellschaftliche Eingliederung der Lernenden zu fördern.
2. Für **Lese- und Schreibunkundige** erschienen die ersten Alphabetisierungs-Lehrwerke *Projekt Alphabet*, 1984, und *Das Alpha-Buch*, 1992.
3. Ganz auf die Situation nichterwerbstätiger türkischer **Frauen** in Deutschland bezogen war *Wir lernen Deutsch,* 1994, mit Themen wie Einkauf, Ämter und Institutionen, Wohnung, Bildung, Gesundheit, Alltag und Feiertage. Speziell für ausländische Eltern erschien 2002 *Kinderleicht,* mit den Themen Kinder in der Wohnung, Kinder und Gesundheit, Spielplatz, gesunde Ernährung, Kinder im Verkehr etc.
4. Für **ausländische Berufstätige und Arbeitssuchende** erschien *Arbeitssprache Deutsch*, 1998, und speziell für ausländische Pflegekräfte, die in einem deutschen Krankenhaus oder Pflegeheim arbeiteten, *Deutsch im Krankenhaus*, 1994.
5. **Flüchtlinge** fanden in *Wie heißt das auf Deutsch?,* 1994, sprachliche Hilfen. **Einbürgerungswillige Zugewanderte** konnten sich mit dem Übungsangebot *Fit für die Einbürgerung*, 2002, auf die Sprachprüfung „Test Deutsch“ vorbereiten.

„Deutsch als Zweitsprache" als eigener Sprachlehr- und -lernbereich entwickelte sich nennenswert seit Ende der 90er Jahre. Im Hinblick auf den Lehrmittelbereich kam es langsam zur Etablierung einer Begrifflichkeit, die die Sprachlernsituation von Deutschlernern mit Migrationshintergrund kennzeichnet. Für den vorschulischen und schulischen Bereich war dies zuerst zu beobachten, für den Erwachsenenbereich gaben erst die beginnenden Integrationskurse einen deutlichen Anschub in diese Richtung.

Mit Einrichtung der Integrationskurse nach dem Zuwanderungsgesetz und mit Zusammenlegung der bundesweit verschiedenen Sprachfördermaßnahmen etablierte sich nach der Jahrtausendwende ein Absatzmarkt für Lehrmaterialien Deutsch als Zweitsprache. So werden seit 2001 Lehrwerke angeboten, die z.T. mit „Deutsch als Zweitsprache" betitelt sind bzw. die auf ebenso benannten Prospektseiten der Verlage vorgestellt werden: *Berliner Platz* (2002), *Schritte* (2003), *Pluspunkt Deutsch* (2003). Folgt man den Ankündigungstexten, dann richten sich diese Lehrwerke an Lerner mit Migrationshintergrund und z.T. speziell an Lernende in Integrationskursen.

3 Empfohlene Lehrwerke für Integrationskurse

Nach Angaben des Bundesamts für Migration und Flüchtlinge muss in jedem Integrationskurs mit einem kurstragenden Lehrwerk gearbeitet werden. Die Zusatzmaterialien gelten als fakultativ und ergänzend einsetzbar.

Aufgabe 2

Recherchieren Sie die aktuelle Liste der vom Bundesamt für Migration und Flüchtlinge empfohlenen Lehrwerke für Integrationskurse (unter www.bamf.de Integration/ Lehrkräfte) und drucken Sie sich diese Liste aus.

Im Folgenden geht es darum, dass Sie eines der für die Arbeit in Integrationskursen zugelassenen Lehrwerke in seiner Ausstattung und Konzeption näher kennen lernen:

- An welche Zielgruppen richtet sich das Lehrwerk nach den Angaben der Verlage?
- Wie viele Bände umfasst es?
- Welche sprachlichen Niveaustufen können mit dem Lehrwerk erreicht werden?
- Welche Abschlüsse ermöglicht es?
- Inwieweit und wodurch werden Zweitsprachenlerner als spezifische Adressatengruppe angesprochen?
- Was ist im Hinblick auf die thematische Ausgestaltung, die Arbeit mit Texten und Grammatik und Übungen zu sagen?
- Mit welchen Lehrwerken haben Sie bereits Erfahrungen gemacht?

Die Zusammenstellung von Informationen zu den Lehrwerken soll auf der Grundlage von Angaben der Verlage in Papierform (Verlagsprospekte, Lehrerhandbücher) und/oder als Internet-Recherche vorgenommen werden. Am Ende dieses Arbeitsschrittes soll Tabelle 1 (auf S. 161) für Integrationskurs-Lehrwerk Ihrer Wahl in möglichst vielen Teilen ausgefüllt sein. Es bietet sich darüber hinaus an, die Tabelle um die Angaben zu anderen Lehrwerken zu erweitern, indem Sie Recherche-Ergebnisse aus Ihrer Lerngruppe hinzufügen.

Aufgabe 3

Sie wollen im Folgenden ein Integrationskurs-Lehrwerk Ihrer Wahl näher analysieren. Tragen Sie hierzu zunächst Titel und Verlag in Spalte 1 von Tabelle 1 auf S. 161 ein.

3.1 Sprachliche Niveaustufen und Abschlüsse

Das „Zertifikat Deutsch" (ZD), an dem sich Integrationskurs-Lehrwerke ausrichten, orientiert sich am → „Gemeinsamen europäischen Referenzrahmen für Sprachen" (GER) des Europarats, einer für Sprachenlernende und -lehrende umfangreichen Empfehlung, die den Spracherwerb, die Sprachanwendung und die Sprachkompetenz von Lernenden bedarfsorientiert, transparent und vergleichbar machen soll. Dabei wird davon ausgegangen, dass sich der Spracherwerb grundsätzlich in drei Grundphasen einteilen lässt, denen wiederum jeweils zwei Unterniveaus zugeordnet sind.

A Elementare Sprachverwendung		B Selbständige Sprachverwendung		C Kompetente Sprachverwendung	
/	\	/	\	/	\
A1	A2	B1	B2	C1	C2

Die für die Integrationskurse zugelassenen Lehrwerke führen zur untersten Stufe der „Selbständigen Sprachanwendung" (B1). Diese Stufe wird mit dem „Zertifikat Deutsch" abgeschlossen. Welche sprachlichen Kenntnisse eine Deutsch lernende Person besitzen muss, um die Zertifikatsprüfung zu bestehen – diese und andere Informationen sind den Kompetenzbeschreibungen des GER (Goethe-Institut Inter Nationes, 2001) sowie der Publikation „Profile deutsch" (Glaboniat u.a., 2002) zu entnehmen (vgl. auch Hueber-Verlag, 2003).

Im Basis- und Aufbausprachkurs eines Integrationskurses sollen die KursteilnehmerInnen Kenntnisse der deutschen Sprache bis zum Niveau der selbstständigen Sprachverwendung (B1) erwerben. Die Sprachprüfung, die den gesamten Sprachkurs abschließt, ist die Prüfung „Zertifikat Deutsch". Vor der Prüfung „Zertifikat Deutsch" können die Lerner die Tests „Start Deutsch 1z" (zum Abschluss der Niveaustufe A1 – „z" steht dabei für Zuwanderer) und „Start Deutsch 2z" (zum Abschluss der Niveaustufe A2) ablegen. Mehr zu dieser Thematik erfahren Sie im Studienbrief „Testen und Prüfen im DaZ-Unterricht".

Nach Angaben des Goethe-Instituts zur Sprachprüfung „Zertifikat Deutsch" wird empfohlen, vor der Prüfung „an ca. 400–600 Unterrichtseinheiten à 45 Minuten Intensivunterricht teilgenommen zu haben" (*http://www.goethe.de/dll/prf/pba/zdt/deindex.htm*, 27.02.2006). Welch unterschiedliches Sprachniveau in Integrationskursen nach 150/300/600 Stunden aber tatsächlich abgeprüft wird, zeigt ein erstes Ergebnis der „Evaluation der Integrationskurse nach dem Zuwanderungsgesetz" auf S. 162 (Bundesministerium des Innern, 2006, S. 37).

Tabelle 1: Zielgruppen, Konzeption, Abschlüsse von Integrationskurs-Lehrwerken

Spalte 1 **Titel des Lehrwerks (Verlag) (Anzahl der Bände)**	Spalte 2 **Angaben zu Niveaustufen/ Abschlüssen/Stundenvolumina**	Spalte 3 **Angaben zur Zielgruppe: Woran ist zu erkennen, dass sich das LW an Lerner von DaZ richtet?**	Spalte 4 **Angaben zur Konzeption/ zu Lernbereichen/Zielen/Methoden**

Zeitpunkt	Wichtigste Tests	Abgeprüftes Sprachniveau
Sprachstandstest nach 150 Stunden	▪ „Start 1z" (41,2%) ▪ Eigene Tests (33,3%)	Analog zu A1 (64,9%)
Sprachstandstest nach 300 Stunden	▪ „Start 2z" (35,3%) ▪ „Start 1z" (19,5%) ▪ Eigene Tests (18,3%) ▪ Test des Goethe-Instituts (14,8%)	Analog zu A1 (23,8%) Analog zu A2 (57,3%)
Sprachstandstest nach 600 Stunden	▪ Test des Goethe-Instituts (31,5%) ▪ Eigene Tests (19,2%) ▪ „Start 2z" (15,4%)	Analog zu B1 (69,8%) Analog zu A2 (15,8%)

Quelle: Kursträgerbefragung

Abb. 1: Bundesministerium des Innern, 2006, S. 37, Tabelle 24

In vielen Lehrwerken werden keine präzisen Angaben zum benötigten Zeitumfang für die Durcharbeitung der einzelnen Teilbände gemacht. Trotzdem sollten KursleiterInnen bei der Lehrwerkanalyse im Auge behalten, ob sich ein Lehrwerk von seinem Umfang her eignet, die Lernenden innerhalb der vorgesehenen 600 Unterrichtsstunden zum „Zertifikat Deutsch" zu bringen.

Aufgabe 4

Untersuchen Sie das von Ihnen ausgewählte Lehrwerk im Hinblick auf folgende Aspekte:

- Welche Niveaustufen/Abschlüsse können mit dem Lehrwerk erreicht werden?
- Wird ein quantitativer Umfang (z.B. Unterrichtsstunden) zur Erreichung der Niveaustufen A1, A2 und B1 angegeben?

Tragen Sie Ihre Ergebnisse in Tabelle 1, Spalte 2 (auf S. 161), ein.

3.2 Zielgruppenbeschreibung und Konzeption

Um aus den für die Integrationskurse empfohlenen Lehrwerken dasjenige oder diejenigen auswählen zu können, das/die für die Teilnehmenden besonders geeignet ist/sind, ist es notwendig, die Verlagsangaben zu den Lehrwerken auf folgende Punkte hin zu prüfen:

- Für welche Zielgruppe(n) und Einsatzorte werden die Lehrwerke angeboten?
- Welche inhaltliche und didaktisch-methodische Konzeption liegt ihnen zugrunde?

Darüber hinaus soll danach gefragt werden, inwieweit sich die Lehrwerke gezielt den Anspruch geben, den Unterricht in „Deutsch als Zweitsprache" mit erwachsenen Lernern zu unterstützen. Dabei muss nicht notwendigerweise der Begriff „Deutsch als Zweitsprache" genannt sein: andere Angaben wie „für Lernende, die in einem deutschsprachigen Land leben", „für Zugewanderte", „für eine intensive Vorbereitung auf den Alltag in den deutschsprachigen Ländern" weisen ebenfalls auf den Zusammenhang hin.

Aufgabe 5

Stellen Sie Informationen zu den Spalten 3 und 4 in Tabelle 1 zusammen. Nutzen Sie hierzu das Ihnen vorliegende Lehrerhandbuch, Beschreibungen der Verlage in Papierform (Verlagsprospekte) und/oder Angaben zum Lehrwerk aus dem Internet.

Aufgabe 6

Diskutieren Sie auf der Grundlage der Tabelleneintragungen in Ihrer Lerngruppe folgende Fragen:

- Wo sehen Sie Ähnlichkeiten/Unterschiede in den Lehrwerken?
- Was halten Sie für gut gelöst?
- Was ist Ihrer Meinung nach problematisch?
- Inwieweit finden Sie die Gruppe der Deutsch lernenden MigrantInnen in den Lehrwerkangaben vertreten?

4 Analyse von Integrations-Lehrwerken unter ausgewählten Aspekten

4.1 Zielsetzungen

Bisher haben Sie sich bei Ihren Lehrwerk-Recherchen weitgehend an denjenigen Angaben orientiert, die von Verlagsseite veröffentlicht wurden. Diese Angaben sind oft allgemein und z.T. auch kurz gehalten und sollen natürlich zum Einsatz des Lehrmaterials motivieren. Die Verlagsangaben können zwar eine grobe Orientierung über das jeweilige Lehrwerk bieten, sie ersetzen jedoch nicht eine kritische Analyse von inhaltlich relevanten Teilaspekten. Nur hierdurch ist es möglich, detaillierte „Passungen" von Lehrwerken oder Lehrwerkteilen im Hinblick auf einen Einsatz in Integrationskursen zu erkennen.

Ziel der folgenden Analyse soll daher sein, Lehrwerke sachlich darauf hin zu untersuchen, inwieweit sie in einzelnen Teilbereichen auf die spezifischen Lernvoraussetzungen und -bedürfnisse von Lernern mit Migrationshintergrund bezogen sind.

Aufgrund des begrenzten quantitativen Umfangs dieses Studienbriefs kann sich die hier angeregte Lehrwerkanalyse nur auf einige ausgewählte Aspekte beschränken. Sie werden sich

- mit der thematischen und
- mit Fragen der Textarbeit,
- mit der grammatikalischen Ausgestaltung und
- mit der Gestaltung des Übungsteils in Integrationskurs-Lehrwerken beschäftigen.

Darüber hinaus wird das Lehrerhandbuch in die Analyse einbezogen.

4.2 Der soziokulturelle Hintergrund der Lernenden

Im Studienbrief „Migration, Migrantinnen und Migranten" setzen Sie sich mit den Lebensbedingungen und den Lernvoraussetzungen der Integrationskurs-TeilnehmerInnen auseinander. Für die Lehrwerkanalyse ist die Charakteristik der Zielgruppe von großer Bedeutung, denn hieran wird die Geeignetheit eines Lehrwerks in seinen verschiedenen Teilbereichen gemessen: Passen z.B. die im Lehrwerk ausgewählten Themen und Texte zur Zielgruppe? Entspricht die → Progression und der Umgang mit Grammatik den Lernvoraussetzungen und -bedürfnissen der Teilnehmer? Ermöglichen die Übungen eine bezogen auf die Lernergruppe quantitativ und qualitativ ausreichende Einprägung des Unterrichtsstoffes?

Es lohnt sich also, die Zielgruppe „Lerner in Integrationskursen" genauer zu betrachten und hieraus Ableitungen im Hinblick auf das einzusetzende Lehrwerk zu formulieren.

Aufgabe 7

In Tabelle 3 auf der nächsten Seite sind die Integrationskurs-TeilnehmerInnen mit ihren spezifischen Lernvoraussetzungen vorgestellt. Zum Teil sind die Angaben entnommen aus einer Charakteristik, wie sie vom Bundesamt für Migration und Flüchtlinge vorliegt (http://www.bamf.de, 27.02.2005). Formulieren Sie zu jedem Spiegelstrich eine Ableitung bezogen auf ein einzusetzendes Lehrwerk, d.h.: Was müsste ein Lehrwerk Ihrer Meinung nach idealerweise anbieten, wenn es den genannten sprachlichen, sozialen und kulturellen Lernvoraussetzungen der Kursteilnehmer gerecht werden wollte?

Tabelle 2:

Die Kursteilnehmer/innen ...	**Das im Kurs eingesetzte Lehrwerk müsste ...**
- sind heterogen bezogen auf Bildungsniveau und Bildungserfahrungen,	....
- bringen unterschiedliche Motivationen zum Deutschlernen mit,	....
- können Jugendliche, Erwachsene, Senioren sein,	....
- können Männer und Frauen sein,	....
- bringen unterschiedliche Erstsprachen mit in den Kurs,	....
- haben unterschiedliche sprachliche und kulturelle Erfahrungen in Deutschland gemacht,	....
- sind aus unterschiedlichen Gründen nach Deutschland eingewandert,	....
- verbinden unterschiedliche Ziele mit dem Deutschlernen,	....
- müssen sich in Deutschland orientieren,	....
- unterscheiden sich in ihren Lebensverhältnissen,	....
- haben unterschiedlich viel Kontakt mit der deutschen Sprache,	....
- bringen unterschiedlich gute Kenntnisse der (deutschen) Schriftkultur mit in den Kurs (geringe bis sehr gute Lese-/ Schreibkenntnisse),	....
- sind unterschiedliche Lerntypen,	....
- sind unterschiedlich lerngewohnt.	....

4.3 Zur thematischen Ausgestaltung

Vorstellungen davon, welche Rahmenthemen in den Integrationskursen behandelt werden sollen, liegen für den Basiskurs und für den Aufbaukurs vor. Es ist also benannt, welches die sprachlich zu bewältigenden Lebensbereiche der KursteilnehmerInnen sein und welche Themen und Wortschatzeinheiten sich hieraus für den Unterricht ableiten sollen: Für den Basiskurs ist ein „Themeninventar" in Perlmann-Balme/Kiefer (2002, S. 175/176) zusammengestellt, welches in das „Konzept für einen bundesweiten Integrationskurs" eingeflossen ist (Bundesamt für Migration und Flüchtlinge, 2005, S. 15f.). Das Themenspektrum wird im Aufbaukurs durch drei weitere Themen ergänzt (vgl. Abb. 2).

Das für die Integrationskurse vorgeschlagene Themeninventar entspricht den Themenfeldern, die als verbindliche Grundlage für die Prüfung „Zertifikat Deutsch" festgeschrieben sind (vgl. Weiterbildungs-Testsysteme u.a., 1999, S. 94). Das heißt: die Themenfestlegung für die Integrationskurse erfolgte in erster Linie im Hinblick auf die Abschlussprüfung „Zertifikat Deutsch". Die hierfür zugrunde liegenden Themenfelder werden als Ausgangspunkte für zielgruppenspezifische Vertiefungen und Ausweitungen verstanden. Ein Zuschnitt auf die besonderen thematischen Bedürfnisse der Integrationskurs-Teilnehmer ist dann gegeben, wenn die Themenbereiche in den Lehrwerken für diese Zielgruppe entsprechend ausgearbeitet werden. Auf der Grundlage dieser Informationen kann eine Themenanalyse der für die Integrationskurse zugelassenen Lehrwerke unter quantitativen und unter qualitativen Aspekten erfolgen.

Unter <u>quantitativem Aspekt</u> ist zu fragen:

- Werden die in Abb. 2 aufgeführten Themenfelder in den Lehrwerken aufgegriffen?
- In welchem Umfang werden sie bearbeitet?

Unter <u>qualitativem Aspekt</u> ist zu fragen:

- Sind die im Rahmen des jeweiligen Gesamtthemas angebotenen Teilaspekte von Relevanz für die Lebenssituation der Integrationskurs-TeilnehmerInnen? Was ist unwesentlich? Was fehlt?
- Sind Wortschatz und sprachliche Strukturen, die mit dem Thema vermittelt werden, für die Zielgruppe „erwachsene Ausländer/Spätaussiedler" in Deutschland von Bedeutung, d.h. entsprechen sie dem soziokulturellen Hintergrund und den Lernbedürfnissen der Kursteilnehmer/innen?

Aufgabe 8

Untersuchen Sie das für den Einsatz in Integrationskursen vorgeschlagene Lehrwerk Ihrer Wahl im Hinblick auf seine thematische Einschlägigkeit für den Einsatz in Integrationskursen. Tragen Sie Ihre Ergebnisse in Tabelle 3a und 3b auf S. 167–168 ein.

<u>**Themen**</u>

In diesem Inventar sind die für die elementare Sprachverwendung notwendigen Themenbereiche zusammengestellt, d. h. Politik, Geschichte, Ökonomie spielen hier im Unterschied zu der Kompetenzstufe B noch keine Rolle. Eine Unterscheidung zwischen den beiden ersten Niveaustufen wird nicht vorgenommen, da nahezu alle Themenbereiche in unterschiedlicher Tiefe auf den Stufen A1 und A2 behandelt werden. Die Zuordnung einzelner Worteinträge zu einem der beiden

Niveaus erfolgt über die Wortlisten. Auf eine Auflistung von Einzelbeispielen wird in diesem Inventar verzichtet.

- **Person**: Name, Adresse, Telefon, Geburtsdatum, Geburtsort, Alter, Geschlecht, Familienstand / Familie, Persönliche Beziehungen, Staatsangehörigkeit / Nationalität / Herkunft, Berufliche Tätigkeit, Aussehen, Gewohnheiten / Tagesablauf
- **Menschlicher Körper / Gesundheit**: Körperteile, Körperpflege / Hygiene, Befinden, Krankheit, Unfall, Rauchen / Drogen / Alkohol, Medizinische / ärztliche Versorgung, Versicherung
- **Wohnen**: Art, Lage und Größe der Wohnung, Räume, Einrichtung / Möbel, Haushalt / technische Einrichtungen, Miete / Mietverhältnis, Wohnungswechsel
- **Umwelt**: Gegend / Stadt / Land, Pflanzen, Tiere, Klima / Wetter
- **Reisen / Verkehr**: privater und öffentlicher Verkehr, Reisen, Unterkunft, Gepäck
- **Essen / Trinken**: Nahrungsmittel, Mahlzeiten, Speisen, Getränke, Lokale (Restaurant, Café)
- **Einkaufen / Gebrauchsartikel**: Geschäfte, Preis / Bezahlen, Lebensmittel, Kleidung, Haushaltsartikel
- **Dienstleistungen**: Post, Telekommunikation, Banken, Versicherungen, Polizei, Konsularische Vertretung, Einwohnermeldeamt / Ausländerbehörde
- **Erziehung / Ausbildung / Lernen**: Kinderbetreuung, Schule, Studium, Berufliche Ausbildung, Sprachen lernen, Prüfungen
- **Arbeit / Beruf**: Berufliche Tätigkeit, Berufliche Ausbildung / Qualifikation, Arbeitsplatz, Lohn / Gehalt, Arbeitszeit, Urlaub
- **Freizeit / Unterhaltung**: Freizeitbeschäftigung, Interessen, Kulturelle Veranstaltungen, Sportveranstaltungen / Sport treiben, Radio / Fernsehen, Internet, Lektüre / Presse, Gesellige Anlässe / Feiertag / Feste
- **Orte**
- **Alltag**
- **Mobilität / Verkehr**

(Perlmann-Balme/Kiefer, 2002, S. 175f.)

Darüber hinaus wird das Themenspektrum im Aufbausprachkurs durch folgende drei Themen ergänzt:

- **Medien**
- **Gesellschaft / Staat / Internationale Organisationen**
- **Beziehung zu anderen Menschen, Kulturen Weltanschauungen**

(Bundesamt für Migration und Flüchtlinge, 2005, S. 19)

Abb. 2: Themenfelder für Basis- und Aufbaukurs

Aufgabe 9

Fassen Sie die Ergebnisse Ihrer Recherche zusammen und diskutieren Sie die thematische Einschlägigkeit der Lehrwerke in Ihrer Lerngruppe.

Tabelle 3a: Thematische Ausgestaltung von Integrationskurs-Lehrwerken

Themengebiete im Basis-Sprachkurs								
Lehrwerk	**Zur Person/ soziale Kontakte**	**Menschlicher Körper/ Gesundheit**	**Wohnen**	**Natur/ Umwelt**	**Reisen/ Verkehr**	**Essen/ Trinken**	**Dienstleis-tungen/Ämter/ Behörden**	**Arbeit/ Beruf**

Tabelle 3b: Thematische Ausgestaltung von Integrationskurs-Lehrwerken

Themengebiete im Basis-Sprachkurs						Zusätzliche Themengebiete im Aufbau-Sprachkurs		
Lehrwerk	**Mobilität/ Verkehr**	**Einkaufen/ Handel/Konsum**	**Erziehung/ Ausbildung/ Lernen**	**Freizeit Unterhaltung**	**Orte/ Alltag**	**Medien/Moderne Informations-techniken**	**Gesellschaft/ Staat/ Internationale Organisationen**	**Andere Men-schen/Kulturen/ Weltanschau-ungen**

4.4 Zur textuellen Ausgestaltung

„Texte" nehmen in Lehrwerken einen großen Raum ein: ausgehend von ihnen, an ihnen und mit ihnen werden Sachinhalte, Wortschatz und sprachliche Strukturen vermittelt und geübt. Dabei umfasst das, was unter einem „Text" zu verstehen ist, eine beachtliche Bandbreite an Möglichkeiten.

Textsorten

Absage, Allgemeine Geschäftsbedingungen, An-/Abmoderation, Anfrage, Ankündigung, Ansage, Antrag, Anweisung des Lehrers, Anweisung im Lehrbuch, Anzeige, Arbeitszeugnis, Artikel, Aufsatz, Aufschrift, Auftrag, Auskunftsgespräch,

Bedienungsanleitung, Beipackzettel, Bekanntmachung, Beratungsgespräch, Bericht, Beschwerde, Besprechung, Bestätigung, Bestellung, Bewerbungsgespräch, Bewerbungsschreiben, Bilderrätsel, Bildschirmtext, Bildunterschrift/-überschrift, Biografie, Börsenbericht, Brief (persönlich),

Comic,

Diskussion, Dokumentarfilm, Durchsage,

Einladung, Eintrittskarte, Erzählung, Etikett,

Fahrkarte, Fahrplan, Feature, Flugblatt, Formular, Fragebogen, Führung,

Garantiebedingung, Gebet, Gedicht, Gesetz, Gespräch (am Arbeitsplatz), Gewinnspiel, Grammatik, Grammatikregel,

Handout, Horoskop, Hörspiel,

Interview,

Kalender, Karte (Landkarte, Stadtplan ...), Kaufgespräch, Klappentext, Kochrezept, Kommentar, Kreuzworträtsel, Krimi, Kündigung, Kurzbiografie, Kurzprosa,

Lebenslauf, Legende, Lehrbuchtext, Leserbrief, Lesung, Lexikonartikel, Lied,

Mahnung, Märchen, Mitschrift, Mitteilung, Musical,

Nachrichten, Notiz,

Offerte, Organigramm,

Plakat, Postkarte, Präsentation, Präsentationsfolie, Predigt, Preisliste, Produktinformation, Programm (Fernseh-, Veranstaltungsprogramm ...), Programmhinweis, Prospekt, Protokoll, Prüfung,

Ratgeber, Rechnung, Rede, Referat, Reiseführer, Reportage, Rezension, Roman,

Satire, Schaubild, Schild, Schlagzeile, Seminararbeit, Sketch, Slogan, Smalltalk, Speisekarte, Spielfilm, Spielregel, Sportergebnis, Sprichwort, Statistik, Stellungnahme, Stundenplan,

Tabelle, Tafelanschrift, Tagebuch, Talkshow, Test, Theaterstück,

Übertragung, Übung in Unterrichtsmaterialien, Umfrage, Untertitel, Urkunde,

Verhandlung, Verkaufsanzeige (privat), Verordnung, Vertrag, Verzeichnis, Videoclip, Visitenkarte, Vorlesung, Vortrag,

Werbung, Wetterkarte, Wettervorhersage, Wettschein, Witz, Wörterbucheintrag, Zeichentrickfilm, Zeittafel, Zeitungsnachricht, Zusammenfassung

...

(Glaboniat u.a., 2002, S. 162f.)

Abb. 3: Textsorten

Aufgabe 10

Markieren Sie in der Liste in Abb. 3 diejenigen Textsorten, die Ihrer Meinung nach unbedingt in einem Integrationskurs-Lehrwerk vorkommen sollten. Fügen Sie ggf. Textsorten hinzu, die Ihrer Meinung nach fehlen.

Die Auflistung verschiedener Textsorten verdeutlicht die Vielfalt an Möglichkeiten, ein Lehrwerk mit Texten auszustatten. Was aber macht ein gutes Lehrwerk im Hinblick auf seine textuelle Ausgestaltung aus? Möglichst viele dieser Texte oder möglichst viele lange und/oder kurze Texte? Eine ausgewogene Mischung von verschiedenen Textsorten?

Die „ideale" Textausstattung ist kaum zu definieren. Ein Lehrwerk, das nur Dialoge enthält, ist genauso einseitig, wie eines, welches nur aus Lesetexten besteht, dazwischen jedoch findet sich eine breite Spannbreite von Realisierungsmöglichkeiten, die letztlich nur vor dem Hintergrund einer definierten Zielgruppe als geeignet oder weniger geeignet bewertet werden können.

Viele der Lehrwerke für Deutsch als Fremd- und Zweitsprache, die nach 1990 erschienen sind, zeichnen sich dadurch aus, dass sie

- authentische Texte verschiedenster Art enthalten,
- gut didaktisierte „pseudo-authentische" Texte auf hohem Niveau anbieten,
- dialog- und kommunikationsorientiert sind,
- Hörverstehenstexten einen festen Platz zuweisen.

Auch die für den Einsatz in Integrationskursen empfohlenen Lehrwerke werden diese Kriterien erfüllen. Eine Analyse sollte sich deshalb eher auf folgende Fragen konzentrieren:

- Sind die Textsorten auf die Bedürfnisse/Interessen der KursteilnehmerInnen abgestimmt?
- Ist es für die TeilnehmerInnen machbar, die Texte von der Anzahl und von der Länge her zu erarbeiten?
- Motivieren die Texte zum Lesen und regen Sie Gespräche/einen Austausch an?
- Bietet das Lehrwerk Texte für leistungsstärkere und leistungsschwächere KursteilnehmerInnen an, so dass eine → innere Differenzierung möglich ist?

Aufgabe 11

Beurteilen Sie die Ausgestaltung eines Integrationskurs-Lehrwerks Ihrer Wahl im Hinblick auf die darin enthaltenen Texte.

- Welche Texte/Textsorten sind enthalten? (x = selten, xx = mittel, xxx = oft)
- Wie bewerten Sie die Texte im Großen und Ganzen im Hinblick auf die TeilnehmerInnen von Integrationskursen? (sehr gut geeignet = +++, mittelmäßig = ++, (eher) nicht geeignet = +)

Tragen Sie Ihre Ergebnisse in Tabelle 4 auf S. 171 ein.

Aufgabe 12

Diskutieren Sie die Ergebnisse Ihrer Recherche in Ihrer Lerngruppe.

Tabelle 4: Analyse der Ausgestaltung von Integrationskurs-Lehrwerken mit Texten

Name des Lehrwerks	Texte/Textsorten, die im LW enthalten sind	Erscheinen die Texte geeignet für Lernende in Integrationskursen?	Bemerkungen

4.5 Zur grammatikalischen Ausgestaltung

Ein Lehrwerk unter dem Gesichtspunkt seiner grammatikalischen Ausgestaltung zu beurteilen gehört zu den anspruchsvollsten Tätigkeiten im Rahmen einer Lehrwerkanalyse. Die inhaltliche und sprachliche Komplexität sowie die Vielfalt der Realisierungen in den Lehrwerken lassen diesen Bereich für viele KursleiterInnen häufig unübersichtlich, manchmal sogar undurchschaubar erscheinen. Deshalb ist es angebracht, differenziert vorzugehen und „Schritt für Schritt" einen Zugang zu suchen. Auf solche Weise gehen auch Kriterienraster zur Lehrwerkanalyse vor: durch die Beantwortung vieler verschiedener Fragen an den Grammatikbereich soll Transparenz geschaffen und Entscheidungshilfe gegeben werden (vgl. die Literaturangaben zu Kriterienrastern zur Lehrwerkanalyse).

Allerdings ist diese Art von Fragen nur dann hilfreich, wenn als Grundlage der Analyse fundiertes grammatisches Sachwissen vorhanden ist. Was ist z.B. eine grammatische Progression, wann ist sie „flach" bzw. „steil" und woran ist dies zu erkennen? Wann sind Visualisierungen „gelungen"? Wann ist eine Regelformulierung „einfach" oder „schwer"? usw.

Die Beantwortung von Fragen zur Grammatik in Lehrwerken liefert im Ergebnis Zustandsbeschreibungen. Eine Bewertung dieses Ist-Zustandes obliegt derjenigen Person, die die Analyse durchführt, und diese wiederum wird sich hierfür an der jeweiligen Zielgruppe, d.h. an den Lernern ihres Kurses, am zu erreichenden Abschluss (Zertifikat) und an den eigenen Kompetenzen und Präferenzen orientieren.

Aufgabe 13

Machen Sie für jede Aussage ein Kreuz in die Ihrer Meinung nach richtige Spalte.

Tabelle 5:

	1 Stimmt genau	**2**	**3**	**4**	**5 Stimmt gar nicht**
In einem Integrationskurs muss die Grammatik primär kommunikativ, d.h. auf die Sprachverwendung hin orientiert sein.					
Grammatik sollte im Integrationskurs möglichst gar nicht bewusst vermittelt werden. Die Kursteilnehmer können nichts damit anfangen und man sollte sie nicht damit quälen.					
Es sollte im Integrationskurs grammatikalisch vom Leichten zum Schweren voran gegangen werden. Auch wenn dies auf Kosten der im Alltag gebräuchlichen Strukturen geht (z. B. Perfektgebrauch).					
Grammatische Terminologie ist für Teilnehmende der Integrationskurse nicht geeignet.					
Es ist am Besten, wenn die Kursteilnehmer Regeln zur Grammatik selbst finden und formulieren. Hierzu sollte ein Lehrwerk Unterstützung anbieten.					
In einem grammatischen Beiheft ist die ganze Grammatik eines Lehrwerkbandes gut aufgehoben. Damit bleibt das Kursbuch frei von Grammatik.					

	1 **Stimmt genau**	2	3	4	5 **Stimmt gar nicht**
„Visualisierung" von Grammatik (z.B. Tabellen, Schaubilder, Einsatz von Farben und typographischen Elementen) entbindet den Kursleiter von Erklärungsaufgaben und ist deshalb unentbehrlich in einem Integrationskurs-Lehrwerk.					
Ein Kursleiter, eine Kursleiterin muss von einem guten Lehrwerk für Integrationskurse erwarten können, dass sie/er im Lehrerhandbuch detaillierte Hinweise zur Erarbeitung der einzelnen Grammatikthemen erhält.					
Lernende in Integrationskursen brauchen kleinschrittiges Vorgehen und häufige Wiederholungen bei der Arbeit an grammatischen Themen. Dieses muss ein Integrationskurs-Lehrwerk ermöglichen.					
Es ist wichtig, dass der Kursleiter, die Kursleiterin die grammatische Konzeption, die dem Lehrwerk zugrunde liegt, durchschaut und versteht.					
Die Arbeit an grammatischen Themen bedeutet – wenn sie kleinschrittig, verständlich und mit viel Anschauung durchgeführt wird – auch für bildungsungewohnte Kursteilnehmer eine positive Herausforderung.					

Die Arbeit an Aufgabe 13 hat Ihnen Ihre subjektiven Einschätzungen im Hinblick darauf, was an Grammatik in Integrationskursen durchgenommen werden sollte und wie man dabei vorgehen könnte, verdeutlicht. Lassen sich nun hierzu sachbezogene Positionen ergänzen?

Eine solche Position stellen die sprachlichen Anforderungen dar, die mit den Prüfungen „Start Deutsch z" und „Zertifikat Deutsch" verbunden sind, denn auf die in diesen Prüfungen verlangten Deutschkenntnisse sollen die Lehrwerke vorbereiten. Im Hinblick auf das Grammatikpensum bis zu „Start Deutsch 2z" (= Niveaustufe A1 und A2) liegen Informationen aus dem Begleitmaterial zum Test vor.

Aufgabe 14

Lesen Sie den nachfolgenden Text.

1. Welcher Stellenwert wird der Grammatik hier (bis zur Niveaustufe A2) zugemessen?
   ....
   ....
   ....
2. Wonach sollte sich die Auswahl der Grammatikthemen nach Meinung der Autoren richten?
   ....
   ....
   ....

> Mehr als jeder andere Feinlernzielbereich ordnet sich die Grammatik der Aufgabenorientierung unter, d. h. grammatikalische Strukturen sollen nicht um ihrer selbst willen gelehrt und gelernt werden, sondern als notwendiges Repertoire zur Ausführung sprachlicher Handlungen.
>
> Im Rahmen der elementaren Sprachbeherrschung auf A1 und A2 hat die Verständlichkeit ohnehin einen höheren Stellenwert als die formale Korrektheit. Folglich ist beispielsweise die Verwendung von Verbformen oder das Formulieren von Fragen im produktiven Fertigkeitsbereich handlungsorientiert relevant, weniger jedoch der Aspekt der Richtigkeit morphologischer und syntaktischer Strukturen. Grammatikalisch schwierige Einzelelemente wie der Konjunktiv II sind zwar grammatikalisch komplex, allerdings zur Formulierung höflicher Bitten unabdingbar. Da sie für das Leben in der deutschen Umgebung von vitaler Bedeutung sind, sollten diese Formen bereits auf den Stufen A1 und A2 gelernt werden, jedoch noch nicht systematisch, sondern lediglich als lexikalische Einheiten.
>
> Die Leistungen der Prüfungsteilnehmenden im produktiven Bereich bleiben auf diesen Spracherwerbsstufen noch weit hinter denen im rezeptiven zurück. Die Inventarisierung der Grammatik bezieht sich dementsprechend in erster Linie auf die Aufgabenstellung im Bereich der rezeptiven Fertigkeiten, d.h. lösungsrelevante Elemente in Hör- und Lesetexten sowie Formulierungen in den Aufgabenstellungen selbst (z.B. ‚Sie sollen ...‘) dürfen die hier festgelegte Eingrenzung nicht überschreiten. Für die mündliche und schriftliche Produktion ist die Grammatik-Liste dagegen von untergeordneter Bedeutung.
>
> (Goethe-Institut u.a., 2002, S. 228)

Es ist zu überprüfen, inwieweit die für die Integrationskurse vorgeschlagenen Lehrwerke bis zu A2 den genannten Vorstellungen entsprechen:

1. Äußern sich die Lehrwerkautor/innen zur grammatischen Konzeption für das Lehrwerk? Wenn ja, wie?
2. An welchen Stellen im Lehrwerk wird Grammatik sichtbar (z.B. gar nicht, im Inhaltsverzeichnis, innerhalb der Kapitel, am Kapitel-/Buchende, als zusätzliches Beiheft ...)?
3. In welcher Abfolge werden (die) Grammatikthemen des Lehrwerks angeboten und wie komprimiert werden sie durchgearbeitet? Welche Progression lässt sich hieraus ableiten?
4. Auf welche Weise wird Grammatik dargestellt/thematisiert (z.B. in Tabellenform, als Regelformulierung, durch Visualisierung o. Ä.)?
5. Welche Hilfestellungen erhalten KursleiterInnen im Hinblick auf die Einführung und Übung von grammatischen Themen?

Im Folgenden sollen Sie die Punkte 1., 3. und 5. exemplarisch am Grammatikthema „Perfekt“ untersuchen.

Der Gebrauch des Perfekts („ich habe gegessen“, „ich bin gelaufen“) gehört zur deutschen Alltagskommunikation. Ein frühzeitiges „Durchnehmen“ dieses grammatischen Themas wird deshalb gerade für den Deutsch als Zweitsprache-Unterricht immer wieder gefordert. Man hofft, auf diese Weise eine möglichst schnelle Sprachhandlungsfähigkeit herbeiführen zu können, z.B., indem die Kursteilnehmer schon früh in die Lage versetzt werden, über Vergangenes zu berichten. Für die Lernenden in Integrationskursen gilt, dass sie am Ende der Niveaustufe A1 in der Lage sind, Sätze mit dem

Perfekt ausgewählter Verben (bleiben, essen, fahren, fragen, glauben, verstehen, passieren u.a.) und zum Abschluss von A2 das Perfekt aller Verben einer vorgegebenen Wortliste zu bilden (Perlmann-Balme/Kiefer, 2002, S. 230). Inwieweit und wie berücksichtigen die zugelassenen Lehrwerke diese Anforderung?

Aufgabe 15

Untersuchen Sie ein Lehrwerk für Integrationskurse Ihrer Wahl im Hinblick auf folgende Aspekte:

1. An welchen Stellen (z.B. in welchem Kapitel?) wird das Perfekt als Grammatikthema im Lehrwerk sichtbar?
2. Auf welche Weise wird dieses Grammatikthema dargestellt?
3. Welche Vorschläge/Hilfestellungen erhalten KursleiterInnen zur Einführung und Festigung des Perfekts?
4. In welchem Umfang und mit welchen Zielsetzungen wird die Verwendung des Perfekts geübt?
5. Werden insbesondere die vorgegebenen Verben eingeführt und geübt?

Tragen Sie die Ergebnisse Ihrer Recherche in Tabelle 6 auf S. 176 ein.

4.6 Analyse von Integrationskurs-Lehrwerken im Hinblick auf den Teilbereich „Übungen“

Ein Fremdsprachenlehrwerk ohne Übungsteil ist nicht vorstellbar – hängt doch das fremdsprachliche Können ganz wesentlich davon ab, ob, auf welche Art und Weise und in welchem Umfang die zu lernende Sprache abgerufen und angewendet wird.

Aufgabe 16

Wie müsste der Übungsteil bezogen auf die Art der Übungen und den Umfang in einem Integrationskurs-Lehrwerk Ihrer Meinung nach ausgestaltet sein? Notieren Sie Ihre Vorstellungen: ....

....

....

....

Verfolgt man die Entwicklung der Fremdsprachenlehrwerke bis in die 1950er Jahre zurück, dann ist leicht zu erkennen, dass die verschiedenen Methoden des Fremdsprachenlehrens und -lernens sich deutlich in den Übungen dieser Lehrwerke widerspiegeln: Lehrwerke der „Grammatik-Übersetzungs-Methode“ enthalten stark grammatikalisch ausgerichtete Übungen (z.B. Übersetzungen, Satzergänzungen und -umformungen, Regelanwendungen). Lehrwerke der „audio-lingualen/audio-visuellen Methode“ enthalten weitgehend Übungen zur Imitation, zur Memorisierung und zum Einschleifen von Sprachstrukturen, Lehrwerke der „kommunikativen Didaktik“ verfolgen das Ziel, die Lernenden mit einschlägigen Übungen zum Textverstehen, zur Sprachhandlungsfähigkeit und zur Mitteilungsfähigkeit in der zu erlernenden Sprache zu führen (vgl. eine ausführliche Darstellung in Neuner/Hunfeld, 1993).

Tabelle 6: Das „Perfekt" als Grammatikthema in Integrationskurs-Lehrwerken

Name des Lehrwerks	**An welchen Stellen wird das „Perfekt" als Grammatikthema behandelt?**	**Auf welche Weise wird das Perfekt dargestellt/ thematisiert/erklärt?**	**Welche Vorschläge/Hilfestellungen erhalten Kursleitende zur Einführung/ Festigung des Perfekts?**	**Sonstiges/Bemerkungen**

Lehrwerke für Deutsch als Fremd- und Zweitsprache der neueren Zeit sind nicht mehr eindeutig einer der o.g. Methoden zuzuordnen. Sie enthalten Elemente verschiedener methodischer Richtungen und sie nutzen zunehmend Erkenntnisse aus der Lern- und Motivationspsychologie (vgl. Funk, 2001) zu effektiven Gestaltung von Übungen. Eine Einschätzung und Würdigung von Übungen in DaF-/DaZ-Lehrwerken kann vor diesem Hintergrund nie eindimensional sein, sondern muss unterschiedliche Betrachtungsebenen umfassen. Zum Beispiel:

- **Was** wird geübt (z.B. Wortschatz, grammatische Strukturen ...)?
- Mit welcher **Zielsetzung** wird geübt (z.B. die Fremdsprache reproduzieren, verstehen, produzieren können)?
- In welchem **Umfang** wird geübt?

Ausgehend von der Zielsetzung, dass Integrationskurs-TeilnehmerInnen die deutsche Sprache im Anschluss an den Kursbesuch in erster Linie kommunikativ und sprachhandelnd gebrauchen können sollen und dass sie darüber hinaus auch in der Lage sein sollen, geschriebene und gesprochene deutsche Sprache zu verstehen, muss ein Lehrwerk mindestens zwei Kriterien erfüllen:

- Es muss **qualitativ geeignete** Übungen enthalten, um zu diesen Sprachfertigkeiten hinzuführen.
- Es muss **quantitativ genügend** solcher Übungen anbieten, um den spezifischen Lernvoraussetzungen und -ansprüchen der Kursteilnehmer/innen gerecht zu werden.

Darüber hinaus müssten die Übungen in den Lehrwerkbänden bis zu Start Deutsch z (A1, A2) idealer Weise so gestaltet sein, dass die Kursteilnehmer/innen sie mit möglichst geringem grammatischen Grundwissen bewältigen können. Die Vorbereitung auf das Zertifikat Deutsch (B1) erfordert dagegen grammatikalisch erheblich anspruchsvollere Übungen. Innerhalb eines Lehrwerks wäre damit also – bezogen auf das Üben von Grammatik – eine Bandbreite von Übungen auf unterschiedlichen Anforderungsniveaus erforderlich.

Vergleichen Sie Ihre Überlegungen aus Aufgabe 16 mit den gerade formulierten Vorstellungen und ergänzen Sie sie gegebenenfalls.

4.6.1 Zu welchen sprachlichen Teilbereichen liegen Übungen vor?

Im „Aufgaben-Handbuch" von Häussermann/Piepho (1996) werden Aufgaben und Übungen u.a. für folgende sprachlichen Fertigkeitsbereiche aufgeführt:

Aufgaben und Übungen

- zur Sensibilisierung des Hörens,
- zur Sensibilisierung für Laut, Ton und Akzent,
- zur Differenzierung des Wortschatzes,
- zum Erkennen und Erproben von Grammatik,
- zur freieren Verwirklichung im Sprechen,
- zur freieren Entfaltung der Leseintelligenz,
- zur schriftlichen Arbeit.

Eine Analyse von Lehrwerken bezogen auf die genannten Bereiche erbringt Informationen über die Vollständigkeit des Übungsangebotes bezogen auf das Training der vier → Fertigkeiten (Verstehen von Hör- und Lesetexten, mündliche Kommunikation und Schreiben) sowie Aussprache und Grammatik.

Aufgabe 17

Prüfen Sie, ob in dem von Ihnen ausgewählten Lehrwerk Übungen zu allen o.g. Bereichen enthalten sind. Prüfen Sie weiterhin, ob Sie Ihre Vorstellungen, wie Sie sie in Aufgabe 16 formuliert haben, verwirklicht finden.

4.6.2 Welche Zielsetzungen verfolgen die Übungen?

Innerhalb der einzelnen sprachlichen Teilbereiche kann Sprache mit unterschiedlichen Zielsetzungen geübt werden. Nehmen wir z.B. den Teilbereich „Schreiben": Hier könnte es Abschreibübungen geben (Ziel: geschriebene Sprache reproduzieren) oder Aufgaben zum Verfassen von eigenen Texten (Ziel: Sprache schriftlich „frei" produzieren) oder Aufgaben, in denen die Lerner z.B. durch vorgegebenes Wort-/Satzmaterial Unterstützung für eigene Formulierungen erhalten (Ziel: Schreiben mit der Möglichkeit der Reproduktion und der freien Produktion von Sprache). Solche Differenzierungen lassen sich für alle sprachlichen Teilbereiche vornehmen und sie sind natürlich nicht auf die genannten beschränkt. So könnte es auch ein Übungsziel sein, einen Hörtext ganz genau oder nur global zu verstehen oder aus einem Lesetext ganz bestimmte Informationen herauszufiltern usw.

Die Unterscheidung von Übungen in der angesprochenen Weise erweist sich im Rahmen einer Lehrwerkanalyse dann als besonders effektiv, wenn es darum geht, Lehrwerke daraufhin zu untersuchen, wie stark die Lenkung durch Übungen ist bzw. in welcher Weise Lerner zur (freien) Sprachproduktion herangeführt werden.

Unter diesem Gesichtspunkt erweist sich die *Übungstypologie zum kommunikativen Deutschunterricht* von Neuner u.a. (1981) als hilfreich. Mit ihr ist es möglich, die Übungsteile eines Lehrwerks im Hinblick darauf zu überprüfen, inwieweit Übungen (eher) „reproduktiv" und → gelenkt bzw. (eher) „produktiv" und → frei angelegt sind und ob darüber hinaus auch Übungen zum Verstehen von (gehörten/gelesenen) Texten vorliegen. Der Typologie liegt der Gedanke zugrunde, dass (Deutsch als) Fremdsprache-Lernende durch den Einsatz gezielter Übungen vom Sprachverstehen zum freien Sprechen geführt werden können:

> „Wenn Fremdsprachenlernen nicht Selbstzweck (‚Geistesschulung') sein soll, sondern auf ‚Kommunikationsfähigkeit mit Hilfe der Fremdsprache' abzielt, dann müssen Übungen und Übungssequenzen so angelegt sein, dass diese Kommunikationsfähigkeit schrittweise aufgebaut wird. [...] ‚Kommunikation' beginnt immer mit einer Phase der Informationsaufnahme und -verarbeitung (einen Gesprächspartner hörend zu verstehen suchen; einen Lese- oder Hör-Text zu verstehen suchen). Übungen in dieser Phase leiten deshalb den Lernenden zunächst an, Texte verstehen zu lernen. Von da aus werden dann Übungssequenzen entwickelt, die den Schüler stufenweise bis zur freien Anwendung des Gelernten führen" (Neuner u.a., 1984, S. 98 f.).

In der *Übungstypologie zum Kommunikativen Deutschunterricht* werden folgende vier Typen von Übungen unterschieden:

<u>Stufe A</u>: **Übungen zur Entwicklung von Verstehensleistungen sowie Übungen zur Überprüfung von Verstehensleistungen**

Mit Hilfe solcher Übungen sollen Lerner an (authentische) Texte herangeführt werden. Sie trainieren, sich Texte zu erschließen – also: das Verstehen von Texten zu entwickeln. Darüber hinaus sollen die Lernenden durch die Bewältigung von Übungen zur Überprüfung des Textverständnisses zeigen, dass sie die Textinhalte verstanden haben.

<u>Stufe B</u> **Übungen zur Grundlegung von Mitteilungsfähigkeit (= reproduktive Übungen)**

Übungen auf dieser Stufe haben reproduktiven Charakter (= von „reproduzieren", nachmachen). Die Lerner „reproduzieren" in den Übungen sprachliche Strukturen und Redemittel, die im Unterricht neu gelernt wurden. Damit verbunden sind begrenzte Ausdrucksmöglichkeiten; sprachliches Handeln findet in stark gesteuerten Kommunikationssituationen statt. Es wird viel Wert auf die korrekte sprachliche Form der Äußerungen gelegt.

<u>Stufe C</u> **Übungen zur Entwicklung von Mitteilungsfähigkeit (= reproduktive – produktive Übungen)**

Durch Übungen auf dieser Stufe erhalten die Lernenden die Möglichkeit, vorgegebene Kommunikationssituationen mit Hilfe sprachlicher Vorgaben frei zu gestalten. Es handelt sich um offenere, weniger stark lenkende Übungen, in denen den Lernenden sprachliche Wahl- und Entscheidungsfreiheiten gegeben sind.

<u>Stufe D</u> **Übungen zur Entfaltung freier Äußerungen (= produktive Übungen)**

Es handelt sich um Übungen, die zur sprachlichen Kommunikation anregen, diese aber nicht mehr eingrenzend steuern. Die Lerner können zwar sprachliche Hilfsmittel (z. B. Redemitteltabellen) in Anspruch nehmen, gestalten die Kommunikationssituation jedoch ansonsten sprachlich eigenständig.

Idealerweise finden sich Übungen aus allen vier Stufen im Rahmen einer „Übungssequenz" in möglichst jeder Lehrwerklektion (vgl. ein Beispiel für eine solche Unterrichtssequenz bei Neuner, 1981, S. 143ff; siehe auch den Studienbrief „Übungstypologien, Sozialformen und Arbeitsanweisungen im DaZ-Unterricht"). Aber auch ohne die Einlösung eines solch hohen Anspruchs lassen sich die Übungsteile in Lehrwerken auf der Grundlage der Übungstypologie zum kommunikativen Deutschunterricht einschätzen. Das Übungsprofil eines Lehrwerks, schreibt Maren Duszenko, ist

> „ein guter Indikator dafür, welche Lernziele sich tatsächlich hinter dem verbreiteten Schlagwort der ‚Kommunikationsfähigkeit' oder ‚Kommunikativen Kompetenz' verbirgt. Einem Lehrwerk, das sich in den Übungen weitgehend auf die Stufe B beschränkt, müssen wir ein ernstgemeintes Anliegen um die pragmatische Komponente der kommunikativen Kompetenz absprechen" (Duszenko, 1994, S. 204).

Tabelle 7: Analyse von Integrationskurs-Lehrwerken im Hinblick auf den Teilbereich „Übungen“

Name des Lehrwerks	**Übungen zur Sensibilisierung für Laut, Ton, Akzent**	**Übungen zum Verstehen von Hörtexten**	**Übungen zum Verstehen von Lesetexten**	**Übungen zum Wortschatz**	**Übungen zur Grammatik**	**Übungen zur Kommunikation**	**Übungen zum Schreiben**

Für die Lerner/innen in Integrationskursen wäre ein solches Ergebnis fatal – stünde es doch in krassem Widerspruch zu den Zielen der kommunikativen Verständigung und der sprachhandelnden Teilnahme am gesellschaftlichen Leben in Deutschland, wie sie mit den Integrationskursen verfolgt werden.

Aufgabe 18

Versuchen Sie nun, das Übungsangebot des von Ihnen gewählten Lehrwerks im Hinblick auf die o.g. Kriterien einzuschätzen. Benutzen Sie hierfür Tabelle 7 auf S. 180, in die Sie Ihre Recherche-Ergebnisse stichwortartig eintragen.

Untersuchen Sie, ob und in welchem Umfang die Lehrwerke Übungen der Stufe A – D enthalten – und zwar bezogen auf die in der Tabelle aufgeführten sprachlichen Teilbereiche. Recherchieren Sie in diesem Rahmen auch Übungen, die von den Verlagen online zusätzlich zu den Kurs- und Arbeitsbüchern angeboten werden.
Ziel dieses Arbeitsschrittes soll nicht sein, jede einzelne Übung zu dokumentieren. Am Ende des Arbeitsschrittes sollen Sie eine Einschätzung darüber geben können,

- ob und welche Unterschiede es zwischen den Übungen zu den sprachlichen Teilbereichen gibt,
- ob die vorliegenden Übungsangebote eher reproduktiven oder produktiven Charakter haben bzw. ob ein ausgeglichenes Angebot vorliegt,
- ob der quantitative Umfang der Übungen für jeden sprachlichen Teilbereich Ihren Vorstellungen entspricht,
- ob die Übungen motivierend und abwechslungsreich gestaltet sind.

Wenn Sie nun noch einmal zu Aufgabe 18 zurück gehen: Inwieweit stimmen die von Ihnen untersuchten Lehrwerke mit Ihren ursprünglich formulierten Vorstellungen überein?

4.7 Das Lehrerhandbuch

Das Lehrerhandbuch ist das Aushängeschild eines jeden Lehrwerks. Je umfangreicher, differenzierter und transparenter die hier dokumentierten didaktisch-methodischen Positionen und Vorschläge sind, desto größer ist die Unterstützung, die die Lehrperson beim Lehrwerkseinsatz erfährt.

Hermann Funk nennt in seinem Aufsatz „Qualitätsmerkmale von Lehrwerken prüfen“ (2004) einige Qualitätsmerkmale, auf die hin ein Lehrerhandbuch befragt werden kann:

- Wie ist die mediendidaktische Konzeption im Lehrerhandbuch beschrieben?
- Werden im Lehrerhandbuch präzise Aussagen gemacht zur Orientierung am GER?
- Werden Angaben gemacht zur Angemessenheit des Materialumfangs im Hinblick auf die zur Verfügung stehende Unterrichtszeit und die angestrebten Kursziele?
- Gibt es Hinweise darauf, dass und wie Strategien zur Erschließung und Memorisierung von Wortschatz eingeführt und trainiert werden?
- u.a.m.

Mit den o.g. Fragen sind nur einige wenige Teilaspekte angesprochen, auf die hin ein Lehrerhandbuch untersucht werden kann. Würde man einen umfassenden Katalog mit Fragen an das Lehrerhandbuch erstellen, so würden sich letztlich alle Aspekte einer Lehrwerkanalyse hierin spiegeln müssen.

Aufgabe 19

Notieren Sie auf der Grundlage der bisherigen Arbeitsschritte in diesem Studienbrief, was Ihnen in Bezug auf ein Lehrerhandbuch wichtig ist:

Im Lehrerhandbuch meines Lehrwerks müsste

zu finden sein: ... .
....
....

ich erfahren, wie ... .
....
....

ich mich informieren können über ... .
....
....

ich Beispiele finden zu ... .
....
....

Aufgabe 20

Sehen Sie die Lehrerhandbücher zu dem Integrations-Lehrwerk Ihrer Wahl durch und tragen Sie Ihnen wichtige Ergebnisse z.B. zu den Teilbereichen „Themen", „Texte", „Grammatik", „Übungen" zusammen. Welche konkreten Informationen, Anleitungen, Hilfestellungen erhalten Sie als KursleiterIn? Tauschen Sie sich über die Analyse der Lehrerhandbücher in Ihrer Lerngruppe aus.

Aufgabe 21

Die Bearbeitung von Aufgabe 7 hat Sie dazu geführt, ausgehend von den soziokulturellen Lernvoraussetzungen und -bedingungen der Kursteilnehmer/innen Anforderungen an ein Lehrwerk für diese Lernergruppe zu formulieren. Stellen Sie nun, am Ende der Arbeit mit diesem Studienbrief, Ihre Analyseergebnisse in Beziehung zu Ihren Erwartungen. Tauschen Sie sich über das Ergebnis in Ihrer Lerngruppe aus.

5 Glossar

Fertigkeiten: Der Begriff bezieht sich auf das Konzept der vier grundlegenden sprachlichen Fertigkeiten: Hören, Sprechen, Lesen und Schreiben. Die vier Fertigkeiten werden nach folgenden Parametern definiert: nach der Art der Kommunikation (mündlich oder schriftlich), nach der Richtung der Kommunikation (rezeptiv oder produktiv).

freie Übungen: Freie Übungen, auch „offene Übungen" genannt, regen die Lernenden zur freien, eigenständigen sprachlichen Kommunikation an.

Gemeinsamer europäischer Referenzrahmen (GER): Mit dem Gemeinsamen europäischen Referenzrahmen für Sprachen: Lernen, lehren, beurteilen des Europarats liegt eine für Sprachenlernende und -lehrende umfangreiche Empfehlung vor, die den Spracherwerb, die Sprachanwendung und die Sprachkompetenz von Lernenden bedarfsorientiert, transparent und vergleichbar macht.

gelenkte Übungen: Bei dieser Form der Übung „reproduzieren" die Lernenden sprachliche Strukturen und Redemittel, die im Unterricht neu gelernt wurden. Diese Übungen werden auch „gesteuerte" Übungen genannt, da sprachliches Handeln in stark gesteuerten Kommunikationssituationen stattfindet. Es wird viel Wert auf die korrekte sprachliche Form der Äußerungen gelegt.

innere Differenzierung (Binnendifferenzierung): Unter Binnendifferenzierung versteht man alle Maßnahmen, die innerhalb einer Lerngruppe dazu beitragen, unterschiedlichen Lernvoraussetzungen Rechnung zu tragen.

Progression: Wenn man im Zusammenhang mit Lernen von Progression spricht, verbindet man damit das allmähliche Anwachsen einer Kompetenz. Man spricht von einer flachen oder steilen Progression bei Lehrwerken, je nachdem, von welcher Geschwindigkeit des Lernzuwachses ausgegangen wird.

6 Literatur

Barkowski, Hans (1982): Kriterien zur Beurteilung von Lehrwerken DfaA. In: Hans Barkowski u.a. (Hrsg.): Deutsch für ausländische Arbeiter. Gutachten zu ausgewählten Lehrwerken. 2. Auflage. Königstein/Taunus: Scriptor, S. 1–9.

Barkowski, Hans u.a. (1982) (Hrsg.): Deutsch für ausländische Arbeiter. Gutachten zu ausgewählten Lehrwerken. 2. Auflage. Königstein/Taunus: Scriptor.

Barkowski, Hans (2003): 30 Jahre Deutsch als Zweitsprache – Rückblick und Ausblick. In: Info DaF 30, Heft 6/2003, S. 521–540.

Bundesamt für Migration und Flüchtlinge (2005): Konzept für einen bundesweiten Integrationskurs. Berlin (*http://www.bamf.de*).

Bundesministerium des Innern (2006): Evaluation der Integrationskurse nach dem Zuwanderungsgesetz. Zwischenbericht. Berlin: Ramboll Management.

Cornelsen Verlag (2006): Probematerialien *studio d*. *http://www.cornelsen.de/nlw/1.c.313855.de*? (31.08.2006).

Cornelsen Verlag (2006): Informationen zu *Pluspunkt Deutsch*. *http://www.cornelsen.de/nlw/1.c.112495.de?sf1=1.c.423336.de&uf3=1.c.61.de* (31.08.2006).

Duszenko, Maren (1994): Fernstudienbrief Lehrwerkanalyse – Erprobungsfassung. Berlin u.a.: Langenscheidt.

Ernst Klett Sprachen GmbH (2005): *Passwort Deutsch 1* Probekapitel. *http://www.klett-edition-deutsch.de/buecher/pdf/passwort-deutsch/PWD_3bdg_KB_Probe.pdf* (31.08.2006).

Funk, Hermann (2001): Das Ende ist nah! Oder auch nicht. Zum Funktionswandel der Fremdsprachenlehrwerke. In: Funk, Hermann; König, Michael (Hrsg.): Kommunikative Fremdsprachendidaktik – Theorie und Praxis in Deutsch als Fremdsprache. Berlin u.a.: Langenscheidt, S. 279–293.

Funk, Hermann (2004): Qualitätsmerkmale von Lehrwerken prüfen – ein Verfahrensvorschlag. In: Babylonia, Heft 3/2004, S. 41–46. *http://www.babylonia-ti.ch/BABY304/funkit.htm* (22.02.2006).

Glaboniat, Manuela u.a. (2002) : Profile deutsch. Gemeinsamer europäischer Referenzrahmen. Lernzielbestimmungen, Kannbeschreibungen, kommunikative Mittel. Niveau A1. A2. B1. B2. Berlin u.a.: Langenscheidt.

Goethe-Institut Inter Nationes (Hrsg.) (2001): Gemeinsamer europäischer Referenzrahmen für Sprachen: lernen, lehren, beurteilen. Berlin u.a.: Langenscheidt.

Goethe-Institut Inter Nationes, Weiterbildungs-Testsysteme, Bundesamt für Migration und Flüchtlinge (Hrsg.) (2002): Start Deutsch z. Prüfungsziele-Testbeschreibung. Frankfurt/M: WBT.

Häussermann, Ulrich; Piepho, Hans-Eberhard (1996): Aufgaben-Handbuch Deutsch als Fremdsprache. Abriss einer Aufgaben- und Übungstypologie. München: Iudicium.

Hueber Verlag (2003): Eine Kurzorientierung für Kursleiter/innen. Der gemeinsamen europäische Referenzrahmen und die Niveaustufen, die Prüfungen Start Deutsch 1z und 2z und ZdaF, das Sprachenportfolio. http://www.themen-aktuell.de/sixcms/media.php/36/info_referenzrahmen.pdf (14.10.2006).

Hueber Verlag (2000–2006): Leitfaden *Schritte*. http://www.hueber.de/sixcms/list.php?page=lehren_index_sri (31.08.2006).

Kast, Bernd; Neuner, Gerhardt (Hrsg.) (1994): Zur Analyse, Begutachtung und Entwicklung von Lehrwerken für den fremdsprachlichen Deutschunterricht. Berlin u.a.: Langenscheidt.

Kuhs, Katharina (2000): Lehrwerkanalyse und Lehrwerkforschung in ‚Deutsch lernen' 1975–2000. In: Deutsch als Zweitsprache, Heft 0/2000, Baltmannsweiler: Schneider, S. 34–39.

Langenscheidt Verlag (2006): Informationen zu *Berliner Platz*. http://www.langenscheidt.de/deutsch/lehrwerke/daf/berliner_platz (31.08.2006).

Langenscheidt Verlag (2006): Informationen zu *Optimal*. http://www.langenscheidt.de/deutsch/lehrwerke/daf/optimal/ (31.08.2006).

Neuner, Gerhardt (1981): Übungstypologie zum kommunikativen Deutschunterricht. Berlin u.a.: Langenscheidt.

Neuner, Gerhardt u.a. (1984): Deutsch konkret. Ein Lehrwerk für Jugendliche. Lehrerhandreichungen, Band 1. Berlin u.a.: Langenscheidt.

Neuner, Gerhardt (1995): Deutschlernen in deutschsprachiger Umgebung – Fragen und Aspekte der Entwicklung einer Zweitsprachendidaktik. In: Kilian, Volker u.a. (Hrsg.): Deutsch als Zweitsprache in der Erwachsenenbildung. Curriculumentwicklung, Übungsmaterial, Lehrerfortbildung. Berlin u.a.: Langenscheidt, S. 25–41.

Neuner, Gerhardt (2003[4]): Vermittlungsmethoden: Historischer Überblick. In: Bausch, Karl-Richard u.a. (Hrsg.): Handbuch Fremdsprachenunterricht. Tübingen/Basel: Francke, S. 225–234.

Neuner, Gerhardt (2003[4]a): Lehrwerke. In: Bausch, Karl-Richard u.a. (Hrsg.): Handbuch Fremdsprachenunterricht. Tübingen/Basel: Francke, S. 399–402.

Neuner, Gerhardt; Hunfeld, Hans (1993): Methoden des fremdsprachlichen Deutschunterrichts. Eine Einführung. Berlin u.a.: Langenscheidt (Fernstudieneinheit 4).

Weiterbildungs-Textsysteme GmbH (Hrsg.) (1999): Zertifikat Deutsch. Lernziele und Testformat. Frankfurt/M: Weiterbildungs-Testsysteme.

Vitz-Manetti, Susanne (2003): Rezension *Delfin*. In: Info DaF, April/Juni 2003. http://www.huber.de/sixcms/media.php/36/delfin-rezension-daad-2-03.pdf?backend_call=true (31.08.2006).

Kriterienkataloge zur Lehrwerkanalyse

Barkowski, Hans (1979): Kriterien zur Beurteilung von Lehrwerken für den Deutschunterricht mit ausländischen Arbeitern. In: Deutsch lernen, Heft 4/1979, S. 3–10.

Barkowski, Hans (1982): Kriterien zur Beurteilung von Lehrwerken ‚Deutsch für ausländische Arbeiter. In: Hans Barkowski u.a. (Hrsg.): Deutsch für ausländische Arbeiter. Gutachten zu ausgewählten Lehrwerken. Königstein/Taunus: Scriptor, S. 1–9.

Beirat Deutsch als Fremdsprache des Goethe Instituts (1994): Texte in Lehrwerken Deutsch als Fremdsprache – 34 Maximen. In: Kast, Bernd; Neuner, Gerhardt (Hrsg.): Zur Analyse, Begutachtung und Entwicklung von Lehrwerken für den fremdsprachlichen Deutschunterricht. Berlin u.a.: Langenscheidt, S.105–111.

Funk, Hermann (1994): Arbeitsfragen zur Lehrwerkanalyse. In: Kast, Bernd; Neuner, Gerhardt (Hrsg.): Zur Analyse, Begutachtung und Entwicklung von Lehrwerken für den fremdsprachlichen Deutschunterricht. Berlin u.a.: Langenscheidt, S. 105–111.

Funk, Hermann (2004): Qualitätsmerkmale von Lehrwerken prüfen – ein Verfahrensvorschlag. In: Babylonia, Heft 3/2004, S. 41–46.

Gadatsch, Michael u.a. (1990): Fragen zur Beurteilung von Lehrwerken in Kursen, die vom Sprachverband Deutsch für ausländische Arbeitnehmer e.V. gefördert werden. In: Deutsch lernen, Heft 1/1990, S. 49–69.

Kast, Bernd (1994): Lehrwerkbeurteilung für die eigenen Sprachkurse: In: Kast, Bernd; Neuner, Gerhardt (Hrsg.): Zur Analyse, Begutachtung und Entwicklung von Lehrwerken für den fremdsprachlichen Deutschunterricht. Berlin u.a.: Langenscheidt, S. 118–120.

Krumm, Hans-Jürgen (1994): Stockholmer Kriterienkatalog. In: Kast, Bernd; Neuner, Gerhard (Hrsg.): Zur Analyse, Begutachtung und Entwicklung von Lehrwerken für den fremdsprachlichen Deutschunterricht. Berlin u.a.: Langenscheidt, S. 100–105.

Sprachverband Deutsch e.V. (1994): Beurteilung von Lehrwerken in Kursen, die für ausländische Arbeitnehmer durchgeführt werden. In: Kast, Bernd; Neuner, Gerhard (Hrsg.): Zur Analyse, Begutachtung und Entwicklung von Lehrwerken für den fremdsprachlichen Deutschunterricht. Berlin u.a.: Langenscheidt, S. 122–130.

Susan Kaufmann

Heterogenität und Binnendifferenzierung im DaZ-Unterricht

1 Einstieg

Lernziele

In diesem Studienbrief lernen Sie

- die Auswirkungen verschiedenster Arten von Heterogenität auf Klassenklima und Lernerfolg richtig einzuschätzen,
- die Möglichkeiten der Binnendifferenzierung in Bezug auf ihre Anwendbarkeit für die eigene Lerngruppe zu beurteilen sowie
- Unterricht gegebenenfalls binnendifferenziert zu erteilen.

Einstieg

Bitte lesen Sie zunächst die folgende Geschichte:

Die Schule der Tiere

Einmal organisierten die Tiere eine Schule. Auf dem Lehrplan standen Rennen, Klettern, Schwimmen und Fliegen. Alle Tiere nahmen an allen Fächern teil.
Die Ente war hervorragend im Schwimmen. Sie war sogar besser als die Lehrerin, aber sie hatte nur mittelmäßige Noten im Fliegen und war sehr schlecht im Rennen. Weil sie so langsam lief, musste sie nach der Schule trainieren und konnte auch nicht in die Schwimmstunde gehen. Das ging so lange, bis die Schwimmhäute an ihren Füßen durchgelaufen waren und sie auch nur noch mittelmäßig gut schwimmen konnte. Mittelmäßigkeit war aber an der Schule akzeptabel, so machte sich niemand darüber Sorgen - nur die Ente.
Der Hase war im Rennen der Beste der Klasse. Er hatte aber einen Nervenzusammenbruch wegen all der Nachhilfe im Schwimmen.
Das Eichhörnchen war ein exzellenter Kletterer. Im Flugunterricht wollte sein Lehrer aber, dass es aus dem Stand startete und nicht von oben aus dem Baum. Es bekam Muskelkrämpfe vor Überanstrengung und hatte eine 4 im Klettern und schließlich eine 5 im Rennen.
Der Adler war ein Problemkind und wurde hart bestraft. Im Kletterunterricht erreichte er die Baumwipfel immer als erster. Er bestand aber auf seiner eigenen Art, hinauf zu kommen.
Am Ende des Jahres hatte ein unnormaler Aal, der sehr gut schwimmen und ein bisschen rennen, klettern und fliegen konnte, den höchsten Notendurchschnitt und wurde Schulbester....
Hat diese Geschichte eine Moral?

(nach: Reavis, 1993, S. 129-130, stark gekürzt)

Aufgabe 1

Bitte schreiben Sie einen für Sie wichtigen Gedanken zur Moral dieser Geschichte auf. ....

....

....

Aufgabe 2

In welcher Weise sind Sie in Ihrem Leben bereits mit dieser Thematik in Berührung gekommen sind. Erinnern Sie sich noch an Ihr Studium, Ihre Schulzeit – an irgendeinen Zusammenhang, in dem Ihnen das Thema schon begegnet ist? Vielleicht unterrichten Sie gerade in einem großen heterogenen Kurs mit ganz unterschiedlichen Teilnehmenden. Wie werten Sie für sich diese Situation(en)? Tauschen Sie sich in Ihrer Lerngruppe darüber aus.

2 Heterogenität und Klassenklima

Ganz egal, ob Sie bei Aufgabe 2 an eine eigene Lernerfahrung oder an Ihren Unterricht gedacht haben. Welche Unterschiedlichkeiten zwischen den Lernenden oder verschiedene Lernvoraussetzungen sind Ihnen aufgefallen?

Aufgabe 3

Schreiben Sie auf, in welcher Beziehung sich die Lernenden unterscheiden können.

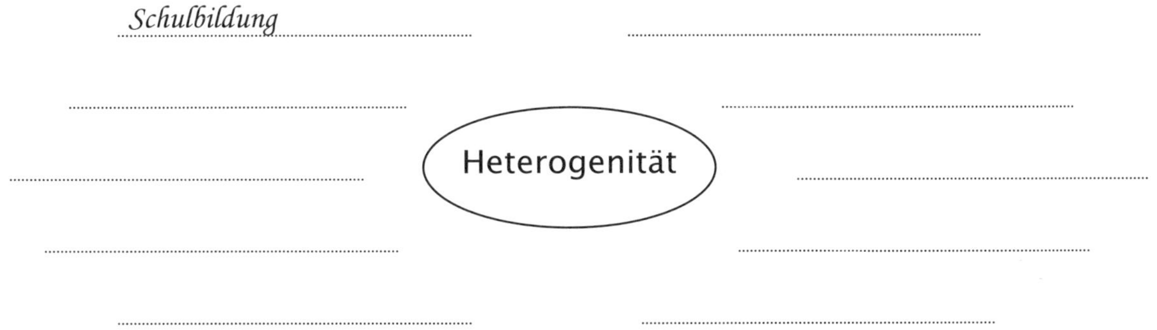

2.1 Lerngruppen sind bunt

Schon 1981 schrieb Richard Göbel:

> „Eins der Hauptprobleme des Unterrichts mit ‚Arbeitsmigranten' (ausländischen Arbeitern, Hausfrauen, Jugendlichen, Kindern) ist regelmäßig das der extremen Unterschiedlichkeit der Lernvoraussetzungen in den Gruppen, wie sie unter den gegebenen Bedingungen zustande kommen. Allein unter dem Gesichtspunkt der unterschiedlichen Deutschkenntnisse bzw. -fertigkeiten hat man es in Grund- und Hauptschulklassen mit Ausländerkindern, in außerschulischen Unterrichtsveranstaltungen mit ausländischen Jugendlichen und in Erwachsenen-Lerngruppen mit ausländischen Frauen und Männern mit Extremwerten zu tun: vor wenigen Tagen oder Wochen eingereiste Kursteilnehmer und solche, die in den Jahren ihres Hierseins kaum deutschen Sprachkontakt hatten, lernen zusammen mit Leuten, denen nur noch ein paar Fehler unterlaufen, vielleicht sogar nur im Schriftlichen" (Göbel, 1981, S. 11).

Dass die Heterogenität in Lernzusammenhängen in den letzten 25 Jahren allgemein zugenommen hat, lässt sich im Hinblick auf Deutsch als Zweitsprache- bzw. Integrationskurse gut beobachten. Vor der Einführung der Integrationskurse des Bundesamts für Migration und Flüchtlinge gab es unterschiedliche vom Bund geförderte Maßnahmen für die verschiedenen Zielgruppen SpätaussiedlerInnen/Kontingentflüchtlinge/Asylberechtigte, ausländische ArbeitnehmerInnen aus den ehemaligen Anwerbeländern und ihre Familienangehörigen sowie jugendliche und junge SpätaussiedlerInnen und AusländerInnen (siehe den Überblick von Krekeler, 2001, S. 20). Die bis dahin getrennt voneinander lernenden Zielgruppen wurden mit der Integrationskursverordnung 2005 (auf der Basis eines „Gesamtsprachförderkonzepts") vereint, mit der Folge noch größerer Heterogenität in den Kursen.

In einem Integrationskurs mögen sich durchaus Lernende zusammenfinden, die sich in den folgenden, von Ihnen zum Teil oben schon genannten Aspekten unterscheiden:

- Unterschiede im Lerntempo,
- Unterschiede in der Leistung, im Niveau, in den Kompetenzen,
- Unterschiede in den schulischen Vorkenntnissen, in den Lernerfahrungen,
- Unterschiede in den Ausgangssprachen,
- Unterschiede im Lernverhalten und in den Einstellungen zum Lernen (siehe die Webseite von Payer zu kulturell unterschiedlichen Lehr- und Lernstilen sowie -einstellungen *http://www.payer.de/kommkulturen/kultur06.htm*),
- Unterschiede in den → Lern- und Wahrnehmungstypen,
- Unterschiede in dem mit dem Lernen verbundenen Sozialverhalten,
- Unterschiede in den Lernzielen und -absichten,
- Unterschiede in den Interessen,
- Unterschiede im Alter,
- Unterschiede in den Vorstellungen, was guter Unterricht oder was ein/e gute/r Lehrer/in ist,
- Unterschiede in der Motivation,
- Unterschiede im Geschlecht und in den Geschlechterrollen, Familienformen,
- unterschiedliche berufliche Qualifikationen bzw. berufliche Situationen wie z.B. arbeitslos oder beruflich völlig überlastet,
- unterschiedliche Lebensbedingungen, z.B. Armut oder Wohlstand gewohnt, und
- unterschiedliche Erwartungen, die an den Besuch des Deutschkurses geknüpft sind.

Diese (und weitere, hier nicht genannte) verschiedenen Arten von Heterogenität treten in Ihren Kursen natürlich in allen Verbindungen auf und sorgen für eine vielfältige, bunte Mischung von Teilnehmenden.

Um mit diesen unterschiedlichen Voraussetzungen vor allem hinsichtlich des Lerntempos umzugehen, bemüht man sich bei den Integrationskursen um größtmögliche → Außendifferenzierung. d.h. die langfristige Differenzierung durch Bildung möglichst homogener Gruppen unter den Aspekten des Leistungsniveaus bzw. der Zielgruppe – siehe die vom Bundesamt für Migration und Flüchtlinge vorgeschlagene Bildung eines dreigliedrigen Kurssystems nach dem voraussichtlichen Lerntempo (Bundesamt für Migration und Flüchtlinge, 2005, S. 7–8).

Aber auch wenn eine solche Differenzierung überall möglich wäre, würde nur ein Aspekt der Heterogenität vermutlich nur temporär beseitigt: In einem Frauenkurs beispielsweise, d.h. einem hinsichtlich der Geschlechtszugehörigkeit und – möglicherweise – auch hinsichtlich der Religionszugehörigkeit homogenisierten Kurs, existieren weiterhin große Unterschiede zwischen den Lernenden: unveränderbare wie Alter, Ausgangssprache etc. und andere, die sich vielleicht erst im Verlauf des Kurses entwickeln wie Motivation, Möglichkeiten für Sprachkontakt usw.

So kann man festhalten: Ein für Integrationskurse signifikantes Merkmal ist ihre ausgeprägte Heterogenität.

> „Die erste und größte Schwierigkeit ist die Heterogenität der ‚Gruppe' Zuwanderinnen und Zuwanderer. Selbst wenn sich bei einer gesteuerten Zuwanderung – für eine begrenzte Zeit – absehen ließe, wer, mit welcher Qualifikation, aus welchen Ländern kommt, so bliebe dennoch die Notwendigkeit, Kurse für sehr unterschiedliche Adressatengruppen zu konzipieren: Zuwanderer und Zugewanderte unterscheiden sich bezüglich Alter, Erstsprache, Geschlecht, den vorausgegangenen Bildungserfahrungen, den Migrationserfahrungen usw." (Krüger-Portratz, 2003, S. 23).

Im Folgenden wird es um die Auswirkungen der Heterogenität auf den Unterricht gehen.

2.2 Auswirkungen von Heterogenität auf Klassenklima und Lernerfolg

Wie wirkt sich „die unvermeidbare Heterogenität", wie es Richard Göbel formuliert, auf Klassenklima, Lernerfolg und Ihren Unterricht aus? Welche Herausforderungen birgt sie, welche Chancen tun sich auf?

Aufgabe 4

Nehmen Sie sich bitte für die folgende Aufgabe einen Augenblick Zeit. Vergegenwärtigen Sie sich die Gruppe von Zugewanderten, die Sie gerade unterrichten oder die Ihnen wegen ihrer Heterogenität vor Augen steht. Machen Sie eine Liste der Aspekte, die Sie als positiv bzw. günstig für den Unterricht erachten, und eine Liste derjenigen Aspekte, die Ihnen schwierig oder problematisch erscheinen. Die Anzahl der Aspekte auf beiden Seiten darf durchaus unterschiedlich sein.

Tabelle 1:

Das empfinde ich als positiv an der Heterogenität:	**Das empfinde ich als negativ an der Heterogenität:**

2.2.1 Herausforderungen für Kursleitende in heterogenen Gruppen

Auch wenn Heterogenität nicht pauschal als Problem dargestellt werden sollte, so bietet sie doch erhebliche Herausforderungen für die Lehrenden:

1. **Unterrichtsorganisation*:*** KursleiterInnen fühlen sich möglicherweise überwältigt von den Aufgaben der Unterrichtsorganisation. Wie sollen sie sich um alle Teilnehmenden kümmern, wenn ein oder mehrere gerade nicht mitkommen und besondere Aufmerksamkeit brauchen? Wie sollen sie sich verhalten, wenn sie merken, dass die einen Lernenden gelangweilt, die anderen überfordert sind?
2. **Ruhige Lerner aktivieren:** Die KursleiterInnen sind vielleicht frustriert, weil es ihnen nicht gelingt, die ruhigen, zurückhaltenden Lernenden zu aktivieren. Wie können alle ins Unterrichtsgeschehen einbezogen werden?

3. **Individuelle Lernstile:** Die KursleiterInnen bemühen sich, individuelle Lernstile und Interessen zu berücksichtigen. Wie können sie es den Lernenden ermöglichen, auf ihre eigene, für sie passende Weise zu lernen?
4. **Unterrichtsziele:** KursleiterInnen wollen die Lernenden ermutigen, individuelle Lernziele zu formulieren und zu verfolgen, wissen aber, dass diese sich möglicherweise schwer mit dem gemeinsamen Kursziel, z.B. dem Erreichen von B1, vereinbaren lassen.
5. **Der Abstand wird größer:** Möglicherweise haben KursleiterInnen in heterogenen Kursen das Gefühl, dass der Abstand zwischen den KursteilnehmerInnen größer wird, die schneller Lernenden voran preschen, die langsamer Lernenden zurückbleiben, obwohl sie sich nach Kräften bemühen, letztere zu fördern.

Der Wunsch nach homogenen Kursen ist daher verständlich. „Doch zunehmend setzt sich die Erkenntnis durch, dass die ersehnte homogene Lerngruppe [...] nicht nur pädagogisch wenig sinnvoll ist, sondern zudem eine pure Fiktion bleibt, der man auch durch noch so viel Auslese nicht entscheidend näher kommt" (Friedrich Jahresheft „Heterogenität" 22/2004, Editorial). Im Folgenden sollen einige der Vorteile des Unterrichts mit heterogenen Gruppen betrachtet werden.

2.2.2 Vorteile heterogener Gruppen

1. **Ganz unterschiedliche Menschen sind eine Bereicherung:** In sehr heterogenen Gruppen gibt es ganz verschiedene Erfahrungen, Meinungen, Kulturen, Lernstile etc. Dieser Reichtum an Unterschiedlichkeiten und Wissen, der in der Gruppe vorhanden ist, kann genutzt werden, um einen interessanten, teilnehmerorientierten, lebendigen Unterricht zu gestalten. Für gewöhnlich finden die Lernenden die Vielfalt sehr spannend und möchten z.B. etwas über die anderen Kulturen, über Migrationsmotive und -erlebnisse erfahren (diesen Vorteil hat z.B. eine Gruppe KoreanerInnen, die in Seoul Deutsch als Fremdsprache lernt, nicht). Die Möglichkeit, Kontakt mit Menschen zu haben, die anders sind, weil sie über andere Kenntnisse und Erfahrungen verfügen, kreiert eine positive Unterrichtsatmosphäre, die günstig für das Lernen ist.

   > „Heterogenität – die Tatsache, dass die Mitglieder der Gruppe jeweils ‚anders' sind – bedeutet nicht nur ein Lernhindernis (Langeweile, Überforderung), sondern auch einen Anreiz, miteinander zu reden, sich gegenseitig zu helfen, anderen aufmerksam zuzuhören, sich überlegen zu fühlen, seine Fortschritte deutlich zu sehen. Also ist Leistungsheterogenität nicht nur ein Fall für Einstufungstests und Kleingruppenarbeit, sondern möglicherweise auch ein Vorteil für die Lerngruppe, in der diese Heterogenität besteht. Diese Möglichkeit, dass Heterogenität ein Vorteil ist, wird dadurch verstärkt, dass durchaus die Leistungsschwächeren an Kenntnissen allgemeiner Art, an Lebenserfahrung, an Phantasie stärker sein können als die Leistungsstarken" (Göbel, 1981, S. 29).

2. **Voneinander lernen:** Gerade in Klassen mit Menschen unterschiedlichen Alters, unterschiedlichen Lerntempos, unterschiedlichen Bildungsstands ist die/der KursleiterIn nicht die einzige Lehrperson. Vielmehr kommt es schnell dazu, dass schneller Lernende die langsamer Lernenden unterstützen. Sie tun das gerne, wenn sie auch selbst auf ihre eigenen Kosten kommen, d.h. sich selbst genügend herausgefordert und gefördert fühlen.
3. **Lebendige Interaktion und Kommunikation:** KursleiterInnen, die die Erfahrung von Unterricht in ausgangssprachlich bzw. nach der Herkunft homogenen Lerngruppen gemacht

haben, klagen darüber, dass keine lebendige Interaktion zwischen den Lernenden aufkommen will. Sie wissen relativ schnell vieles übereinander und haben keinen Anlass, neugierig aufeinander zu sein und sich nach den gegenseitigen Erfahrungen zu fragen. Da sie über die selbe Ausgangssprache verfügen, fällt es ihnen schwer, die deutsche Sprache für die alltägliche Kommunikation miteinander zu nutzen. Das ist in ausgangssprachlich gemischten Gruppen ganz anders.

4. **Genügend Lernende für Gruppenarbeit:** Besonders für große, heterogene Gruppen gilt, dass die Lernenden in verschiedenen Konstellationen in Partner- oder Gruppenarbeit zusammenarbeiten können.

Zusammenfassung

Heterogenität ist in Zusammenhängen, in denen Menschen gemeinsam lernen, ganz normal. In Integrationskursen, in denen Lernende aus verschiedenen Ländern und Kulturen zusammenkommen, ist sie besonders deutlich. Dabei gibt es eine große Brandbreite von Faktoren, nach denen Heterogenität beschrieben werden kann. Eine sehr stark gemischte Lernergruppe stellt die Kursleitung vor ganz bestimmte Herausforderungen, sie stellt aber auch eine große Bereicherung für den Unterricht dar.

Aufgabe 5

Bitte tauschen Sie sich in Ihrer Lerngruppe über diejenigen Punkte aus dem Kapitel aus, die Sie persönlich im Hinblick auf Ihren Unterricht wichtig finden. ....

....

....

3 Möglichkeiten der Binnendifferenzierung

Wir haben oben schon eine Möglichkeit des Umgangs mit Heterogenität angesprochen, nämlich die Außendifferenzierung, d.h. die Bildung möglichst homogener Lerngruppen bzw. Kurse. Auch die Bildung von Kleingruppen, die in unterschiedlichen Räumen mit unterschiedlichen Lehrkräften arbeiten – was häufig praktiziert wird, wenn → Team-Teaching möglich ist – ist eine Form der Außendifferenzierung.

Eine weitere Möglichkeit, mit Heterogenität umzugehen, ist „die Unterschiede für unwichtig oder nicht vorhanden zu erklären, sie nicht zur Kenntnis zu nehmen oder zu behaupten, man könne sie der vorgegeben Arbeitsbedingungen wegen nicht berücksichtigen" (Göbel, 1981, S. 89). Zu diesem Verfahren greifen Kursleitende einerseits, wenn sie einfach nicht wissen, was sie mit ihrer Gruppe höchst unterschiedlicher Menschen anderes tun sollen. Dies ist zwar keine empfehlenswerte Weise, mit der Realität Heterogenität umzugehen, aber eine vermutlich häufig praktizierte und damit eine, die hier wenigstens zur Kenntnis genommen werden sollte. Etwas anderes mag hier jedoch auch eine Rolle spielen: Viele Kursleiter und Kursleiterinnen entwickeln im Laufe ihrer Tätigkeit eine große Fähigkeit, den unterschiedlichen Bedürfnissen ihrer Lernenden gerecht zu werden. Ihr Umgang mit Heterogenität ist gekennzeichnet durch besonders großen persönlichen Einsatz. Sie werden die vielfältigen Unterschiede möglicherweise nicht als problematisch bezeichnen, aber auf die Dauer den Unterricht als erschöpfend erleben.

Eine Möglichkeit, die hier angesprochen werden sollte, ist die der → Individualisierung, bei der Aktivitäten angeboten werden, die es den Lernenden ermöglichen, allein, in eigenem Tempo, an dem Ort ihrer Wahl zu lernen. Individualisierung wird in der Literatur in unterschiedlicher Weise gesehen:

- „Individualisierung bedeutet absichtliche Isolierung der Lernenden voreinander – symbolisiert etwa durch die Trennung in manchen Sprachlabors", meint Göbel (1981, S. 76–79). Bei ihm steht der Aspekt der Vereinzelung, der Isolierung im Vordergrund, und so bedeutet für ihn Individualisierung die Auflösung der Lerngruppe, die der kommunikativen Ausrichtung des Deutsch als Zweitsprache-Unterrichts entgegensteht.
- An anderer Stelle wird Individualisierung als das Angebot von Möglichkeiten gesehen, dass Lernende in ihrem eigenen Tempo, dem eigenen Lerntyp entsprechend Themen eigener Wahl bearbeiten. Die Vorteile von Selbstständigkeit, eigener Entscheidung, → Lernerautonomie stehen hier im Vordergrund (Hess, 2001, S. 12).

Hier soll es um den konstruktiven Umgang mit der Vielfalt gehen, nämlich um die Binnendifferenzierung.

Definition

Unter → Binnendifferenzierung versteht man alle Maßnahmen, die innerhalb einer Lerngruppe dazu beitragen, unterschiedlichen Lernvoraussetzungen Rechnung zu tragen bzw. den Lernprozess für verschiedene Lernende unterschiedlich zu gestalten. Die Ziele der Binnendifferenzierung für die Lernenden lassen sich anhand des folgenden Schemas verdeutlichen:

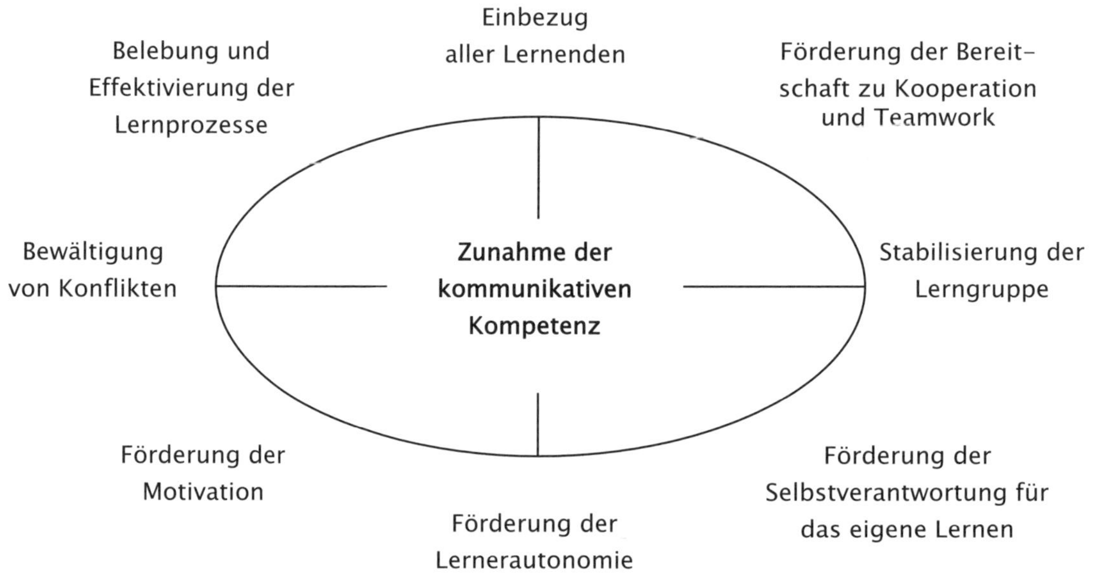

Abb. 1: nach einem Schema der Arbeitsgruppe Orientierungsstufe an der Pädagogischen Hochschule Niedersachsen, vorgestellt von Silvia Demmig auf einer Tagung des Sprachverbands 1999 (vgl. Kaufmann, 1999, S. 34).

Es gibt vielfältige Möglichkeiten zur Binnendifferenzierung. Im Folgenden lernen Sie die wichtigsten kennen.

3.1 Differenzierung nach Themen und Textsorten

Bei der Differenzierung nach Themen und Textsorten haben Sie generell zwei Möglichkeiten:

1. Sie arbeiten **an einem bestimmten Thema**, zu dem Sie a. verschiedene Texte (etwa einen Zeitungstext und eine persönliche Aussage) oder b. verschiedene Textsorten anbieten können (eine Geschichte, ein Gedicht, eine Statistik, einen Dialog, eine Hörkassette etc.). Der Vorteil dabei ist, dass Sie unterschiedliche persönliche Präferenzen und → Lerntypen bedienen können. Die Tatsache, dass es unterschiedliche Lerntypen bzw. → multiple Intelligenzen gibt, sollten Sie unbedingt durchgängig beachten, indem Sie das angebotene Sprachlernmaterial entsprechend differenzieren, also Bilder, Hörmaterialien, Filme, Wörterbücher, Gegenstände und Bewegungsmöglichkeiten anbieten. (Mehr zu den Lerntypen und multiplen Intelligenzen finden Sie im Studienbrief „Lernen lernen im DaZ-Unterricht".)
2. Sie wählen **verschiedene Themen bzw. Unterthemen** aus, die die Lernenden interessieren, und teilen den Kurs in Kleingruppen. Die einzelnen Gruppen arbeiten an verschiedenen Themen. Ein Beispiel wäre, dass im Rahmen des Themenkomplexes „Sport" verschiedene kleine Projekte durchgeführt werden: eine Gruppe der Teilnehmenden recherchiert das Thema „Fußball" und stellt es im Plenum vor, eine andere das Thema „Sportvereine in unserem Ort", wieder eine andere „Mein Kind hat heute Sport – Sportunterricht in der Schule".

3.2 Differenzierung nach Leistungsniveau

Hier geht es darum, den Lernenden unterschiedlich anspruchsvolle Aufgabenstellungen zu geben. Die Aufgabenstellung hängt natürlich von Ihrem jeweiligen Lernziel, von der jeweils trainierten Fertigkeit, von der Phase ab. Wir nehmen hier als Beispiel die Textarbeit. Hier könnten Sie z.B. bei der Anzahl der Verständnis-Fragen zu einem Text differenzieren, indem Sie zwei verschiedene Sätze von Fragen haben: A und B. Sie könnten allen Lernenden das Arbeitsblatt A geben, die schnelleren müssten dann zusätzlich Arbeitsblatt B bearbeiten. Oder Sie geben Lesetexte unterschiedlichen Schwierigkeitsgrades.

Lesen Sie hierzu ein Beispiel aus dem Lehrerhandbuch zu *Schritte 1,* in dem regelmäßig Anregungen zur Leistungsdifferenzierung gegeben werden:

> „1. Bitten Sie die TN, in Gruppen jeweils einen Text zu lesen: a) eher **ungeübte TN** lesen den Text von Emmanuel, b) bereits **geübte TN** den von Christian und c) die **schnellsten TN** den von Ratha" (*Schritte 1* LHB, S. 60).

Beispiel „Schnippeltext": Der Text „Schule der Tiere" wird als Schnippeltext – so in Abschnitte zerschnitten, dass die Lernenden überlegen müssen, welcher Satz oder Satzteil jeweils anschließt – mit der folgenden Aufgabenstellung gegeben: *„Bitte lesen Sie Ihre Textabschnitte durch. Setzen Sie bitte dann den Text wieder zu einem ganzen Text zusammen."*

Aufgabe 6

Bitte überlegen Sie sich Variationen der Schnippeltext-Methode für langsamer bzw. schneller Lernende. (Sie finden mögliche Lösungen im Anhang auf S. 212):

1. ....
2. ....
3. ...

Beispiel „Lückentext“: Eine mögliche differenzierte Aufgabenstellung in der Textarbeit ist z.B. der Lückentext, also ein Text, der Lücken aufweist, die die Lernenden ausfüllen sollen. Arbeitsblätter mit Lückentexten können Sie heute schon auf Ihrem PC (z.B. mit *LingoFox* oder *Übungsblätter per Mausklick*) so erstellen, dass sie eine unterschiedliche Anzahl von Lücken enthalten oder dass nach Wortarten oder Grammatikgebieten differenziert wird usw.

lief war konnte hatte war machte musste war konnte ging waren

Die Ente _______ hervorragend im Schwimmen. Sie _______ sogar besser als die Lehrerin, aber sie ___________ nur mittelmäßige Noten im Fliegen und ________ sehr schlecht im Rennen. Weil sie so langsam _______, _________ sie nach der Schule trainieren und _________ auch nicht in die Schwimmstunde gehen. Das _________ so lange, bis die Schwimmhäute an ihren Füßen durchgelaufen __________ und sie auch nur noch mittelmäßig gut schwimmen ________. Aber niemand __________ sich darüber Sorgen – nur die Ente.

Aufgabe 7

Wie wird die Lückenübung, bei der die Verben eingesetzt werden müssen, leichter? Wie wird sie schwieriger?

1. ....
2. ....
3. ...

Beispiel „Kreuzworträtsel“: Hier sollen (horizontal) die folgenden Wörter gefunden werden:

Bücher – Computer – Medien – Zeitschriften – Autor – Wörterbücher – Titel – Kinderbuch – Neuerscheinung – Bestseller – Zeitungen

K	N	I	B	Ü	C	H	E	R	W	G	G	E	J		1.
R	A	T	C	O	M	P	U	T	E	R	V	H	S		2.
S	K	M	E	D	I	E	N	T	U	T	E	L	V		3.
S	Z	E	I	T	S	C	H	R	I	F	T	E	N		4.
E	T	A	U	T	O	R	L	C	K	L	I	I	S		5.
W	Ö	R	T	E	R	B	Ü	C	H	E	R	O	Y		6.
T	I	P	X	O	G	W	B	L	T	I	T	E	L		7.
E	D	K	I	N	D	E	R	B	U	C	H	N	X		8.
N	E	U	E	R	S	C	H	E	I	N	U	N	G		9.
G	O	B	E	S	T	S	E	L	L	E	R	Y	W		10.
L	M	U	V	Z	E	I	T	U	N	G	E	N	J		11.

Aufgabe 8

Überlegen Sie sich Möglichkeiten, wie Sie diese Übung für Lernende mehr oder weniger anspruchsvoll machen können.

1. ....
2. ....
3. ...

Beispiel „Einsetz-Übung":

zu LB Ü 16 Bilden Sie Sätze im Perfekt.

41

a) Schau mal. Jetzt ist es sieben und Herr Fritsch geht aus dem Haus.
(am Montag – er – um acht – aus dem Haus gehen)
Am Montag ist er um acht aus dem Haus gegangen.

b) Schau mal. Jetzt ist es halb acht und Herr Hackl steht auf.
(am Samstag – er – um Viertel nach acht – aufstehen)
Am ____________________

c) Schau mal. Jetzt ist es acht und Herr Becker bringt die Kinder zur Schule.
(am Donnerstag – seine Frau – die Kinder – um Viertel vor acht – zur Schule bringen).
Am ____________________

d) Schau mal. Jetzt ist es halb eins. Gerade stehen Herr Schmidt und Herr Pensler auf.
(am Freitag – sie – erst um halb zwei – aufstehen)
____

e) Schau mal. Jetzt ist es eins und Frau Meyer schreibt auf der Schreibmaschine.
(am Dienstag – sie – um sieben Uhr abends – auf der Schreibmaschine schreiben)
____

f) Schau mal Jetzt ist es zwei und Frau Beckmann streicht eine Wand in der Küche an.
(am Mittwoch – ihr Mann – um zwei – eine Wand im Wohnzimmer – anstreichen)

Abb. 2: *Delfin,* Arbeitsbuch, Lektion 6, S.117

Aufgabe 9

Bitte überlegen Sie sich bei der obigen Einsetzübung Möglichkeiten, wie Sie diese Übung für Lernende leichter oder anspruchsvoller machen können.

1. ....
2. ....
3. ...

Eine ganz andere Form der Differenzierung nach Leistungsniveau – nämlich eine Differenzierung unter Nutzung der Herkunftssprache bietet sich in ausgangssprachlich homogenen Gruppen, z.B. in einem Kurs mit türkischen Frauen oder Russisch sprechenden SpätaussiedlerInnen an.
Sheelagh Deller und Mario Rinvolucri machen dazu folgenden Vorschlag: Um allen Lernenden in einer Gruppe die Möglichkeit zu geben, sich an einer Diskussion (z.B. einem Planungsgespräch zur Vorbereitung einer Exkursion ins Berufsinformationszentrum der Agentur für Arbeit) zu beteiligen, teilen Sie den Kurs in 5er-Gruppen. Organisieren Sie die Gruppen folgendermaßen: Person A spricht nur ihre Muttersprache (niedriges Niveau), Person B spricht nur Deutsch (mittleres Niveau), Person C spricht beide Sprachen, ist also der Dolmetscher (höheres Niveau). Die Personen D und E sind die Schreiber und schreiben nur auf Deutsch, D schreibt alles auf, was C sagt, E schreibt auf, was B sagt (Deller/Rinvolucri, 2002, S. 71).

3.3 Differenzierung nach geschlossenen oder offenen Aufgaben

Typische geschlossene Aufgabenstellungen sind Übungen, bei denen nur eine Antwort richtig ist, z.B. Einfüll-Übungen und traditionelle Diktate. Die Geschlossenheit dieser (und verschiedener anderer) Aufgaben kommt daher, dass die Lernenden Worte, Ausdrücke oder ganze Textpassagen produzieren müssen, die von Ihnen oder einem Lehrbuchautor vorher festgelegt wurden. Damit hängt zusammen, dass geschlossene Aufgabenstellungen relativ wenige oder jedenfalls eine überschaubare Menge an Lernzielen verfolgen.

Offene Aufgabenstellungen haben meist eine Bandbreite von Lernzielen, viele von diesen spielen nur potenziell eine Rolle. Das Wichtigste im Hinblick auf Aufgaben-Offenheit ist, dass einige Lernziele (aber vielleicht nicht alle) für die schwächsten Lernenden in Ihrer Gruppe erreichbar sein sollten. Eine offene Aktivität wird eines oder mehrere der folgenden Merkmale haben:

1. **Wahl:** Die Lernenden können zwischen untergeordneten Aufgaben wählen. Hier könnte man sich z.B. eine Aufgabe denken, bei der eine bestimmte Frageform geübt werden soll. Die Lernenden können aus einer Liste von Fragen diejenigen auswählen, die ihr Partner sie fragen soll.
2. **Quantität:** Die Menge an Sprache, die Lernende produzieren oder verarbeiten sollen, kann sich unterscheiden. Damit hängt auch zusammen, dass es völlig akzeptabel ist, wenn eine Aufgabe nur teilweise fertiggestellt wird.
3. **Komplexität:** Die Aufgabe kann erfolgreich auf verschiedenen Ebenen sprachlicher oder intellektueller Komplexität erledigt werden. Z.B. produziert vielleicht eine Lernende einfache Sätze mit einfachen Ideen, eine andere Lernende drückt ebenfalls in einfachen Sätzen ungewöhnliche oder tiefsinnige Gedanken aus; eine dritte benutzt vielleicht eine komplexe Sprache, um sowohl komplizierte als auch einfache Sachverhalte auszudrücken, wie es gerade kommt.
4. **Rollen unterschiedlichen Schwierigkeitsgrades**: Einige Aktivitäten, z.B. Rollenspiele, können so konzipiert sein, dass mit einer Rolle größere sprachliche Herausforderungen verbunden sind als mit einer anderen. Ein einfaches Beispiel ist das eines Rollen-Interviews, bei dem der langsamer Lernende Fragen anhand eines Handouts stellt, während der schneller Lernende die Fragen frei beantwortet. Die Aufgabenstellung erlaubt es ihm, zwischen verschiedenen Redemitteln zu wählen und die Antwort seiner sprachlichen Kompetenz, Kreativität und Präferenz anzupassen.

Bitte schauen Sie sich als Beispiel die Aktivität „Fragebogen" im Kapitel „Für Ihren Unterricht" (S. 207) an. Diese Art von Fragebogen ist offen in folgender Hinsicht:

- Die Lernenden können Fragen auswählen.
- Jede/r Teilnehmer kann wenig oder viel sagen, eine einfache oder komplexe Sprache verwenden, versuchen, alltägliche oder ungewöhnliche Gedanken auszudrücken.
- Die Aktivität funktioniert auch dann, wenn die Lernenden nicht die selbe Anzahl an Fragen zum Beantworten auswählen oder wenn sie diese unterschiedlich ausführlich beantworten.
- Es gibt eine zusätzliche Aufgabe für Lernende, die früher fertig sind.

- Es gibt eine potentielle Möglichkeit für jeden Teilnehmer, Hilfe von seinem Partner/seiner Partnerin zu bekommen.

Aufgabe 10

Gehen Sie bitte noch einmal zurück zu Ihren Lösungen der Aufgaben 6 bis 9. Überlegen Sie sich:

1. Welche der von Ihnen angegebenen Möglichkeiten fallen in die Kategorie „geschlossene Aufgaben", welche in die Kategorie „offene Aufgaben"?
2. Welche der Merkmale 1–4 weisen die Aufgaben, die Sie der Kategorie „offene Aufgaben" zugeordnet haben, auf?

3.4 Differenzierung nach Sozialformen

Wir haben vorhin auf die Unterschiede im mit dem Lernen verbundenen Sozialverhalten der einzelnen Lernenden hingewiesen. Göbel listet folgende Ausprägungen auf:

> „- Gern und erfolgreich praktiziertes Alleinlernen,
> - Vorliebe für Partnerarbeit,
> - Neigung und Fähigkeit zum Lernen in Kleingruppen,
> - Tendenz zum (manchmal völlig) lehrerabhängigen Lernen,
> - Lernen durch aufmerksames Zuhören (nicht nur bei Lehrervortrag),
> - Lernen durch extensives Mitmachen [...]" (Göbel, 1981, S. 36).

Um diesen unterschiedlichen Interessen gerecht zu werden, stehen Ihnen verschiedene → Sozialformen zur Verfügung. (Mehr zum Thema „Sozialformen" finden Sie im Studienbrief „Übungstypologien, Sozialformen und Arbeitsanweisungen im DaZ-Unterricht", hier erfahren Sie z.B., welche soziale Konstellation für welchen Aufgabentyp zu empfehlen ist.):

- Unterricht in der gesamten Gruppe (Frontalunterricht oder jeder mit jedem),
- Gruppenarbeit,
- Partnerarbeit und
- Einzelarbeit.

Es ist möglich und denkbar, innerhalb der Gesamtgruppe verschiedene Sozialformen anzuwenden: Es kann zwei Gruppen zu dritt geben, es können mehrere Lernende zu zweit arbeiten, es ist Einzelarbeit vorstellbar. Wie Inge C. Schwerdtfeger ausführt, ist methodisch für eine solche Arbeit zweierlei zu bedenken

> „1. Bei innerer Differenzierung sollten Sie vorher überlegen, ob die Ergebnisse der Aufgabenstellungen in den verschiedenen Sozialformen den anderen Lernenden zugänglich gemacht werden sollen. [...]
>
> 2. Die Lernenden werden unterschiedlich viel Zeit für die Bearbeitung der Aufgaben brauchen – es ist (auch zeitlich) ein Unterschied, ob jemand allein arbeitet oder in einer Gruppe, da dort ja unterschiedliche Vorgehensweisen und Lösungen gemeinsam ausgehandelt werden sollen, um kooperatives Lernen zu lernen. Deshalb sollten Sie für diejenigen, die schneller als die anderen fertig sind, immer noch weitere Aufgaben vorbereitet haben" (Schwerdtfeger, 2001, S. 111–112).

Wenn Sie z.B. den Text „Schule der Tiere" nehmen, so wäre eine mögliche Aufgabenstellung, die nur in Einzelarbeit (mit Elementen von Partnerarbeit) zu erledigen ist, die folgende: „Schreiben Sie aus der Perspektive der Lehrerin einen kurzen Brief an die Mutter/den Vater eines der Tiere. Geben

Sie den Brief zur Beantwortung weiter an einen anderen Kursteilnehmer und beantworten auch Sie einen Brief".

Aufgabe 11

Bitte überlegen Sie sich weitere Aufgabenstellungen, für die Sie Einzelarbeit, Gruppenarbeit, Arbeit im Plenum (jeder mit jedem) oder Frontalunterricht für sinnvoll halten. Tauschen Sie sich in Ihrer Lerngruppe darüber aus.

3.4.1 Kooperative Binnendifferenzierung

Kooperation ist generell ein wichtiges und grundlegendes Prinzip im Deutsch als Zweitsprache-Unterricht. Gerade bei Kursen im Inland – unter dem Druck des Lebens in Deutschland, des Deutschlernens – stellt sich in der Regel schnell ein Gefühl der Zusammengehörigkeit und die Bereitschaft einander zu unterstützen ein. (Zur Unterstützung siehe Aktivität „Erkennen von Gemeinsamkeiten" in „Für Ihren Unterricht" auf S. 208).
In Kursen mit sehr unterschiedlichen Menschen kommt noch die Neugier hinzu, vom Leben der anderen etwas zu erfahren. Wenn die Teilnehmenden miteinander arbeiten, beteiligen sie sich mehr, wagen mehr, beobachten sich selbst besser und sind motivierter. Die Atmosphäre im Unterricht wird besser und das Lernen effektiver, denn zum erfolgreichen Lernen gehören auch soziale Lernstrategien, wie z.B. Teamfähigkeit und soziale Sensibilität. Nutzen Sie diese Situation und versuchen Sie bei allen Aktivitäten zu ermöglichen, dass langsamer Lernende Hilfe von den anderen bekommen, die mehr wissen oder schneller sind.

Einige Strategien, um die Zusammenarbeit der Lernenden zu fördern (nach Hess, 2001, S. 11):

- Gruppenarbeit, bei der die Lernenden gemeinsam eine Aufgabe lösen,
- Partnerarbeit, bei der die Lernenden Gedanken austauschen, einander befragen oder miteinander üben,
- Lernerkorrekturen, bei denen die Teilnehmenden die Texte anderer Lernender analysieren und kommentieren,
- Brainstorming, bei dem die Lernenden Ideen zu einem bestimmten Thema sammeln,
- Puzzle-Aktivitäten, bei denen jeder Lernende einen anderen Wissensaspekt beisteuert,
- Gemeinschaftliches Schreiben, bei dem eine Gruppe von Lernenden zusammen einen Text erstellt, z.B. einen Ratgeber (mehr zur Fertigkeit Schreiben finden Sie im Studienbrief „Schreiben im DaZ-Unterricht"),
- Gemeinschaftsprojekte, bei denen die Lernenden einen Aspekt ihrer Umgebung erkunden und später im Kurs darüber berichten, (mehr zu Projekten finden Sie im Studienbrief „Projektarbeit im DaZ-Unterricht"),
- Gruppenposter-Präsentationen, in denen eine Gruppe von Lernenden zu einem bestimmten Thema oder Problem ein Poster entwirft usw.

Wenn die Lernenden gut zusammenarbeiten, ergibt sich als weiterer Vorteil, dass Sie als Lehrende/r zurücktreten können, indem Sie Aufgaben an Teilnehmende abgeben. Schneller Lernende übernehmen häufig sehr gerne Aufgaben als „AssistentInnen".
Ein einfaches Beispiel: Bitten Sie bei einem Diktat – nach ein oder zwei Sätzen – eine Teilnehmerin, die den Satz schon richtig hingeschrieben hat, alles noch einmal von Anfang an zu lesen. (Im Idealfall wählen Sie jedes Mal einen anderen Lernenden).

3.5 Differenzierung nach Lerntechniken und Lernstrategien

Wie erfolgreich die Teilnehmenden lernen können, hängt auch davon ab, in welchem Maß sie die Techniken des Lernens beherrschen. Ute Rampillon spricht von einer → Progression der Lernkompetenz und differenziert in 3 Stufen:

- Lerntechniken kennen lernen: Aufgaben, bei denen die Lernenden Techniken zum selbstgesteuerten Lernen kennen lernen bzw. sich ihrer bewusst werden. Ein Beispiel wäre hier, dass sich Lernende überlegen, welche Medien man zum Lernen überhaupt benutzen kann.
- Lerntechniken sammeln: Aufgaben, bei denen die Lernenden Lerntechniken sammeln, vergleichen und ordnen und dabei das selbstgesteuerte Lernen vorbereiten. Hier könnten Lernende z.B. sammeln und auflisten, welche Möglichkeiten es gibt, Vokabeln zu lernen.
- Lerntechniken erproben: Aufgaben, bei denen die Lernenden mit Lerntechniken experimentieren, ihren Einsatz trainieren, ihre Nützlichkeit bewerten und selbstgesteuertes Lernen erproben. Auf dieser Stufe könnten die Lernenden z.B. von Lernerfolgen berichten: „Meine persönlichen Tricks beim Lernen sind: ...“ (vgl. Rampillon, 2000, S. 22f.).

Aufgabe 12

Bitte überlegen Sie sich bei der Aufgabe aus *Berliner Platz*, auf welcher Stufe Sie sie ansiedeln und wie Sie sie für Lernende, die Lerntechniken erst kennen lernen, verändern würden.

Effektiv lernen

7 Carmens Lernplan

Mein Lernplan: Datum: 6.10. - 11.10	
Montag	Aussprache: „s“ / „ch“
Dienstag	Nomen + Artikel lernen
Mittwoch	Dialoge laut lesen
Donnerstag	Zeitung lesen!
Freitag	Nomen + Artikel
Samstag	–
Sonntag	–

Carmen macht die Hausaufgaben und lernt dann jeden Tag 15 Minuten.

a **Was machen Sie? Wie viele Minuten lernen Sie pro Tag?**

b **Was können Sie zu Hause üben? Sammeln Sie weitere Beispiele im Kurs.**

- Wortschatz-/Lernkarten schreiben
- Übungen wiederholen
- Dialoge hören und laut lesen
- Aussprache üben
- Verben und Konjugation üben
- ...

c **Machen Sie Ihren Lernplan.**

Abb. 3: *Berliner Platz 1*, S. 75

3.6 Differenzierung nach Ausgangssprachen

Kursleitende, die in ausgangssprachlich homogenen Gruppen, z.B. in Deutschkursen für SpätaussiedlerInnen unterrichtet haben, zeigen sich oft erfreut über die Arbeit in sprachlich gemischten Kursen und erzählen, wie schwierig es ist, Lernende in ausgangssprachlich homogenen Kursen zum Deutschsprechen zu bewegen.

Aufgabe 13

Welche Erfahrungen haben Sie selbst gemacht? Unterrichten Sie eher sprachhomogene oder eher sprachheterogene Gruppen? Welche Konsequenzen ergeben sich für Ihren Unterricht? Tauschen Sie sich in Ihrer Lerngruppe darüber aus.

Authentische Kommunikation, also das Gespräch, das nicht von der Kursleitung gesteuert wird, findet in der Regel in der Muttersprache statt. Ausgangssprachlich gemischte Gruppen stellen für den DaZ-Unterricht also einen großen Vorteil dar, insofern als die Teilnehmenden gezwungen sind, auf Deutsch miteinander zu sprechen. Aber es gibt noch weitere Vorteile der Sprachenvielfalt im Kurs:

- Möglichkeiten zu kulturellem Austausch,
- Möglichkeiten zur kontrastiven Arbeit, d.h. zu Sprachvergleichen zwischen Ausgangs- und Zielsprache,
- die Möglichkeit, Übersetzung zu nutzen,
- die Möglichkeit, die Herkunftssprachen zum Abbau von Lernblockaden zu nutzen etc.

In einer ausgangssprachlich gemischten Gruppe könnten Sie die Ausgangssprachen beim Zusammenstellen von Gruppen in folgender Weise nutzen:

- Sie können die ganze Gruppe in ausgangssprachlich homogene Kleingruppen teilen. Dies bietet sich an, wenn Sie den Lernenden bewusst erlauben wollen, sich außerhalb der Zwänge des Deutschen zu bewegen und in ihrer Muttersprache zu kommunizieren. Gezielt eingesetzt, ermöglicht dies den schwächeren Lernenden, sich mehr zu beteiligen. (Siehe Aktivität „Sprachenwechsel" in „Für Ihren Unterricht", S. 208).
- Die Teilung der ganzen Gruppen in ausgangssprachlich heterogene Kleingruppen bietet sich dagegen an, wenn Sie die deutschsprachige Kommunikation in der Kleingruppe, z.B. unter Benutzung zuvor eingeführter Redemittel, fördern wollen.

Zusammenfassung

In diesem Kapitel ging es um verschiedene Möglichkeiten des Umgangs mit Heterogenität und der Binnendifferenzierung. Eine Differenzierung in vieler Hinsicht denkbar: hinsichtlich der Themen, der Aufgabenstellungen, der Art der Aufgaben, der Sozialformen, der Lerntechniken und Lernstrategien, der Ausgangssprachen. Von besonderer Bedeutung ist die sogenannte Kooperative Binnendifferenzierung, die die Zusammenarbeit der Lernenden fördert.

4 Unterricht binnendifferenziert erteilen

4.1 Notwendigkeit für Binnendifferenzierung feststellen

Wie erkennen Sie nun im Unterricht, ob Binnendifferenzierung nötig ist? Eine kleine, spielerische Aktivität, die die ganze Gruppe einbezieht und an der schnell Unterschiede und Gemeinsamkeiten zu erkennen sind, ist die Aktivität „Wir-Plakat". Sie könnten darüber hinaus Bedürfnisanalysen durchführen, die die Lernenden dazu veranlasst, über ihre Sprachbedürfnisse, ihre Motivation, ihre Lernvorlieben, Stärken und Schwächen etc. nachzudenken. Bei solchen Abfragen vergleichen die Lernenden in Paaren oder kleinen Gruppen ihre Antworten. Sie können diese sammeln und die wichtigsten Punkte wieder in den Kurs einbringen. Für sich selbst können Sie zu jedem/r Teilnehmenden eine Checkliste anlegen. (Siehe im Kapitel „Für Ihren Unterricht" die Aktivitäten „Wir-Plakat", S. 209, „Mit wem können Sie am besten lernen", S. 211 und die „Checkliste: Teilnehmende", S. 210).

Aufgabe 14

Bitte schauen Sie sich die „Checkliste: Teilnehmende" auf der S. 210 an. Überlegen Sie sich und notieren Sie, welche Punkte Sie im Hinblick auf Ihren Unterricht für wichtig halten. Überlegen Sie in einem zweiten Schritt, welche Punkte in Ihrer Einrichtung schon vorab erfragt werden, z.B. bei der Anmeldung, und wie Sie andere Punkte in Erfahrung bringen können. Tauschen Sie sich in Ihrer Lerngruppe darüber aus.

Die Herausforderung des Lernens wird individuell sehr unterschiedlich erlebt. Was den einen langweilt, fordert den anderen heraus und überfordert den dritten.

- Bei der **Unterforderung** ist die Herausforderung und damit die Motivation zu gering: entweder hat die Situation oder das Thema subjektiv keine Bedeutung oder der Schwierigkeitsgrad der Aufgabe ist zu gering. Auswirkungen können Desinteresse, Unaufmerksamkeit, Nachlässigkeit, störendes Verhalten oder Widerstand gegenüber dem Führungsstil der Lehrkraft sein.
- Bei der **Überforderung** wird die eigene Lernkompetenz bzw. das eigene Vermögen, die gestellten Lernziele zu erreichen, auf Deutsch zu kommunizieren oder Aufgaben zu lösen, als zu gering erachtet. Auswirkungen können Gefühle der Hilflosigkeit, Angst, Resignation, Widerstand und ein Sich-Zurückziehen sein.

Sowohl Unterforderung als auch Überforderung kann sich in häufigem Zuspätkommen und Fehlen ausdrücken.

4.2 Fundamentum und Additum bestimmen

Wenn man von → Fundamentum und → Additum spricht, bezieht man sich auf die Leistungsdifferenzierung. Unter Fundamentum versteht man die Gundlernziele und -inhalte für alle Lernenden einer Gruppe, unter Additum die Zusatzlernziele bzw. -inhalte für einzelne Gruppen oder Personen.

Vor 25 Jahren schrieb Richard Göbel: „[...]und es wäre schon von erheblichem Nutzen, für die Unterrichtsplanung und -durchführung entsprechend abgestuftes Unterrichtsmaterial zur Verfügung zu haben“ (Göbel, 1981, S. 120). Heute gibt es Lehrwerke, in denen Differenzierungsprobleme ausdrücklich berücksichtigt werden. Im Lehrerhandbuch des Lehrwerks *Schritte* z.B. heißt es:

> „Die binnendifferenzierenden Übungen im Arbeitsbuch können im Kurs oder als Hausaufgabe bearbeitet werden. Es empfiehlt sich folgendes Vorgehen:
>
> - Die Basisübungen mit der schwarzen Arbeitsanweisung sollten von allen TN gelöst werden.
> - Zusätzlich können die Vertiefungsübungen (blaugraue Arbeitsanweisungen) und die Erweiterungsübungen (blaue Arbeitsanweisung) gelöst werden“ *(Schritte LHB*, S. 9).

Hier sind also deutlich drei Differenzierungsstufen gekennzeichnet: Basis, Vertiefung und Erweiterung ganz im Sinne der oben angesprochenen Idee von Fundamentum und Additum. Bitte nehmen Sie *Schritte 1* zur Hand. Auf S. 102 haben Sie alle drei Differenzierungsstufen auf einer Seite. Unerlässlich im Sinne der Progression des Unterrichts sind die Übungen 1 und 2. Die Übung 3 ähnelt Übung 2; sie vertieft den Basiskenntnisstand und ist also mehr vom Gleichen und etwas sowohl für diejenigen Lernenden, die schneller fertig sind, als auch diejenigen, die den Wunsch haben, noch mehr zu üben. Übung 4 jedoch geht über den Basiskenntnisstand hinaus, ist offener und damit eher etwas für lernstärkere Lernende.

Bitte lesen Sie im Lehrerhandbuch zu *Berliner Platz*, was dort über Binnendifferenzierung gesagt wird. Wo finden sich hier vertiefende Übungen, wo Übungen zur Erweiterung? Was wird über Differenzierungsmöglichkeiten durch offene Aufgaben gesagt?

Aufgabe 15

Nicht in jedem Lehrwerk werden Differenzierungsprobleme so explizit berücksichtigt. Wählen Sie bitte aus einem anderen der für Integrationskurse zugelassenen Lehrwerke ein Kapitel und ordnen Sie Übungen dem Fundamentum-Additum-Prinzip zu.

Beispiel: Lehrwerk *Pluspunkt 1b*, Kapitel 10 „Im Kaufhaus“, Verkaufsgespräch

Fundamentum:	Kursbuch, S. 55–56, Übungen 1, 2 und 3,
Vertiefung:	Kursbuch, „Alles klar?“ S. 59, Übung 5, und Arbeitsbuch S. 45, Übungen 1 und 2,
Erweiterung:	Arbeitsbuch, S. 46, Übungen 3 und 4.

4.3 Organisation des binnendifferenzierten Unterrichts

4.3.1 Gruppenarbeit

Gruppenarbeit ist für heterogene Gruppen ideal, da sie den Lernenden hilft, miteinander und voneinander zu lernen. Die Lehrkraft tritt während der Gruppenarbeit in den Hintergrund und gibt den Teilnehmenden Raum, miteinander zu kommunizieren. Lernende sind bei weitem weniger ängstlich oder unsicher in Gruppen und genießen in der Regel diese Möglichkeit des Lernens. Bei der Gruppenbildung haben Sie zwei Möglichkeiten:

- **die Bildung homogener Gruppen:** Sie können z.B. den Kurs nach Niveau aufteilen und den Gruppen verschieden anspruchsvolle Aufgaben geben. Sie sollten diese Aufteilung erst in der ganzen Gruppe ansprechen, um zu vermeiden, dass sich einzelne Lernende stigmatisiert fühlen. Bitte bedenken Sie, dass Sie, wenn Sie die Gruppenbildung regelmäßig selbst vornehmen, Lernende auf ein bestimmtes Niveau festlegen und dadurch möglicherweise deren Lernfortschritt bremsen können. Außer Acht lassen Sie dabei auch die Tagesform der Teilnehmenden, die im Prozess des Deutschlernens durchaus variieren kann.

- **die Bildung heterogener Gruppen:** Wenn Sie den Teilnehmenden bei der Gruppenbildung die freie Wahl lassen, gruppieren sie sich in der Regel nach eigenen Wünschen:

> „Die Gruppen bilden sich
>
> • nach Sympathie
>
> oder • nach Einschätzung des Schwierigkeitsgrads der Aufgabe
>
> oder • nach Gesichtspunkten der effizienten Arbeitsteilung: Phantasie und Vertextungsideen, Grammatizität, äußere Formgebung, Gestaltung des Ergebnisses, dessen wirksamer Vortrag etc.
>
> oder • Attraktivität der jeweiligen Tätigkeit: Lesen und Notieren, Hören und Notieren, Schreiben, Erzählen, Vorspielen...
>
> oder • kultureller oder individueller Gemeinsamkeit von Haltung und Überzeugung
>
> oder • in Ausnahmefällen: aufgrund einer Empfehlung der Kursleitung"
>
> (Häussermann/Piepho, 1996, S. 227).

Aber auch gemischte Gruppen haben verschiedene Vorteile, z.B. dass stärkere Lernende schwächeren helfen können, dass nicht in der Muttersprache kommuniziert wird etc.

4.3.2 Partnerarbeit

Es gibt verschiedene Möglichkeiten der Paarfindung im Kurs, die freie Partnersuche, die zufällige Paarbildung anhand von Hilfsmitteln (von zerschnittenen Postkarten bis farbigen Bonbons) und die gesteuerte Paarbildung. Wenn Sie selbst die Einteilung der Paare vornehmen (indem Sie z.B. gezielt Spielkarten ausgeben), können Sie a. stärkere mit schwächeren und b. stärkere mit stärkeren und schwächere mit schwächeren Lernenden kombinieren. Variante a. kann bei stark gesteuerten, geschlossenen Übungen sinnvoll sein, weil der stärkere Partner den schwächeren unterstützt. Variante b. bietet sich möglicherweise eher für freiere Übungen an. Generell sollten Sie dabei im Blick behalten, wer gut mit wem zusammenarbeitet, aber regelmäßig auch neue Paarkonstellationen ausprobieren.

4.3.3 Jeder mit jedem

Diese Art von Aktivität findet im Plenum statt, die Lehrkraft zieht sich jedoch zurück, während die Lernenden mit vielen anderen Teilnehmenden (im Prinzip jeder mit jedem) in kurzer Zeit kommunizieren oder interagieren, um eine Aufgabe zu lösen. Das bedeutet, dass ein/e Lernende/r mit verschiedenen anderen Lernenden – schwächeren und weiter fortgeschrittenen – auf unterschiedlichem Niveau arbeitet. Das fördert die langsamer Lernenden und bietet Möglichkeiten und Herausforderungen für die schnelleren. „Jeder mit jedem"-Aktivitäten basieren auf dem Prinzip, dass eine Information fehlt oder ein kommunikative Bedürfnis da ist. So können sie viele Formen annehmen und bieten unendlich viele Anwendungsmöglichkeiten. Die Teilnehmenden müssen z.B. eine Person finden, die ein Wort hat, das zu ihrem passt, die zweite Hälfte ihres Satzes, eine ähnlich formulierte Frage usw. Alle „Finde jemanden, der..."-Aufgaben gehen in diese Richtung.

Ein Beispiel ist die Aktivität „Erkennen von Gemeinsamkeiten" im Kapitel „Für den Unterricht" (S. 208). Wenn Sie eine lebendige Unterrichtsatmosphäre herstellen wollen, sind „Jeder mit jedem"-Aktivitäten gerade richtig.

4.3.4 Lernstationen und Spiele

Bei dieser Form der Unterrichtsorganisation (manchmal auch als Lernbüffet, Lernstraße oder Lerntheke bezeichnet) gibt es Stationen oder Sammlungen von Unterrichtsmaterialien im Raum, die die Lernenden – wie beim Zirkeltraining im Sportunterricht oder beim Trimmpfad – nacheinander entsprechend ihrem Interesse, ihrer Bereitschaft oder ihrem Lerntypus auswählen, um Themen zu erarbeiten oder Fertigkeiten zu üben. Diese Materialien müssen natürlich zuvor von dem/der KursleiterIn zusammengestellt werden; erfahrene Lehrkräfte haben aber in der Regel einen großen Fundus, aus dem sie schöpfen können. (Allen, die sich für das Thema näher interessieren, sei Heft 35/2006 „Lernen an Stationen" der Zeitschrift „Fremdsprache Deutsch" empfohlen.)

Ziele dieser Methode sind

- die Differenzierung nach Leistung, Lerntyp, Neigung,
- die Förderung von selbständigem, weitgehend eigenverantwortlichem Lernen,
- das Einüben von Arbeitstechniken und
- die Förderung der Motivation.

Dazu schreibt Jürgen Schweckendiek:

> „Wer den Weg über die Lernstationen zur Freiarbeit einschlägt, wird feststellen, dass aus der anfangs durch die Notlage erzwungenen Entscheidung zur Binnendifferenzierung pädagogische Vorteile erwachsen. Es werden Kompetenzen gefördert, die sonst im Unterricht häufig zu kurz kommen" (Schweckendiek, 2001, S. 18).

Spiele können nicht nur als „Lernstationen" genutzt werden, sie bieten selbst ausgezeichnete Möglichkeiten der Binnendifferenzierung und des motivierenden DaZ-Unterrichts. Sie nutzen so viele Kanäle wie möglich, machen aufnahmebereiter, motivieren für Neues. Da man zum Spielen Partner braucht, fördern sie das gegenseitige Verständnis und die Zusammenbeit. (Mehr zu diesem Thema finden Sie im Studienbrief „Spielerische Übungen, Sprachlernspiele und Spiele im DaZ-Unterricht".)

4.3.5 Allgemeine Prinzipien

1. **Gehen Sie Schritt für Schritt vor:**

   „Bei allen Bemühungen, mit binnendifferenziertem Unterricht zu beginnen und sich über Ziele und Implikationen solcher Veränderungen klar zu werden, ist es besonders wichtig, dass man Schritt für Schritt beginnt, um sich nicht selbst zu überfordern und um die ersten Erfahrungen auch festzuhalten und reflektieren zu können. Ein Anfang würde sicherlich leichter fallen mit einer Unterrichtseinheit, deren Thema einem selbst Spaß macht, zu der man schon viel Material zur Verfügung hat, seit längerem Ideen mit sich herumträgt" (Bruhn u.a., 1995, S. 51, zitiert in Meister, 2000, S. 30).

2. **Reserven und Hausaufgaben:** Halten Sie für die schneller Lernenden Reserven bereit, ein Sprach-Puzzle, ein Domino oder eine kleine schriftliche Aufgabe. Schriftliche Aufgaben empfehlen sich auch als Hausaufgaben für die schneller Lernenden, denn nicht nur für die Einzelarbeit bietet sich die produktive Fertigkeit Schreiben an. Sie können auch anhand der Texte Schwierigkeiten der Teilnehmenden erkennen, die im Gruppenzusammenhang möglicherweise nicht so deutlich werden. Bei schwächeren Lernenden, die vielleicht im Unterricht Lerninhalte verpasst oder nicht verstanden haben, helfen Hausaufgaben, diese nachzuholen.
3. **Fehlerkorrektur:** Bedenken Sie, dass es bei den Lernenden auch ganz unterschiedliche Korrektur-Wünsche gibt, für die Sie sensibel sein sollten. Während der/die eine Lernende signalisiert „Ich möchte, dass du mir über die Schulter guckst und mir hilfst.", mag der/die andere es schätzen, wenn Sie ihn oder sie in Ruhe lassen, dafür aber „anonyme" Fehlerkorrekturen im Plenum anbieten.

   Stellen Sie sich ein Kontinuum zwischen den beiden eben erwähnten Lernertypen vor. Bitte überlegen Sie sich, wo Sie selbst auf diesem Kontinuum verorten. Bevorzugen Sie viel Hilfestellung durch Lehrende oder ziehen Sie es vor, selbst auf Fehler zu kommen? Haben Sie im Unterricht Verständnis für den jeweils anderen Typus? In heterogenen Gruppen werden Sie vermutlich unterschiedliche Erwartungen hinsichtlich der Lernerleistung haben und Lernende unterschiedlich korrigieren. Bedenken Sie bitte, dass es schneller Lernende zwar fordern kann, strenger korrigiert zu werden, dass diese aber auch empfindlich reagieren können. Bei schwächeren Lernenden sollten Sie bewusst die ein oder andere Korrekturmöglichkeit nicht wahrnehmen, sondern selektiv mit den Fehlern umgehen. (Mehr zur Fehlerkorrektur finden Sie im Studienbrief „Fehler und Fehlerkorrektur im DaZ-Unterricht".)
4. **Vielfalt**: Ob Sie nun bewusst binnendifferenzieren oder nicht: Sie werden der Vielfalt unterschiedlicher Voraussetzungen und Bedürfnisse in einem heterogenen Kurs am allerbesten mit inhaltlicher und methodischer Vielfalt begegnen und gerecht werden können. Das gilt auch für die Binnendifferenzierung selbst. Bedenken Sie die vielfältigen Kriterien für heterogene Kurse und wechseln Sie zwischen den Typen der Binnendifferenzierung.
5. **Arbeitsaufwand**: Wenn Sie jetzt, am Ende des Studienbriefs meinen sollten, dass Sie in heterogenen Gruppen viel Zeit für die Unterrichtsvorbereitung brauchen werden, so ist das wohl nicht völlig falsch. Ihre Vorbereitungen entlasten Sie dann aber im Unterricht; Sie können zurücktreten und das lebendige Unterrichtsgeschehen genießen – und bekommen so wieder ganz viel Energie zurück.

Zusammenfassung

In diesem Kapitel wurden verschiedene Aspekte der konkreten Unterrichtsorganisation angesprochen. Zunächst ging es darum, die Notwendigkeit von Binnendifferenzierung festzustellen. Im Weiteren ging es um die Bestimmung von Fundamentum und Additum und um die Analyse von Übungen in Lehrwerken hinsichtlich dieser Prinzipien. Verschiedene Hinweise zur Organisation des binnendifferenzierten Unterrichts, z.B. zur Bildung von Gruppen und Paaren im Unterricht schlossen sich an.

Aufgabe 16

Bitte schreiben Sie hier diejenigen Hinweise aus dem Kapitel auf, die Sie für Ihren Unterricht besonders interessant finden: ....

....

....

Aufgabe 17

Die folgenden Aufgaben dient der Reflexion und dem Transfer des Gelernten. Bitte wählen Sie eine der folgenden Aufgaben zur Bearbeitung aus.

1. Beschreiben und diskutieren Sie in Ihrer Lerngruppe ein Fallbeispiel aus Ihrer Unterrichtspraxis: Beschreiben Sie eine Begebenheit (evtl. eine Konfliktsituation), die Sie in Ihrem Unterricht aufgrund der Heterogenität der Teilnehmenden erlebt haben. Wie sind Sie, wie sind die Teilnehmenden mit der Situation umgegangen? Würden Sie jetzt anders damit umgehen? Begründen Sie Ihre Entscheidung.
2. Analysieren Sie Ihr Lehrwerk. Beachten Sie dabei die verschiedenen Teile Lehr- und Arbeitsbuch, Lehrerhandbuch, ggf. online-Komponente etc. Gibt es explizite Anregungen zur Binnendifferenzierung? Wenn ja, listen Sie bitte beispielhaft einige Übungen auf und erläutern Sie das differenzierte Vorgehen. Wenn nein, überlegen Sie sich, an welchen Stellen Sie den Unterricht binnendifferenziert gestalten können. Listen Sie bitte beispielhaft einige Übungen auf und erläutern Sie das Vorgehen.

5 Für Ihren Unterricht

5.1 Das Gelernte umsetzen

Sie haben nun den Studienbrief „Heterogenität und Binnendifferenzierung im DaZ-Unterricht" durchgearbeitet und einige Anregungen bekommen, das Gelernte in die Praxis umzusetzen. Trotz guter Vorsätze gelingt der Transfer in den Unterrichtsalltag nicht immer so, wie man sich das erwünscht und erhofft. Deshalb hier einige Tipps:

- Fangen Sie an mit dem, was für Sie das Wichtigste ist. Oft sind es die Dinge, die Sie spannend und interessant finden, die Sie motivieren.
- Nehmen Sie sich nicht zu viel auf einmal vor. Fangen Sie mit ein oder zwei Punkten an. Wenn diese gut geklappt haben, kommen die nächsten dran.
- Tauschen Sie sich mit KollegInnen aus. Weil wir unsere Arbeit ernst nehmen und uns für unsere Teilnehmenden einsetzen, kann es vorkommen, dass der Druck und die Anforderungen des Unterrichtsalltags uns zusetzen und überfordern. Sie sind damit nicht allein: andere Kursleitende in Integrationskursen erleben das auch. Deshalb: Suchen Sie sich KollegInnen, die ähnliche Kurse, Ziele und Vorstellungen haben. Gemeinsam lassen sich neue Ideen oft besser umsetzen.
- Wenn etwas nicht geklappt hat oder wenn die Gruppe auf Ihre Ideen einfach nicht so richtig angesprungen ist, nehmen Sie es nicht persönlich. Fragen Sie sich, was Sie hätten besser oder anders machen können – und machen Sie weiter. Wenn ihnen dann etwas Neues im Unterricht gelingt, halten Sie es nicht für selbstverständlich, denn das ist es nicht. Seien Sie stolz auf sich.
- Tauschen Sie Ihre Erfahrungen beim Lernen und bei der Umsetzung des Gelernten nach Möglichkeit mit anderen Kursleitenden aus.

5.2 Aktivitäten: Vorschläge für den Unterricht

1. Fragebogen

Ziel: Sprechaktivität für Lernende unterschiedlichen Niveaus und Interesses

TN: ab A2

Vorbereitung: Erstellen Sie einen längeren Fragebogen mit Fragen wie den folgenden. Achten Sie dabei auf das Niveau Ihrer TN.

1. In welcher Zeit würden Sie gerne leben?
2. Wären Sie gerne als Zwilling geboren worden?
3. Mit wem würden Sie gerne Urlaub machen?
4. Was würden Sie Ihre Urgroßmutter/ Ihren Urgroßvater gerne mal fragen?
5. Würden Sie gerne auf den Mond reisen?
6. Was würden Sie tun, wenn Sie sich unsichtbar machen könnten?
7. Welche drei Dinge würden Sie auf eine einsame Insel mitnehmen?
8. ...

Vorgehen: Lassen Sie Paare bilden und geben Sie allen TN den Fragebogen. Bitten Sie alle TN, einige Fragen auszuwählen und anzukreuzen – und zwar die Fragen, auf die sie selbst interessante Antworten geben könnten. Schreiben Sie an die Tafel ein paar Redemittel zum Nachfragen: „Warum?“ / „Warum interessiert Sie das?“ / „Wieso das?“ / „Wie war das für Sie?“ / „Könnten Sie mir mehr davon erzählen?“ / „Wie haben Sie sich dabei gefühlt?“ etc.

Sagen Sie den TN, dass sie gleich die Blätter tauschen werden. PartnerIn A soll dann PartnerIn B die Fragen stellen, die B angekreuzt hat. Dann soll B A die Fragen stellen, die A angekreuzt hat. Dabei sollen die Fragenden Redemittel zum Nachfragen benutzen, wie sie an der Tafel stehen. Die Paare fangen an. Bitten Sie TN, die früher fertig werden, einige der Sätze, die ihr/e PartnerIn gesagt hat, aufzuschreiben. Bringen Sie dann die ganze Gruppe zusammen und bitten Sie die TN, einige interessante Dinge zu erzählen, die sie über ihre/n PartnerIn erfahren haben.

(nach: Lindstromberg, 2004)

2. Erkennen von Gemeinsamkeiten

Ziel: Diese Aktivität soll in der Gruppe das Gefühl für Gemeinsamkeiten fördern und so die Qualität der Arbeit verbessern. Sie bietet sich an für den Anfang, Sie können diese Aktivität aber auch jederzeit einsetzen, wenn Sie denken, in Ihrer Gruppe überwiegt das Gefühl von Unterschiedlichkeit und es existieren vielleicht Animositäten zwischen einzelnen TN oder TN-Gruppen.

TN: ab A2/alle

Materialien: (bunte) Blätter Papier

Vorgehen: Geben Sie die folgende Aufgabe: „Finden Sie jeweils drei PartnerInnen, die Sie noch nicht oder nicht so gut kennen. Schreiben Sie zwei Dinge zu/aus Ihrem beruflichen Leben auf, die Sie gemeinsam haben, und zwei Dinge zu/aus Ihrem Privatleben, die Sie gemeinsam haben."

Varianten: Passen Sie die Aufgabe der jeweiligen Gruppe an. Wenn Sie eine sehr kleine Gruppe haben, kann jede TN jede andere TN befragen. Handelt es sich um eine Anfängergruppe, dann benutzen Sie vielleicht zwei Stofftiere oder Handpuppen zum Demonstrieren der Aufgabe und lassen die Unterscheidung in beruflich und privat weg.

(gesehen in einem Workshop von Hanna Kryszewska, 2004)

3. Sprachenwechsel

Ziel: den Lernenden zu erlauben, sich außerhalb der Zwänge des Deutschen zu bewegen, schwächeren Lernenden zu ermöglichen, sich mehr zu beteiligen

TN: AnfängerInnen bis Mittelstufe, einsprachig/mehrsprachig (wenigstens 3 TN pro Sprache)

KL: keine Kenntnisse der Muttersprache/n der Lernenden erforderlich

Vorgehen: 1. Lassen Sie die TN 3er-Gruppen bilden (in mehrsprachigen Kursen Gruppen der selben Muttersprache).

2. Fragen Sie, welche der TN
- Einzelkinder sind,
- erstgeborene Kinder sind,
- in der Mitte geborene Kinder sind,
- zuletzt geborene Kinder sind.

3. Bitten Sie die TN, in ihrer Gruppe miteinander über ihre Erfahrungen mit dieser „Geburts-Reihenfolge" zu sprechen und dies in ihrer Muttersprache zu tun. Bitten Sie die TN nach 2 Minuten, ins Deutsche zu wechseln.

Wiederholen Sie die Anweisung, die Sprache zu wechseln, drei oder vier Mal, so dass die TN zwischen Deutsch und Muttersprache mehrmals in Zeitspannen von zwei bis drei Minuten alternieren. Geben Sie viel Zeit für Feedback.

(nach: Deller/Rinvolucri, 2002, S. 79)

4. Wir-Plakat

Ziel: Das Wir-Plakat ist hilfreich, um am Anfang eines Kurses nicht nur die Vielfalt in der Gruppe zu verdeutlichen, sondern gleichzeitig ein Zusammengehörigkeitsgefühl herzustellen.

TN: alle

Materialien: bunte (runde) Zettel

Vorbereitung: Schreiben Sie auf Zettel Angaben zu den Informationen, die Sie abfragen wollen: Alter, Beruf, Herkunftsland, wie viele Jahre in Deutschland. Passen Sie diese Abfrage dem Niveau an. Schreiben Sie auf eine Titel-Wolke „Wir" und heften Sie alles an die Pinnwand.

Vorgehen: Bitten Sie die TN, persönliche Angaben auf jeweils einen runden Zettel zu schreiben und zum jeweiligen Überpunkt hinzuzuheften.

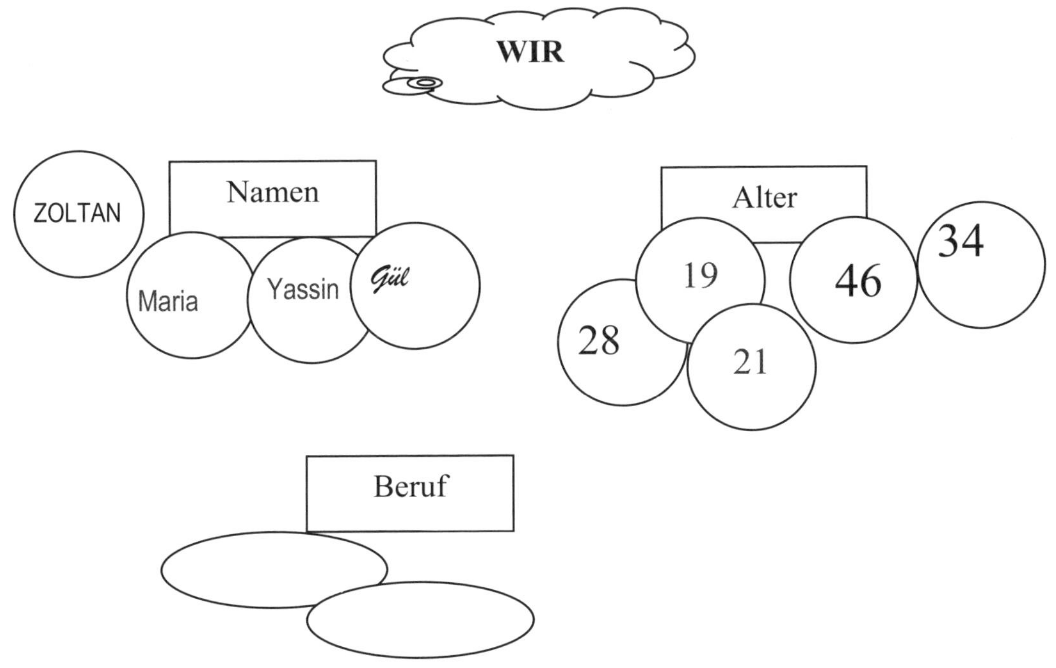

Nach: Goethe-Institut, 1995ff.

5. Checkliste: Teilnehmende

STICHWÖRTER

1. Persönliches

❑ Alter? ❑ Familienverhältnisse? ❑ Geschlecht? ❑ Hobbies? ❑ Neigungen? ❑ Biographie? ❑ Selbstbild? ❑ Gesundheit (u.a. Probleme mit Hören, Sehen, Sitzen, Bewegen)? ❑ Behinderungen?

2. Bildung

❑ Allgemeines Bildungsniveau: Schule, Ausbildung, spezielle Vorbildung? ❑ Weiterbildungserfahrung? ❑ Lerngewohnheiten? ❑ Verfügbare Lerntechniken? ❑ Erfahrung mit Gruppen? ❑ "Schwellenängste"?

3. Soziale Situation

❑ Soziale Herkunft? ❑ Sprache, Dialekt? ❑ Kultureller Hintergrund (z.B. Teilnehmer aus Osteuropa, Asien, Afrika)? ❑ Generationenerfahrungen? ❑ Religionszugehörigkeit? ❑ Regionale Besonderheiten? ❑ Wohnsituation?

4. Beruf

❑ Stellung im Beruf? ❑ Arbeitgeber? ❑ Berufszufriedenheit? ❑ Berufsständische Organisation? ❑ Beruflicher Werdegang? ❑ Berufliche Entwicklungsmöglichkeiten und -absichten? ❑ Berufswechsel? ❑ Berufliche Krisen?

5. Teilnehmende und Thema/Methoden

❑ Vorerfahrungen mit dem Thema? ❑ Vorwissen? Woher? ❑ Gefühlsmäßige Einstellung zum Thema? ❑ Evtl. Vorbehalte, Abwehr? ❑ Interesse am Thema? ❑ Betroffenheit? ❑ Lernwünsche? ❑ Fragen und Probleme? ❑ Theoretische Orientierung - praktische Orientierung? ❑ Verwendungssituationen? ❑ Tabus? ❑ Erfahrungen mit Methoden (evtl. Abwehr)?

6. Teilnahmemotivation

❑ Beruflicher Aufstieg? ❑ Sicherung des beruflichen Status, des Arbeitsplatzes? ❑ Interesse am Thema, "Wissensdurst"? ❑ Kontaktwunsch? ❑ Freizeitmotive? ❑ Finanzielle Motive? ❑ Freiwillige Teilnahme - Pflichtteilnahme? ❑ Politisch-gesellschaftliches Interesse? ❑ Bewältigung von Alltagsproblemen? ❑ Bewältigung persönlicher Krisen und Probleme?

Abb. 4: aus Alsheimer/Müller/Papenkort, 1996, S. 37

6. Mit wem können Sie am besten lernen?

Abb. 5: *Einfach mal bewerben*, 1999, S. 89

6 Lösungen

Aufgabe 6: Sie können die Methode „Schnippeltext“ variieren, indem Sie die Abschnitte bzw. Schnipsel größer (weniger anspruchsvoll) oder kleiner (anspruchsvoller) wählen. Eine schwierigere Übung wären Satzschnipsel bzw. Nebensatzschnipsel, die auch die Kenntnis der Konnektoren voraussetzt.

und war sehr schlecht im Rennen.	Weil sie so langsam lief,	musste sie nach der Schule trainieren

Sehr anspruchsvoll wird die Übung durch die Aufgabe, den Text zu ergänzen:

und war sehr schlecht im Rennen.	Weil sie so langsam watschelte und nicht schnell lief,

Aufgabe 7: Dieser Lückentext wird leichter, wenn Sie die einzusetzenden Verben in der richtigen Reihenfolge vorgeben, also hier: war, war, hatte, war, lief, musste usw. Es wird schwieriger, wenn Sie die Verben in der Infinitiv-Form vorgeben, sie müssen dann ins Präteritum und in die passende Genusform gesetzt werden, und noch schwieriger, wenn Sie gar keine Vorgaben machen und so den Lernenden ermöglichen, auf ganz andere Möglichkeiten zu kommen: „Die Ente war hervorragend im Schwimmen. Sie schwamm (statt war) sogar besser als die Lehrerin, ...“.

Aufgabe 8: Ein Kreuzworträtsel können Sie vereinfachen, wenn Sie die Anfangsbuchstaben der Wörter markieren. Die zu findenden Wörter sind hier in der richtigen Reihenfolge aufgelistet. Eine willkürliche Reihenfolge macht die Aufgabe schwieriger. Sie können Wörter nicht nur horizontal, sondern vertikal oder diagonal suchen lassen, was die Sache erschwert. Auch hier – wie bei Aufgabe 7: Wenn Sie keine Angaben machen, wird die Übung anspruchsvoller. Hier bleibt sie trotzdem geschlossen, weil Sie ja das zu findende Wort vorgegeben haben.

Aufgabe 9: Diese Übung könnten Sie noch leichter machen, indem Sie die Perfektform des Verbs vorgeben. Dann können sich die Lernenden auf die Satzstellung konzentrieren. Schwieriger wird die Übung durch eine willkürliche Reihenfolge der Angaben, weniger Angaben oder schließlich den gänzlichen Verzicht auf Angaben. Zum Satz „Schau mal. Jetzt ist es zwei und Frau Beckmann streicht eine Wand in der Küche an.“ könnten Lernende dann sagen: „Am Samstag um halb elf hat ihre Tochter den Balkon angestrichen“ oder auch: „Am Samstag um halb elf hat sie in der Disco getanzt“.

7 Glossar

Außendifferenzierung: Unter Außendifferenzierung versteht man die langfristige Differenzierung durch Bildung möglichst homogener Lerngruppen unter dem einen oder anderen Aspekt (z.B. Leistung, Altersstufe, Geschlecht etc.).

Binnendifferenzierung: Unter Binnendifferenzierung versteht man all jene Maßnahmen, die innerhalb einer Lerngruppe dazu beitragen, unterschiedlichen Lernvoraussetzungen Rechnung zu tragen.

Fundamentum und **Additum:** Unter Fundamentum versteht man die Gundlernziele und -inhalte für alle Lernenden einer Gruppe, unter Additum die Zusatzlernziele bzw. -inhalte für einzelne Gruppen oder Personen.

Individualisierung: Mit Individualisierung ist die konsequente Förderung des/der einzelnen Lernenden mit dem Ziel des autonomen Lernens gemeint.

Lernerautonomie: Lernerautonomie bedeutet die Fähigkeit, sich selbständig und eigenverantwortlich neues Wissen aneignen zu können.

Lern- und **Wahrnehmungstypen:** Die Lerntypentheorie besagt, dass Lernen über unterschiedliche Wahrnehmungskanäle erfolgt. Lerneffektivität kann nach dieser Auffassung dadurch gesteigert werden, dass der richtige Wahrnehmungskanal beim Lernenden angesprochen wird. Die Vorstellung der „Lern- bzw. Wahrnehmungstypen" geht auf Frederic Vester (1975) zurück. Er unterscheidet vier Lerntypen: den auditiven, den optisch/visuellen, den haptischen und den kognitiven Lerntyp.

Lernstationen: Lernstationen sind Stationen oder Sammlungen von Unterrichtsmaterialien, die die Lernenden wählen können, um Themen zu erarbeiten oder Fertigkeiten zu üben, entsprechend ihrem Interesse, ihrer Bereitschaft oder ihrem Lerntypus.

Multiple Intelligenzen: Der amerikanische Psychologe Howard Gardner stellt acht Intelligenzen auf: sprachlich, musikalisch, logisch-mathematisch, körperlich-kinästhetisch, intrapersonal, interpersonal, naturalistisch. Er behauptet, dass diese biologisch begründet sind, hauptsächlich durch das Gehirn, und dass sie den Weg widerzuspiegeln scheinen, den das nervöse System über die Jahrtausende genommen hat, um bestimmte Arten der Intelligenz zu entwickeln.

Progression: Wenn man im Zusammenhang mit Lernen von Progression spricht, verbindet man damit das allmähliche Anwachsen einer Kompetenz. Man spricht von einer flachen oder steilen Progression bei Lehrwerken, je nachdem, von welcher Geschwindigkeit des Lernzuwachses ausgegangen wird.

Sozialformen: Als Sozialformen werden die Formen der Zusammenarbeit in Unterricht bezeichnet. Die folgenden vier Sozialformen können als Grundformen bezeichnet werden: Frontalunterricht, Gruppenarbeit, Partnerarbeit, Einzelarbeit.

Team-Teaching: Team-Teaching bedeutet das gleichzeitige, gemeinsame Unterrichten von zwei Kursleitenden in einem Kurs. Beide Kursleitende haben die gleiche Verantwortung. Sie planen gemeinsam den Unterrichtsablauf, führen die Stunden gemeinsam durch und besprechen danach die Ergebnisse der Arbeit.

8 Literatur

Alsheimer, Martin; Müller, Ulrich; Papenkort, Ulrich (1996): Spielend Kurse planen. Die Methodenkartothek (nicht nur) für die Erwachsenenbildung. München: Lexika Verlag, *http://www.methodenkartothek.de*.

Bönsch, Manfred (1995): Differenzierung in Schule und Unterricht. Ansprüche, Formen, Strategien. München: Ehrenwirth.

Bundesamt für Migration und Flüchtlinge (2005): Konzept für einen bundesweiten Integrationskurs, *http://www.bamf.de* (28.02.2006).

Deller, Sheelagh; Rinvolucri, Mario (2002): Using the Mother Tongue. Making the most of the learner's language. London: First Person Publishing/English Teaching professional.

Demmig, Silvia (2003): Das professionelle Handlungswissen von DaZ-Lehrenden in der Erwachsenenbildung am Beispiel Binnendifferenzierung : eine qualitative Studie. Kassel: Universität, Diss.

Demmig, Silvia (1999): Literaturauswahl Binnendifferenzierung. In: Bildungsarbeit in der Zweitsprache Deutsch 2/1999, S. 47–48.

Ewers, Heike (2002): Maßgeschneidert oder von der Stange? Gruppenarbeit und Binnendifferenzierung. In: Passwort Deutsch. Didaktische Beiträge. *http://www.passwort-deutsch.de/lehren/unterrichtstipps/download/binnendifferenzierung.pdf* (28.02.2006).

Göbel, Richard (1981): Verschiedenheit und gemeinsames Lernen. Kooperative Binnendifferenzierung im Fremdsprachenunterricht. (Lernen mit Ausländern: Modelle und Perspektiven). Königstein/Ts.: Scriptor.

Goethe-Institut (Hrsg.) (1995ff.): Handbuch für Spracharbeit. Teil 6: Fortbildung. München: Goethe-Institut.

Häussermann, Ulrich; Piepho, Hans-Eberhard (1996): Aufgaben-Handbuch Deutsch als Fremdsprache. Abriss einer Aufgaben- und Übungstypologie. München: iudicium.

Hess, Natalie (2001): Teaching Large Multilevel Classes (Cambridge Handbooks for Language Teachers). Cambridge: Cambridge University Press.

Kaufmann, Susan (1999): Ganz schön gemischt: Heterogenität als Chance für den Unterricht. In: Bildungsarbeit in der Zweitsprache Deutsch 2/1999, S. 30–46.

Klimaszyk, Petra; Krämer-Kienle, Isabel (2004): Schritte. Lehrerhandbuch. Ismaning: Hueber.

Köker, Anne; Lemke, Christiane; Rohrmann, Lutz (2003): Berliner Platz 1 Lehrerhandreichungen. Berlin u.a.: Langenscheidt.

Konietzko, Gerd; Dahlmann; Monika (2004): Think-Pair-Share. In: Heterogenität. Unterschiede nutzen – Gemeinsamkeiten stärken. (Friedrich Jahresheft 22/2004). S. 118–119.

Krekeler, Christian (2000): Sprachkursförderung für Spätaussiedler: Ein erfolgreiches Auslaufmodell. In: Deutsch als Zweitsprache, Heft 0/2000, S. 13–22. *http://www.daz-didaktik.de/html/spataussiedler.html* (28.02.2006).

Krüger-Potratz, Marianne (2003): Sprachförderung und mehr. Integration von (Neu-)Zuwanderern – politische, konzeptionelle und didaktische Notwendigkeiten. In: Sprachförderung und mehr. Herausforderungen zur Integration von Neuzuwanderern. Solingen: Landeszentrum für Zuwanderung NRW, S. 14–29.

Kraft, Peter (2002): Innere Differenzierung. *http://www.prof-kraft.de/diff/plan.htm* (28.02.2006 – nicht mehr aktiv).

Lindstromberg, Seth (2004): Towards better results with mixed-proficiency classes: use of flexible tasks. In: Humanizing Language Teaching, 6/3-2004. *http://www.hltmag.co.uk/sept04/mart1.htm* (28.02.2006).

Meister, Hans (2001): Differenzierung von A-Z. Eine praktische Anleitung für die Sekundarstufen. Stuttgart: Klett.

Mertens, Meinolf (o.J.): Lingofox. Übungsgenerator mit integrierter Textverarbeitung. *http://www.lingofox.de/de/index.htm* (20.11.2006).

Mertens, Meinolf (1999): Übungsblätter per Mausklick. Übungsgenerator für Deutsch als Fremdsprache. CD-ROM. Ismaning: Hueber.

Payer, Margarete (2001): Internationale Kommunikationskulturen. – 6. Kulturelle Faktoren: Lehr- und Lernstile. Fassung vom 7. Januar 2001. *http://www.payer.de/kommkulturen/kultur06.htm* (28.02.2006).

Rampillon, Ute (2000): Aufgabentypologie zum autonomen Lernen. Deutsch als Fremdsprache. Ismaning: Hueber 2000.

Reavis, George H. (1993): The Animal School. In: Canfield, Jack; Hansen, Mark Victor (Hrsg.): Chicken Soup for the Soul. 101 Stories To Open The Heart And Rekindle The Spirit. Deerfield Beach: Health Communications, S. 129–130.

Rees, Gareth: Teaching mixed-ability classes. In: Teaching English. *http://www.teachingenglish.org.uk/think/methodology.shtml* (28.02.2006).

Staff Development for Educators (SDE): Differenciated Instruction Ressources. In: Differentiated Instruction Ressources. *http://www.sde.com/Conferences/Differentiated-Instruction/DIResources.htm* (28.02.2006)

Schweckendiek, Jürgen (2001): Spiele und Spielerisches. Zur Förderung der Gruppenintegration und zur Binnendifferenzierung. In: Fremdsprache Deutsch Heft 25/2001, S. 9–19.

Schwerdtfeger, Inge C. (2001): Gruppenarbeit und innere Differenzierung. Berlin u.a.: Langenscheidt (Fernstudieneinheit 29).

Zeisig, Nicole; Ghahraman-Beck, Anneliese (2001): Passwort Deutsch 1. Lehrerhandbuch. Stuttgart: Ernst Klett International.

Zornitza Kolarova, Gunde Kurtz

Nonverbale Kommunikationsmittel im DaZ-Unterricht

1 Einstieg

Lernziele

In diesem Studienbrief erfahren und erproben Sie,

- wo und wie Ergebnisse der Kommunikationsforschung zu nonverbaler Kommunikation im DaZ-Unterricht relevant sind und zum Einsatz kommen können,
- wie weit diese Kommunikationsmittel kulturgebunden bzw. -unabhängig sind und welche Konsequenzen sich daraus für Unterrichtsgeschehen und Alltag ergeben,
- wie man Körpersprache als Lehrmittel und als Lerngegenstand einsetzen kann.

Die folgende Erprobung können Sie als Gedankenexperiment (aus der Erinnerung) oder jetzt und hier an Ihrem Telefon durchführen:

Erprobung 1

Wählen Sie willkürliche Zahlenkombinationen, sodass Sie Teilnehmer im Ortsnetz erreichen. Sobald sich eine Person meldet, fragen Sie freundlich nach, ob Sie mit der Firma „Alpec“ verbunden sind. Lassen Sie dem Gespräch seinen natürlichen Verlauf, wodurch es sehr bald endet. Füllen Sie direkt nach dem Gespräch die Spalten in Tabelle 1 aus und wiederholen Sie die Übung. Variieren Sie dabei Ihre „Stimmung“, indem Sie z.B. erschreckt/verärgert/freundlich/typisch für sich selbst nachfragen oder Dialekt/Hochdeutsch wählen.

Tabelle 1:

Alter	Geschlecht	Regionales	Soziales+Bildung	Charakter	momentane Laune

Aufgabe 1

Notieren Sie zunächst, welche Ihrer Zuordnungen Sie aus den Worten der Person, welche aus Stimme und „Stimmgeräuschen“, Tonlage, Tonfall usw. erschlossen haben: ....

....

....

Überlegen Sie nun, wie viel Zeit und Denkarbeit Sie diese Zuordnungen gekostet haben und wie (un)sicher Sie sich über die einzelnen Punkte waren. Notieren Sie anschließend, welche Veränderungen sich für Anzahl und Sicherheit solcher Zuordnungen ergeben können, wenn man die Gespräche in einer Fremdsprache führt, mit der man noch wenig vertraut ist. ....

....

....

Schneiden Sie die Telefongespräche gleich mit und gewinnen Sie so Unterrichtsmaterial für eine informative, diskussionsintensive DaZ-Lerneinheit.

Automatismen bei der Beurteilung von Personen aufgrund der Körper- und Stimmsignale, die diese bewusst oder unbewusst aussenden, sind im Alltag enorm hilfreich, sonst wären wir beliebig langsam und unsicher in unseren Reaktionen. Wie weit aber haben sie außerhalb unseres vertrauten Umfeldes Gültigkeit? Welche Signale sind universell, also allen Menschen gemeinsam, welche werden sozial erlernt? Wo können wir uns auf unsere automatisierten Interpretationen verlassen, wo müssen wir besonders für die interkulturelle Kommunikation unser Bewusstsein einschalten, um Fehlinterpretationen und Missverständnisse zu vermeiden?

2 Klärung der Begriffe

Kapitel 2 schafft ein Begriffsgerüst, auf dem alles Weitere aufbaut. Wir halten dabei Teil 2.1 so knapp wie möglich in der Annahme, dass es sich für die meisten Teilnehmenden um eine Auffrischung handelt. Für detailliertere Darstellungen empfehlen wir dabei hilfreiche Webseiten.

2.1 Von Sendern und Empfängern

Ein einfaches Kommunikationsmodell beschreibt den Austausch von Nachrichten zwischen Sender und Empfänger vermittels eines gemeinsamen Kodes. Der Kode besteht im Fall der gesprochenen Sprache aus **Worten, Mimik, Gestik** u.a. Der Austausch ist störanfällig. So weit, so bekannt. Überlegt man jedoch, was das fürs Zweitsprachenlernen bedeutet, stellt man fest, dass sich Unterricht und Lernangebote meist auf den → verbalen Anteil der Kommunikation beschränken und dass wir als Lehrende auch nur diesen Teil im Fokus der Kursplanung und der Reflexion unseres eigenen Verhaltens im Lehr-Lernprozess haben.

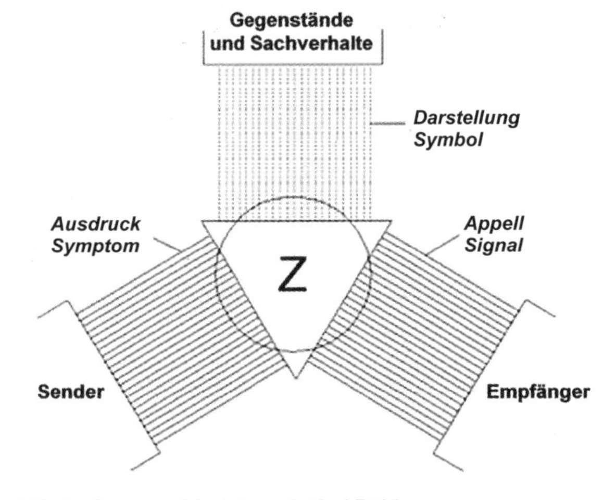

Abb. 1: Organon-Modell nach Karl Bühler

Sprache als Werkzeug (Organon), mit dem sich Personen über Inhalte austauschen: Karl Bühlers „Organonmodell" zeigt die 3-fache Funktion des (sprachlichen) Zeichens. In Kommunikationssituationen sind alle drei Sprachfunktionen Ausdruck, Darstellung, Appell im Zeichen realisiert, dem Symptomcharakter für die Befindlichkeit des Senders, Signalcharakter für die vom Empfänger erwartete Reaktion und Symbolcharakter bezüglich der Dinge zukommt. Jeweils eine Funktion dominiert in einer Kommunikationssituation (z.B. bei einer Warnung die Appellfunktion). (Mehr unter <u>http://arbeitsblaetter.stangl-taller.at/KOMMUNIKATION/buehlermodell.shtml</u>, 04.09.2006).

2.1.1 Axiome der Kommunikation

Von den „Axiomen der Kommunikation“ nach Paul Watzlawick sind hier besonders die ersten beiden von Bedeutung. Dabei interessiert die Relevanz seiner Erkenntnisse (er beschäftigt sich auch mit dem jeweiligen Konfliktpotenzial) für DaZ.

1. **Man kann nicht nicht kommunizieren.** Kommunikation geschieht nicht nur durch Sprache, sondern v.a. durch Verhalten (Sender) und Interpretation des Verhaltens (Empfänger). Solange man einander wahrnimmt, kann man sich dem nicht entziehen. Viele Verhaltensformen sind (situationsbezogen) „kodiert“, bedeuten etwas Bestimmtes innerhalb einer Kultur, einer sozialen Schicht oder einer Gruppe. So können Gäste nach einem Essen das Schweigen ihrer Gastgeber als hilflos, aber auch als wohlerzogen interpretieren, starkes Gestikulieren als unbeherrscht, aber auch als sympathisch.
2. **Kommunikation findet stets zugleich auf der Inhalts- und auf der Beziehungsebene statt.** Die Beziehungsebene ist dabei die bestimmende. Mit unserem Verhalten äußern wir immer auch unsere Einstellung zu anderen, also unsere Sicht der existierenden Beziehung. Dass jede Kommunikation immer auch die Klärung der Beziehung ihrer Teilnehmer mitbearbeitet, macht interkulturelle Kommunikation insofern besonders störanfällig, als hier z.T. verschiedene Kodes vorliegen: Information, die ich meine gesendet zu haben, wird evtl. gar nicht als solche wahrgenommen oder völlig anders „dekodiert“, was die Selbstdarstellung bzw. ihre Wahrnehmung wohl am meisten erschwert, gefolgt von der Appellfunktion und in geringerem Maße auch die inhaltliche Botschaft. Sprachunterricht konzentriert sich häufig aber nur auf diesen letzten Aspekt. (Mehr unter http://www.uni-oldenburg.de/germanistik-kommprojekt/sites/1/1_05.html, 04.09.2006).

2.1.2 Das Kommunikationsviereck

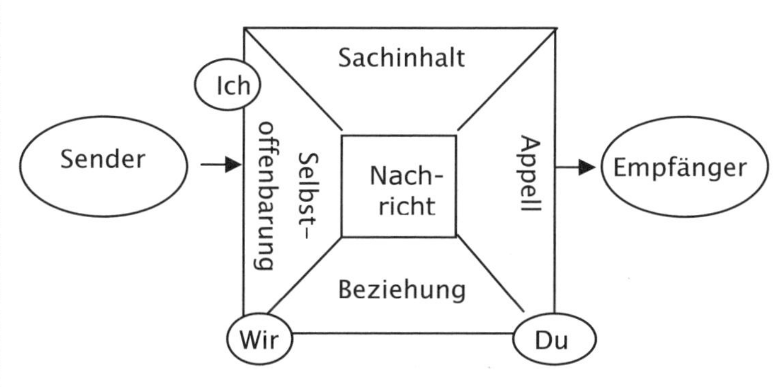

Abb. 2: Kommunikationsquadrat – Schulz v. Thun

Friedemann Schulz von Thuns „4-Zungen-4-Ohren-Modell“ baut auf den Modellen von Bühler und Watzlawick auf. Der Zunge der Selbstoffenbarung entspricht das Ohr, das fragt: (1) „Was ist das für einer?“, der „Beziehungszunge“ entspricht die Frage: (2) „Wie redet er mit mir?“, der „Appellzunge“: (3) „Was soll ich tun?“ und der „Sachzunge“: (4) „Wie ist der Sachverhalt zu verstehen?“.

Bekanntestes **Beispiel** ist die Aussage des Ehemannes: „Du, die Ampel ist grün“, und die möglichen Interpretationen der Frau dazu (1) „Er ist ungeduldig.“ (2) „Ich bin ihm also zu langsam; denkt er, dass ich nicht allein fahren kann?“ (3) „Ich soll losfahren.“ (4) „Grün, freie Fahrt.“ (Mehr zum Thema unter http://www.schulz-von-thun.de/mod-komquad.html, 04.09.2006).

Verschiedene Personen bevorzugen nach diesem Modell unterschiedliche Zungen und Ohren. Auch ein- und dieselbe Person kann in verschiedenen Situationen „auf einem Ohr“ besser oder schlechter hören. Dies zu beachten ist im Unterricht (mit oft für die Teilnehmenden „bedrohlichen“ Situationen) allgemein von großer Bedeutung für **Lernklima** und gelingende Kommunikation, im DaZ-Unterricht umso mehr. Denn hier wird das Ganze noch durch unterschiedliche kulturell bedingte Konventionen verkompliziert, wann, wo und wie die vier Seiten der Nachricht realisiert bzw. erkannt und verstanden werden (sollen): Wie deutlich darf oder muss die Appell-Funktion gesendet werden, damit sie ankommt? Wo ist der Platz für „peinliche“ Botschaften, wie sage ich einem Sprachlerner etwas **zwischen den Zeilen**? Vieles, was wir meinen deutlich gesagt zu haben, ist wirklich nicht angekommen. Dass es *kein Sprachproblem* war, müssen wir spätestens dann erfahren, wenn wir es *auf Russisch* oder *auf Türkisch* sagen – ohne Effekt. Dies liegt sicher deutlich seltener an einer manchmal vermuteten „Schläue“ oder „gezieltem Dummstellen“, als nur „gebrochen“ Deutsch sprechenden Personen manchmal z.B. von Mitarbeitern der Behörden gelegentlich unterstellt wird. In Kap. 3 beschäftigen wir uns eingehend mit der Umsetzung dieses Wissens zum Erkennen und Bearbeiten von Missverständnissen.

Aufgabe 2

Erinnern Sie sich an Kurssituationen, die Sie als Lehr- oder Lernperson erlebt haben, und die im Hinblick auf weniger gelungene Kommunikation im Gedächtnis bleiben? Notieren Sie stichwortartig Ihre Gedanken zu folgenden Fragen:

1. Welche(s) Zunge/Ohr war bei mir in der Situation dominant, welche bei anderen Beteiligten? War es ein Kode-Problem? Wenn ja, sprachlich oder verhaltensbedingt?
2. Welche Arten der Kommunikation bereiten Ihnen Schwierigkeiten, welche mögen Sie? Gab es Situationen, in denen Sie (direkt oder nun rückblickend) von Missverständnis/Fehlinterpretation ausgehen? Woran könnte dies gelegen haben?

2.2 Ohne Worte: nonverbale Kommunikation

In keiner Sprache kann man sich so schwer verständigen wie in der Sprache. *Karl Kraus*

Nonverbale Kommunikation macht einen großen Teil der Face-to-Face Kommunikation aus und hat dabei vielfältige Funktionen: Zeigen, Symbolisieren, Gesprächsorganisation (→ Turn-taking-Verhalten), Feedback, Übermittlung sozio-emotionaler Informationen (Stimmungen, hierarchische u.a. Aspekte der Beziehung zwischen den Gesprächsteilnehmern, Ironie usw.).

Im Telefon-Beispiel (Kap.1) haben wir nur → **paraverbale** Signale betrachtet, das, was die Stimme nicht durch Wörter, sondern durch Ton und Geräusche transportiert (mehr dazu in 2.2.3). In Kap. 2.2.1 und 2.2.2 beschäftigen wir uns mit **nonverbalen, nonvokalen Signalen** (Körpersprache, Gestik, Mimik), wobei meist Bezug auf das verbal Gesagte (oder Implizierte) besteht.

Erprobung 2

Versuchen Sie jemandem telefonisch den Weg zu Ihrer Wohnung zu beschreiben. Sie haben das bestimmt tausendmal gemacht und sind sehr geschickt darin. Beobachten Sie sich selbst. Und jetzt versuchen Sie es ohne die Hände zu benutzen ... Wie schwer ist das?

Egal wie gut man sich beherrschen mag, jeder verspürt einen Drang, seine **Gedanken** nicht nur sprachlich, sondern auch **nonverbal** zu **artikulieren**. Viele Sprachwissenschaftler sind der Meinung, dass Gesten und Gesichtsausdrücke der gesprochenen Sprache vorangehen und somit die erste Form der zwischenmenschlichen Kommunikation sind. Doch seit der Antike wird das anders formuliert – Gestikulieren steht der Natur näher, also sind die spontanen, ungezügelten Gesten fehlerhaft und die kontrollierte Geste gilt als Kennzeichen des geschulten Redners. Die kultivierte Beherrschung des Körpers ist Gebot, die nonverbalen Ausdrucksmittel sind der Sprache unterlegen. Es herrscht eine orale Kultur mit dem Motto *Man redet nicht mit Händen und Füßen*. Die nonverbalen Äußerungen aber sind ein ebenso wichtiger Bestandteil der Sprache wie die Wörter, und es gibt keinen vernünftigen Grund, sie zu unterdrücken und im DaZ-Unterricht zu vernachlässigen.

Nonverbale Kommunikation umfasst die Ausdrucksformen des menschlichen Körpers und die Art und Weise, wie er sich in der Öffentlichkeit präsentiert (z.B. durch Kleidung). Die nonverbale Kommunikation lässt sich am besten durch ihre Teilgebiete definieren:

Definition

- **Gestik** – die kommunikativen Bewegungen von Händen, Armen und Kopf (Kap. 2.2.1),
- **Mimik** – menschliche Gesichtsausdrücke, deren Funktion und Bedeutung (Kap. 2.2.2),
- **Blickkontakt** – Blickverhalten in zwischenmenschlicher Kommunikation. Häufigkeit, Dauer und Richtung des Blickes. Einseitige vs. gegenseitige Blicke, Blickwechsel, Nichtanblicken und Wegblicken. Die Ausdrucks- und Appellfunktion sowie die Gesprächssteuerungsfunktion des Blickes (z.B. Beginn oder Ende einer Konversation durch Blickzu- oder -abwendung) (Kap. 3.2).
- **Körperhaltungen** – Rolle der Haltung von Körper und Kopf sowie der Art des Stehens oder Sitzens in der Kommunikation. Hier gibt es soziale und kulturelle Unterschiede sowie Zusammenhänge zwischen Haltung und Alter bzw. Geschlecht.
- **Taktile Kommunikation** – verläuft über den Tastsinn. Tast- und Drucksinn, Temperatursinn, Schmerzsinn u.a. körperliche Interaktionen durch Berührungen im Alltag wie z.B. beim Händeschütteln, Umarmen, Streicheln, Anstoßen, Schlagen; Ausdruck von Aggression oder Zuneigung durch taktile Signale.
- **Proxemik** – räumliche Dimensionen der nonverbalen Kommunikation: Distanzverhalten und Nähe; Territorialverhalten: Besitz und Verteidigung des Raumes. Aspekte und Bedeutung des Raumes, der Raumgliederung und -gestaltung in verschiedenen Kulturen. Zu den vier Distanzzonen (intime, persönliche, soziale, öffentliche) mehr in Kap. 3.3.
- **Chronemik** – die zeitlichen Dimensionen der nonverbalen Kommunikation. Auffassung von Tempo, Dringlichkeit, Pünktlichkeit usw. im Alltag. (Mehr unter *http://www.teachsam.de/deutsch/d_lingu/pragm/pragm_nonvkom0.htm*, 04.09.2006).

Eine ganz zentrale Frage nonverbalen Verhaltens ist nun, inwieweit diese Körperbewegungen oder Gesichtsausdrücke **intentional eingesetzt** und als solche **empfangen** werden. Wie oft senden wir ein Signal, das nicht wahrgenommen wird, oder tun unbewusst etwas, das als Zeichen interpretiert wird?

Im Falle interkultureller Kommunikation können noch mehr als bei intrakultureller Kommunikation Missverständnisse entstehen, weil man einen weniger entwickelten **Sinn für die Grenze** zwischen **kulturspezifischem** und **individuellem** Verhalten hat, aber auch weil man Wissen aus der eigenen Kultur – bewusst oder unbewusst – in die andere hineininterpretiert. Ein einfaches Beispiel hierfür kennen wir aus dem Bereich **Blickverhalten**: Für viele Gruppen ist der Blickkontakt des Hörers zum Sprecher wichtig und höflich, Entzug des Blickes bedeutet Desinteresse. Für andere dagegen signalisiert der niedergeschlagene Blick des Hörers Bescheidenheit, aber auch konzentriertes Zuhören, Anblicken jedoch würde hier viel früher als bei der ersten Gruppe als Anstarren empfunden und somit als Provokation gedeutet. Auch wenn wir diese Fakten kennen, fällt es uns schwer, positiv auf ungewohntes Blickverhalten zu reagieren. Als DaZ-Lehrer brauchen wir also hohe Flexibilität in Wahrnehmung *und* Reaktionen. Wie können wir das trainieren? Was ist für den DaZ-Unterricht wichtig?

Von den sieben Punkten, die oben zur → Körpersprache gezählt wurden, werden wir uns vorwiegend mit Gestik und Mimik befassen, weil sie den größten Einfluss auf den Unterricht ausüben. Außerdem haben sie das reichste Repertoire und können einerseits ein unentbehrliches Hilfsmaterial für den DaZ-Unterricht sein, andererseits aber auch für die meisten Missverständnisse sorgen.

2.2.1 Mit Händen und Füßen: Gestik

Es gibt viele Klassifikationen von Gesten, im Allgemeinen werden sie jedoch in redebegleitende und redeersetzende eingeteilt. **Redebegleitende Gesten** (Gestikulieren) sind Handbewegungen, die wir **unwillkürlich** und **spontan** während des Gesprächs (oder Selbstgesprächs) ausführen. Sie haben **keine feste Bedeutung** und dienen eher dazu, die Rede zu unterstützen, indem sie sie veranschaulichen, verdeutlichen, betonen usw. Sie können Emotionen ausdrücken oder Objekte nachbilden, auf eine sehr individuelle Weise, die unsere Weltanschauung repräsentiert. Dennoch sind sie von Kultur zu Kultur unterschiedlich. Obwohl sich alle Kulturen der gleichen „Bausteine" bedienen, unterscheiden sich die Gesten sowohl in der Art der Ausführung als auch in der Häufigkeit und im Rhythmus (Kap. 3.1.1). (Mehr zur Gesten-Kategorisierung: *http://www.tu-chemnitz.de/phil/leo/rahmen.php?seite=r_kult/ruda_reimann.php*, 04.09.2006).

Die **redeersetzenden Gesten** werden auch autonome oder symbolische Gesten, → emblematische Gesten, Gesten-Wörter oder Gesten-Vokabeln genannt. Hinter all diesen Begriffen stehen Bewegungen der Arme, Hände oder des Kopfes, die eine **feste Bedeutung** haben, welche sich gewöhnlich mit einem kurzen sprachlichen Ausdruck verbalisieren lässt. Sie werden willentlich eingesetzt und die Empfänger kennen in der Regel nicht nur den Inhalt der Geste, sondern wissen auch, dass er **mit Absicht** mitgeteilt wurde. Diese Gesten sind **konventionalisiert** und **kulturspezifisch**, z.B. die OK-Geste, der Scheibenwischer oder Ja/Nein-Gesten.

Die meisten emblematischen Gesten unterscheiden sich von Kultur zu Kultur. Andererseits ist zu erwarten, dass eine körperliche Tätigkeit, die aus anatomischen Gründen nur in der gleichen Weise ausgeführt werden kann, mit gleichen oder ähnlichen Gesten-Vokabeln in den verschiedenen Kulturen bezeichnet wird. Da wir z.B. alle mit unserem Mund essen, ist es wahrscheinlich, dass – sofern Kulturen eine emblematische Geste für diese Handlung haben – die Hand zum Mund geführt wird. Missverständnisse können aber auftreten, wenn zwei Embleme mit einer ähnlichen Bewegung ausgeführt werden, aber etwas ganz anderes bedeuten, z.B. wird bei einer in der Türkei verbreiteten Geste, die Angst ausdrückt, der Daumen zum Mund geführt und dann mit den Vorderzähnen gebissen. Dieser Biss wird von Beobachtern aus fremden Kulturen oft nicht als relevant erkannt und das Emblem wird mit der Trinkgeste verwechselt (Kap. 3.1.2).

Emblematische Gesten verhalten sich wie Wörter und es existieren Emblemwörterbücher (z.B. Berliner Lexikon der Alltagsgesten, BLAG, *http://www.ims.uni-stuttgart.de/projekte/nite/BLAG/*, 04.09.2006). Die **gestischen Vokabeln** bilden eine nichtverbale lexikalische Schicht jeder Sprache, sind durchaus **erlernbar** und verdienen es, im Unterricht gleichberechtigt mit Wörtern/Ausdrücken behandelt zu werden (Kap. 4) .

2.2.2 Was ziehst du denn für ein Gesicht? Mimik

Seit Darwin (1872) versuchen Wissenschaftler den Ursprung gewisser Gesichtsausdrücke im Verhalten von Primaten zu finden. Das Heben der Augenbrauen beim Ausdruck von Überraschung und Interesse resultiert z.B. aus dem natürlichen Bemühen des Tieres, die Augen zum besseren Sehen weiter zu öffnen.

Ende der 70er Jahre entwickelten Paul Ekman und Wallace Friesen das „Facial Action Coding System FACS", ein Instrumentarium zum Dekodieren mimischer Ausdrücke. Sie beobachteten die Muskelbewegungen des Gesichts und definierten 44 Bewegungseinheiten, die sogenannten „Action Units". So versuchten sie in der alltäglichen Kommunikation Gefühle durch kleinste Gesichtsbewegungen zu entschlüsseln. Ein winziges Hochheben der Augenbraue könnte z.B. Indikator für eine Lüge sein. (Mehr dazu unter *http://www.uni-saarland.de/fak5/orga/Kurs/Seiten/basics/basics.htm*, 04.09.2006).

Im Bereich der Mimik sind weniger Missverständnisse zu erwarten. Erforscher der Gefühlsausdrücke haben bewiesen, dass es **einige universelle Gesichtsausdrücke für Emotionen** gibt. Die **Grundemotionen**: Freude, Ärger, Furcht, Überraschung, Trauer, Abscheu (und vermutlich auch Interesse) werden nämlich bei allen Vertretern der menschlichen Gattung mit den gleichen Kombinationen der Gesichtsmuskeln ausgedrückt. (Ein Mimikquiz finden Sie unter *http://www.br-online.de/wissen-bildung/thema/psychologie/05_motivation_2.xml*, 04.09.2006).

Kulturelle Unterschiede gibt es allerdings

1. beim Bemühen, solche Gesichtsausdrücke zu steuern und
2. in der Intensität, mit der man sich mimisch inszeniert, d.h., wie stark oder schwach man seinen Gefühlen in der Öffentlichkeit Ausdruck verleiht.

Deswegen scheint es, dass manche Kulturen emotionaler sind als andere. Ein bekanntes **Vorurteil** ist, dass die nördlichen Nationen kühler sind, die südlichen dagegen temperamentvoller und wärmer. Nur weil sie ihre Emotionen expressiver ausdrücken, scheint es auch, dass die Südkulturen intensivere Gefühle empfinden, was natürlich nicht stimmt. Wir erleben Gefühle vor allem innerlich. Zeige ich meine Überraschung immer? Zeige ich Überraschung, auch wenn ich nicht überrascht bin? Lächele ich immer, wenn ich jemanden kennen lerne? Der mimische Ausdruck ist von kulturellen Erwartungen und Konventionen geprägt, aber auch sehr individuell.

Wichtig für den DaZ-Unterricht: **Mimik bildet den emotionalen Kontext**, sie gibt → Kontextualisierungshinweise für andere Ausdrucksmittel, sowohl sprachliche, als auch nonverbale. Ob etwas fröhlich, traurig oder überrascht aufgenommen wird, hängt nicht nur von der → Intonation, sondern auch vom begleitenden mimischen Ausdruck ab, und das ist im DaZ-Unterricht zu beachten. Ich kann als Lehrperson meine emotionalen Regungen nicht steuern. Ebenso wenig soll ich mich bemühen, bestimmte Gefühle zu unterdrücken und andere expressiver einzusetzen. Aber ich kann mir bewusst werden, dass mein Gesichtsausdruck ein **Orientierungszeichen** für die Teilnehmenden ist.

Beispiel: Ich als Ausländerin stelle eine komplizierte Frage und bekomme darauf eine komplizierte Antwort. Davon verstehe ich „wörtlich" nur 50%. Das Gesicht meines Gesprächspartners ist das, was mir eigentlich verrät, ob die Reaktion auf meine Frage positiv oder negativ war.

Das Zusammenspiel von Mimik und Gesten, Mimik und Wörtern sowie Mimik und → Interjektionen liefert ein breites Spektrum an Bedeutungsnuancen, kann aber auch leicht verwirren, wenn verbale und nonverbale Ausdrucksmittel sich widersprechen. Mehr zur Kongruenz in Kapitel 3.4.

2.2.3 Wie klingt das? Paraverbale Kommunikation

Definition

Zwischen der verbalen und der im strengen Sinne nonverbalen (nonverbalen *und* nonvokalen) Kommunikation steht die → paraverbale Kommunikation, deren Mittel hörbar, aber nicht verbal sind. Dazu gehören z.B. Betonung, Satzmelodie, Lautstärke und Pausen, aber auch Sprechweisen wie Flüstern, Murmeln usw., Lachen, Hörersignale und → Interjektionen (aua! ...). Wir behandeln Paraverbales einschließlich → Prosodie/→ Intonation in diesem Kapitel, da eine Trennung der Begriffe (und Bereiche) für den DaZ-Unterricht nicht sinnvoll scheint.
„Paraverbal" wird auch im Zusammenhang mit der Stimme bzw. Stimmschulung für Sprechberufe benutzt, worauf in diesem Studienbrief aber nicht eingegangen werden kann.

Besonders die **Satzmelodie** wird im DaZ-Unterricht zwar meist bearbeitet, dabei geht es aber oft nur um ihre grammatische Funktion (Frage/Aussage), was mehrfach zu kurz greift, denn Satzmelodie transportiert vor allem **gesprächssteuernde** und **emotionale** Information.

- „Steigend" kennzeichnet nicht nur Ja-Nein-Fragen, sondern auch Freundlichkeit und Unsicherheit, also erhöhten Appell an den Hörer.
- „Fallend" kennzeichnet nicht nur eine Aussage (denn sie gilt auch für W-Fragen), sondern auch Bestimmtheit oder die Bereitschaft, dem Gesprächspartner das Wort (den → turn) zu geben.
- „Schwebend" ist häufig mit erhöhter Sprechgeschwindigkeit verbunden oder dem Einsatz von Füllwörtern, womit v.a. signalisiert wird, dass man weitersprechen möchte (und weniger, dass ein Nebensatz folgt).

Zusammen mit den Pausen trägt die Satzmelodie wesentlich zur Steuerung von Sprecherwechseln (→ Turn-taking) bei.

Paraverbale Anteile der Kommunikation sind in Integrationskursen von großer Wichtigkeit, da anhand dieses *Benehmens* (denken wir nur an die *richtige Lautstärke*) Personen sozial und emotional beurteilt werden. Dies kann nicht im Sinne einer Assimilation (völlige Anpassung) vermittelt werden, zumal auch innerhalb der deutschen Kultur verschiedene gruppen- und situationsspezifische Normen miteinander konkurrieren, von denen meist mehrere beherrscht werden (mehr dazu in Kap. 4).

Wichtig für mich als Lehrerin ist die Frage, wie ich im Kurs damit umgehe, dass ich einerseits die Teilnehmer nicht völlig assimilieren will, soll und kann, andererseits aber Verantwortung dafür trage, dass ihnen Integration, Wissen und Können für die erfolgreiche Teilnahme an hiesiger Interaktion möglich wird. Es ist also vor allem die Frage, wie und mit welchem Ziel wir z.B. russischen Teilnehmenden sagen, dass ihre Nutzung eines größeren Tonumfangs (eine Oktave) im Deutschen (üblich ist hier eine Quint) exaltiert wirken kann (Dieling, 1992) oder wie und wozu ich bestimmten asiatischen Lernergruppen sage, dass ihr fallendes Staccato schroff klingt?

Zusammenfassung

Der Anteil der Worte am Gesamtereignis direkter Kommunikation ist eher gering. Äußerungen sind nur im Zusammenwirken der vielfältigen Ebenen non- und paraverbaler Kommunikation zu verstehen. Dabei besteht mitunter eine erhebliche Differenz zwischen gesendeten und empfangenen Nachrichten, wovon die Mimik aber weniger betroffen ist als Gestik und Paraverbales. Verschiedene Anteile einer Nachricht senden bzw. empfangen wir mit unterschiedlichen Graden an Bewusstheit, was v.a. in interkultureller Kommunikation zu Fehlschlüssen führen kann.

Aufgabe 3

Notieren Sie – nach einer Pause, in der Sie sich mit etwas anderem beschäftigt haben – die drei für Sie wichtigsten Punkte (Infos, Tipps, Erkenntnisse, Fragen), die Sie aus Kap. 2. mitnehmen. ....

....

....

Ausblick

Was machen wir nun aus dem detaillierten Wissen, dass Kommunikation – das, was man sagen will sowie unwillkürlich „sagt“, und das, was man von anderen gesagt bekommt sowie unwillkürlich „mitversteht“ – aus weit mehr als nur Wörtern besteht? Es soll uns nicht beklemmen und „verkopfen“, sondern uns zwei Türen öffnen:

1. Wie kann ich dieses Wissen im Unterricht durch mein eigenes Verhalten, meine Reaktionen und Entscheidungen in Situationen, sinnvoll einsetzen? Wie erhalte ich mir trotz dieses Wissens einen natürlichen Kommunikationsstil, also Kongruenz zwischen verbaler und nonverbaler Äußerung? Anregungen dazu finden Sie in Kap. 3.
2. Wie kann ich Teile dieses Wissens im Unterricht durch Aufgaben und Aktivitäten explizit thematisieren, sowohl unter Aspekten der landeskundlichen Information als auch zur Reflexion von alltäglichen Situationen im Zusammenleben von Menschen verschiedener Gruppenzugehörigkeiten? Darum geht es in Kap. 4.

3 Nonverbale Kommunikation als Unterrichtsmittel

Das Wissen über nonverbale Kommunikation kann im Unterricht durch die Lehrenden zwar bewusst eingesetzt werden, aber unseres Erachtens nicht in der Form, dass man *Mittel erlernt* und damit *Wirkungen erzielt*. Vielmehr soll der Einsatz von Kommunikationsmitteln helfen, Gesten als vielseitiges **Hilfsmittel** im Sprachunterricht einzusetzen, eigene und fremde Verhaltensweisen bewusst **wahrzunehmen** sowie in kritischen Situationen mehrere Ansätze zur **Bewältigung** zu kennen und so Missverständnisse schon früh bemerken und besprechen/klären zu können.

Daran arbeiten wir v.a. im Hinblick auf die Unterrichtspraxis. Das folgende Zitat soll noch einmal an die Grenzen erinnern, die den Möglichkeiten des gezielten Einsatzes von → Körpersprache gesetzt sind:

> „Bei der Gestik als Kommunikationsmittel ist nicht entscheidend, welche Signale wir übermitteln wollen, sondern welche Signale andere empfangen. Für die nicht-missverstehende Interpretation von Gesten und Körperhaltungen ist meist die Kenntnis der Person und der Situation (des Zusam-

> menhanges und Umfeldes) unerlässlich. Man hüte sich vor kurzschlüssigen Interpretationen der ‚Körpersprache', wie sie durch manche populäre Bücher und Fernsehsendungen verbreitet werden. ‚Körpersprache' ist alles andere als eindeutig" (Payer, 1942/2006; unsere Hervorhebungen).

Lehrberufe basieren auf alltäglicher Kommunikation. Ein Sprachlehrer ist auch als Trainer in dieser Kommunikation zu sehen. Die nonverbalen Ausdrücke sind sowohl Teil dieser Kommunikation als auch Teil der Kultur, der die Teilnehmenden durch die Sprache näher kommen wollen.

Die nonverbale Kommunikation spielt eine doppelte Rolle im DaZ-Unterricht, nämlich als Objekt des Unterrichts und als dessen Hilfswerk. In Gesten und Mimik steckt ein unglaubliches **Verständigungs- und Erklärungspotenzial**. Viele Objekte oder Tätigkeiten lassen sich nur mittels schwerer und langer Beschreibungen erklären (denken Sie an *Schnürsenkelbinden*). Dass es in einer Fremdsprache erfolgen soll, erschwert die Sache zusätzlich. Gesten können hier vieles erleichtern. Sie sind nicht universell, aber die **Menschen benutzen ähnliche Bewegungen**, um mit Händen und Armen das Gesagte **zu illustrieren.**

3.1 Nonverbale Äußerungen

3.1.1 Redebegleitende Gesten im DaZ-Unterricht

Der folgende Abschnitt basiert vorwiegend auf Ideen aus *Redebegleitende Gesten* (Müller, 1998). Im Bereich der redebegleitenden Gesten können die Hände **agieren** – d.h. sie tun so, als ob sie eine Handlung vollziehen. Pantomimisch werden Teile dieser Tätigkeit nachgeahmt und die Hände präsentieren diese Tätigkeit. Mit solchen Gesten können im DaZ-Unterricht Tätigkeiten erklärt oder verdeutlicht werden – z.B. Abnehmen eines Telefonhörers, Auf- oder Zuschließen mit dem Schlüssel, Schwimmen, Kratzen, Schreiben, etwas vom Boden aufheben, Halten und Bewegen eines Lenkrads (Abb. 3), Fotos machen, etwas im Topf umrühren im Sinne von Kochen.

Abb. 3

Abb. 4

Abb. 5

Abb. 6

Quelle: Kolarova, privat

Die Hände **modellieren** – tun so, als würden sie einen Gegenstand betasten. Sie „erschaffen" dreidimensionale Skulpturen. Abb. 4 zeigt, wie man mit offenen Händen, nach innen weisenden Handinnenflächen und leicht gebeugten Fingern einen runden Gegenstand darstellt. Auch das Modellieren eines Päckchens, eines Tisches usw. funktioniert so.

Die Hände **zeichnen** – die Hände schaffen hier zweidimensionale Gestalten. Man tut so, als ob die Hände sichtbare Spuren in der Luft hinterlassen, und zeichnet – meistens mit den Zeigefingern – ein Herz in die Luft (Abb. 5), eine Welle (und damit auch Wasser), ein Fragezeichen, allgemeine Formen wie Rechtecke (z.B. für Bilderrahmen und Geldscheine) oder Kreise.

Die Hände **repräsentieren** – sie verkörpern einen fallenden Baum (Abb. 6), das Öffnen oder Schließen eines Buches, ein Dach, eine Treppe, Haarlocken, ein Blatt Papier, auf dem man schreibt.

Handlungen werden meist agierend dargestellt. Man hat damit das **perfekte Hilfsmittel beim Erklären** von Tätigkeiten, Ereignissen, Aktivitäten oder Verben im Allgemeinen. Gegenstände können modelliert, nachgezeichnet oder repräsentiert werden. Auch Eigenschaften lassen sich damit darstellen („oval" oder „eckig", „schmal" oder „breit"). Die hier gegebenen Beispiele beziehen sich mehr auf konkrete Objekte. Die Gesten können aber auch abstrakt benutzt werden: Die flache Hand kann für eine Treppenstufe, für die Treppe selbst oder noch weiter abstrahiert für z.B. Karriere stehen.

Aufgabe 4

Stellen Sie sich hin, überlegen Sie und probieren Sie aus: Mit welchen Gesten würden Sie selbst die in Abschnitt 1 erwähnten Tätigkeiten oder Gegenstände darstellen? Denken Sie in Sätzen – „Ich nehme den Telefonhörer ab", als ob Sie *darüber* reden oder *das* erklären würden. Beobachten Sie sich selbst. Man gestikuliert meistens automatisch. Wenn man sich der Nützlichkeit der Gesten bewusst wird, kann man das auch intensiver und dadurch sichtbarer tun.

Die Aufgabe des Lehrers ist nicht, Gesten zu lernen. Das ist unmöglich. Man soll sich einfach dieses Instrumentariums bewusst werden. Nichts erzwingen – die redebegleitenden Gesten sind per Definition spontane, unwillkürliche Handlungen. Aber man kann überlegen, wie man seine Rede oder Erklärungen visuell unterstützen kann. So bekommen die Teilnehmenden Information durch zwei Kanäle – sprachliche und visuelle. Gesten **aktivieren unser assoziatives Denken** und erleichtern dadurch das Verstehen und Erinnern. Gesten und Rede sind zwei Aspekte eines Gedankenprozesses. Und noch mehr – es wurde bewiesen, dass man in der Sprache, die man besser beherrscht, mehr gestikuliert. Der Gebrauch der Gesten hilft dem Sprecher sich besser auszudrücken. (Mehr dazu bei *http://www.wissenschaft.de/wissen/news/253205.html*, 04.09.2006).

Gesten können nicht nur veranschaulichen, sondern sie verhelfen auch den Wörtern zum **Ausdruck**. David McNeill (1992) hat beobachtet, dass eine veranschaulichende Geste dem sprachlichen Ausdruck vorausgeht: Die Hände „denken" schneller. Dieser Prozess wird noch sichtbarer, wenn man sich in einer Fremdsprache ausdrücken soll. Während das Gehirn nach dem richtigen Wort sucht und die Äußerung grammatisch vorbereitet, veranschaulichen die Hände schon, was Sekunden später als sprachlicher Ausdruck folgen wird.

Führen Sie kleine **Trainings in Ihren Kursen** durch:

1. Die Teilnehmer bilden Gruppen von 3–5 Personen. Suchen Sie für jede Gruppe einen kurzen Text, den die meisten kennen, z.B. den Text eines bekannten Liedes. Verteilen Sie die Texte und geben Sie eine kurze Vorbereitungszeit (15 Min.). Die Gruppen sollen ihre Texte stumm (pantomimisch) präsentieren. Die anderen TN raten, um welches Lied es sich handelt.

2. Spielen Sie zum Unterrichtsthema passende Assoziationsspiele ohne zu reden. Zum Thema *Wohnen* kann man z.B. Möbelstücke oder Küchengeräte gestisch (Form oder Funktion) darstellen. Die Zuschauer raten.

Obwohl Gesten normalerweise die Rede begleiten und sie unterstützen, kann man seine Hände gut trainieren, indem man Sachen zunächst *ohne* Sprache erklären muss. Die Gesten, die dabei herauskommen, sind individuell und nicht konventionalisiert, man unterstützt sein Potenzial, sich **Sachen bildnerisch vorzustellen und nachzuahmen**. Solche Situationen sind v.a. in Anfängerkursen wichtig und typisch, da man zunächst mit wenig Vokabular zurechtkommen muss. Gesten erschließen hier weitere und tiefere Kommunikationsmöglichkeiten.

Indem man sich als Lehrer der Gesten bedient, erlaubt man den Teilnehmern nonverbal, das auch zu tun. Man gibt manchmal unbewusst Erklärungsschemata vor – etwa indem man „steigen" ausspricht und durch Heben der Hände veranschaulicht. Wenn die Teilnehmer es so gesehen und verstanden haben, werden sie die Gesten selbst benutzen mit dem guten Gewissen, dass sie verstanden werden. Aber viel wichtiger: Man legitimiert das Benutzen von Gesten und anstatt *Man redet nicht mit Händen und Füssen* gilt nun das Gebot *Hauptsache verstanden werden*. (Mehr unter *http://web.fu-berlin.de/presse/wissenschaft/pdw03/pdw_03_005.html*, 04.09.2006).

3.1.2 Sichtbare Vokabeln: Emblematische Gesten

Stellen Sie sich vor, Sie sitzen im Bus und sehen Ihre beste Freundin bzw. Ihren besten Freund auf der Straße. Sie haben nicht mehr als paar Sekunden Zeit, um ihr/ihm mitzuteilen, dass Sie sie/ihn anrufen werden. Hören kann sie/er Sie nicht. Wie gehen Sie vor?

Gesten-Vokabeln eignen sich perfekt dazu, mit jemandem zu kommunizieren, der Sie aus irgendeinem Grund (z.B. Entfernung) nicht hören, aber sehen kann. Doch die emblematischen Gesten kommen nicht nur dann zum Einsatz. Sie übermitteln außerdem in Gesprächen solche Informationen, die man zwar in Wörter „übersetzen" könnte, die aber eine darüber hinaus gehende eigene Bedeutung haben. Diese erweiterte Bedeutung kann nur nonverbal kommuniziert werden. Z.B. können Sie mit jemandem sehr geschickt flirten, die Kommunikation aber durch ein Zuzwinkern plötzlich auf eine andere, schwer verbalisierbare Ebene verlagern.

Definition

Embleme verhalten sich **wie Wörter**, sind konventionalisiert innerhalb einer Gruppe. Während man die Wörter als Teil einer Sprache sieht, meinen viele, dass Gesten universell sind. Emblematische Gesten **unterscheiden sich** aber von **Kultur** zu Kultur, manchmal auch von **Gruppe** zu Gruppe (Subkultur). Gesten **überschreiten** die **Grenzen** und hängen nicht immer mit der Sprache zusammen, z.B. gibt es Gestenwörter, die typisch für den ganzen Balkan sind, und solche, die innerhalb desselben Landes verschiedene Bedeutungen haben.

Die emblematischen Gesten können pantomimisch eine Handlung nachahmen (Schreiben, Telefonieren), ein Artefakt nachmalen oder sich auf ein Artefakt beziehen (Pistole, Uhr, Ring) oder gar keine Ähnlichkeit mit dem Bezeichneten aufweisen. Für alle gilt aber dieselbe Regelung: Unabhängig von der Ausführungsweise sollten die Embleme für alle Mitglieder der Gruppe eine (oder mehrere) feste Bedeutung haben, die man willentlich mitteilt.

Gestenforscher der TU Berlin meinen, dass die meisten Embleme eine **Nullstufe** haben – eine nicht kommunikative Körperbewegung, aus der sie entstanden sind. Dieser Vorläufer könnte eine Arbeitsbewegung sein oder ein Artefakt, ein Affekt, eine angeborene Reaktion, die dann in einem Prozess der Ritualisierung und Metaphorisierung zu Gesten-Vokabeln werden. Das verläuft in einigen Etappen:

1. Eine selbstbezogene Körperbewegung – z.B. Ausspucken, die keinen kommunikativen Zweck erfüllt und nur zur Schmutzentfernung aus dem Mund dient.
2. Jemandem mit dieser Bewegung zeigen, dass er den Schmutz aus seinem Mund auf diese Weise entfernen soll.
3. Man hat keinen Schmutz mehr im Mund, versucht aber jemandem die Situation wiederzugeben und tut so, als ob man Schmutz im Mund hätte.
4. Mit dem Ausspucken Schmutz darstellen.
5. Etwas oder jemanden mit dem Schmutz im Mund vergleichen, indem man ausspuckt. (Mehr unter http://www.phonetik.uni-muenchen.de/FIPKM/vol37/hamp_posner.pdf, 04.09.2006).

Das ist einerseits eine gute Voraussetzung, die emblematischen Gesten interkulturell zu verstehen. So haben in verschiedenen Kulturen Gesten, die eine Wegwerf-Bewegung nachahmen, meistens eine negative, beleidigende oder abweisende Bedeutung (Abb. 7 u. 8).

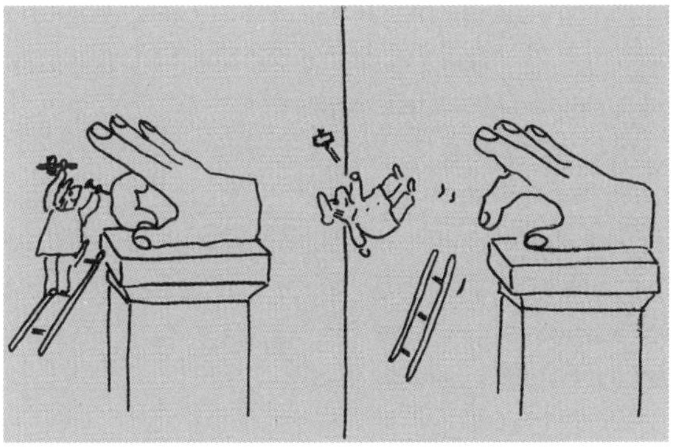

Abb. 7: Etwas mit den Fingern wegschnippen nach Gentscho Simeonov aus der Zeitung „Starshel“

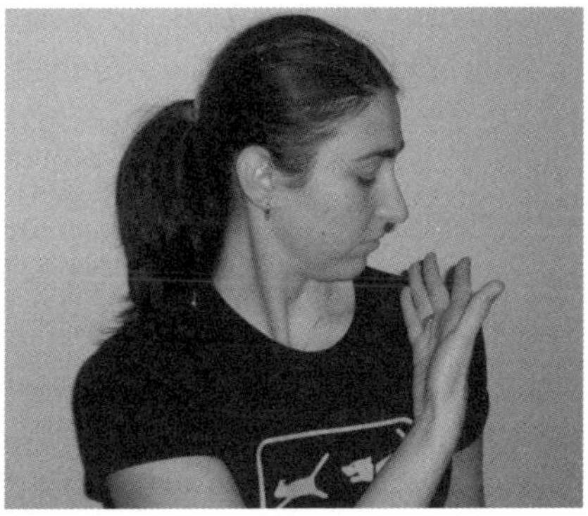

Abb. 8: Etwas von der Schulter wischen

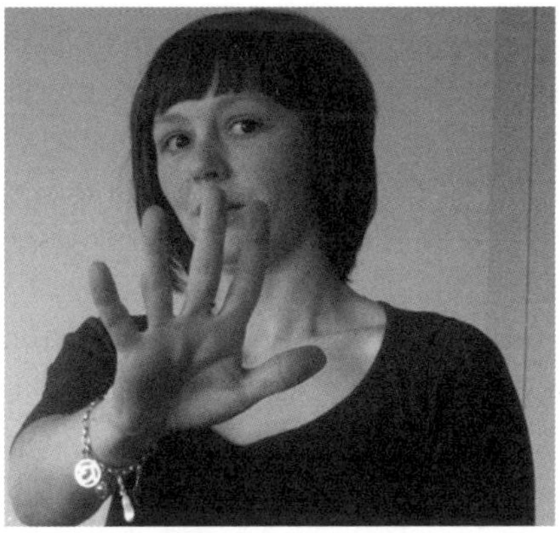

Abb. 9: Mutza

Andererseits ist es nicht immer so einfach, da man die primäre Bewegung nicht immer erkennen kann. Die verschiedenen Kulturen *wählen verschiedene Teile einer Tätigkeit aus*, die dann weiter ritualisiert werden. Oft ist aber die *Logik* hinter langen Metaphorisierungsprozessen *verborgen* und gar nicht leicht zu entdecken, weil die Urbewegung nicht mehr gängig ist. In Byzanz wurden Kriminelle in Ketten durch die Straßen geführt und die Bevölkerung durfte sie beschimpfen. Häufigste Form der Beleidigung war es dabei, ihnen eine Handvoll Schmutz ins Gesicht zu schleudern. Dieser Vorgang des Bewerfens hat sich bis jetzt in Griechenland als Relikt-Geste, die Mutza (Abb. 9), erhalten.

Wenn man die Logik erkennt, kann man die Geste auch verstehen, obwohl man sie zum ersten Mal sieht. Für mich z.B. war die französische Geste für übertriebene Romantik, die mit einer Geigenspielbewegung ausgedrückt wird, sofort klar.

Der zweite „Haken" ist, dass man schwer einschätzen kann, im Sinne welcher Metaphorisierungsetappe die Geste verwendet wird. Ausspucken wird vielerorts, obwohl es eine Beleidigungsgeste ist, auch als Kompliment verwendet. Die Bewegung wird dann eine Stufe weiter metaphorisiert: Man beleidigt eine schöne Person, damit die anderen nicht neidisch auf sie werden (wodurch sie von bösen Blicken getroffen werden könnte).

Missverständnisse entstehen oft, weil die Handbewegung in verschiedenen Kulturkreisen **inhaltlich anders beladen** ist. Die OK-Geste wird auch als Null oder sogar als grobe Beleidigung interpretiert; die Geste, mit der in vielen Ländern Europas ein Feuerzeug bezeichnet wird, ist in Ghana eine Beleidigung gegenüber der Mutter. Die ausgestreckten Daumen und Zeigefinger, die die Deutschen für Zwei verwenden, bedeuten in China eine Acht (vgl. *http://www.payer.de/kommkulturen/kultur 042.htm* und *http://www.ikkompetenz.thueringen.de/selbsttest/offenheit/index.htm* 04.09.2006).

Man kann auch eine Geste missverstehen, wenn man sie einer ähnlichen Geste aus der eigenen Kultur gleichsetzt. **Man sieht oft das, was man verstehen kann**. So wird aus einer Mutza-Geste eine Fünf, weil man nur die Handform als zeichenhaft wahrnimmt, die Bewegung der Hand nach vorne aber nicht besonders beachtet. Führen Sie in Ihrem Unterricht das Gestofon-Spiel (Kap. 5.2.1) durch und überzeugen Sie sich selbst, wie oft man nur für sich selbst zeichenhafte Bewegungen „aussiebt". Das Spiel eignet sich perfekt als Einstieg für eine Gesten-Diskussion.

Es gibt aber auch sehr **weit verbreitete Gesten**. Eine drohende Faust wird überall als aggressiv interpretiert. Essen, Trinken, Schlafen, das Hochheben der Schulter im Sinne von „Ich weiß nicht", bodenbezogenes Messen (z.B. Anzeigen der Größe eines Kindes). Die Liste wird dank der „Invasion" der visuellen Medien Kino, Fernsehen, Internet immer länger und die für eine Kultur typischen Gesten werden auch in anderen Ländern üblich oder zumindest verständlich.

Erprobung 3

Versuchen Sie sich innerhalb von wenigen Minuten einige **typisch** deutsche Gesten in Erinnerung zu rufen. Wissen Sie, welche davon es nur in Deutschland gibt? Fragen Sie Bekannte aus anderen Kulturen, ob sie die Geste kennen.

Typisch oder nicht, regional oder weit verbreitet, verständlich oder nicht ... Man verwendet ein Gestenvokabular und macht sich wenig Gedanken darüber, wie weit die Gesten verbreitet sind. Um das zu verstehen, braucht man einen **Vergleich**. Wie wir gesehen haben, folgen die Gesten einer Logik – der Arbeitsbewegungen, der Pantomime, der Formwiedergabe. Man meint sich verständlich ausgedrückt zu haben, solange man nicht missverstanden wird. Wenn Sie in einem anderen Land gelebt haben, können Sie wissen, was typisch deutsch ist. Aber man kann es nicht genau wissen, solange man nicht vergleicht. Deswegen ist es gut, die **Missverständnisse im Unterricht zu bearbeiten**: Erklären Sie den Teilnehmenden, was die von ihnen (TN) benutzten Embleme in Deutschland bedeuten oder in welchen Situationen sie benutzt werden, wie sie ankommen (beachten Sie dabei auch die sozialen Unterschiede). Machen Sie es sanft und am besten in einer Diskussion im Kurs. Die TN, die die Geste nicht kennen, erfahren so, ob es die Geste in Deutschland gibt und wie sie hier interpretiert wird. Z.B. wird in Westeuropa mit Kopfnicken bejaht, mit Kopfschütteln negiert. Das sei logisch, angeboren sogar, weil die Babys so die Nahrungsaufnahme verweigern (Morris, 1994). Vielleicht tun es Babys in Indien, Pakistan, der Türkei, Bulgarien, Griechenland, Albanien, in Teilen Italiens und manchen arabischen Ländern anders, weil dort mit einer zurückwerfenden Bewegung des Kopfes *nein* gesagt wird (was dem Nicken recht ähnlich sehen kann). In Bulgarien wird mit Kopfschütteln, in Indien und Pakistan mit Kopfwackeln bejaht. Lernern aus diesen Ländern kann man schwer die „richtigen" Reaktionen beibringen, aber man kann ihnen klar machen, dass sie missverstanden werden und dass sie sich dessen bewusst sein sollten.

Im Unterricht lernen die Teilnehmenden, die **Sprache** zu **sprechen – verbal** und **gestisch**. Embleme ersetzen Sprache. Oft passiert es, dass ein Satz verbal angefangen, aber gestisch beendet wird. Der Kontext, in dem ein Emblem eingesetzt wird, erlaubt Nuancierungen, Abstufungen in der Bedeutung des Emblems. Wenn die Geste eine fest begrenzte Zahl von Bedeutungen hat, dann bestimmt der Kontext auch, welche Bedeutung im gegebenen Fall vorliegt. In Deutschland hat das Hochheben der Hand mit nach oben gerichteten Fingern und nach vorne weisender Handinnenfläche mindestens vier Bedeutungen: 1. grüßen, 2. sich verabschieden, 3. sich entschuldigen (als Autofahrer gegenüber einem anderen Autofahrer bei zugegebenem Fehler) oder 4. danken (als Fußgänger gegenüber einem netten Autofahrer, der gehalten hat). Der situative Kontext hilft auch, die in der Ausführung **synonymen Gesten** zu unterscheiden. Mit derselben Handform nur mit etwas stärker gespreizten Fingern bezeichnen wir eine Fünf. Wenn wir die Hand dabei nach vorne bewegen, ergibt das die Stop-Geste. Die Ausführung der Bewegung ist individuell: locker oder steif, mit mehr Schwung oder mit kurzen Bewegungen. Die **Situation** liefert uns die Logik, Gesten zu erkennen und von ähnlichen zu unterscheiden.

Der **soziale Aspekt** präsentiert sich auch im situativen Kontext. Es ist z.B. nicht sehr angemessen die Hand locker zu heben, wenn man als Praktikant mehreren Vorgesetzten persönlich vorgestellt wird. Deswegen ist es wichtig, auch im Unterricht die Embleme angemessen in natürlichen alltäglichen Situationen zu benutzen.

Aufgabe 5

Überlegen Sie, in welchem Zusammenhang im Unterricht Sie welche Gesten benutzen können. Wie würden Sie sie sprachlich übersetzen? Kennen Sie auch Gesten, die kontextabhängig ihre Bedeutung ändern? Teilen Sie die Gesten, die Sie verwenden würden, in solche, die unabhängig von der Situation und in allen sozialen Schichten verständlich sind, und solche, die nur in bestimmten sozialen und situativen Kontexten verwendet und verstanden werden können. In Kapitel 5 finden Sie eine Tabelle mit unserem Vorschlag für Situationen, in denen man im DaZ-Unterricht gezielt emblematische Gesten benutzen kann.

3.1.3 Zwischen Wort und Laut: Interjektionen

Zwischen sprachlichen und nichtsprachlichen Ausdrucksmitteln stehen die Lautäußerungen mit Bedeutung, → **Interjektionen**, die auch einen wichtigen Teil mündlicher Kommunikation ausmachen. Interjektionen können spontan als → vokale Äußerungen **Affektsituationen** begleiten. Wut- und Schmerzensschreie oder Lachausbrüche sind individuell, aber als solche unverwechselbar. Schwierigkeiten bekommt man erst, wenn man entschlüsseln soll, ob das emotionale Geräusch spontan oder absichtlich aufgetreten ist. Ob mein Gesprächspartner sich wirklich nur den Hals freimachen wollte oder mit dem leisen Hüsteln etwas mitteilt (z.B. dass ich etwas Unangebrachtes gesagt habe)?

Interjektionen können **reflexhaft** auftreten **oder intentional** eingesetzt werden, meist etwas zwischen diesen beiden Polen; „Intentionalität" ist also graduell zu verstehen (Scherer, 1977). Es gibt Situationen, in denen ich wirklich ein überraschtes *Oh!* von mir geben kann, und solche, in denen ich weniger überrascht bin, aber so tue, und zwar mit demselben *Oh!* Die meisten Interjektionen sind **nicht eindeutig** und hängen mit dem **Kontext** und der **Intonation** zusammen: *Oh wie süß!*, aber *Oh wie unangenehm!*

Erprobung 4

Überlegen Sie, in welchem Zusammenhang Sie noch *Oh* benutzen würden: Kennen Sie andere Interjektionen mit mehreren Bedeutungen? Was tun Sie, um die verschiedenen Bedeutungen zu übermitteln? Ändern Sie nur die Intonation oder auch Ihre Mimik oder etwas anderes? Probieren Sie vor einem großen Spiegel.

Definition

Interjektionen, die im DaZ-Unterricht eine besondere Rolle spielen, sind diejenigen, welche sich von unwillkürlichen Lautäußerungen zu intentionalen **vokalen Symbolen** mit kommunikativem Charakter entwickelt haben. Es gibt primäre Ausrufe, die aber so oft in ähnlichen Situationen benutzt worden sind, dass sie immer wieder als Reaktion „herausrutschen". Z.B. wenn ich mir in den Finger geschnitten habe, könnte ich *Ai-ai-ai*, *Ooo*, *Aaa* oder Ähnliches schreien. Aber spontan kommt der Laut heraus, den ich mit Schmerzempfinden verbinde, den ich oft gehört, sogar gelesen habe, nämlich *Aua* oder *Autsch*.

Es gibt Situationen, in denen wir geplant und mit einer Mitteilungsabsicht Interjektionen verwenden, die die gesprochene Sprache ersetzen und eine relativ feste Bedeutung haben. Deswegen werden sie auch **vokale Embleme** genannt (Scherer, 1977). Das spricht für kulturspezifische Stilisierung und **Konventionalisierung** und, wie schon bekannt, ist das ein fruchtbarer Boden für interkulturelle Missverständnisse:

1. Der Ausruf ist nicht bekannt und kann nicht eindeutig inhaltlich zugeordnet werden.
2. Der Ausruf klingt ähnlich wie eine andere Interjektion oder ein Wort, entspricht diesen aber nicht.
3. Der gleiche Ausruf bedeutet etwas anderes.

Mit *Oou* meldet man sich in manchen Teilen Bulgariens, wenn man gerufen wird. Das könnte leicht mit einem vokalen Schmerzindikator verwechselt werden. Das, was in Deutschland als *Psst* bekannt ist, heißt in Bulgarien *Scht!* und wird im englischsprachigen Raum – aber auch in Deutschland – nicht gut ankommen. Zumindest ist die Gefahr missverstanden zu werden recht groß. Weniger verwirrend, aber trotzdem manchmal schwer zu erkennen, sind verbreitete Ausrufe, die aber in jedem Land doch ein wenig anders klingen, z.B. *Hurra!*, Englisch *Hurray!*, Russisch *Ura!*

Oh je wird in Deutschland mitfühlend, traurig, bedauernd verwendet, anderswo dagegen ist es ein freudiger Ausruf. Ein Bulgare wird auf Grund der Intonation wohl die andere emotionale Betonung wahrnehmen, könnte aber auch meinen, dass es ein freudiger Ausruf ist, der ironisch verwendet wird. Dazu kommt, dass dieser emotionale Ausruf in Deutschland auch in förmlichen Situationen angebracht ist, in Bulgarien dagegen nur unter Freunden. Stellen Sie sich vor, wie verwirrend für einen Bulgaren ein (so verstandenes) kumpelhaftes oder ironisch-freudiges *Oh je* als Antwort klingt, nachdem er bei seinem Vorgesetzten wegen furchtbarer Schmerzen geklagt hat.

Scheuen Sie sich nicht, Interjektionen im DaZ-Unterricht zu verwenden: sie gehören unbedingt zur Sprache, geben ihr emotionale Farbe, **intensivieren** das Gesagte und verbessern das Verstehen des Stoffes. Außerdem lernen die Teilnehmer so, dass in Deutschland (andere) Ausrufe üblich sind und in welchen Situationen Interjektionen vorkommen und auch passen.

Aufgabe 6

Überlegen und notieren Sie Interjektionen zu den Grundemotionen aus Kapitel 2.2.2 (Mimik). Füllen Sie weiterhin die Interjektionen-Tabelle in Kap. 5, S. 245, aus. Zu welchen Themen im Unterricht können Sie die Interjektionen, die Ihnen einfallen, verwenden? Beachten und erklären Sie im Unterricht den situativen und den sozialen Kontext: Welche Ausrufe können ohne Weiteres verwendet werden, welche sind nur im informellen Umgang üblich?

Bedenken Sie, dass wir auf das, was wir als Interjektion verstehen, sofort emotional reagieren, wobei wir implizit annehmen, es sei universell. Beobachten Sie sich selbst und die Teilnehmer, denn es ist nützlich, solche Missinterpretationen zu entdecken, aufzuklären und daraus zu lernen (ein Beispiel finden Sie in der Zusammenfassung von Kap. 3, S. 233).

3.2 Blickverhalten der Lehrperson

Blickverhalten ist ein beeindruckendes Beispiel für Watzlawicks erstes metakommunikatives Axiom (Kap. 2.1.1) von der Unmöglichkeit des Nichtkommunizierens. Ganz gleich, ob ich meine Lerner ansehe oder nicht, immer teile ich ihnen dadurch etwas mit. Da viele Menschen magische Kräfte des Blickes fürchten, muss ich als Lehrerin damit besonders achtsam umgehen. Die Wirkung der Blicke als Zeichen basiert auf drei Komponenten:

1. **Richtung** des Blickes: einseitig, gegenseitig (Blickkontakt), Blickwechsel, einseitiges Nichtanblicken, gegenseitiges Nichtanblicken und Wegblicken (Blick vermeiden).
2. **Dauer** des Blickes: Ab wann ein Blick als „Fixieren" gilt, ist in gewissem Rahmen davon abhängig, (1) wer wen anschaut, (2) wie weit die Personen voneinander entfernt sind und (3) von gruppen- oder **kulturspezifischen Zuschreibungen**; allgemein gilt aber das starre Anschauen als Drohgebärde, nicht nur bei Menschen, sondern auch bei Tieren.
3. **Häufigkeit** des Blickes: (zu) seltenes Anschauen kann Desinteresse o.Ä. signalisieren; (zu) häufiges Anschauen Neugierde, Drängen o.Ä.; das Empfinden von *zu häufig* bzw. *zu selten* ist abhängig von Bekanntheitsgrad und Anzahl der Personen in der Situation, aber weniger kulturabhängig als die Dauer.

Durch Blickzu- und -abwendung werden **Gespräche** begonnen bzw. beendet – im Unterricht entspricht der Blick des Lehrers häufig einer Aufforderung zum Reden an die Teilnehmenden: Angeschaute oder in Blickrichtung befindliche TN reagieren damit, dass sie sich „gemeint" fühlen. Schaut der Lehrer bevorzugt in bestimmte Richtungen oder verweigert er einzelnen TN den Blick, dann schließt er damit recht explizit Personen aus dem **Unterrichtsdiskurs** aus. Hier setzt nun eine Selbstbeobachtungs-/Selbstbeherrschungsaufgabe für jede Lehrperson an: Es ist anfangs schwierig, Lernern, die einen verunsichern (z.B. weil sie sehr schwach sind, sich aber trotzdem häufig zu Wort melden), nicht vor oder während ihres Redens den Blick zu entziehen. Diese nonverbale Mitteilung, dass Redebeiträge nicht willkommen sind, wird auch von den anderen TN registriert und mir als dem Lehrenden übel genommen. Es ist wichtig, solche Schwierigkeiten verbal mit den betreffenden Personen (hier den „anstrengenden“ Lernern) zu klären.

Die Rolle des Blickverhaltens lässt sich im DaZ-Unterricht gut beim Behandeln von entsprechenden **Redewendungen** thematisieren: Ein Auge auf jemanden/etwas werfen, mit etwas liebäugeln ... Im Übrigen ist Blickkontakt beim Sprachenlernen auch wegen des Lippenlesens wichtig.

3.3 Distanzzonen in der Kommunikation

Mit Unbekannten im Aufzug halte ich den Blick gesenkt und vermeide so ein Gespräch. Warum? Ganz einfach: Fehlt es mir durch äußeren Zwang an räumlicher Distanz, gleiche ich diesen Mangel durch andere Distanzsignale wieder aus. Das ist nicht unhöflich, sondern ganz im Gegenteil: Ich schütze mich und die anderen damit vor peinlichen Situationen.

Peinlich: zudringlich, distanzlos, unverschämt oder kühl, distanziert, arrogant ...
Höflich: taktvoll, rücksichtsvoll, zurückhaltend oder freundlich, warmherzig, zugänglich ...

Worauf basiert die Zuordnung von Verhalten in solche Kategorien? Nähe/Ferne von Gesprächsteilnehmern zueinander wird gegenseitig als Zeichen interpretiert, wobei wiederum kulturbedingte Missverständnisse lauern (s. peinlich/höflich). Was vom **Raumverhalten** auf zufälligen äußeren Umständen, was auf Gewohnheiten, *Konventionen* und Situationen beruht, ist schwer zu fassen. Trotzdem lassen sich in groben Zügen sogenannte *Kontaktkulturen* (Araber, Lateinamerikaner, Südeuropäer) bzw. *Nichtkontaktkulturen* (Asiaten, Inder, Pakistani, Nordeuropäer) ausmachen. Innerhalb dieser Gruppen gibt es natürlich weitere erhebliche Unterschiede im Raumverhalten des täglichen Lebens (siehe hierzu auch den Studienbrief „Interkulturelles Lernen und Lehren im DaZ-Unterricht“).

Definition

Der Abstand zwischen Gesprächsteilnehmern wird in **Distanzzonen** eingeteilt, für die kulturabhängig unterschiedliche Maße herausgefunden wurden. In Deutschland reicht die *Intimzone* vom unmittelbaren Kontakt bis zu einem halben Meter Abstand, die *persönliche Zone* setzt dort an und geht bis einen Meter Radius. Als *soziale Zone* wird ein Abstand bis ungefähr vier Meter bezeichnet, darüber beginnt die *öffentliche Zone*. Dabei handelt es sich um Durchschnittswerte, die neben den kulturellen Unterschieden auch *individuell* verschieden ausfallen können.

Die Kenntnis und der Respekt räumlicher Bedürfnisse in Gruppen, denen man als Nachbar, Kollege oder Freund angehört, sind Bestandteil der **nonverbalen Kompetenz** in der Sprache dieser Gruppe. Nun muss man aber weder als Lehrer noch als Immigrant genaue Maßeinheiten kennen. Vielmehr helfen hier grundsätzliche Informationen und anschließende Beobachtungen sowie Diskussionen, um seinen persönlichen Umgang mit diesem Teil der nonverbalen Kommunikation, der Proxemik (vgl. Definition in Kap. 2.2), zu finden. Die **Normen**, die in einer Gesellschaft Räume/Abstände regeln, findet man am ehesten durch Situationen heraus, in denen sie verletzt werden.

Im DaZ-Unterricht kann man vielfältig auf Distanz-Normen eingehen, indem man

- solche misslichen Situationen aufzeigt und bespricht,
- höflich/peinlich-Wörter (s. S. 232) und Idiomatisches thematisiert (*auf die Pelle rücken, zu nahe treten, nahe stehen, auf Abstand gehen*),
- sein eigenes Verhalten einsetzt,
- explizites Feedback bei Rollenspielen gibt: „Wenn wir jetzt wirklich im Rathaus wären, würde der Angestellte sich vermutlich bedrängt fühlen, weil ...".

3.4 Echtheit: Kongruenz von verbaler und nonverbaler Nachricht

Wenn man Kommunikationstrainings absolviert hat, aber auch, wenn man *sich beherrschen* (und z.B. große Sympathien/Antipathien nicht zeigen) will oder Ansprüche an sich als Lehrperson (*Geduld haben, souverän sein*) nur schwer realisieren kann, läuft man Gefahr, **inkongruente Nachrichten** zu senden, also Widersprüche zwischen wörtlicher und nonverbaler Äußerung. Damit man sein Gegenüber nicht verwirrt, braucht man zuerst Klarheit über solche Gefühle und Wünsche, die sich evtl. in Stimme und Verhalten unwillkürlich zeigen, d.h. man muss willens sein, sie zu akzeptieren/ reflektieren. Dies ist eine Grundvoraussetzung, wenn ich einerseits professionell kommunizieren möchte (Unterricht ist nichts anderes als professionelle Kommunikation) und andererseits dabei eine authentische Person bleiben will: Kongruenz zwischen verbaler und nonverbaler Nachricht wird auch als **Wahrhaftigkeit** oder Authentizität bezeichnet.

Im Unterricht, besonders im interkulturellen, ist diese Kongruenz doppelt wichtig, denn sie

- macht Mitteilungen klarer/verständlicher; der Partner verbraucht keine Energie für innere Klärung irritierender Beobachtungen, sondern kann konzentriert dabei sein;
- sie verbindet Körpersprache mit Sprache und wird wie diese am Modell von Lehrenden mitgelernt. Stimmt ihre „Grammatik" nicht, kann dieses implizite Lernen nicht gelingen.

Zusammenfassung

Die komplexen Zusammenhänge von **Kurskommunikation**, Beeinflussbarkeit des Lehrers durch nonverbale Zeichen der Teilnehmenden und der Irrtum des Lehrers, dass diese Zeichen universell seien, schließlich die Möglichkeiten, mit solchen Missverständnissen und Unsicherheiten umzugehen: all das soll hier ein Vorfall aus meinem DaZ-Unterricht illustrieren: Mir fiel im Kurs das schnelle Atmen oder eher Lufteinholen äthiopischer Teilnehmerinnen auf. Zunächst dachte ich, dass ich sie völlig überforderte, später stellte ich dann fest, dass sie auf diese Weise besonders aufmerksam zuhören.

Zuerst ist es wichtig, sich als Lehrende/Lehrender zu beobachten: Da sind täglich viele Situationen wie die geschilderte, in denen wir (Fehl-)Schlüsse ziehen. Einerseits benötigen wir die Fähigkeit, Verhalten anderer zu interpretieren und unser eigenes Verhalten darauf abzustimmen (im Beispiel: *langsamer machen oder aber die erhöhte Aufmerksamkeit nutzen*). Andererseits muss das erhöhte Bewusstsein, dass die eigenen automatischen Interpretationen häufig der (intendierten) Mitteilung nicht angemessen sind, nicht zu Verunsicherung oder Unmöglichkeit von Kommunikation führen. Es kann helfen, größere Freiräume zu lassen, zeitlich, indem nicht sofort geschlussfolgert und entsprechend reagiert wird, persönlich, indem Interpretationen nicht zwingend zu sein brauchen, sondern stets mit *Rückfragemöglichkeiten* verbunden bleiben und mit der Fähigkeit, seine Denkwege zu explizieren.

Im Beispiel kann das etwa so aussehen:
KL: „Bin ich zu schnell?"
TN: „Nein, gar nicht, es ist gerade sehr interessant."
KL: „Ist es Ihnen auch nicht zu anstrengend?"
TN: „Nein, nein, gar nicht!"

Der Teilnehmer wird nun eher nicht fragen „Warum fragen Sie mich das?", die Lehrkraft sollte dies aber beantworten: „Ich frage, weil ich dachte das ... (imitiert die Atemweise) könnte Stress bedeuten." An dieser Stelle gibt es dann drei typische mögliche weitere Verläufe:

1. Die TN verstehen das Missverständnis, lachen und erklären, was das für sie bedeutet, erkundigen sich genauer, wie es „auf Deutsch" verstanden wird.
2. Den TN sind die *Symptome, die die Interpretation ausgelöst haben, nicht bewusst/klar*, weil die KL eine zufällige Kombination oder einen Ausschnitt von Verhaltensweisen als Ganzes interpretiert hat. Die TN reagieren verwirrt/vermeidend. Hier muss die KL die Situation weiterführen und aufklären, v.a. wenn es um negativ besetzte Verhaltensweisen geht oder wenn die Situation häufiger auftritt.
3. Den TN oder der KL wird die *Situation peinlich*, weil man ein Tabu berührt (oder fürchtet) oder nicht genügend Vertrauen da ist, sodass unsichere Momente bedrohlich wirken. In diesem Fall muss die KL natürlich von Fall zu Fall entscheiden, ob sie die Situation aushält und sogleich im Kurs auflöst oder ob sie sie zunächst übergeht (vermeidet), um sie später mit der betroffenen Person alleine oder mit dem ganzen Kurs umfassender zu klären.

Allzu oft/ breit dürfen solche Fragen nicht diskutiert werden, weil sie sonst stark *normierenden Druck* ausüben. Ein Kurs wird schnell erdrückend, wenn jede Regung Interpretationen und Diskussionen auslöst. Ab und zu ein **exemplarisches Beispiel** aus verschiedensten Bereichen ist genug, zumal es weniger um Inhaltslernen als vielmehr um **Strategienlernen** geht.

Letztlich verlassen wir uns – bei Kenntnis der Unmöglichkeit alle Unterschiede zu kennen – auf die menschlichen **Gemeinsamkeiten** und den Wunsch, gut miteinander auszukommen, auf die Intuition, die uns sagt, dass sich jemand (un)wohl fühlt oder dass jemand Hilfe/Abstand/Ruhe/ Zuwendung ... benötigt. Das ist universell.

4 Nonverbale Kommunikation als Unterrichtsgegenstand

4.1 Gut zuhören: Back-Channel-Signale

Beginnen wir wieder mit dem Telefonbeispiel: Ein typisches Geräuschmuster, wenn jemandem am Telefon eine längere Geschichte erzählt wird, klingt ungefähr so: *Mhm ... hm ... ja ... mhm ... mhm ... oh ... ja ... ja genau ... hm ...* Beschäftigt sich die Person beim Zuhören nun aber mit anderen

Dingen, lässt der Einsatz dieser → Back-Channel-Signale (BCS) stark nach, was auf der anderen Seite mit der Frage „Hallo, bist du noch da?" quittiert wird.

Erprobung 5

Das können Sie am Telefon in vielen Varianten ausprobieren: Welches ist die „erwartete" Frequenz der Hörersignale, wo liegt die *Schwelle zur Verunsicherung* – bei Ihnen selbst sowie bei Ihren Gesprächspartnern?

Wozu brauchen wir die kleinen Geräusche (in direkter Interaktion kommen natürlich Signale wie Kopfnicken, Lächeln ... hinzu), die uns nicht unterbrechen, sondern darin bestärken, dass wir weitersprechen dürfen, dass man uns mit Interesse folgt? Und: Was genau sagen uns diese Rückmeldungen? Signalisieren sie uns lediglich, dass wir *akustisch wahrgenommen* werden oder vielmehr auch, dass die Gesprächspartner uns *inhaltlich folgen* können, oder signalisieren sie uns gar, dass der Zuhörer uns *voll und ganz zustimmt*?

Für interkulturelle Kommunikation existieren hierbei zwei Problembereiche:

1. **Grenzen der Höflichkeit** – Welche/Wie viele BCS muss ich geben, wenn ich freundlich zuhören und nicht stören oder unterbrechen, aber auch nicht desinteressiert wirken möchte?
2. Implikationen der „mhmm"s: Welche **Erwartungen** wecke ich damit? Wie weit signalisiere ich damit Verständnis oder gar Einverständnis?

Fragen der *Rolle des Hörerverhaltens* für den *Verlauf von Gesprächen* und *Beurteilung von Personen* sind für DaZ-Lerner von Bedeutung und lassen sich leicht in den laufenden Unterricht einbinden. Dabei sollen aber nicht Normen und Regeln vorgegeben werden, etwa dass Deutsche durchschnittlich 7,4 BCS pro Minute senden, Japaner dagegen 12,8 (nach Morita, 2003, S. 18) oder mit welchen Positions- und Intonationsmerkmalen Sprecher anzeigen, dass sie ein Hörersignal erwarten. Solch ein Regelapparat müsste immer unzulänglich bleiben, da es gruppenspezifische, individuelle und situationsabhängige Variationen gibt. Bei Übungen zum Thema Hörerverhalten in Gesprächen geht es vielmehr darum, seine Beobachtungsqualität zu verbessern und auf dem Weg zu einem persönlichen, nicht verunsicherten Umgang mit diesem Bereich zu spielen und zu erproben – auch zu akzeptieren, dass einem stets einiges entgeht.

Aufgabe 7

Notieren Sie, welche Verhaltensweisen von Gesprächspartnern/Zuhörern Sie persönlich als hilfreich/angenehm empfinden und welche eher als verunsichernd/störend. Notieren Sie v.a. bei den negativen Verhaltenweisen auch, was genau Sie daran stört.

☺ ....

☹ ....

Aufgabe 8

Haben Sie Verhaltensweisen aus den verschiedenen Bereichen (Gestik, Mimik, BCS, Körperhaltung, Blickverhalten ...) berücksichtigt? Ergänzen Sie gegebenenfalls Ihre Liste und stellen Sie sie ins Forum. Lesen Sie die Beiträge der anderen; geben Sie mehrere Feedbacks in Form von Fragen, Kommentaren o.Ä.

Mit erwachsenen Lernern kann man über eine ähnliche Aufgabe den Einstieg in dieses Thema angehen, indem die Teilnehmer solche persönlichen Listen erstellen und zur Klärung die Verhaltensweisen darstellen (spielen) und anschließend diskutieren. Wichtig dabei ist, dass die persönlichen Bewertungen als solche nebeneinander stehen bleiben. Die Aufgabe dient dem Austausch darüber, der Bewusstmachung des Phänomens und der Anregung, seine Umgebung in diesem Punkt aufmerksam zu beobachten (mehr Aufgaben am Ende von Kap. 4).

Weitere Beispiele für das Missverständnis-Potenzial liefert die *unterschiedliche Besetzung des gleichen Hörerverhaltens* in verschiedenen Kontexten:

1. Kopfwiegen (seitlich hin u. her) signalisiert für Personen des indischen Subkontinents Zustimmung und Zuhören, für Deutsche eher ein kritisches „Na, ich weiß nicht so recht."
2. Häufiges Wiederholen von Redeeinheiten des Sprechers durch den Hörer wird z.B. in China als Zeichen besonders guter Aufmerksamkeit gewertet, in Deutschland eher als Verstehensproblem.

Solche unterschiedlichen Präferenzen häufig verwendeter Hörersignale führen zu Störungen des Gesprächsverlaufs, zu Missverständnissen und Verunsicherungen, die sich z.B. in Pausen, Erklärungen oder Selbstkorrekturen äußern. Gerade die Interpretation des Wiederholens als Nichtverstehen löst beim Sprecher oft ausführlichere Erläuterungen und Beispiele an Stellen aus, wo der Hörer gerade gar keine benötigt, was die gesamte Interaktion beeinträchtigt.

4.2 Wer ist dran? Turn-taking-Verhalten

Ein wichtiges Gebot der Höflichkeit ist es, dem Gesprächspartner *nicht ins Wort zu fallen*. Fast ebenso wichtig ist es jedoch, *an den erwarteten Stellen das Wort zu übernehmen*. Peinliche Pausen und gleichzeitiger Wiedereinsatz der Rede sind oft durch zu wenige, „falsche" oder nicht wahrgenommene Signale „Ich will jetzt reden" bzw. „Du bist dran" bedingt.

Dabei spielt eine weit größere Menge an Faktoren eine Rolle, als wir hier thematisieren können (etwa die sog. Skripte, Vorstellungen von Normalabläufen und Rollenverteilung, insbesondere in Gesprächen wie denen auf Behörden, beim Arzt oder in der Schule). Trotzdem lässt sich das Thema **Sprecherwechsel** (→ Turn-taking-Verhalten) im Unterricht vielfältig mitbearbeiten,

- indem man als Lehrkraft diesbezügliche eigene Irritationen sowie Beobachtungen im Kursgeschehen explizit macht („Wenn Sie Ihren Satz einfach abbrechen, ohne mich anzuschauen, gehe ich davon aus, dass ich warten soll. Wenn Sie möchten, dass ich spreche, können Sie mir das z.B. zeigen, indem Sie mich anschauen.").
- indem man „geordnete Diskussionen" (mit Diskussionsleitung und Wortmeldungen) im Kurs durchführt und ebensolche (Aufnahmen aus dem Fernsehen) zusammen anschaut und bespricht: Was passiert, wer beurteilt welches Verhalten wie?
- indem man spontane Gespräche (mit 2–3 Gesprächsteilnehmern) mit „nana lala"-Wörtern spielen lässt, wobei die Personen durch Intonation, Redegeschwindigkeit, Füllwörter und Blickverhalten ihre Erwartungen an die anderen signalisieren. Dabei muss klar werden, ob a. der Sprecher das Wort behalten oder abgeben möchten, b. der Hörer weiter zuhören oder selbst sprechen möchten; dazu passen Ausschnitte aus deutschsprachigen (unsyn-

chronisierten) Filmen, in denen sich – auch wenn man die Dialoge nicht versteht – anhand von → Prosodie und Körpersprache genau dies gut beobachten (und mit viel Spaß diskutieren) lässt, auch hier wieder im Hinblick auf „höflich/nicht höflich".

4.3 Gestenvokabeln und nonverbale Diktate

In Kapitel 3.1.1 und 3.1.2 finden Sie viele Beispiele für die Nutzung von redebegleitenden Gesten im Kurs sowie auch von redeersetzenden Gesten (Gestenvokabeln). Hier sollen Möglichkeiten ihres Einsatzes als Lerngegenstand im Kurs vorgestellt werden.

Übungsbeispiele zur Geste „Scheibenwischer":

Strichbildchen mit knapper Beschreibung regen die Beschäftigung mit Gesten an.

Man bewegt die Hand vor dem Gesicht hin und her. Es sieht dann aus wie der Scheibenwischer eines Autos. Diese Geste bedeutet „total verrückt!".

Das Ganze kann Auslöser sein für

1. Diskussionen
2. Ratespiele (mit Einübung der Geste)
3. Erkundungen draußen (z.B. Umfrage in Kap. 5.2.2)
4. Herstellung weiterer Bilder und Beschreibungen zu Gesten
5. umfassendere Textarbeit zum Thema.

!! nur **eine** der 5 Aufgaben durchführen!!

Abb. 10: Scheibenwischer (aus: Kurtz/Dextreit u.a., 2001 ff.)

Die Gestentabelle in Kap. 5 kann nur ein kleiner Anstoß für das sein, was möglich ist, wenn man zur wöchentlichen Portion neuer Wörter auch eine Rubrik „Gestenvokabeln" anfügt. Das kann so aussehen, dass

- Teilnehmer von ihnen beobachtete/neu erlernte Gesten im Kurs vorstellen und sie damit für alle zur Verfügung stellen,
- die Kursleiterin zum Thema passendes Gestenvokabular einführt und mitlernen lässt,
- Spiele mit Gesten das körperliche Erlernen derselben fördern. Dazu ein Beispiel:

Nonverbales Diktat I:

Jemand erzählt eine Geschichte mimisch-gestisch, ggf. mit Interjektionen. Die anderen schreiben dieses Diktat auf, weshalb genügend Zeit zum Schreiben bleiben muss. Idealerweise führt die Person, die diktiert, ihren „Text" zunächst im Ganzen vor und wiederholt dann „satzweise". Die so entstandenen schriftlichen Texte können nun von allen gemeinsam zu einer plausiblen Version zusammengesetzt werden. Währenddessen schreibt der Diktierende seine Version auf. Am Ende werden alle Versionen vorgelesen: Wie gut klappt die nonverbale Verständigung im Kurs? *Bemerkung: KL ist bei dieser Übung unter den TN!*

Nonverbales Diktat II:

Im Kurs werden Bilder, Bildergeschichten oder kleine Texte ausgeteilt, und zwar derart, dass jeder nur seine bzw. die seiner Gruppe kennt. Die Vorlagen bleiben für eine angemessene Zeit (oft reichen 5-10 Min.) zur Ansicht bei den TN und werden dann wieder eingesammelt. Die Personen oder Gruppen haben nun die Aufgabe, ihren Text oder ihr Bild gestisch-mimisch darzustellen. Jede Vorstellung bekommt dabei einen Namen (wichtig für die Auflösung!). Nachdem alle präsentiert haben, werden die Bilder/Texte an der Wand aufgehängt, so dass alle jedes Bild/jeden Text sehen können. Nun müssen die Lerner einzeln oder in Gruppen den Aushängen die passenden Namen der Vorstellungen zuordnen (z.B. auf ein dazugehängtes Papier schreiben). Am Ende wird die „Trefferquote" ausgewertet (Auflösung) und besprochen (Begründung).

Zusammenfassung

Nonverbale Bestandteile der Kommunikationskultur der Zielsprache können und sollten in Integrationskursen direkt, durch zu bearbeitende Aufgaben, Diskussionen und andere Formen der Auseinandersetzung *verhandelt* werden. Hierbei stehen notwendigerweise zunächst vor allem Unterschiede und Besonderheiten im Mittelpunkt des Interesses. Die Gefahr ist hier (wie allgemein bei interkulturellen Themen), dass Unterschiede fokussiert/überspitzt werden. Es ist unsere Aufgabe, uns selbst und den Teilnehmenden immer wieder übergreifende Systeme aufzuzeigen, in welche die an der Oberfläche sichtbare Vielfalt integriert werden kann: Es ist der universelle Wunsch nach Höflichkeit, der Hörersignale auslöst. Dass diese dann teilweise unterschiedlich realisiert werden, ist demgegenüber nur eine kleine Abweichung in (wenn auch wichtigen) Details. Der universelle Wunsch nach Sicherheit im Gespräch führt zu Werkzeugen zur Regelung von Gesprächsabläufen wie Blickkontakt u.v.a. Kommunikationsmitteln, die alle bei den TN grundlegend bekannt und vorhanden sind und nur in Realisierungstypen („an der Oberfläche") „nachjustiert" werden müssen: Wir unterrichten keine Aliens, sondern Artgenossen.

Aufgaben zur Reflexion der Bedeutung situationsadäquaten Hörerverhaltens:

1. automatische Interpretation reflektieren,
2. Bedeutung von Stimmführung erkennen,
3. Hörer auf Video beobachten.

1. Anekdoten oder Erkenntnisse zum Thema, z.B. die folgende aus Schepelmann (2002/3), die je nach Sprachstand mündlich vorgetragen oder als Lesetext umformuliert werden muss:

Probleme zwischen Personal und Gästen in einer Flughafencafeteria: In den ureigenen Kontextualisierungskonventionen der aus Asien stammenden Buffetkräfte signalisiert fallende Intonation eine Sprechaktivität wie „höfliches Anbieten", im westlichen Kulturkreis dagegen ruft sie einen Rahmen von Bestimmtheit und Faktizität hervor. Wenn die Angestellten also statt „Gravy?" (mit final steigender Intonation) „Gravy."(mit final fallender) sagten, wurde ihre Intention nicht wahrgenommen als „Darf ich Ihnen etwas Bratensauce dazugeben?" sondern eher als „Sie kriegen jetzt einen Schöpfer Bratensauce. Widerstand ist zwecklos!"

Nach dem Lesen/Hören des Textes erstellen die TN je eine 3-spaltige Liste für die Sicht des Personals und für die Sicht des Gastes:

„Gesagt / gewähltes Signal / Absicht" **„Gehört / verstandenes Signal / Bewertung"**.

Wenn der Knackpunkt, die unterschiedliche Kodierung/Dekodierung der fallenden Intonation, erkannt ist, können die TN stets selbst weitere Beispiele ähnlicher Problemsituationen anführen, die sie ebenfalls in die Liste eintragen können.

Ziel der Aufgabe ist u.a., dass im Kurs mögliche Auswege aus solchen Momenten diskutiert werden. Dies kann gewöhnlich nicht die falsch bewertete Person (hier: Personal) leisten, sondern es muss eher von der irritierten Person, also dem Hörer (hier: Gast) initiiert werden, die sich ja grundlos schlecht (unangemessen) behandelt sieht.

2. Reaktionen in *hm*, *ja* oder *oh* ausdrücken - spielerische Einheit im Zusammenhang mit Übungen zum Telefonieren, Dialogübungen oder aus aktuellem Anlass: Die Aufgabe kann man aus dem Stegreif durchführen, z.B. indem KL Wörter wie misstrauisch, traurig, begeistert, überrascht, nachdenklich, gleichgültig ... anschreibt und klären lässt. Anschließend wählen die TN reihum Wörter, die sie (als Beweis) verdeckt notieren, um dann z.B. ein begeistertes *hm* vorzusprechen, so dass die anderen TN nun raten können (verdeckt notieren), welche Stimmung er/sie ausdrücken wollte. Nun wird ausgezählt: Wenn mehr als 50% der Einschätzungen des Publikums mit der Absicht des Sprechers übereinstimmen, bekommt er einen Punkt usw.

Ziel der Übung ist das vielfache Experimentieren mit Stimmlagen und -modulationen und die Rückmeldung, wie weit man in seinen Ausdrucksabsichten von anderen verstanden wird und wie weit man andere „versteht". Sie eignet sich bei einsprachigen Lernergruppen nur, falls es z.B. deutschsprachige Besucher gibt, mit denen das Spiel gespielt werden kann.

3. Filmsequenzen, in denen viele Hörersignale beobachtbar sind. Hierbei empfiehlt es sich, nur unsynchronisierte Filme zu nutzen, da sonst die Kongruenz von verbaler und nonverbaler Mitteilungsebene nicht gegeben ist. Es ist für diese Beobachtungsaufgabe ausreichend, wenn zwei Personen im Raum sind, die die Sprache des Films beherrschen. *Bei der Übung reiht sich die Lehrerin in den Kurs ein.* Die Sequenz läuft mehrmals ab, wobei jeder seine Beobachtungen zum Hörerverhalten (Spalte 1: Typen u. Häufigkeit von Hörerverhalten) notiert sowie seine Vermutungen/Interpretationen dazu (Spalte 2: Höflichkeit, Aufmerksamkeit, Wirkung auf Sprecher). Die anschließende Diskussion und Klärung strittiger Punkte leiten die jeweiligen Spezialisten.

Ziele der Übung sind u.a. die klare Trennung zwischen Wahrgenommenem und dessen „Bedeutung", die Schärfung der Wahrnehmung allgemein sowie die Erkenntnis, dass die eigenen, automatisch ablaufenden Interpretationen nur begrenzt zutreffend sind.

5 Für Ihren Unterricht

5.1 Das Gelernte umsetzen

Sie haben nun den Studienbrief „Nonverbale Kommunikationsmittel im DaZ-Unterricht“ durchgearbeitet. In der Präsenzphase zum Thema folgen praktische Übungen und Beispiele, um das Gelernte zu vertiefen und Aspekte davon in die Praxis umzusetzen. Aber gerade in Bereichen, in denen wir als Lehrer an uns arbeiten müssen, lauern einige Klippen im Alltag. Denn die Situation im Kurs ist schon komplex genug, Körpersprache lässt sich nicht planen und vor allem soll man durch sein ganzes Wissen nicht zur gehemmten Marionette degenerieren. Deshalb hier einige Tipps:

- Das Gelernte dient nicht der Vereindeutigung von Kommunikation: Akzeptieren Sie Missverständnisse, sie gehören auch zur *intrakulturellen* Kommunikation und haben wichtige Funktionen (Grauzonen sind Schutzzonen). Bedenken Sie, dass der Hauptlerneffekt der sein sollte, ein allgemeines Gefühl für unterschiedliche Kodierung von → Subtext zu entwickeln und damit Abstand von vorschnellen Urteilen. Im Nebeneffekt bekommen Sie so, v.a. durch Übung, ein Werkzeug an die Hand, mit dem Sie hin und wieder problematische Situationen lösen und Missverständnisse vermeiden oder aufklären können.

- Beginnen Sie mit Beobachtung und Gesprächen – haben Sie keine Eile mit dem Einsatz des Gelernten. Warten Sie auf Gelegenheiten, bei denen Sie sich sicher sind, dass „es klappt“.

- Es ist einfacher, wenn man sich eine der beiden Ebenen für den Anfang vornimmt, und zwar diejenige, die einem besser liegt: Entweder das Thema Körpersprache, Paraverbales o.Ä. im Kurs als Lerngegenstand bearbeiten **oder** zunächst sich selbst und die TeilnehmerInnen beobachten und die Dinge erst für sich erobern.

- Wenn Sie sich für den Einstieg über Selbstbeobachtung entscheiden, helfen Ihnen die Anregungen in Kap. 2, 3, 4 und 5. Außerdem ist es wichtig, Ton- und Videoaufnahmen seiner Kurse zu machen und zuerst alleine anzusehen, dann mit Kollegen das Ganze oder Teile ansehen und diskutieren, ggf. auch mit den Teilnehmern.

- Im Rahmen Ihres Fernlehrgangs haben Sie die Möglichkeit, Ihre Erfahrungen beim Lernen und bei der Umsetzung des Gelernten mit anderen Teilnehmenden auszutauschen. Dafür steht Ihnen das Forum zur Verfügung. Nutzen Sie auch die Möglichkeit zur Rücksprache mit Ihrer Tutorin.

- Vertrauen Sie weiterhin Ihrer Intuition: Im Alltag können wir nicht nach wissenschaftlichen Kriterien entscheiden – wir müssen reagieren. Behalten Sie aus diesem Lehrgang ein waches Auge, Reflexionsbereitschaft und die Fähigkeit, Klärungen zu initiieren, zu fragen anstatt gleich Schlüsse zu ziehen.

5.2 Aktivitäten und Vorschläge für den Unterricht

Viele **Aufgaben** haben wir bereits in den Text integriert, da es kaum Beispiele aus Lehrbüchern gibt und weil sie dort (im Text) gut passen. Sie sind je nach Funktion im Text mit den Symbolen für **Tipps (Pin)** und **Beispiele (Auge)** angezeigt. Hier noch einige weitere Aufgaben:

1. Gestofon

Ziel: Sensibilisierung für „kodierte" Elemente der Körpersprache; Entwickeln von Beobachtungsstrategien und Erkenntnis, dass Fragen besser ist als Folgern; Silben der Gestensprache erkennen; fixe und variable Teile von Gesten

TN: alle, jedoch nur für gemischtsprachige Gruppen sinnvoll

Material: geht ohne alles, kann aber mit Bildern/Folien/Video zum Thema weitergeführt werden oder mit der Übung „Unser Lied" (siehe Seite 226, kleine Trainings 1)

Vorbereitung: die Aufgabe vorher mit Freunden oder Kollegen ausprobieren; Anweisungen sehr sicher beherrschen; weiterführende Übung mit einplanen

Vorgehen:

1. Gruppe beliebig in Spieler/Beobachter aufteilen; Raum für Spieler schaffen.
2. TN in Schlange aufstellen (darauf achten, dass es keine Nachbarn gleicher Sprache gibt).
3. Mit zwei TN ein Beispiel zeigen – Aufgabenstellung vorspielen und erklären; stumm enden, da die Punkte 4. und 5. stumm erfolgen sollen.
4. Die letzte Person in der Schlange tippt ihren Vordermann auf die Schulter und zeigt die „Original-Geste".
5. Dieser tippt seinen Vordermann an und zeigt das, was er gesehen hat usw.; der Erste in der Reihe zeigt die Geste, die bei ihm angekommen ist, und erklärt, was sie für ihn bedeutet.
6. Nun raten Mitspieler und Beobachter, was die Geste bedeuten könnte.
7. Die Startperson zeigt die Geste noch einmal und erklärt, worauf es dabei ankommt und was sie bedeutet.
8. „Grammatik der Gesten" besprechen sowie Wahrnehmungsstrategien bzw. -blockaden, die das Wesentliche einer Geste zeigen/verbergen.
9. Mehrfache Wiederholung mit Gesten aus verschiedenen Ländern; Beobachter können Mitspieler werden.

Varianten: a. mit/ohne Erlaubnis, die Geste zu wiederholen; b. mit Beobachterbögen; c. Gruppe statt Schlange, vormachen – nachmachen lassen, ggf. wiederholen, dann die besten Imitate wählen lassen – besprechen.

2. Umfrage

Ziel: Erfahrungen mit fixer/variabler Beurteilung von bestimmten zielsprachlichen Gesten; Ausdifferenzierung von komplexen Informationen mit TN als Informationsbeschaffer und anschließend als Experten (gerade bei landeskundlichen Themen liegt noch viel zu oft das Informationsmonopol bei den KL als „Experten", obwohl sie nur eine von vielen Ansichten in der zielsprachlichen Gesellschaft repräsentieren).

TN: alle ab A2

Material: Fragebogen auf Kopie oder von Folie/Tafel vorgeben – Tabellenform günstig. Für Auswertung evtl. leere Poster, Folien o.Ä. zur Darstellung der Ergebnisse. Geeignete Gesten sind z.B. Fingerschnippen aus dem Armgelenk in Bauch- bis Brusthöhe (Zuzwinkern; Zeigefingerspitze zwischen Zähne).

Vorbereitung*:* Fragebogen vorbereiten: Aufgabe: Befragen Sie mindestens drei Einheimische verschiedenen Alters und Geschlechts über die Geste ...
Bedeutung? Typisch für ... (Situation), häufig/selten bei ... (Männern, Frauen, jungen Leuten, Sportlern ...), wirkt ... (elegant, normal, grob ...), benutze ich ... (nie, oft ...)

Tabelle 2: (Viel Platz für Einträge bei Personen lassen, also A4 Querformat wählen).

	Person 1	**Person 2**	**Person 3**
1. Bedeutung:			
2. Typische Situationen:			
3. Wie oft sieht man sie?			
4. Wer benutzt sie?			
5. Wirkung?			
6. Ich benutze sie ...			

Vorgehen: 1–2 unbekannte Gesten zeigen und üben. Bedeutungsfindung als Hausaufgabe ankündigen und **Fragebogen erklären** (was z.B. in die Raster passen könnte). Beim nächsten Mal ausführlich die Ergebnisse zusammentragen und auswerten. Nicht beginnen, bevor min. 60% der TN etwas mitbringen!

Auswertung: *Nicht* zeilenweise im Plenum durchgehen, das tötet die Übung. 4 Poster (je eins für Punkt 1.-5. aus Tab. 2, wobei 3. zu 2. oder 4. hinzugenommen wird) und dicke Farbstifte mitbringen; 4 Gruppen bilden. Jede Gruppe bearbeitet 2 Punkte, d.h. sie sammelt von allen TN die entsprechenden Infos u. versucht sie auf einem Blatt (Vorbereitung des Posters) zu arrangieren, sodass häufige und seltene Nennungen unterscheidbar sind; ist diese Phase beendet, vergleichen die Gruppen mit gleichen Punkten ihre Lösungen und wählen die bessere oder ergänzen sie zu einer neuen; nun übernimmt jede Gruppe die Gestaltung eines Posters und stellt ihr Ergebnis anschließend in einer kurzen Präsentation vor.

3. Tabelle: Gesten-Vokabeln

Die folgende Tabelle ist ein Vorschlag für **gezieltes Einsetzen von emblematischen Gesten** im DaZ-Unterricht. Zu den jeweiligen Unterrichtsthemen kann KL die Gesten in passenden Situationen verwenden bzw. thematisieren. So können die TN die Gesten in ihren **natürlichen Kontexten** lernen und die verschiedenen Bedeutungsvarianten einer Geste mitbekommen.

Tabelle 3:

Thema/Situation	Geste	Bedeutung
Sich vorstellen ...	Hände schütteln	grüßen sich verabschieden gratulieren
	winken	grüßen sich verabschieden
	mit dem Kopf nicken	grüßen danken
	umarmen, küssen	grüßen, sich verabschieden gratulieren
	Intimitätsgrad *beachten und erklären*	
Wegbeschreibungen	Zeigegesten: mit der flachen Hand, mit dem Zeigefinger ***Vorsicht*** *mit dem Zeigefinger*	Auf etwas oder jemanden verweisen!
Einkaufen	Fingerspitzen reiben	Geld; teuer Wie viel kostet das? Die Rechnung bitte!
	mit dem Kopf nicken	ja, einverstanden
	den Kopf schütteln	nein
	mit der Hand schaukeln	so-la-la
Zeit und Zahlen	aufs Handgelenk tippen	Wie spät? Zu spät!
	vorzählen, zahlen	Zahlen
Körper	Wangen aufblasen	dick
	über den Bauch streicheln	dick, schwanger
	bodenbezogenes Messen	Kinder, Größe, Höhe anzeigen
Feiern/wichtige Anlässe	Daumen drücken	Glück wünschen, Mut geben
	jubelnde Geste	Freude ausdrücken
	Hände schütteln	gratulieren
...		

4. Tabelle: Interjektionen

Überlegen Sie, welche Emotionen Sie in Interjektionen übersetzen können. Wann benutzen Sie selbst solche Ausrufe? In welchen Situationen (passend zum jeweiligen Thema) können Sie sie in Ihrem Unterricht nutzen? (Manchmal ist es schwierig, die Interjektion zu verschriftlichen.)

Tabelle 4:

Emotion/Anlass	**Interjektionen**	**Situationen, Themen Unterrichtssituationen**
Freude	juhu! jippiiii!! …	etwas klappt sehr gut Bewerbungen, Prüfungen Einkäufe, Wohnungssuche …
Überraschung: angenehm/ unangenehm		
Enttäuschung		
Ekel	iiiiihhhhh!!!! (igitt) öarx würg	etwas ist abstoßend Essen, Tiere, Materialien persönliche Abneigungen
Schmerz empfinden		
Begrüßen		
Sich an jemanden wenden/ jemanden ansprechen		
ja/nein	əhəm ə–əm	beiläufig Bejahen/Verneinen – macht man automatisch, nehmen TN von selbst auf
Auffordern		
Fragen		
…		

Hier gibt es auch viele **Regionalismen**, z.B. *(alla) hopp* bei Aufforderungen in der Pfalz ☺. Im Studienbrief „Sprechen im DaZ-Unterricht" finden Sie eine Liste von Interjektionen aus Hansen/Zuber (1969, S. 58).

6 Glossar

Back-Channel-Signal: auch **Hörer-**, Rückmelde- oder Rezipienzsignal; Begriff nach Yngve (1970), mit dem verbale und nonverbale Signale des Hörers an den Sprecher (Kopfnicken, *mhm*, *ja* usw.) bezeichnet werden, die anzeigen, dass er weiterhin aufmerksam zuhört.

emblematische Geste: konventionalisierte Bewegung der Hände, der Arme und des Kopfes mit fester Bedeutung, die bewusst eingesetzt wird.

Interjektion: (Empfindungswort) lenkender Ausdruck wie *ach, aha* oder *au*, der an die Mündlichkeit gebunden ist und meist aus der Hörerposition eingesetzt wird, um den Sprecher zu steuern.

Intonation: Begriff überschneidet sich mit → Prosodie; Zusammenwirken von Betonung, Tonhöhenverlauf und Pausengliederung.

Kommunikationsmittel: diejenigen Mittel, mit deren Hilfe sich Menschen untereinander verständigen können; in diesem Studienbrief begrenzt auf *mündliche Kommunikation.*

Kontextualisierungshinweis: sprachliche und nichtsprachliche Anteile von Texten, die Hinweise auf den *Kontext* geben, in dem diese verstanden werden sollen; so entsteht ein allg. Interpretationsrahmen. In direkter Kommunikation dienen Mimik, Gestik, Stimmlage usw. als K., z.B. verändert der Satz „Das tut mir aber leid" je nach Gesichtsausdruck und Intonation seine Bedeutung. K. haben keine stabile, kontextunabhängige Bedeutung, man kann sie also nicht erfassen und Regeln für ihren Gebrauch angeben (vgl. Auer 1992).

Körpersprache: im weiteren (alltagssprachlichen) Sinne, den wir hier nutzen, umfasst sie die nonverbale, nonvokale Kommunikation (also auch Gestik und Mimik). Im engeren Sinne nur Physiologie des Körpers, Körperhaltung, nichtgestische Körperbewegungen sowie Körperorientierung im Raum; ggf. auch Körperdekoration.

nonverbale Kommunikation: nichtsprachliche Anteile der menschlichen Kommunikation, also vor allem nichtvokale Ausdrucksmittel – Gestik, Mimik, Körperhaltung, Blickkontakt u.Ä. NvK kann verbale K. ersetzen (Schulterzucken – egal), ergänzen (Fingerzeig zu *dort*), modifizieren (ironisches Lächeln zu positiver Bewertung) oder ihr widersprechen (Kopfnicken zu *nein*); im weiteren Sinne gehört auch die → paraverbale K. dazu, die allerdings weniger unabhängig von der verbalen K. ist.

paraverbale Kommunikation: → vokale, aber nonverbale Ausdrucksmittel. Der Begriff wird sehr verschieden definiert: Sehr weit gefasst schließt er auch tierische Laute ein, eng gefasst nur den nichtsprachlichen, vokalen Ausdruck von Emotionen. Wir nutzen den Begriff hier in weiter Bedeutung (nach Nöth, 2000, S. 365): WIE man etwas sagt (flüstern, murmeln, lachen, räuspern usw.; Stimmqualität: hoch, monoton, heiser, schnell usw.); Sprechmelodie und -rhythmus, sprachbegleitende und -unabhängige Formen der Lautproduktion (s. a. → Intonation, → Prosodie).

Prosodie: der „Ton", der die Musik macht: Satzmelodie, Betonung, Tonhöhe, Dehnung von Vokalen, Pausen, Sprechgeschwindigkeit, Lautstärke u.Ä. (s. a. → Intonation).

redebegleitende Gesten: spontane, unwillkürliche Handbewegungen, die das Gesagte betonen oder veranschaulichen

Subtext: Mitteilung, die unterhalb der expliziten Aussage mitkommuniziert wird, wobei beides unlösbar miteinander verbunden ist. S. zu verstehen erfordert spezifisches Wissen beim Rezipienten; z.B. verstehen Kinder erst ab einem bestimmten Entwicklungsstand Ironie.

Turn-taking: Begriff aus der Diskursanalyse: Sprecherwechsel; grundlegend für sprachliche Interaktion; kultur-, alters- u. gruppenspezifisch, v.a. situationsabhängig verschieden ausgeprägt (z.B. formelles vs. familiäres Gespräch); wesentlich bestimmt durch Gesprächsrollen wie *Arzt-Patient*; v.a. durch nonverbale Signale wie Blickverhalten, → Back-Channels und → prosodische Mittel organisiert.

verbal: sprachliche Äußerung von Personen; mit Worten gesagt

vokal: mit der Stimme erzeugte, hörbare Lautäußerungen

7 Literatur

Apeltauer, Ernst (1997): Zur Bedeutung der Körpersprache für die interkulturelle Kommunikation. In: Knapp-Potthoff, Annelie; Liedke, Martina (Hrsg.): Aspekte interkultureller Kommunikationsfähigkeit; München: iudicium, 17–41.

Auer, Peter (1992): Introduction: John Gumperz' Approach to Contextualization. In: Ders. & Di Luzio, Aldo (Hrsg.): The Contextualization of Language. Amsterdam: John Benjamins.

Berliner Lexikon der Alltagsgesten, BLAG. http://www.ims.uni-stuttgart.de/projekte/nite/BLAG/ (04.09.2009).

Brinker, Klaus; Sager, Sven (1996²): Linguistische Gesprächsanalyse. Eine Einführung. Berlin: Erich Schmidt.

Bühler, Karl (1934/1992): Sprachtheorie (Neudruck). Stuttgart: Fischer.

Darwin, Charles (1872): The Expression of the Emotions in Man and Animals. London: John Murray.

Dieling, Helga (1992): Phonetik im Fremdsprachenunterricht Deutsch. Berlin u.a.: Langenscheidt.

Eckert, Hartwig; Layer, John (1994): Menschen und ihre Stimmen. Aspekte der vokalen Kommunikation. Weinheim: Psychologie VerlagsUnion.

Ehlich, Konrad (1986): Interjektionen. Tübingen: Niemeyer.

Ekman, Paul (1977): Bewegungen mit kodierter Bedeutung: Gestische Embleme. In: Posner, Roland; Reinecke, Hans-Peter (Hrsg): Zeichenprozesse. Semiotische Forschung in den Einzelwissenschaften. Wiesbaden: Akademische Verlaggesellschaft Athenaion.

Hansen, Margarete; Zuber, Barbara (1996): Zwischen den Kulturen. Strategien und Aktivitäten für landeskundliches Lehren und Lernen. Berlin, München: Langenscheidt.

Kendon, Adam (2004): Gesture: Visible Action as Utterance. Cambridge: University Press.

Kurtz, Gunde; Dextreit, Bénédicte u.a. (2001ff.): Sommerkurs Deutsch. Unveröffentlichte Arbeitsmaterialien.

McNeill, David (1992): Hand and Mind. Chicago: University of Chicago Press.

Morris, Desmond (1994): Bodytalk. Körpersprache, Gesten und Gebärden. München: Wilhelm Heyne Verlag.

Morita, Masumi (2003): Hörerverhalten in Zweiergesprächen von Deutschen und Japanern. Eine kontrastive Studie zu Regularitäten und Funktionen von verbalen Hörersignalen. Dissertation, Göttingen 2001.

Müller, Cornelia (1998): Redebegleitende Gesten: Kulturgeschichte – Theorie – Sprachvergleich. Berlin: Arno Spitz.

Nöth, Winfried (2000): Handbuch der Semiotik. Stuttgart; Weimar: Metzler.

Payer, Margarete (1942): Internationale Kommunikationskulturen. Nonverbale Kommunikation. Gesten, Körperbewegungen, Körperhaltungen und Körperkontakt als Signale. Fassung von 2006; URL: http://www.payer.de/kommkulturen/kultur042.htm (04.09.2006).

Phonetik international von Afrikaans bis Zulu http://www.phonetik-international.de/p-phonetik/ (04.09.2006).

Posner, Roland; Müller, Cornelia (Hrsg.) (2004): The Semantics and Pragmatics of Everyday Gestures. Berlin: Weidler Buchverlag.

Schepelmann, Alexandra (2002–2003): Kontext und Kontextualisierung. (Diplomarbeit/ Kapitel). http://www.univie.ac.at/linguistics/publikationen/diplomarbeit/schepelmann/Daten/kontext_und_kontextualisierung.htm 15.09.2006); das Beispiel in Kap. 3.1 steht auf der Seite http://www.univie.ac.at/linguistics/publikationen/diplomarbeit/schepelmann/Daten/prosodie.htm (04.09.2006).

Scherer, Klaus R. (1977): Affektlaute und vokale Embleme. In: Posner, Roland; Reinecke, Hans-Peter (Hrsg.). Zeichenprozesse. Semiotische Forschung in den Einzelwissenschaften. Wiesbaden: Akademische Verlaggesellschaft Athenaion.

Schulz von Thun, Friedemann (1981): Miteinander reden 1. Reinbek: Rowohlt.

Watzlawick, Paul u.a. (2000[10]): Menschliche Kommunikation. Formen, Störungen, Paradoxien. Bern: Huber.

Yngve, Victor H. (1970): On getting a word in edgewise. In: Chicago Linguistic Society 6: 567–577.

Verzeichnis der genannten Lehrwerke

Ankommen in Deutschland (1997). München: Verlag für Deutsch (Günzel, Elke).

Berliner Platz 1 (2002). Berlin, München: Langenscheidt (Lemke, Christiane u.a.).

Das *Alpha-Buch.* Ein Alphabetisierungskurs (1992). Ismaning: Max Hueber (Brandt, Elke; Brandt, Karl-Heinz; Frohn, Bernd).

Das Deutschbuch. Ein Sprachprogramm für Ausländer, Erwachsene und Jugendliche (1980). Stuttgart: Klett Edition Deutsch (Puente, Juan M.).

Delfin (2001). Ismaning: Max Hueber (Aufderstraße, Hartmut u.a.).

Der neue Weg 1. Alltag und Sprache (1998[3]). Stockstadt: Euro-Schulen-Organisation ESO (Brummund, Stefan; Brummund-Sturm, Eva-Maria).

Deutsch aktiv Neu. Lehrbuch 1A (1986). Berlin, München: Langenscheidt (Neuner, Gerhard u.a.).

Deutsch für Aussiedler (1979). München: Max Hueber (Lohfert, Walter).

Deutsch hier. Ein Unterrichtswerk für ausländische Arbeitnehmer, Erwachsene und Jugendliche (1981). Berlin, München: Langenscheidt (Scherling, Theo u.a.).

Deutsch im Krankenhaus – Berufssprache für ausländische Pflegekräfte (1994). Berlin, München: Langenscheidt (Firnhaber-Sensen, Ulrike u.a.).

Deutsch in Deutschland – Neu. Deutschlernwerk für ausländische Kinder (1975). Tübingen/Basel: Horst Erdmann (Neuner, Gerhard u.a.).

Deutsch - unsere Sprache (1995). Frankfurt am Main: Cornelsen Scriptor (Hölscher, Petra u.a.).

Deutsche Sprachlehre für Ausländer (1929). Berlin: Deutsches Institut für Ausländer (Schulz, Hans; Sundermeyer, Wilhelm; Thies, Bernhard).

Deutsche Sprachlehre für Ausländer (1955). Ismaning: Max Hueber (Schulz, Hans; Sundermeyer, Wilhelm; Thies, Bernhard).

Dimensionen. Lernstationen 1 (2002). Ismaning: Max Hueber (Jenkins, Eva-Maria u.a.).

Dimensionen. Lernstationen 2 (2003). Ismaning: Max Hueber (Jenkins, Eva-Maria u.a.).

Einfach mal bewerben (Arbeitssprache Deutsch). Regensburg: Dürr und Kessler (Kaufmann, Susan; Paleit, Dagmar; Szablewski-Cavus, Petra).

elemente 1 (1996). Regensburg: Dürr und Kessler (Hunfeld, Hans; Piepho, Hans-Eberhard).

eurolingua Deutsch 1 (1996). Berlin: Cornelsen (Funk, Hermann; Koenig, Michael).

eurolingua Deutsch 3 (1999). Berlin: Cornelsen (Funk, Hermann; Koenig, Michael).

Feridun. Ein Lesebuch und Sprachprogramm nicht nur für Türken. Bir Okuma ve Dil Programi (1977). München: Abado (Augustin, Viktor; Liebe-Harkort, Klaus; Scherling, Theo).

Fit für die Einbürgerung. Vorbereitung auf den Test Deutsch (2002). Ismaning: Max Hueber (Winisch, Eva).

inlingua Deutsch 1 (1970). Bern: The International inlingua Schools of Languages.

Kinderleicht. Deutsch als Fremdsprache für Eltern (2002). Ismaning: Max Hueber (Breitkopf, Kathleen u.a.).

Kommunikationskurs Türkisch sprechen. Grundsituationen (1985). Ismaning: Max Hueber (Hüttemann, Sevim; Hüttemann, Klaus).

Lagune 1 (2006). Ismaning: Max Hueber (Aufderstraße, Hartmut u.a.).

Longman Audio-Visual French (1973). London: Longman (Moore, S.; Antrobus, A.L.).

Mit uns leben. Ein Lehrwerk für den Unterricht mit Aussiedlern (1989). München: Klett Edition Deutsch (Bimpage, Heiko u.a.).

Neuer Start. Sprachbuch und Sachinformation für Aussiedler (1990). Berlin, München: Langenscheidt (Neuner, Gerhard u.a.).

Oral Maori 1. A Manual for Teachers and Parents (1976). Wellington: Reed Education (MacLachlan, S.N.).

Orientierungskurs (2005). Berlin, München: Langenscheidt (Kaufmann, Susan; Rohrmann, Lutz; *Szablewski-Çavuş*, Petra).

Passwort Deutsch 1 (2001). Stuttgart: Ernst Klett International (Albrecht, Ulrike u.a.).

Passwort Deutsch 2 (2001). Stuttgart: Ernst Klett International (Albrecht, Ulrike u.a.).

Pluspunkt Deutsch 1a (2003). Berlin: Cornelsen (Krüger, Georg; Merkelbach, Matthias).

Pluspunkt Deutsch 1b (2003). Berlin: Cornelsen (Krüger, Georg; Merkelbach, Matthias).

Projekt Alphabet (1984). Berlin, München: Langenscheidt (Volkmar-Clark, Claudia).

Schritte 1 (2003) Ismaning: Max Hueber (Bovermann, Monika u.a.)

Schritte 3 (2004). Ismaning: Max Hueber (Hilpert, Silke u.a.).

Sicherlich sozialversichert (Arbeitssprache Deutsch) (1998). Regensburg: Dürr und Kessler (Kaufmann, Susan; Kessel, Ursula; *Szablewski-Çavuş*, Petra).

Sprachkurs Deutsch 5. Neufassung (1993). Frankfurt/M.: Diesterweg (Häussermann, Ulrich u.a.).

Sprich mit uns! Deutsch für Kinder und Jugendliche anderer Muttersprache (1975 ff). München: Institut für Film und Bild in Wissenschaft und Unterricht (Rabura, Horst M.).

studio d A 1 (2005). Berlin: Cornelsen, (Demme, Silke; Funk, Hermann; Kuhn, Christina).

Tangram 2A (1999). Ismaning: Max Hueber (Dallapiazza, Rosa-Maria u.a.).

Themen 2 (1984). Ismaning: Max Hueber (Aufderstraße, Hartmut u.a.).

Wie heißt das auf Deutsch? Sprachhilfen für Flüchtling (1994). Oldenburg: BIS (Wilms, Heinz, Hrsg.).

Wir lernen Deutsch. Unterrichtsmaterialien für Frauenkurse (1994). Soest: Soester Verlags-Kontor (Aldag, Barbara u.a.).

Ziemlich viel Berufliches (Arbeitssprache Deutsch) (1999). Regensburg: Dürr und Kessler (Kaufmann, Susan; Kessel, Ursula; Paleit, Dagmar; *Szablewski-Çavuş*, Petra).

Quellenverzeichnis

Seite 12:	Coşkun Demirok, Düsseldorf
Seite 23:	Coşkun Demirok, Düsseldorf
Seite 25:	Susan Kaufmann, Mainz
Seite 51:	Susan Kaufmann, Mainz
Seite 54:	Susan Kaufmann, Mainz
Seite 73:	Internationales Streckennetz Air New Zealand
Seite 119:	Susan Kaufmann, Mainz
Seite 224:	Fotos von Zornitza Kolarova, Berlin
Seite 227 (Abb.7):	Susan Kaufmann, Mainz
Seite 227(Abb. 8):	Foto von Zornitza Kolarova, Berlin
Seite 227 (Abb. 9):	Foto aus MHV-Archiv
Seite 237:	Zeichnung von Gunde Kurtz, Marienthal

FIF

Förderung von Integration durch Fortbildung

Wenn Sie sich für den virtuellen Fernlehrgang mit Präsenzphasen „Zusatzqualifizierung für Lehrkräfte Deutsch als Zweitsprache" interessieren, finden Sie weitere Informationen auf der Homepage von **FIF**.

Sie können auch anhand einer kleinen Demoversion ausprobieren, ob eine internetgestützte Qualifizierung für Sie das Richtige ist.

FIF
Förderung von Integration
durch Fortbildung

c/o KEB
Welschnonnengasse 2-4
55116 Mainz

Telefax: (0 61 31) 23 67 92
E-Mail: mail@fif-rlp.de
Internet: www.fif-rlp.de

KEB vhs Evangelische Erwachsenenbildu